Blickpunkt Spandau
Erinnerungen von Werner Salomon

Blickpunkt Spandau
Erinnerungen von Werner Salomon

„Es war schon immer etwas Besonderes,
ein Spandauer zu sein"

Projekte-
Verlag

Impressum

1. Auflage
Textredaktion: Autobiografie-Service Adele von Bünau
www.ihre-autobiografie.de
Layout, Satz und Digitaldruck: Buchfabrik JUCO GmbH, Halle • www.jucogmbh.de
Titelgestaltung: Buchfabrik JUCO GmbH

© Projekte-Verlag 188, Halle 2006 • www.projekte-verlag.de
ISBN   3-86634-139-3
Preis: 29,50 EURO

– Vorwort –

In den letzten Jahren bin ich wiederholt angesprochen worden, ich solle doch mal ein Buch über die Erlebnisse und Erfahrungen meines politischen Lebens niederschreiben. Gedacht war insbesondere an die dreizehn Jahre als Spandauer Bürgermeister, die in der Tat Interessantes und Aufregendes zum Inhalt hatten.
Ich habe mich jetzt entschlossen, eine *gesamte Lebensschilderung* zu versuchen. Es soll ein Stück sehr persönlicher Lebenserinnerung eines Menschen des Jahrgangs 1926 sein, mit Höhen und Tiefen in einer bewegten Zeit, wichtigen und unwichtigen Geschehnissen – privat, beruflich, politisch.
Dies soll wahrlich kein „Bestseller" werden. Aber ich habe mal frei von der Leber weg das aufgeschrieben, was mir in 80 Jahren alles passiert ist. Vielleicht interessiert es, weil es auch ein Stück Spandauer und Berliner Nachkriegsgeschichte dokumentiert.

– Das Elternhaus –

Ich heiße Hans-Werner Salomon – allerdings nennt mich alle Welt nur „Werner" – und bin am 1. Oktober 1926 geboren. Ich entstamme, wie man so sagt, einem bürgerlichen Elternhaus, bin als Einzelkind relativ behütet aufgewachsen, wenn auch in den ersten Jahren meiner Kindheit nicht immer nur im Elternhaus, sondern bei meinen Tanten, den Geschwistern meiner Mutter.
Wie der jüdisch klingende Name „Salomon" in unsere Familie kam, ist nicht zu erkunden, auch nicht im Rahmen des im Dritten Reich geforderten „Ariernachweises".

Der kleine Werner 1929 in Falkensee.

Mein Vater Wilhelm (Willi) Salomon stammt aus Hamburg-Altona und wurde 1894 geboren. Er war gelernter Kaufmann. Seine Anstellung als Handlungsgehilfe musste er abbrechen, als der Erste Weltkrieg ausbrach. Er kämpfte als Soldat und wurde sogar mit dem „Eisernen Kreuz" ausgezeichnet. Seine Mutter Helene – meine Großmutter – war streng katholisch und führte die Familie mit eiserner Hand. Offenbar veranlasste das meinen Vater, nach seiner Entlassung aus dem Kriegsdienst das Weite zu suchen.
Im Juli 1919 kam er nach Berlin, wo er zunächst als Bürohilfsarbeiter im Militär-Festungsgefängnis Spandau beschäftigt war, ab 1920 dann als Buchhalter bei den Siemens-Schuckert-Werken in Sie-

Vater Willi Salomon im Dezember 1927 am Lietzensee in Charlottenburg.

mensstadt. Diesem –"seinem Hause" Siemens – war er fast 40 Jahre lang treu ergeben, bevor er 1959 vorzeitig in den Ruhestand versetzt und in seinen Augen zum alten Eisen gemacht wurde.
Apropos Buchhalter: Auch zu Hause führte mein Vater akribisch Buch. Seine Aufzeichnungen von Tagesereignissen, die er auf Kalenderblättern seit 1932 vorgenommen hatte, fließen in diese Erinnerungen mit ein.

– Meine Mutter –

Mutter Gertrud Salomon im Januar 1928.

Mutter Gertrud (Trude), geborene Winkler, kam 1900 zur Welt Sie stammte aus einer Berliner Großfamilie mit fünf Geschwistern:
Grete, Jahrgang 1891,
Lotte, Jahrgang 1894,
Erna, Jahrgang 1898,
Trude, Jahrgang 1900,
Lieschen, Jahrgang 1904, und
Bruder Hermann (Männe), Jahrgang 1911.
Deren Mutter Ida – meine Großmutter mütterlicherseits – verstarb 1916 mit 48 Jahren sehr früh, sodass die älteren Geschwister – insbesondere Grete und Lotte – sich um ihren Vater „Papa Winkler", den jüngeren Bruder sowie um den Haushalt der Drei-Zimmer-Wohnung in Berlin NW 87, Neues Ufer 11, kümmern muss-

ten. Großvater stammte aus Breslau/Schlesien und war Werkmeister bei der Radiofirma ARON (später NORA).

Die Winklers waren eine sehr gastfreundliche und gesellige Familie; da war immer etwas los. Papa Winkler war gelernter Uhrmacher und hantierte ständig, auch nach Feierabend, an seinem alten Arbeitstisch, um Uhren zu reparieren. Wehe, jemand brachte etwas in Unordnung, dann gab es ein Donnerwetter.

Das Leben spielte sich meistens nur in einer Stube mit einem großen Kachelofen ab. Die andere „gute Stube" wurde nur zu Festtagen, insbesondere zu Weihnachten und Silvester, einbezogen.

Irgendwann in den frühen 20er Jahren des 20. Jahrhunderts liefen sich mein Vater Wilhelm Salomon und meine Mutter Gertrud in Berlin über den Weg. Offensichtlich geschah das im Rahmen von Theaterproben des „Henkelschen Musikvereins", bei dem meine Mutter als Sopranistin in Erscheinung trat, während sich mein Vater als Komparse verdingte.

Am 26. Juni 1926 wurde im Standesamt Charlottenburg geheiratet, und schon etwa drei Monate später kam ich zur Welt. Die Charlottenburger Säuglingsfürsorgestelle notierte: „Gewicht bei der Geburt: 3590 Gramm". Auf dem Kalenderblatt des 1. Oktobers 1926 soll mein Vater in großen Lettern notiert haben: „Hurra, Hurra, ein Junge!", typisch für seine konservative Lebenseinstellung.

Am 2. Januar 1928 wurde ich in der Herz-Jesu-Kirche in Charlottenburg getauft, auf Betreiben meiner Hamburger Großmutter hin natürlich katholisch, obwohl meine Mutter evangelisch war. Später wurde ich wieder evangelisch.

– Kleinkindzeit in Charlottenburg –

Meine Eltern hatten Ende der 20er, Anfang der 30er Jahre keine eigene Wohnung. Da der Wohnungsmarkt angespannt war, lebten sie in möblierten Zimmern mit Küchenbenutzung. Schon einige Monate nach meiner Geburt ging meine Mutter wieder arbeiten. Das hatte in erster Linie finanzielle Gründe, da mein Vater wenig verdiente. Sie war als Stenotypistin beim jüdischen Futtermittelhandel Bernstein & Beer in der Lietzenburger Straße beschäftigt. Für mich hatte das die Konsequenz, dass ich die ersten Lebensjahre bei meinen Tanten im Winklerschen Familienhaus aufwuchs und nur an den Wochenenden bei meinen Eltern sein konnte. So wurde die Winklersche Wohnung rund um das Neue Ufer am Charlottenburger Verbindungskanal zwischen Spree und Westhafen meine Heimat – vielleicht nicht ganz unproblematisch, und manche meinten: „Werner wurde von den Tanten zu sehr verwöhnt."

Die Winklersche Wohnung war sehr schön gelegen: im Vorderhaus, vier Treppen, drei Zimmer mit zwei Balkonen und weitem Blick nach Charlottenburg sowie auf den vor der Haustür gelegenen Verbindungskanal.

Als Kleinkind soll ich alle Schleppdampfer und Lastkähne vom Balkon aus schon von Weitem an Form und Farbe erkannt haben. Ich kannte mich auch in der näheren Umgebung bestens aus, ging ich doch immer mit meiner Tante Lotte einkaufen und wurde dafür mit einer Streußelschnecke belohnt. An der Ecke Neues Ufer, damals noch mit Holz gepflastert, und Kaiserin-Augusta-Allee stand eine Wasserpumpe. Dort gaben die Müllkutscher ihren Pferden nach der Tour ein paar Eimer Wasser zu trinken, bevor sie ins Depot in der Ilsenburger Straße fuhren. Mitunter standen dort bis zu zehn Fuhrwerke hintereinander, denn auch die Müllkutscher hatten Durst, und gegenüber gab es eine Eckkneipe.

Im Kaufmannsladen von Hildebrandt, einmal um die Ecke, wurde noch Essig aus Fässern oder Petroleum aus Kanistern abgefüllt.

– Der Familienclan –

Im September 1928 kaufte Großvater Paul Winkler mit meinem Vater zusammen ein Grundstück in Falkensee (Seegefeld), unbebaut, 812 qm groß, zum Preis von 2862 Reichsmark.

Der Familienclan auf dem Wochenend-Grundstück in Falkensee.

Der Familienclan 1930 im Strandkorb in Ahlbeck.

Bis 1951 prägte diese „Schippe Land" die Wochenendgestaltung der Großfamilie ganz entscheidend. Mit Kind und Kegel fuhr man in den Sommermonaten mit dem Dampfzug von Jungfernheide oder Spandau-West nach Falkensee. Ein „Muss" für diese Großfamilie war am frühen Morgen des ersten Pfingstfeiertages der Ausflug nach Finkenkrug zum Frühkonzert („Hier können Familien Kaffee kochen!") und anschließend der Fußmarsch zum Grundstück in Falkensee. Dort gab es dann traditionell die Maibowle. Die familiären Sonntage, immer auf der für mich langweiligen „Klitsche" in Falkensee, ärgerten mich zunehmend: Viel lieber wäre ich mit meinen Freunden in unser schönes neues Kino „Rex" in Haselhorst gegangen, um für 50 Pfennige spannende Indianerfilme zu schauen. Aber dennoch, es ging in Falkensee mitunter recht lustig zu.

Nicht nur die Wochenenden oder Feiertage wurden gemeinsam verbracht, auch in die Ferien fuhr der gesamte Familienclan gerne gemeinsam, häufig nach Ahlbeck an der Ostsee, der „Badewanne Berlins".

– Das erste Schuljahr im Dritten Reich –

1933 wurde ich in die 29. Volksschule in Charlottenburg eingeschult. Damit begann meine Schulzeit fast zeitgleich mit dem Beginn des Dritten Reiches. Der neue Zeitgeist zeigte sich für mich zunächst nur äußerlich: Schneidige Marschformationen von SA und SS imponierten uns Kindern, der Reichsrundfunk tat sein Übriges, und auch das neue Spielzeug blieb für kleine Jungs nicht ohne Reiz: Es gab Plastikfiguren (Elastolin), die die neuen NSDAP-Organisationen und die neuen Wehrmachtssoldaten darstellten.

1934 verlor meine Mutter ihren Arbeitgeber: Die jüdische Futtermittelhandlung gab es nicht mehr, die Inhaber wanderten aus. Mutter widmete sich nun ihrer neuen Aufgabe als Hausfrau und Mutter, ich kehrte zu meinen Eltern zurück.

– Der „Ariernachweis" –

1934/1935 begann mein Vater, sich um eine Namensänderung zu bemühen. In einem Brief an den Polizeipräsidenten erkundigte er sich nach den notwendigen Schritten dafür, denn er befürchtete vor allem für mich als seinen siebenjährigen Sohn Schwierigkeiten wegen des jüdisch klingenden Namens. In der Tat hatte die Reichsregierung derartige Namensänderungen gesetzlich geregelt. Als Nachweis der „deutschblütigen Abstammung" mussten dazu Geburts-, Tauf- und Heiratsurkunden der Vorfahren vorgelegt werden. Für den „kleinen" Abstammungsnachweis genügten Urkunden bis zu den Großeltern, für den „großen" Nachweis wurden Unterlagen zurück bis zur ersten Geburt vor dem 1. Januar 1800 gefordert. Die Beschaffung dieser Dokumente war kompliziert und zeitraubend. Viele Urkunden mussten aus Polen beschafft und übersetzt werden, so dass der Antrag erst im März 1939 vollständig vorlag. Der herannahende Krieg verhinderte dann jedoch den Vollzug der Namensänderung.
Inzwischen bin ich froh, dass ich „Salomon" und nicht „Seiffert" heiße, wie mein Vater angepeilt hatte. Mit meinem Namen hatte ich nirgendwo Probleme. Selbst Jungvolk und Hitlerjugend wollten auf den „Hitlerjungen Salomon" nicht verzichten. Und nach dem Krieg brachte mir der Name eigentlich nur Vorteile.

– Jugend in Haselhorst –

1932 hatten meine Eltern eine 2½-Zimmerwohnung in der „Reichsforschungssiedlung" der Wohnungsbaugesellschaft GEWOBAG in Haselhorst, in der Gartenfelder Straße 106c, bekommen. 1931 begann die GEWOBAG zwischen Spandau und Siemensstadt mit einer gewaltigen Wohnbausiedlung nördlich der Gartenfelder Straße. Bis 1934 entstand diese Siedlung, mit der unterschiedliche Wohnungstypen erprobt wurden. Die Vorplanung lag in den Händen von Walter Gropius, und ich sage heute noch, nach über 70 Jahren: Diese Siedlung war voll und ganz gelungen, von den Wohnungsaufteilungen und dem Wohnkomfort bis hin zu den großzügigen Grünflächen zwischen den Häuserzeilen – eine wahre Wohnoase zum Anfang der 30er Jahre.

Es lag in der Natur der Sache, dass in Haselhorst auch viele „Siemensindianer" wohnten. Schließlich lag Siemensstadt mit seinen großen Werken nur wenige Kilometer entfernt. Und natürlich waren darunter auch viele junge Familien mit Kindern. Wir schlossen schnell Freundschaft und sahen uns von einem Paradies umgeben, in dem wir nach Herzenslust herumstromerten. Wir liebten das „Autoraten", und der Star unter den damals seltenen Pkw war der Opel Olympia.

1934 wurde ich umgeschult in die 13. Volksschule an der Daumstraße, die jetzige Bernd-Ryke-Grundschule. Wir waren mehr als 40 Schülerinnen und Schüler in der Klasse 7c. Es wurde noch in Sütterlin geschrieben, also „deutsch". Die nationalsozialistische Indoktrination begann. So entnehme ich meinen Heimatkundeheften, dass wir als Neunjährige die „Heimat unseres Führers" Braunau am Inn, die NSDAP-Fahnen und Standarten mit Buntstiften zeichnen mussten.

Unaufhaltsam drückte das Dritte Reich auch dem zivilen Leben der Menschen seinen Stempel auf. 1935 musste mein Vater im Mai zu einer Luftschutzübung, im Oktober zu einer Sanitätsübung und im Dezember zu einem Appell der „Deutschen Arbeitsfront" – der nationalsozialistischen Arbeitnehmer-Massenorganisation – in die Deutschlandhalle. Es gab „Eintopf-Sonntage", an denen sich ganz Deutschland öffentlich aus der Gulaschkanone verpflegte. Das so gesparte Geld für den Sonntagsbraten sollte gespendet werden. Am jährlichen „Tag der nationalen Solidarität" sammelten die Größen des Regimes, unterstützt von prominenten Filmschauspielern, mit der Sammelbüchse in der Hand Geld für „die gute Sache"; gemeint waren die verschiedenen Gruppierungen der Nazis. Ich fand das damals – als Junge – alles ganz spannend.

– Oberschule in Spandau –

Nach bestandener Aufnahme-Prüfung kam ich 1937 auf die Stein-Hardenberg-Schule nach Spandau, eine achtstufige Oberschule für Jungen, die 20 Reichsmark Schulgeld im Monat kostete. Spandau hatte zu dieser Zeit drei Oberschulen: Das Lyzeum für „höhere Töchter", die jetzige „Lily-Braun-Oberschule", das humanistische Kant-Gymnasium und meine Schule, die kurze Zeit später in „Freiherr-vom-Stein-Schule" umbenannt wurde. Zunächst einmal war ein längerer Schulweg angesagt, entweder mit der Straßenbahnlinie 55 oder zu Fuß (gut 45 Minuten) oder später per Fahrrad, und natürlich war auch inhaltlich einiges mehr zu „büffeln". Englisch als erste Fremdsprache gab es schon in der ersten Klasse, der Sexta. Ich bekam viele neue Klassenkameraden aus allen Ortsteilen Spandaus, überwiegend aus der Wilhelmstadt. Wir blieben eine Klassengemeinschaft bis weit in den Krieg hinein. Auch hier machte sich das Dritte Reich bemerkbar: Vom 20. bis 26. September 1937 wurde eine „Verdunkelungswoche" angeordnet – wir bekamen eine „dunkle Vorahnung" auf das, was uns bevorstand. Am „Tag der Wehrmacht", an dem in den Spandauer Kasernen Gefechtsübungen stattfanden, forderte uns Elfjährige das Jungvolk, die Vorstufe der Hitlerjugend, zur Beteiligung auf.

*

Doch nochmals zur Großfamilie Winkler, bei der sich 1937 einiges veränderte. Ich sprach eingangs von den Geschwistern meiner Mutter, Grete, Lotte, Erna, Trude, Lieschen und Männe. Trude – meine Mutter – heiratete ja 1926 meinen Vater Willi Salomon; Lieschen heiratete 1929 Erich Gröning und wohnte von da an in Berlin-Pankow; Lotte heiratete am 29. Mai 1937 Herbert Salomon – ein familiäres Kuriosum: Die Schwester meiner Mutter heiratete den Bruder meines Vaters.
Auf Geheiß meiner erzkatholischen Großmutter musste es eine katholische kirchliche Trauung in der Herz-Jesu-Kirche in Charlottenburg werden. Der Bräutigam, mein Onkel Herbert, erschien dazu in SA-Uniform. Beide jüngeren Brüder meines Vaters waren 1932 arbeitslos gewesen und hatten sich in dieser Zeit von den

Nazis anwerben lassen. Sie brachten es bis zu Truppführern bei der SA, und später waren sie bei der Hamburger Straßenbahn beschäftigt.
Tante Lotte zog es dann nach Hamburg-Altona, wo sie in der Wohnung meiner Großmutter in der Großen Brunnenstraße 118 mit Mann und Schwiegermutter lebte.
Männe heiratete am 10. Juli 1937 Ruth Gelinski. Sie bekamen eine Wohnung am Charlottenburger Struwesteig. Erna machte sich schon frühzeitig – Anfang der 30er Jahre – aus dem Staube und ging später als Küchenmamsell und Küchenleiterin an Krankenhäuser und Altersheime, u.a. nach Dresden. Sie heiratete erst nach dem Krieg. Grete blieb übrig. Als gelernte Modistin arbeitete sie als Telefonistin im Rathaus Charlottenburg. Sie hat nie geheiratet und wohnte weiter mit Vater Winkler am Neuen Ufer 11. Soweit die Familienchronik.

– Das böse Jahr 1938 –

Die äußerliche Welt schien zunächst noch leidlich in Ordnung zu sein, sieht man mal davon ab, dass im März 1938 die Deutsche Wehrmacht in Österreich einmarschierte („Wir wollen heim ins Reich"). Im Herbst wurde das Sudetenland ins Deutsche Reich „integriert".
Ganz böse wurde es allerdings am 9. November 1938 mit der „Reichskristallnacht", als der ungezügelte Sturm auf Juden einsetzte, jüdische Geschäfte zerstört und Synagogen in Brand gesteckt wurden. Ich selbst als Zwölfjähriger habe mit meinem Vater zusammen die Spandauer Synagoge brennen sehen, ohne recht zu begreifen, was da geschah.
Auch schritt die Reglementierung der Bevölkerung unaufhörlich voran: Für eine Reise brauchte mein Vater einen Urlaubsschein vom Wehrmeldeamt, weil er noch wehrpflichtig war und gemustert wurde. Meine Mutter wurde mit gewissem Druck aufgefordert, in das „Frauenwerk" einzutreten, eine Unterorganisation der

NS-Frauenschaft, und ich wurde Mitglied des Jungvolks. Im kleinen Haselhorst setzte sich die NSDAP mit einer eigenen Ortsgruppenleitung stark in Szene.

Wir hatten in jenen Tagen aber auch unser Freizeitvergnügen. So sammelte ich in den 30er Jahren leidenschaftlich die kleinen bunten Bilder der Zigarettenfirmen vom „Hamburger Zigarettendienst". In Alben vervollständigte ich diese Reihen, die „Geschichten vom Alten Fritz", „Bilder Deutscher Geschichte", „Deutsche Kulturbilder" oder „Olympiade 1936" hießen. Natürlich gab es auch Propagandabilder der Nationalsozialisten. Die „Spandauer Zeitung" gab damals für jede monatliche Abo-Quittung Heimatbilder heraus, gestaltet von den bekannten Heimatmalern Zank und Gericke. Die Themenalben „Geliebte Heimat Havelland" und „Die Havel, unser Heimatfluss" waren beliebte Sammlerobjekte. Auch verschlangen wir die Groschenhefte mit Geschichten der Detektiv- und Abenteuerhelden Jerry Cotton, John Kling oder Jones Burte und Rolf Torring, zum Beispiel. Auch sie waren begehrte Tauschobjekte. Eine weitere Leidenschaft teilte ich mit meinem Vater: das Fußballspiel. Schon in den frühen 30er Jahren führte mich Vater an diesen Sport heran. Er selbst war in seinen Hamburger Jugendjahren begeisterter Fan von „Altona 93" gewesen. Zwar spielte ich selbst noch nicht aktiv in einem Verein, aber mein Vater schleifte mich mit zu den Spielen von Alemannia Haselhorst oder dem Spandauer SV, gelegentlich auch zu Repräsentativ-Spielen der Städte.

In Haselhorst ging man noch seiner geregelten Beschäftigung nach, die Versorgung war gesichert. Der Haselhorster Damm war immer noch die Einkaufsmeile: Fleischerei Willi Sasse war ein Aushängeschild an Qualität, nebenan verkaufte Hans Stickel Obst und Gemüse, alles ging noch gemütlich zu. Die Haselhorster Landbrot-Bäckerei Engel am Saatwinkler Damm versorgte uns mit Brot, und in der Bäckerei Bühl konnten wir Kinder für 10 Pfennige Kuchenkrümel erwerben.

– Der Krieg beginnt –

1939 brodelte es in Europa. Im März besetzte die Deutsche Wehrmacht die Tschechoslowakei. Es war von der „Heimkehr von Böhmen und Mähren" die Rede. Im April besetzte Italien das Land Albanien. Am 20. April, Hitlers 50. Geburtstag, gab es auf der „Ost-West-Achse" die größte Militärparade dieser Zeit, vier Stunden lang. Ich habe dieses Mammutschauspiel vom Charlottenburger Salzufer aus teilweise verfolgt. Alles schien sorgsam vorbereitet zu sein mit Zielrichtung 1. September.
Bevor der Krieg über uns hereinbrach, machte ich zum ersten und einzigen Mal allein mit meinem Vater zusammen eine schöne Reise. Mit meinem nagelneuen Fahrrad von Paul Klein, *dem* Spezialhändler in der Bismarckstraße, fuhren wir über den Spreewald in die Sächsische Schweiz, nach Dresden und zurück, teilweise auch mit der Eisenbahn. Dann kam am 1. September der Kriegsausbruch, mit Marschmusik und Sondermeldungen.

– Die Freiherr-vom-Stein-Schule –

Ursprünglich Stein-Hardenberg-Schule, wurde sie am 16. Juni 1938 in „Freiherr-vom-Stein-Schule" umgetauft. Im ersten Mitteilungsheft der Schule vom 1. Oktober 1939 schrieb der Schulleiter, Oberstudiendirektor Dr. Kumsteller: „… denn Hardenberg ist uns Heutigen der Liberale, der die Gedanken des französischen Liberalismus in die Preußische Verwaltung brachte und durch sie die Steinschen Ideen verfälschte: Er ist der Verkünder der Judenemanzipation von 1812 und damit der Mann, der den Grund und Boden zum Unheil des deutschen Bauerntums und besonders des deutschen Ostens mobilisierte. Stein ist uns dagegen der Vorkämpfer für deutsche Einheit, Freiheit und Gerechtigkeit, der große Revolutionär neben dem Königsthron, der Mann, der uns die Worte gab: ‚Weil wir sterben müssen, sollen wir tapfer sein. Ich habe nur ein Vaterland, und das heißt Deutschland.'"

Damit gab der Direktor die geistige Richtung der Schule vor. Dr. Kumsteller kam meist in brauner Uniform, behängt mit Orden, in die Schule und hielt Reden über die „Garanten der Zukunft", die wir sein sollten. Er soll zuvor Erzieher der Kinder des Propagandaministers Goebbels gewesen sein. Noch ein Zitat dieses Direktors aus dem gleichen Mitteilungsheft: „Am 1. Dezember 1936 übernahm ich die Leitung der Schule, zunächst kommissarisch, dann, seit dem 29. April 1939, endgültig. Eine Zeitspanne von drei Jahren, in der in unserem Volke sich die größten Umwälzungen der ganzen deutschen Geschichte vollzogen haben, in der der Führer den deutschen Sozialismus verwirklichte und die Ketten von Versailles zerbrach." Kein Wunder, dass diese Zeit auch für unsere Schule die größten Umwälzungen seit ihrem Bestehen gebracht hat. „Die Schule ist nunmal ein Stück unseres völkischen und politischen Lebens, das betonen wir bewusst ..."

Natürlich gab es auch andere Lehrer, die große Schar der Studienräte, die sich nach Kräften bemühten, sich dem Ungeist zu widersetzen und den Unterricht nach pädagogischen Maßstäben zu halten. Sie waren Leitbilder: Da war „Rübe" (Studienrat Martin), der Geschichtslehrer, klein, aber oho! Und dann „Apollo" (der schöne Studienrat Gloeden). Er unterrichtete mit viel Autorität Latein. Wir hatten alle Bammel vor ihm. Oder „Papa Wetzel", unser Klassenlehrer. Er unterrichtete Englisch. Auch bei ihm kann ich mir überhaupt nicht vorstellen, dass er sich für die Kumsteller'schen Sprüche begeistern konnte. Da war „Schlosser" (Dr. Petrow), der Physiklehrer („Ich will hier hören, ob das Gas pfeift. Und ihr Idioten quatscht dazwischen!"), oder „Bremser" (Dr. Gronemann), der gehbehindert war, auch „Knochen" (Dr. Diekermann), „Evchen Havertz" und wie sie alle hießen. Alle hatten sie ihre Spitznamen von uns und ihre kleinen Schwächen, die wir teilweise brutal ausnutzten. So auch beim Hilfsmusiklehrer Eversmann, einem begeisterten Klavierspieler, der seine Freude daran hatte, uns Klavierstücke vorzuspielen. Wenn er geendet hatte, warfen wir ihm in Papier eingewickelte Pfennigstücke zu, wie bei Straßenmusikanten auf dem Hof.

Apropos Musikunterricht: Natürlich hatten wir auch „richtigen" Musikunterricht mit Notenkunde. Leider habe ich dem Notenunterricht nie große Bedeutung beigemessen, das ist sehr schade. Ich denke, ich habe ein gewisses musikalisches und vor allen Dingen rhythmisches Talent. So nehme ich meinen Eltern heute noch übel, dass sie mich als Kind nie ein Musikinstrument haben lernen lassen. Aber sicher ist durch die Kriegswirren vieles vernachlässigt worden, was normalerweise zur Entwicklung junger Menschen zählte. Z.B. bin ich nie zur Tanzschule gegangen. Dafür durfte ich schon mit 16 Jahren Flakhelfer sein, da war keine Zeit für Tanzstunden. Im „Jungvolk" gehörte ich übrigens einem Spielmannszug als Trommler an, ohne Noten zu beherrschen. Das dort erlernte Rhythmusgefühl habe ich später, allerdings beim Jazz, als gelegentlicher Schlagzeuger umgesetzt und bin jetzt noch ein begeisterter Bongo-Trommler, nicht ohne Talent.

– Der Bombenkrieg beginnt –

Trotz des Krieges waren Gefahren für das Deutsche Reich zunächst nicht erkennbar. Das Leben plätscherte weiter dahin. Ein Sieg, ein weiterer Einmarsch in fremde Länder – eine Sondermeldung löste 1940 die andere ab. „Heute gehört uns Deutschland, morgen die ganze Welt", hieß es. Im Juni 1940 wurde Frankreich in die Knie gezwungen. Was sollte eigentlich noch passieren? Wir sind doch die Größten!?
Der Sport und das kulturelle Leben Berlins florierten, als sei nichts geschehen. Kinos und Theater waren überfüllt. Im Juli musste ich mich einer Blinddarmoperation unterziehen, und zur Belohnung fuhr meine Familie anschließend einige Tag zu einem unbeschwerten Urlaub ins Sudetenland. Wir ahnten nicht, dass wenige Tage später der Krieg auch in Berlin Einzug hielt: Die Alliierten flogen in der Nacht auf den 14. August den ersten Luftangriff. Von 1.30 Uhr bis 2.30 Uhr war Fliegeralarm, und das wiederholte sich im Laufe dieses Jahres mehr als 60 Mal. Ich kann dies so genau behaupten,

da mein Vater – korrekt wie er war – jeden Fliegeralarm notierte. Zum Teil gab es massive Großangriffe mit vielen Bombenabwürfen in allen Teilen der Stadt, auch in unserer unmittelbaren Nähe, denn die Siemenswerke wurden bombardiert.

Eigenartigerweise wurde der Fliegeralarm in den Alltag integriert. Es war fast verwunderlich, wenn die Sirenen mal nicht heulten. Mit dem „Luftschutzgepäck" – Notversorgung und wichtige Papiere – liefen wir mitunter mehrmals in der Nacht in den häuslichen Luftschutzkeller. „Kaum ist der Arsch warm – Fliegeralarm", sagten die Berliner. Anfang der 40er Jahre wurden auch an zentralen Stellen Luftschutzbunker gebaut, in denen schon am Abend vorwiegend Mütter mit Kleinkindern untergebracht wurden. Immer noch blieben die Menschen relativ gelassen, arbeiteten weiter oder besuchten wie ich die Schule. Allerdings mussten auch wir Jungen unseren Beitrag zum „Endsieg" leisten: Wir sammelten Knochen, Alt- und Buntmetall, gaben alles an Sammelstellen in der Schule ab und bekamen dafür Punkte. Ich hatte den Eindruck, dass das Sammelergebnis auch Einfluss auf die Unterrichtsnoten hatte.

Am 30. März 1941 wurde ich im Deutschen Opernhaus in Charlottenburg auf die Hitlerjugend verpflichtet, die seit 1937 offizielle Staatsjugend war. Nun war ich der „Hitlerjunge Salomon". Ich schloss mich der motorisierten HJ an und fuhr auf einem 125er Motorrad. Ansonsten nahmen die Kriegstage ihren gewohnten Verlauf. Die Luftangriffe hatten schon vieles zerstört, unter anderem die Staatsoper Unter den Linden, und trotzdem sehnte man sich nach Abwechslung. Theater, Kabarett und Kino waren noch immer überfüllt. Noch überstürzten sich die positiven Sondermeldungen wie „Athen von deutschen Truppen besetzt".

Ich trat in die Fußballabteilung des Spandauer Sportvereins (SSV) ein und nahm am evangelischen Konfirmandenunterricht teil, obwohl ich dem Wunsch meiner Großmutter gemäß katholisch getauft war. Niemand kümmerte sich um meine katholische Vergangenheit. Am 8. März 1942 wurde ich in der Weihnachtskirche in Haselhorst konfirmiert. Auf Bezugsschein bekam ich einen neuen schicken Wintermantel und den ersten Anzug mit langen

Hosen. Unser berüchtigter Pfarrer Schletz gehörte der NS-Kirchengruppierung „Deutsche Christen" an. Auch äußerlich, in seiner Physiognomie, versuchte er, seinem Vorbild Hitler zu gleichen. Seine eigenartige kirchliche Einstellung und Diktion im Konfirmandenunterricht irritierte mich bereits damals. Pfarrer Schletz war übrigens der Vater der später berühmten Filmschauspielerin Elke Sommer, die in Haselhorst geboren wurde.

Luftschutzwachen, auch für uns Schüler, Sanitätsübungen und andere Appelle waren an der Tagesordnung. Der Rundfunk diente der familiären Unterhaltung. Wir hörten viele musikalische und unterhaltende Radiosendungen. Besonders beliebt war das „Wunschkonzert" mit Lieblingsmelodien für Soldaten.

Übrigens: Für mich als notorischen „Sammelfritzen" waren in jener Zeit die vielen Straßensammlungen des Winterhilfswerkes (WHW) interessant. Hier wurden – natürlich mit knallhartem politischem Zweck – sehr hübsche kunstgewerbliche Abzeichen, teilweise aus dem Erzgebirge, als Weihnachtsbaumschmuck verkauft, die meine Sammlerleidenschaft anheizten.

– Ernteeinsatz in Pommern –

Bereits im Frühjahr 1942 verdichteten sich an der Schule Gerüchte, dass die mittleren Jahrgänge während der großen Ferien oder sogar darüber hinaus, unter Verzicht auf Unterricht, aufs Land verschickt werden sollten. Ende Juni eröffnete uns Dr. Kumsteller mit einer sich vor Begeisterung überschlagenden Stimme, dass nunmehr der Zeitpunkt unserer Bewährungsprobe bevorstände: „Jugend-Ernteeinsatz auf dem Lande", in Hinterpommern, im Kreis Dramburg. Per Sonderzug fuhren im Juli etwa 90 Jungen unserer Schule gen Osten. Die Bauern erwarteten uns mit ihren Pferdefuhrwerken. Sie hatten Personalnot, denn die jungen Männer und Söhne war als Soldaten an der Front.

Ich landete beim Bauern Ziebell in dem Dorf Dolgen. Zum Glück waren wir in diesem Dorf zu viert, alleine hätte ich das nicht durchgestanden. Da man mir keine harte Landarbeit zutraute, wurde ich zum Kühehüten geschickt, gemeinsam mit dem Hütehund Rolf. Offensichtlich verletzte eine so langweilige Tätigkeit meinen Stolz, und ich arbeitete äußerst widerwillig, sogar aufmüpfig. Erst mühsam spielten wir uns aufeinander ein, und ich zog jeden Morgen mit meiner Herde durch das Dorf, zu wechselnden Weiden. Sonntags trafen wir Berliner Jungs uns, denn mit der Landjugend hatten wir Probleme. Man lauerte uns mitunter auf, denn bei den Mädchen im Dorf wie auch bei den „Maiden" des Reichsarbeitsdienstes kamen wir Berliner Jungen besser an. Dreieinhalb Monate dauerte mein Einsatz auf dem Land, bevor wir wieder nach Hause durften.

– Kinder unterm Stahlhelm –

Auf dem Höhepunkt des fast schon verlorenen Krieges zog die Reichsführung Anfang 1943 auch noch die 15- und 16-jährigen Oberschüler zum Kriegsdienst in der Luftwaffe als sog. Flakhelfer ein. Die Berliner Zeitung berichtete am 12. Februar, dass sich für viele Berliner Jungen nun „der brennende Wunsch erfüllt, sich auch ihrerseits im Kriegsdienst einsetzen zu können. Der Entschluss unserer Führung, im Kampf um Sein oder Nichtsein unseres Volkes alle verfügbaren Kräfte total einzuspannen und auch der Jugend Gelegenheit zu geben, aktiv an der Erringung des Endsiegs teilzunehmen, hat zu einer Anordnung ... geführt, wonach die Jahrgänge 1926/1927 als Luftwaffenhelfer eingesetzt werden." Am 15. Februar mussten wir „Stein-Schüler" zum Appell auf dem Schulhof antreten, wurden einem anwesenden Luftwaffen-Offizier übergeben und marschierten anschließend in Reih und Glied mit Koffern und Kartons singend zum Rathaus-Vorplatz, von wo aus uns ein Sonderbus zur Flakstellung am Falkenhagener See brachte. Es ist schwierig, heute – mit allem geschichtlichen Wissen um die Folgezeit – nachzuvollziehen, was uns junge Menschen damals bewegt hatte. Ich meine, wir hingen keinem „Hurra-Patriotismus" an. Inzwischen kannten wir schon die Zerstörungskraft des Krieges. Vielleicht witterten wir Abenteuer. Auf jeden Fall beruhigte uns, dass wir nicht an die Front geschickt wurden, sondern zur Heimat-Flak. Noch ahnten wir nicht, dass auch Flakstellungen in und um Berlin sehr bald Tote und Verwundete zu beklagen hatten, darunter auch junge Flakhelfer wie wir.

Wir wurden klassenweise erfasst, militärisch ausgebildet und auf die Einrichtungen verteilt. Sehr bald wurden wir voll in den Batterie-Betrieb und Kampfeinsatz eingegliedert. Im November ging es zur Schießausbildung am fliegenden Objekt nach Dramburg/Hinterpommern wo ich bereits im Ernteeinsatz gewesen war, und wenige Tage später wurden wir feierlich auf „Führer und Vaterland" verpflichtet. Ein „Betreuungslehrer" in den Flakstellungen sollte dafür sorgen, dass wir weiterhin mindestens 18 Wochenstunden Unterricht in den Hauptfächern bekamen.

1944 wurden die Schüler der Jahrgänge '26/27 nahtlos in den Reichsarbeitsdienst übernommen. Von dort aus erfolgte die Ein-

„Kindersoldaten" 1943 an der Flak: Werner Salomon (Mitte) und einige Klassenkameraden.

berufung zum Kriegsdienst in der Wehrmacht, was vielfach den Tod an der Front zur Folge hatte. Viele von uns waren kaum 18 Jahre alt. Ich selbst hatte Glück im Unglück, weil ich mir bei der Rückkehr aus einem Heimaturlaub zur Flakstellung Ende Dezember 1943 bei Glatteis einen doppelten Beinbruch zuzog und so für Monate im Militärlazarett verschwand. Das Reservelazarett 108 am Recklinghauser Weg in Spandau war voller zum Teil schwer verletzter Frontsoldaten. Zum ersten Mal hatte ich die Grausamkeit des Krieges vor Augen, als ich den großen Krankensälen die verwundeten Soldaten vor Schmerzen schreien hörte. Wegen der schweren Luftangriffe wurden die gehfähigen Patienten in ein Lazarett in Gnesen/Warthegau verlegt. Kurz vor der Heilung meines Beinbruchs erkrankte ich an Diphtherie. Das bedeutete Isolierstation, viele antitoxische Spritzen, Chinosol inhalieren bis zum Erbrechen und abwarten. Mitte April endlich war ich gesund genug und kam zurück nach Berlin. Ich erhielt Genesungsurlaub und wurde zurück auf die Schule geschickt, besser gesagt zum Unterricht in der Flakstellung in Schönwalde. Trotz erheblicher Unterrichtsausfälle bekam ich im Juni 1944 das sog. „Luftwaffenhelfer-Zeugnis", vom Schulleiter sowie vom Batteriechef der Flak unterschrieben, und nachträglich auch den „Reifevermerk" als Not-Abitur.

– Militärdienst –

Im September 1944 erhielt ich den Einberufungsbefehl als Wehrpflichtiger zur Kriegsmarine. Ich wurde in Wilhelmshaven rekrutiert, eingekleidet und zur Ausbildung nach Esens in Ostfriesland geschickt. Da es im Herbst 1944 kaum noch seetüchtige Schiffe bei der Marine gab, erstreckte sich die Ausbildung im Wesentlichen auf die Infanterie. Obwohl wir Rekruten im Schnelldurchgang ausgebildet wurden und das Kriegsende absehbar war, galten doch noch die üblichen Kommissregeln und Schikanen auf dem Kasernenhof. Die alten Ausbilder und Spieße konnten

es sich nicht verkneifen, uns anzubrüllen oder lächerlich zu machen. Ich musste einmal – und ich weiß wirklich nicht, was ich „verbrochen" hatte – mit vorgehaltenem Gewehr um den angetretenen Marschzug hüpfen und dabei laut rufen: „Ich bin der schönste Soldat Großdeutschlands." Wer sich so etwas bloß einfallen ließ?
Nach sechs Wochen wurden wir zu fertigen Soldaten erklärt. Mitte November 1944 kam ich als „Marine-Artillerist" in eine Flakstellung nach Heidmühle bei Jever. Das war ein Glücksfall, denn dieser Zipfel Ostfrieslands blieb bis zum Kriegsende von Kampfhandlungen verschont. Und wieder hatte ich unverschämtes Glück: Die Batterie musste zehn junge Soldaten zur Waffen-SS abstellen, die sich kurzfristig nach Prag in Marsch setzen sollten – ein Himmelfahrtskommando. Nur weil mich ein Hauptwachtmeister mochte und als seinen „Burschen" eingesetzt hatte, blieb ich davon verschont. So schnell und einfach, ohne eigenes Zutun, konnte man am Ende des Krieges bei der Waffen-SS landen!

– Das Ende des Krieges –

Am 5. Mai 1945, morgens um 8 Uhr, wurde zum Appell gerufen. Der Batteriechef, Oberleutnant Hase, verlas einen Tagesbefehl, wonach Großadmiral Dönitz, nach Hitlers Selbstmord als dessen Nachfolger eingesetzt, eine Teilkapitulation erreicht hatte, unter anderem auch für Ostfriesland. Die Kampfhandlungen wurden eingestellt, die deutschen Truppen ergaben sich den Alliierten. Die Fahne wurde eingezogen, Gedenkminute, Wegtreten, das war's!
Ich weiß heute nicht mehr, was ich damals fühlte, auf jeden Fall war ich zunächst ratlos. Seit Mitte April hatte ich nichts mehr von zu Hause gehört. Es sickerte lediglich durch, dass die Russen Ende April Berlin erobert hatten und die Stadt einem Trümmerfeld glich. Was war mit meinen Eltern? War unsere Wohnung zerstört? Monatelang wusste ich darauf keine Antwort.

Ein oder zwei Tage nach der Kapitulation rückten die alliierten Truppen auch in unser Gebiet ein. Wir sahen auf den Straßen unendliche Kolonnen von alliierten Panzern und Militärfahrzeugen und fragten uns: „Gegen diese militärische Übermacht sollten wir den Krieg gewinnen?"
Bald bogen Jeeps zu unserer Stellung ein. Polnische Offiziere in britischen Uniformen nahmen uns nicht gefangen, sondern internierten uns. Zwischen unseren deutschen und diesen britischen Offizieren fanden regelrechte Übergabeverhandlungen statt. Wir mussten in den nächsten Tagen unsere

Werner Salomon 1944 als Soldat beim Militär.

Waffen abgeben, bewachten uns selbst, und die polnischen Soldaten versorgten uns mit Zigaretten. Wiederholt hörten wir den Satz: „Bald kämpfen wir gemeinsam gegen die Russen!"
Ende Mai wurden wir in ein großes Internierungslager nach Wilhelmshaven gebracht. Verpflegung aus Wehrmachtsbeständen gab es noch, und wieder bewachten wir uns selbst. Die Briten kontrollierten lediglich den Lagerbetrieb, aber wir mussten arbeiten. So transportierten wir Bomben und Munitionsbestände zur Entschärfung, das war nicht ungefährlich. Im Lager kursierten Gerüchte, wir würden bald in belgische Bergwerke und Kohlengruben verfrachtet, um die deutsche Kriegsschuld abzuarbeiten. Anderswo wurde das zehntausendfach praktiziert. Mitte Juni dann die große Erleichterung für mich: Die Engländer entließen vorrangig Bauern, Bergarbeiter und Jugendliche unter 19 Jahren aus der Kriegsgefangenschaft und Internierung. Das galt auch für mich. Für die Briten galt ich noch als Schüler und sie nannten uns „Pimpfe".
Als Heimatadresse gab ich die meiner Verwandten in Hamburg-Altona an, denn die Briten entließen nur in ihr Besatzungsgebiet,

und Berlin war noch von Russen besetzt. Am 24. Juni bekam ich meinen Entlassungsschein mit einem ärztlichen Zertifikat, das meine Gesundheit bescheinigte. Außerdem musste ich bestätigen, keiner NS-Organisation (SA, SS oder Waffen-SS) angehört zu haben.

Nach einigen Umwegen stand ich knapp zwei Wochen später mit Herzklopfen vor dem Haus Brunnenstraße 118 in Altona, dem Elternhaus meines Vaters, und klopfte bei „Salomon" in der dritten Etage. Anwesend waren Onkel Herbert, Bruder meines Vaters, Tante Lotte, Schwester meiner Mutter, und zu meiner Überraschung auch Onkel Männe aus Berlin mit seiner Frau Ruth und ihrer vierjährigen Tochter Marita. Die hatte ich dort überhaupt nicht vermutet, aber die Wirren des Krieges – Evakuierung nach Pommern, Herannahen der Russen – hatten sie nach Hamburg verschlagen. Mein plötzliches Auftauchen dort hat wohl nicht nur helle Freude ausgelöst. Zwar war ich kein Fremder, aber fünf Personen und ein Kleinkind in einer 2½-Zimmer-Wohnung war sicher eine Belastung, noch dazu in einer Zeit großer Entbehrungen. Doch darüber machte ich mir damals keine Gedanken: Nach Hause konnte ich nicht, und von meinen Eltern in Berlin hatte ich nichts gehört.

In Hamburg musste ich mich bei der Polizei und dem Ernährungsamt der Gemeindeverwaltung melden, eine Aufenthaltsberechtigung erlangen und das Arbeitsamt unterrichten. Erstaunlicherweise wurde ich sofort vermittelt, und zwar als Wehrmachtsentlassener zum Pflichtdienst bei den Engländern. Nach zwei Wochen im britischen Armee-Verpflegungsdepot in Hamburg-Veddel wurde ich von der Bauverwaltung in Hamburg offiziell als Lagerarbeiter bei den Briten angestellt.

Ich ahnte noch nicht, dass ich zwei Jahre in Hamburg bleiben würde. Bald bekam ich Briefkontakt zu meinen Eltern und erfuhr erleichtert, dass zu Hause alles in Ordnung war. Sie waren nicht ausgebombt!

– Die letzten Kriegsmonate in Berlin –

Was hatte sich in den letzten Wochen und Monaten vor Beendigung des Krieges in Berlin, in Spandau, in Haselhorst zugetragen? Es muss chaotisch gewesen sein. Auch nach meiner Rückkehr 1948 haben meine Eltern wenig darüber berichtet. Aufschluss geben allerdings einige Eintragungen meines Vaters in seinem Umschlagkalender 1945, die ich an dieser Stelle wiedergebe.
Zunächst einmal hat der Feldpost-Briefverkehr mit mir bis etwa Ende Februar 1945 noch funktioniert. Am 23. Februar wurde letztmalig der Eingang eines Briefes von mir bestätigt, dann erst riss der Briefkontakt ab.
Die Luftangriffe gingen Januar bis März 1945 unvermindert weiter. Fliegeralarm Tag und Nacht, bis zu vier Mal und bis zu vier Stunden am Stück saß man im Luftschutzkeller. Am 28. März notierte mein Vater: „Schwere Luftangriffe, Spandau brennt, auch die Siemens-Werke brennen!". Und trotzdem – oder gerade deshalb – suchte man Entspannung: Mindestens zweimal in der Woche ging man ins Kino; noch am 3. April wurde „Der verkaufte Großvater" im Haselhorster Kino „Rex" angesehen oder Revuen im „Theater des Volkes" – „Mit Musik geht alles besser".
Notiz am 22./23. Januar 1945: „Die Russen dringen weiter vor; Kämpfe bei Thorn, Insterburg und Oppeln. Es sieht böse aus."
Oder am 1. Februar 1945: „Russen bis Küstrin vorgedrungen".
Am 18. Februar wurde der „Volkssturm" rekrutiert: „Volkssturmappell vor der Ortsgruppe in Haselhorst" notierte mein Vater – er war 50 Jahre alt und musste jetzt auch „an die Gewehre". Am 2. März gab es Volkssturmübungen, einen Tag später Waffenausbildung in Ruhleben. Am 12. März trat die „1. Kompanie Volkssturm, Batterie Haselhorst" zum Appell an, am 25. März wurde sie im Siemens-Stadion vereidigt. Weitere Übungen und Ausbildungen folgten im April.
Aber damit noch nicht genug: Für den 10. März notierte Vater: „W (Willi) muss ‚Schanzen' an der Stößenseebrücke (d.h. Schützengräben und Panzersperren ausheben). Am 17. März dasselbe am Haveleck, am 21. März am Stresowplatz und so weiter.

Schließlich musste er auch noch bei Siemens arbeiten: „9. März: im kalten Büro". Auch meine Mutter war bei BMW dienstverpflichtet und musste zum Teil zehn Stunden am Tag arbeiten.
Übrigens wäre eine Weigerung meines Vaters, beim Volkssturm mitzumachen, völlig zwecklos gewesen. Das hätte als „Wehrzersetzung" gegolten und wäre mit sofortigem Erschießen bestraft worden.
Das Ende des Krieges nahte, und ob mein Vater im Volkssturm noch in Kriegshandlungen der letzten Tage verwickelt wurde, weiß ich nicht. Jedenfalls gibt es kaum Aufzeichnungen darüber.

– Die Russen kommen –

In seinen letzten Eintragungen vor Kriegsende hielt mein Vater fest, dass die Russen am 24. April 1945 bereits den Hohenzollernkanal erreicht hatten. Tiefflieger griffen Haselhorst an. Am 25. April marschierten die Russen nachmittags um 17 Uhr mit mindestens 40 bis 50 Panzern und Infanterie in Haselhorst ein. Vom 26. April bis 6. Mai fehlen jegliche Aufzeichnungen meines Vaters. Am 7. Mai schrieb er: „Das erste Mal wieder Arbeitsantritt bei Siemens. Völlig zerstört, Aufräumungsarbeiten."
Dann wurde mein Vater dienst- und arbeitsverpflichtet bei den Russen. Vom 16. Mai bis 28. Juni trug er täglich ein: „Russeneinsatz 12 Stunden". Wo und wofür er eingesetzt wurde, geht aus seinen Notizen nicht hervor, er konnte jedoch zu Hause bleiben und wurde täglich zum Einsatz transportiert. Offenbar wurden diese Arbeiten mit Brot entlohnt: „8. Mai = 350 gr., 19. Mai = 600 gr., 20. Mai = 700 gr. Brot" notierte er.
Am 17. Mai 1945 gab es das erste Mal wieder Strom in Haselhorst, am 19. Mai konnte man wieder Radio hören. Ab dem 30. Juni ging es mit den Aufräumungsarbeiten bei Siemens weiter.
Zum 4. Juli sollten die Russen die Westsektoren Berlins verlassen und den Westalliierten Platz machen. Ausgerechnet an diesem

4. Juli wurde mein Vater in der Motardstraße in Siemensstadt von einem Russen vom Fahrrad gestoßen, der wohl zum Abschied noch ein Fahrrad organisieren wollte. Vater zog sich dabei einen komplizierten Knöchelbruch zu, der ihn bis zum 7. September ans Krankenhaus fesselte.

– Die Arbeit im britischen Verpflegungsdepot –

Der tägliche Weg zu Arbeitsstätte in Hamburg-Veddel, Peutestraße, war beschwerlich: zunächst zu Fuß zum Bahnhof Hamburg-Altona, dann mit der S-Bahn zur Station „Berliner Tor", dann umsteigen in die Straßenbahn, über die Elb-Brücken nach Hamburg-Veddel, und dann noch zu Fuß die Peutestraße entlang bis zum Verpflegungsdepot, circa anderthalb Stunden. Das Depot war in großen Vorrats-Silos einer früheren Konsumgenossenschaft an der Norderelbe untergebracht und teilweise durch sog. „Nissenhütten" erweitert worden. Hier war alles deponiert, was die Britische Armee in Norddeutschland benötigte, von Toilettenpapier und Entlausungspuder über sämtliche Lebensmittel bis hin zu Kaffee, Tee, Schnaps und Zigaretten. In langen Listen waren die „Commodities" (Artikel) verzeichnet, und es war schon imponierend, tagtäglich mit anzusehen, was es für das britische Militär alles gab, wovon 1945/1946 die Deutschen nur träumen konnten.

Im Grunde genommen konnte einem 19-jährigen jungen Deutschen nichts Besseres passieren, als in dieser Zeit in einem britischen Verpflegungsdepot zu arbeiten. Wir wurden dort auch verpflegt, und natürlich ging auch mal eine Kiste mit Corned Beef kaputt, so dass wir uns an deren Inhalt verbotenerweise ranmachen konnten. Bei vielen Engländern galt die Devise: „Lieber vernichten, als den Deutschen geben."

Unsere Arbeit bestand im Stapeln von Kisten, Kartons und Säcken sowie im Be- und Entladen der Eisenbahnwaggons und Lkw. Zu einer „Gang" von circa sechs Mann gehörte immer ein englischer Soldat als Kontroll- oder Bewachungsposten. Sie waren streng, aber überwiegend korrekt (wir waren ja immer noch Feinde). Auch hier hatte ich Glück: Aufgrund meines Namens dachte man, ich sei Jude. Ich habe sie in ihrem Glauben gelassen.

Nach und nach kamen wir mit den Briten auch ins Gespräch. Im Laufe der Zeit konnte ich meine paar Brocken Schulenglisch mehr und mehr zu einer verständlichen Umgangssprache ausbauen, was mich in meiner Auffassung bestärkte, dass Sprachpraxis besser ist als die Beherrschung der perfekten Grammatik. Unsere deutsche Mannschaft bestand überwiegend aus ehemaligen Hamburger Hafenarbeitern, von denen habe ich „Hamburger Platt" sprechen und verstehen gelernt. Auch beim Skatspielen wurde nur Platt gesprochen. Nach und nach wurde ich „jung'scher Berliner Bengel" in ihre Gemeinschaft aufgenommen.

Ein Ereignis verschaffte mir bei ihnen wie auch bei den Engländern besonderes Ansehen: Wir mussten Säcke mit Mehl – „bags of flour" – in einen Eisenbahnwaggon verladen. „Now four more bags", vier weitere Säcke, und die notwendige Anzahl sei verladen, sagte der bewachende Corporal. „Nein", sagte ich: „Nach meiner Berechnung ist die Anzahl schon verladen" (ich glaube, das Ladegut waren 50 Säcke). Es kam zu einer Auseinandersetzung, ob ich „bloody german boy" ihn belehren wolle. Auf Anweisung des aufsichtsführenden Sergeanten wurde dennoch ausgeladen und nachgezählt und siehe da, ich hatte Recht! Wenige Tage später wurde ich befördert zum „Storekeeper" (Lagerverwalter). Das heißt, mir wurde ein bestimmtes Lager zur Verwaltung übertragen, und ich war verantwortlich dafür, dass Lagerkarte und Lagerinhalt stets übereinstimmten. Ich bekam mehr Geld (meiner Erinnerung nach 300 RM monatlich) und hatte einen gewissen Einfluss, was auch den deutschen Kollegen Respekt abnötigte. Später bekam ich junger Bengel als einziger Deutscher sogar den Schlüssel zum Zigaretten-Store, und das war schon was! Natürlich war die Versuchung groß, bei den Schwarzmarktpreisen von einer Zigarette (eine „Players Navy Cut" brachte 10 RM) mal zuzugreifen. An den Lagertoren wurde jedoch streng kontrolliert. Stichprobenweise gab es Leibesvisitationen – bei den Werten, die die Dinge im Lager damals hatten, verständlich. Beim kleinsten Versuch des Herausschmuggelns (z.b. ein Säckchen Zucker) riskierte man rigoros den Rauswurf und ein Diebstahls-Strafverfahren. Im Laufe der Zeit gab es dennoch Möglichkeiten, diesen und jenen Vorteil zu nutzen. Schließlich bekam man nach und nach auch Freunde unter den Engländern.

– Das Leben in Hamburg 1945 / 1946 –

Später gab es hin und wieder „Belohnungs-Deputate" von den Engländern. Diese Sonderrationen wirkten sich auch positiv auf die Stimmung meiner Gasteltern aus, zumal Onkel Herbert Zigarettenraucher war. Ich rauchte zu diesem Zeitpunkt nur sporadisch und während meiner Wehrmachtszeit so gut wie überhaupt nicht. Ansonsten war das Leben in Hamburg karg und ärmlich. Die Lebensmittelkarten gaben nur wenig her, und für das normale Geld – auch für meinen Kostgeldanteil – war nicht viel zu kriegen, da die Schwarzmarktpreise hoch lagen. Es war kalt um die Jahreswende 1945/1946. Holz und Kohlen reichten vorne und hinten nicht, nicht mal für die Wohnküche, die zum Lebensmittelpunkt wurde. Man ging Kohlen klauen auf den Güterbahnhöfen, was mit nicht unerheblichen Gefahren verbunden war – es wurde scharf geschossen. Kohlengüterzüge, die durch Hamburg fuhren, wurden teilweise mutwillig durch Verstellen der Signale gestoppt und dann von „Kohlenklauern" gestürmt. Die Not war groß.
Eine Entspannung trat in der überfüllten Wohnung meiner Verwandten ein, als Tante Ruth und ihre Tochter Marita teilweise zu Verwandten nach Gestacht und Anfang März 1946 endgültig nach Berlin gingen. Dadurch hatte ich in der Großen Brunnenstraße mein eigenes kleines Zimmer. Der Brief- und Päckchenverkehr mit meinen Eltern in Berlin klappte inzwischen ganz ordentlich (zehn bis 14 Tage Laufzeit). Ich bekam Berliner Zeitungen geschickt und zivile Kleidungsstücke, falls vorhanden. Mit meinen alten Militärklamotten konnte und wollte ich ja nicht täglich her-

umlaufen. Ich ging meiner täglichen Arbeit nach und habe mich dort bei den Engländern ganz wohl gefühlt, das hatte später auch seinen besonderen Grund ...

Zu meinem Geburtstag am 1. Oktober 1946 – ich wurde 20 Jahre alt – gab es eine Überraschung: Meine Mutter kam schwarz über die Grenze bei Salzwedel, gemeinsam mit einer Bekannten, nach Hamburg. Wir freuten uns riesig, denn immerhin hatten wir uns zwei Jahre lang nicht gesehen. Sie blieb 14 Tage, und wir genossen die Zeit.

Dieser Geburtstag ist mir auch deshalb stark in Erinnerung, weil am gleichen Tage die Todesurteile aus dem Nürnberger Kriegsverbrecher-Prozess in einer Originalübertragung im Radio gesendet wurden. Das oft ausgesprochene Todesurteil „Hanging by neck" verfolgte mich tagelang.

Der darauf folgende Winter war wieder bitter kalt. Die Hamburger Alster war komplett zugefroren, -20°C waren an der Tagesordnung. In unserer Wohnküche, in der ich mich zwei Jahre lang morgens waschen musste – Badezimmer gab es nicht, man musste „Wannenbaden" gehen – waren morgens um 6 Uhr die Waschlappen angefroren, man konnte gar nicht schnell genug bibbern. Natürlich waren Fahrten mit der S- und Straßenbahn auch kein Vergnügen bei diesen Minusgraden.

Der „besondere Grund", von dem ich zuvor sprach und der mich ab Herbst 1946 besonders gern zu meiner britischen Arbeitsstelle gehen ließ, hieß Christel Meier. Sie war als Sekretärin bei einem Lageroffizier tätig, und unsere Wege innerhalb des Depots kreuzten sich mehrmals täglich – nicht nur dienstlich. Christel stammte aus einer gutbürgerlichen hanseatischen Familie und wohnte mit ihren Eltern am Goldbeckufer im vornehmen Hamburger Viertel Winterhude. Sie war sehr hübsch, das war auch den britischen Offizieren nicht entgangen. Dennoch blieb ich „erster Sieger". Wir sahen uns häufig, auch außerhalb des Depots, und unternahmen vieles gemeinsam. Sie war wohl meine erste große Liebe.

Im Juni 1947 besuchten mich meine Eltern in Hamburg, und zwar ganz offiziell, mit Interzonenpass. Bei diesem Besuch ging es auch um die Gretchenfrage: Wie soll es weitergehen mit mir? Immerhin war ich inzwischen fast 21 Jahre alt. Selbstverständlich stellte ich Christel meinen Eltern vor. Wir machten einen sehr schönen Ausflug nach Wellingsbüttel, aber natürlich war unser Problem die völlig ungewisse Zukunft.

Fraglos bot der (ungelernte) Job bei den Engländern keine Perspektive, so angenehm er für ich im Augenblick auch war, besonders durch die schönen privaten Begleiterscheinungen hier in Hamburg. Mein Vater drängte – sicher nicht zu Unrecht – auf eine Rückkehr nach Berlin mit dem Ziel, mein Abitur nachzuholen. Ich folgte diesem Ruf. Christel und ich versprachen uns, dass wir uns nicht aus den Augen verlieren. Ich weiß aber nicht mehr, ob wir uns auch versprachen, „aufeinander zu warten".

In die Zeit Anfang Juni 1947 fiel jedoch noch ein besonderes Ereignis: Als meine Eltern am 2. Juni 1947 in Hamburg ankamen, saß ich im Untersuchungsgefängnis! Was war passiert? Am Abend zuvor hatte mich ein netter britischer Sergeant privat in einen NAAFI-Club (Navy Army Air Force Institute) eingeladen; der Zutritt war aber für Deutsche verboten. Von irgendeinem britischen Gast wurde ich verpfiffen. Die Militärpolizei kam, und zwei baumlange britische MPs führten mich ab. Über eine Polizeistation kam ich dann nachts in das Untersuchungsgefängnis am Sievekingplatz und wurde eingesperrt. Zum Glück dauerte der Spuk nicht allzu lange. Bereits am Vormittag des nächsten Tages kam ich vor das Gericht der Militärregierung (Military Government Court) und wurde wie folgt verurteilt: „Werner Salomon, you have been found guilty of Disobedience of an order of Mil Gov" – Sie sind schuldig befunden worden wegen des Verstoßes gegen eine Anordnung der Militärregierung. Auf Anordnung des Gerichts wurde ich entlassen mit einer Bewährungszeit von zwölf Monaten, in denen ich „keine weiteren Straftaten" mehr begehen sollte. Auf meinen Job bei den Engländern wirkte sich diese Verurteilung jedoch in keiner Weise aus, im Gegenteil: Man schüttelte nur mit dem Kopf.

Die Würfel für meine weitere Entwicklung waren dennoch gefallen. Ich kündigte problemlos meine Beschäftigung bei den Engländern. Schwieriger war die Rückreise nach Berlin am 21. August 1947, die illegal, d.h. schwarz über die Sektorengrenze, erfolgen musste. Als „Fluchthelferin" fungierte eine Verwandte von Tante Ruth, Brunhilde, die in solchen Sachen schon Erfahrung und Ortskenntnisse hatte. Der schloss ich mich an.

Mit einigen Umwegen gelangten wir in das Grenzgebiet. Es muss die Gegend um Salzwedel gewesen sein. Bei Nacht und Nebel ging es an irgendeinem Flüsschen hinein in die Ostzone, wo wir uns versteckten, denn einige Russen rannten dort schon herum. Beim Morgengrauen nahm mich ein Lkw mit bis nach Perleberg – ich hatte noch englische Zigaretten! Im Ort sah ich zum ersten Mal leibhaftig einen russischen Soldaten. Frage am Bahnhof von Perleberg: „Wann fährt denn ein Zug nach Berlin?" Antwort: „Das kann einige Stunden dauern. Wenn Sie Pech haben, heute gar nicht."

Gott sein Dank hatte ich kein Pech. Der Zug kam. Auch gab es im Zug keine Kontrolle – nicht selten wurden „flüchtige" Westler herausgeholt – und ich kam am Spandauer Bahnhof am 22. August 1947 nach fast drei Jahren Abwesenheit an. Spandau sah nach seiner Zerbombung wirklich trostlos aus.

– Wieder auf der Schulbank in Berlin –

Nach all den notwendigen formalen Erledigungen (Polizei, Arbeitsamt, Kartenstelle usw.) ging es als nächstes zur Anmeldung in die Freiherr-vom-Stein-Schule, meine alte Schule. Sie war im Großen und Ganzen von Bombenzerstörungen verschont geblieben. Direktor der Schule war jetzt Dr. Korte, der sich stets dem Nationalsozialismus widersetzt hatte und auf dem Bahnhof Falkensee – laut um Hilfe rufend – 1944 von den Nazis verhaftet worden war. Wir wurden relativ schnell „handelseinig", und ich nahm am 1. September 1947, nach dreijähriger Unterbrechung, den Schulbesuch in der Abiturientenklasse 8 b wieder auf. Neben meinem alten Freund Walter Kaul aus Haselhorst waren alle Klassenkameraden drei bis vier Jahre jünger als ich und hatten kaum Schulausfall durch Kriegseinwirkungen gehabt. Ich musste die verlorene Zeit aufholen. Die Lehrer waren zum Teil noch die alten: Studienrat Gloeden („Apollo"), der gestrenge Lateinlehrer, Studienrat Martin („Rübe"), der alte Englischlehrer. Den neuen Klassenlehrer, Studienrat Padberg, kannte ich noch nicht. Er lehrte Deutsch und Geschichte, war politisch engagiert und später CDU-Abgeordneter. Rückblickend kann ich sagen, dass alle Lehrer mit mir – dem Kriegsheimkehrer – stets freundlich und fair umgegangen sind.

Bis auf Englisch – hier hatte ich durch meine zweijährige Praxis einen Vorsprung – tat ich mich dennoch mit dem Unterricht schwer. Ich wurde dem naturwissenschaftlichen Zweig zugeteilt, obwohl Mathematik, Physik und Chemie nie meine Stärken gewesen waren, aber der sprachliche Zweig blieb mir leider verschlossen, weil mir Vorkenntnisse in der französischen Sprache fehlten.

In das heimatliche Leben habe ich mich schnell wieder eingeklinkt. Es waren schwierige Zeiten 1947/1948, besonders was die Versorgung anging. Aber mein Vater war in dieser Beziehung eigentlich immer auf dem „quivive". Er beschaffte uns neben dem Grundstück in Falkensee einen kleinen Pachtgarten auf dem Siemensgelände an der Nonnendammallee gegenüber der Kerzenfabrik Motard (manchmal stank es dort bestialisch), sodass die Ernährung mit Gemüse, Obst und Kartoffeln gewährleistet war. Auch die berühmten Karnickel auf dem Balkon waren vorhanden und wurden gehegt und gepflegt.

Die Freizeitgestaltung bestand im Herbst 1947 natürlich aus Fußball (Stammzuschauer bei „Altstadt Spandau", dem Vorläufer vom SSV an der Neuendorfer Straße) und aus Kinobesuchen im Haselhorster Kino „Rex", vielfach Nachtvorstellungen, weil tagsüber Stromsperre herrschte. Mit Christel Meier aus Hamburg wechselte ich viele (Liebes-)Briefe. Ein weihnachtlicher Theaterbesuch im Hebbel-Theater beeindruckte mich außerdem ungeheuer. Es gab „Das Abgründige in Herrn Gerstenberg", mit Aribert Wäscher in der Hauptrolle – eine tolle Aufführung.

Die nächsten Monate waren überwiegend mit Büffeln für das Abitur ausgefüllt. Es waren in der Zwischenzeit noch Arbeiten zu schreiben und Klausuren zu absolvieren. Mein Haselhorster Schulkamerad Walter Kaul half mir zum Teil sonntags bei den Vorbereitungen. Ein Zwischenzeugnis vom 23. März 1948 sah ganz ermutigend aus, wenn auch nicht berauschend. Am 24. April erhielt ich die Zulassung zum Abitur, und am 24. Mai 1948 ging es los mit den Prüfungen. Mündlich sammelte ich Pluspunkte bei der richtigen Benennung der ostfriesischen Inseln mit dem Zitieren der alten Eselsbrücke der Marine: „Welcher (W = Wangerooge) Seemann (S = Spiekeroog) liegt (L = Langeroog) bei (B = Baltrum) Nani (N = Norderney) im (J = Juist) Bett (B = Borkum)?" In Englisch durfte ich nicht frei plaudern, sondern hatte einen verknöcherten Text mit grammatikalischen Fußangeln vor mir – ein ausgesprochenes Pech für mich, denn englische Grammatik war nicht meine Stärke. Als ich herumstocherte, griff der Prüfungsvorsitzende helfend ein und sagte: „Denken Sie doch mal ans Lateinische, wie würden Sie denn da formulieren?" Da sagte mein Lateinlehrer, Studienrat Gloeden, halblaut: „Latein kann er doch erst recht nicht ..." Das hat mir eine gute Note in Englisch vermiest, auf die ich eigentlich spekuliert hatte. Es langte jedoch für das Abitur: Ich bestand nicht mit Glanz und Gloria, aber immerhin.

– Nach dem Abitur auf Stellensuche –

Bald nach dem Abitur bin ich auf Stellensuche gegangen und habe mich bei fast allen Berliner Rundfunkanstalten und Zeitungen um eine Stelle als Volontär beworben, denn ich wollte Sportjournalist werden: Beim RIAS Berlin, beim Nordwestdeutschen Rundfunk (NWDR), beim „Telegraf", beim „Spandauer Volksblatt", beim „Sportecho" und in einigen anderen Redaktionen versuchte ich mein Glück. Es hagelte nur Absagen. Der RIAS nahm mich nach bestandener Mikrofonprobe schließlich als freien Mitarbeiter (Sportreporter) auf. Ein Volontariat bekam ich auch dort nicht, aber ich hatte immerhin den Fuß in der Tür. Vor dieser „aktiven Betätigung im Kulturleben Deutschlands" wurde ich von der bri-

tischen Nachrichtenkontrolle auf meine politische Zuverlässigkeit hin überprüft.
Meinem Vater behagte es überhaupt nicht, dass ich keine richtige Lehrstelle hatte, wie ihm auch der ganze angepeilte Beruf nicht passte: Das Journalistendasein war in seinen Augen ein Vagabundenleben. Ich müsse einen „anständigen" Beruf erlernen, fand er, und bedrängte mich, mich für den öffentlichen Dienst zu bewerben. So bewarb ich mich dann tatsächlich – trotz meiner RIAS-Ambitionen – bereits im August 1948 beim Landesfinanzamt als Dienstanwärter für die Berliner Steuerverwaltung. Größere berufliche Gegensätze kann es kaum geben. Zu allem „Unglück" bestand ich die Aufnahmeprüfung und fing am 3. Januar 1949 als Dienstanwärter beim Finanzamt Charlottenburg-Ost in der Bismarckstraße an. Meine Lehrzeit betrug, da ich das Abitur hatte, nur zwei Jahre. Auch hier brauchte ich eine politische Unbedenklichkeitsbescheinigung.

– DIE BLOCKADE BERLINS –

Am 20. Juni 1948 wurde in Westdeutschland und wenig später auch in Westberlin die Währung reformiert. Das nahm die Sowjetunion zum Anlass, um über Berlin die Blockade zu verhängen, wenige Tage vor meiner Abiturprüfung.
In den nächsten Monaten begann die alliierte Luftbrücke, über die Berlin mit den notwendigsten Versorgungsgütern am Leben gehalten wurde – eine gigantische Leistung der Luftbrückenpiloten. Ich will rückschauend gestehen, dass ich die Lage zunächst als nicht so dramatisch empfand. Zunächst war ich froh, dass ich das Abitur geschafft hatte und überlegte, wie es nun weitergehen sollte. Dennoch wirkten sich die politischen Einflüsse zunehmend auf unser tägliches Leben aus, einschneidend vor allem durch die weitere Verknappung der Lebensmittel und anderer Versorgungsgüter. Ein Blick in die Aufzeichnungen meines Vaters gibt einen Eindruck von der Eintönigkeit und Einfachheit

des Speisezettels, aber auch von der Kreativität meiner Mutter: Es gab Mehlklöße mit Backpflaumen, Büchsenfleisch mit POM (Kartoffelbrei), Maisgriesbrei, Hafergrütze, abends dann noch eine Stulle mit Margarine und Zucker, Kürbissuppe, Nudeln mit Tomaten, süße Graupen, süße Mehlsuppe, Trockenkartoffeln sauer und süß oder süß und sauer. Pellkartoffeln mit Hering waren in dieser Zeit eine seltene Delikatesse. Wohl dem, der einen kleinen Garten hatte und so den Speiseplan auffrischen konnte. Wir hatten einen, an dem wir bald Nachtwache halten mussten. Wie kurz nach dem Krieg, gehörten auch in diesen Tagen die Karnickel auf dem Balkon zur Lebensqualität. Wir hatten fünf, und über jedes einzelne wurde sorgfältig Buch geführt – mein Vater war ja schließlich Buchhalter. Der häusliche Einfallsreichtum reichte bis zum Selbstbrennen von Schnaps, Eierlikör, Kakaolikör und anderem. Wenn wir in die Stadt oder anderswohin gingen, nahmen wir immer einen Löffel mit – vielleicht gab es irgendwo mal Eintopf.

Ich erinnere mich auch, dass mein Vater und ich im Herbst 1948 in den Tegeler Forst zogen, um Stubben auszubuddeln. Vorher bekamen wir vom zuständigen Förster in Saatwinkel einen Genehmigungsschein. Es war eine verdammt schwere, körperliche Arbeit, und ab und an musste auch verbotenerweise ein starker Baumast dran glauben. Mit einem selbst gebauten Wägelchen zogen wir anschließend mit der kostbaren Fracht heimwärts.

– Private Entwicklungen –

Erstaunlicherweise hielt der Briefwechsel zwischen Christel Meier in Hamburg und mir zunächst unvermindert an. Seit meinem Weggang aus Hamburg im August 1947 hatten wir uns an die zweihundert Briefe geschrieben. Zum Ende des Jahres 1948 flaute die Briefflut allerdings ab. Die Entfernung und der Umstand, dass wir uns nicht sehen konnten, führte zu einer gewissen Entfremdung, und ich hatte den Eindruck, sie wollte oder konnte auch nicht mehr. Der Kontakt brach Anfang 1949 völlig ab, seither habe ich leider nie wieder etwas von ihr gehört.

Aber in Berlin tat sich Unvorhergesehenes: Mein Schulfreund Walter Kaul hatte eine Freundin in Haselhorst, Ingrid Schünemann. Schon bei gemeinsamen Unternehmungen hatte ich den Eindruck, dass es bei den beiden nicht so richtig funktionierte, und ich spürte eine gewisse Sympathie von Ingrid mir gegenüber. Kurz nach dem Abitur setzte sich Walter Kaul ab in den Westen, um dort zu studieren. Er promovierte später und war als Prof. Dr. Kaul ein bedeutender Mann im Luftfahrtbundesamt in Braunschweig. Leider ist er inzwischen verstorben.

Ich hatte damals, wohl nicht zu Unrecht, den Eindruck, seine ehrgeizigen Eltern wollten Walter so schnell wie möglich aus dem „Dunstkreis" von Ingrid Schünemann heraus haben, weil sie um seine berufliche Karriere fürchteten. Es schien selbstverständlich, dass wir uns jetzt näher befreundeten, und dieser Zustand dauerte dann etwa zwei Jahre.

Ich ging in dieser Zeit sehr viel ins Kino. Überwiegend waren es amerikanische, englische und französische Filme, die jetzt den deutschen Markt eroberten. Als weiteres Freizeitvergnügen entwickelte sich das Berufsboxen in Berlin zum Publikumsmagneten. Meistens ging man dazu in die Messehallen unter dem Funkturm, so auch ich. Boxer wie Dieter Hucks („der Schmied vom Niederrhein"), Conny Rux oder Peter Müller („de Aap aus Köln") wurden zu Idolen, ebenso Hans Stretz.

Einen bemerkenswerten Vorgang aus jenen Jahren will ich noch erwähnen: Bevor wir Luftwaffenhelfer aus der C-Klasse der Freiherr-vom-Stein-Schule uns 1944 aus den Augen verloren hatten, hatten wir uns ein Versprechen gegeben: „Drei Jahre nach Kriegsende sehen wir uns vor dem Spandauer Rathaus wieder!" Erstaunlicher Weise wurde dieser Schwur gehalten. Im Herbst 1948 traf sich eine Handvoll Pennäler des Jahrganges 1926/1927 in einem Lokal gegenüber der alten Post in der Carl-Schurz-Straße, und der Kreis vergrößerte sich durch Mundpropaganda. Später trafen wir uns Jahr für Jahr, immer einen Tag vor Bußtag, im Lokal

„Kaiserhof" am ehemaligen Spandauer Hauptbahnhof. Wesentlicher Motor war damals unser Freund Peter Rauschke, der leider nicht mehr unter uns weilt.

– Dienstanwärter im Finanzamt –

Obwohl ich am 3. Januar 1949 meine Lehre als Dienstanwärter in der Steuerverwaltung antrat, war ich immer noch der sportjournalistischen Idee verbunden. Bis in den Spätsommer 1949 hinein war ich trotz meiner Beanspruchung im Finanzamt ständig in der Sportredaktion des RIAS zugegen, um mich in Erinnerung zu bringen und um Reportagen nachzusuchen. Am 2./3. Juli war ich Stadionsprecher bei der sog. „RIAS-Jugend-Olympiade", am 16. Juli Sprecher beim Seifenkistenrennen in Kreuzberg und am 31. Juli Reporter eines Fußballspiels des SSV in der Neuendorfer Straße. Danach trennte ich mich vom RIAS. Ich passte wohl auch nicht mehr so gut in diese Richtung, und meine Träume, Sportjournalist zu werden, waren ohnehin geplatzt, was meinen Vater nicht traurig stimmte.

Meine Ausbildung beim Finanzamt Charlottenburg-Ost wurde nach drei Monaten unterbrochen, und man ordnete mich zum Bezirksamt Spandau (Verwaltungs-, Personalamt und Lohnstelle) ab. Wir sollten im Rahmen der Lehrzeit für vier Monate auch eine Bezirksverwaltung kennen lernen. Der Heimatbezirk Spandau bot sich dafür an, und ich konnte damals wahrlich nicht ahnen, dass das Rathaus Spandau dreißig Jahre später für mich eine besondere Bedeutung haben würde.

Meine Versetzung zum Finanzamt Tiergarten im September hatte nicht unerhebliche private Folgen für mich: Ich lernte dort Marion Huneke kennen, ebenfalls Dienstanwärterin, die später meine Frau wurde. Das Jahr 1949 ging undramatisch zu Ende. Ich war ja mit Ingrid Schünemann verbunden und verkehrte häufig in ihrer Familie. Vermerk meines Vaters am 15.10.1949: „Werner bleibt die Nacht weg!" Na und? Ich war inzwischen 23 Jahre alt!

Im Finanzamt Tiergarten fasste ich verhältnismäßig schnell Fuß. Die Kollegialität war dort ausgeprägter als im sterilen Finanzamt Charlottenburg-Ost. Mit den anderen jungen Kollegen und Kolleginnen kam ich schnell in guten Kontakt. Ich weiß noch, dass wir zur Weihnachtsfeier eine „Finanzamtsoper" einstudiert hatten: „Strömt herbei, ihr Völkerscharen, dort wo das Finanzamt steht, und entrichtet eure Steuern, dass dem Staat es gut ergeht ..." Diese Oper haben wir später sogar bei einer Weihnachtsfeier der FDP im Hansa-Theater in Moabit aufgeführt.

– Zwischen zwei Frauen –

Das folgende Jahre 1950 war für mich ein kritisches Jahr, wenn man einmal davon absieht, dass ich am 31. Dezember meine Lehrzeit beendete und den vorgeschriebenen Ausbildungslehrgang an der Finanzschule mit „gut" absolvierte. Ich hatte damit den Befähigungsnachweis für den einfachen mittleren Verwaltungsdienst erbracht. Aber privat stand ich nun zwischen zwei Frauen, Ingrid und Marion, und das spitzte sich zu. Beide spürten wohl, dass irgendetwas nicht stimmte.
Nach und nach zog es mich mehr zu Marion, wozu sicher die tägliche Nähe am Arbeitsplatz beitrug. Aber auch Ingrid und ich sahen uns häufig. Dieses Spannungsverhältnis blieb meinen Eltern nicht verborgen, bei denen ich noch wohnte. Kalender-Vermerk meines Vaters am 8. März: „Die Mädels, die Mädels, die Mädels sind sein Ruin" oder: „Werner war schon wieder nachts nicht zu Hause". An dieser Stelle will ich eine persönliche Einschätzung zu meinem Seelenleben versuchen: Ich hatte bei allen meinen privaten Verbindungen immer eine starke emotionale Beziehung zur Partnerin. Ich war nie ein Mensch für flüchtige Bekanntschaften und schnellen Flirts. Daher war es für mich auch außerordentlich schwierig, mich zu entscheiden. Ich hatte ganz einfach Angst vor einem Entschluss, weil ich keine von beiden verlieren wollte.

Nach einigem Hin und Her kam es dann doch am 26. August – diesen Tag werde ich nicht vergessen – zur endgültigen Trennung von Ingrid Schünemann. Ich hatte noch lange ein schlechtes Gewissen. Als hübsches Mädchen hatte sie viele Verehrer und heiratete einige Zeit später, aber mein Foto stand wohl noch längere Zeit auf ihrem Nachttisch. Habe ich ihr Unrecht getan?

– Marion kommt in die Familie –

Marion Huneke trat nun mehr und mehr in mein Leben. Auch für sie und ihre Familie galt es, schwere Schicksalsschläge zu verkraften: Der Vater war in Stalingrad vermisst, die jüngere Schwester im Krieg während eines Landaufenthaltes in Österreich gestorben. Die Mutter musste Marion und einen jüngeren Sohn mit kärglichen Mitteln durchs Leben bringen. Sie wohnten in der Sophie-Charlotte-Straße 90, im Hochparterre. In der „guten Stube" nach vorn heraus mussten Flüchtlinge untergebracht werden. Ich war häufig dort, und wir bereiteten uns gemeinsam auf unsere Prüfungen beim Finanzamt vor. Bald wurde sie auch in meinem Elternhaus zur Familie gezählt, und so gab es kaum einen Zweifel, dass wir zusammenbleiben würden.

*

Ein paar weitere Schlaglichter aus dem Jahre 1950: Über Pfingsten war das große internationale Treffen der FDJ (Freie Deutsche Jugend) in Ostberlin. Wir mussten über die Feiertage im Finanzamt Tiergarten Wache schieben, um bei Übergriffen das Gebäude zu schützen. Ich meine, wir waren sogar mit Knüppeln bewaffnet.

Ganz in der Nähe unserer Wohnung in Haselhorst waren die Filmstudios der CCC, der Filmgesellschaft von Atze Brauner, in denen viele bekannte Filme gedreht wurden. Hier war ich häufig Zaungast, etwa als für den Film „Epilog" die „Orplid" vor Eiswerder in der Havel unterging und es sich dann im Film um den Atlantik handelte.

Und eine neue Sportart machte in Berlin Furore: das Berufsringen im Freistil und im griechisch-römischen Stil, in Zelten oder in den Funkturmhallen. Natürlich waren wir häufig dort und zitterten um unseren Favoriten (Fritz Müller aus Bamberg) oder wüteten gegen die Bösewichte im Freistil (der Tscheche Vavra), kaum einer erinnert sich noch daran.

– Arbeit im Finanzamt und Hochzeit –

Am 1. Januar 1951 hatte ich ausgelernt und war Verwaltungsangestellter. Ich wurde in die Vergütungsgruppe VII BAT mit einem monatlichen Gehalt von 198 DM eingestuft. Berufsbeamtentum gab es 1951 in Berlin noch nicht. Die Kommunisten hatten es 1945 abgeschafft, und erst 1952 wurde es mit Übernahme der Bundesgesetzgebung wieder eingeführt. Die ersten Monate waren mit Sondereinsätzen ausgefüllt. Zum 1. Juni kam ich als Mitarbeiter in eine Steuerveranlagungsstelle, sozusagen dem Herzstück eines Finanzamtes. Mein erster Sachbearbeiter, dem ich zugeteilt wurde, hieß Heinz Striek, und mit ihm war auch später mein weiteres berufliches Schicksal verbunden. Heinz Striek war Sozialdemokrat und kam, weil er die Zwangsverschmelzung von KPD und SPD zur SED im Osten ablehnte, nach Westberlin. Zunächst überzeugte er mich davon, in die Gewerkschaft ÖTV einzutreten, die in diesen Jahren ein starkes und einflussreiches Element in den Arbeitnehmervertretungen war.
Am 13. Juni 1951, zu Marions Geburtstag, verlobten wir uns offiziell. Meine Eltern waren zu diesem Zeitpunkt verreist. Vor allem bei meinem Vater hatte ich ohnehin den Eindruck, er wollte nicht wahrhaben, dass ich älter und eigenständiger wurde. Inzwischen war ich fast 25 Jahre alt.
Im August machten wir als Verlobte unsere erste gemeinsame Ferienreise auf die Insel Amrum. Nach Rückkehr stieg ich gleich wieder in einen Lehrgang ein und musste mich häufig auf Klausuren vorbereiten.

Am 16. August 1952 heirateten wir vor dem Standesamt Berlin-Charlottenburg. Trauzeugen waren bezeichnenderweise zwei Kollegen. Wir feierten zu Hause mit Freunden, Kollegen und Verwandten, aber ohne meinen Vater: Der hatte sich rechtzeitig abgesetzt und fuhr am 13. August nach Paris! Unsere Hochzeitsreise führte uns in die Pension Büsching nach Hohenrode bei Rinteln, Vollpension für 5,50 DM. Der Wohnungsmarkt in Berlin war weiter angespannt, und es war kaum möglich, eine eigene Wohnung zu bekommen. So bezogen wir das inzwischen freie Vorderzimmer bei meiner Schwiegermutter in der Sophie-Charlotte-Straße 90, direkt über einer Kneipe. Beide zusammen hatten wir damals ein Einkommen von etwa 450 DM im Monat.

*

1952 sperrten die DDR-Organe um Pfingsten herum die Wochenendgrundstücke im Berliner Umland für Westberliner. Das Grundstück in Falkensee war für uns nun nicht mehr zugänglich. Zum Glück hatten meine Eltern noch den kleinen Garten in der Nonnendammallee.

*

Am 25. Februar 1952 fand in Berlin der erste und fast einzige Rosenmontagszug statt. Wir Bediensteten bekamen sogar frei, um den Zug zu betrachten. Den Aufzeichnungen meines Vaters entnehme ich, dass wir auch zu Hause immer sehr gemütlich Fastnacht gefeiert haben, mit Punsch, Schnaps und Pfannkuchen und rheinischen Karnevalsliedern aus dem Radio, und das in Berlin!

– Die erste eigene Wohnung –

Im März 1953 bestand ich nach harten Prüfungen den Steuerinspektoren-Lehrgang mit „gut", sehr zur Freude der ganzen Familie. Nunmehr gehörte ich dem „gehobenen Verwaltungsdienst" an. Im Januar 1954 wurde ich unter „Berufung in das Beamtenverhältnis auf Lebenszeit" zum Steuerinspektor ernannt. Das Fa-

milienleben war ganz harmonisch. Meine Eltern besuchten uns gerne in der „Presskohlenallee", wie die Sophie-Charlotte-Straße wegen ihrer vielen Kohlenhändler genannt wurde.
Der Arbeiteraufstand am 17. Juni 1953 in Ostberlin erschütterte die Menschen in beiden Teilen der Stadt. Nur durch das Eingreifen sowjetischer Panzer konnte der Aufstand zerschlagen werden. Dieser 17. Juni war jahrzehntelang ein deutscher Gedenktag. Das Leben ging trotz allem weiter.

Im Herbst 1953 zeichnete sich für uns etwas Erfreuliches ab: Meine Mutter hatte herausbekommen, dass in Spandau an der Seegefelder Straße zwischen Grüner Weg und Petzoldweg Neubauten entstehen, und tatsächlich bot mir der Bauherr Otto Joos eine Zweieinhalb-Zimmer-Wohnung in der Seegefelder Straße 62 a, Parterre, zum Mietpreis von monatlich 84,50 DM an. Ehemann und Ehefrau, beide im öffentlichen Dienst, das schienen ihm sichere Mieter zu sein. Auch die nötige Einweisung vom Wohnungsamt bekamen wir – Joos kannte den Wohnungsamtsleiter gut. Ich erkläre hier ausdrücklich: Mich kannte im Spandauer Rathaus damals noch niemand! Am 29. Oktober 1953 schlossen wir den Mietvertrag ab, am 1. März 1954 zogen wir ein.

*

Ein Ereignis im Herbst 1953 hatte für meine spätere berufliche Entwicklung eine gewisse Bedeutung: Mein früherer Steuersachbearbeiter Heinz Striek wurde Beamtensekretär beim Deutschen Gewerkschaftsbund, Landesbezirk Berlin. Seit dem l. Dezember 1952 galt auch für Berlin das Berufsbeamtentum, und der DGB widmete sich verstärkt diesem neuen Recht, indem er ein eigenes Beamtensekretariat gründete. In seinen Bundesschulen führte der DGB mehrmals im Jahr beamtenpolitische Tagungen durch. Heinz Striek habe ich es zu verdanken, dass ich am 29. November 1953 an einer der ersten Tagungen in Springe am Deister teilnehmen durfte. Ich flog dazu von Tempelhof aus nach Hannover – der erste Flug in meinem Leben.

*

Zum 1. März 1954 bezogen wir unsere schöne neue Wohnung. Sie hatte ein großes Wohn- und Esszimmer mit zwei gegenüberliegenden Fenstern, ein Schlafzimmer, ein Kinderzimmer, ein schönes Badezimmer und eine funktionsgerechte kleine Küche mit Tür zu einem kleinen Balkon. Nötige Anschaffungen erledigten wir nach und nach, auf eine Sommerreise musste in diesem Jahr verzichtet werden.

Der Baukomplex von Otto Joos – etwa 120 Wohnungen, damals noch in der Seegefelder „Vorstadt" auf der grünen Wiese errichtet – belebte den Kiez erheblich. Viele junge Familien zogen dahin, und dennoch war das Leben noch gemütlich. Durch die Seegefelder Straße zuckelte die Straßenbahnlinie 55. Das alte Lebensmittelgeschäft von Fräulein Wegemund und auch die Kneipen wie „Bei Remde" oder „Zur Erholung" an der Dallgower Straße bekamen Zulauf.

Der tägliche Weg zum Büro ging für mich reibungslos mit der S-Bahn von Spandau-West bis Tiergarten. Marion wurde bald nach unserer Hochzeit nach Charlottenburg versetzt, da Eheleute nicht gemeinsam in einem Finanzamt tätig sein durften.

*

Als Fußballverrückter war ich am 4. Juli 1954 natürlich total aus dem Häuschen, als Deutschland Fußballweltmeister wurde. Vor Freude rannte ich in die Altstadt und jubilierte dort mit anderen Begeisterten gemeinsam.

In den beiden folgenden Jahren bestimmte die Arbeit unseren Lebensrhythmus. Auch unternahmen wir zwei abenteuerliche Reisen nach Ischia und Mallorca.

1956 zog Hermann („Männe") Winkler mit Frau Ruth und Tochter Marita nach Spandau, in die Georg-Ramin-Siedlung in der Seegefelder Straße, fünf Minuten von uns entfernt. Der Familien-Clan rückte wieder näher.

– Die Familie bekommt Zuwachs –

Marion ging schwanger in das neue Jahr, und im Juli 1957 erwarteten wir Nachwuchs. Zuerst aber machten wir zum ersten und

einzigen Mal Ski-Urlaub in den österreichischen Bergen von Tirol. Wir nahmen Unterricht und liefen tüchtig Ski. Allerdings hatte Marion Pech: In den letzten Tagen des Urlaubs brach sie sich einen Knöchel, wie sich erst später in Berlin herausstellte.
Im Juni trat Marion ihren Mutterschaftsurlaub an, und die Familie bereitete sich auf die Geburt vor. Am 19. Juli war es dann soweit: Thomas wurde geboren, genau wie sein Vater in der Frauenklinik Pulsstraße in Charlottenburg. Große Freude und Dankbarkeit. Meine Eltern waren zur Geburt ihres Enkels wieder einmal verreist. Thomas war ein zartes Baby, mit dem wir in den folgenden Jahren großen Kummer hatten. Wie sich im ersten Lebensjahr herausstellte, hatte er einen angeborenen Herzfehler, der aber, so sagten uns die Ärzte im Westend-Klinikum, operativ behoben werden könne. Über diesen bitteren Irrtum, der vier Jahre später zum Tode unseres Sohnes führte, muss ich später berichten.
Die beiden Großmütter kümmerten sich aufopferungsvoll um das Kind, zumal Marion nach Ablauf des Mutterschaftsurlaubes wieder in den Dienst ging. Im Nachhinein fragt man sich: War es richtig, trotz des kranken Kindes wieder zu arbeiten? Sicher spielten damals materielle Erwägungen eine Rolle. Auch war die Schwere der Erkrankung zunächst noch nicht erkennbar. Das Kind wurde wechselseitig von den Großmüttern betreut und war so gut behütet und versorgt. Aber es bleibt auch bei mir ein bitterer Beigeschmack zurück. Ironie des Schicksals: Zwei Jahre nach dem Tod von Thomas hörte Marion ohnehin zu arbeiten auf.

– Gewerkschaftssekretär beim DGB –

Eine wichtige berufliche Veränderung brachte das Jahr 1957 für mich mit sich: Anfang September bewarb ich mich beim Deutschen Gewerkschaftsbund, Landesbezirk Berlin, als Gewerkschaftssekretär. Mein ehemaliger Kollege Heinz Striek, der diese Aufgabe bisher wahrgenommen hatte, ging als hauptamtlicher parlamentarischer Geschäftsführer zur SPD-Fraktion im Abgeordnetenhaus von Berlin. Man suchte daher einen neuen Beamtensekretär, und Striek hatte mich empfohlen. Das war zweifellos ein gewagter Schritt für einen jungen Familienvater, denn ich war bereits „Beamter auf Lebenszeit". Aber das Beamtenleben war nicht unbedingt meine Welt. Ich wollte im beruflichen Leben beweglicher sein und mehr gestalten können. Das versprach ich mir von dieser Tätigkeit beim DGB, denn das Beamtenrecht musste in Berlin noch ausgestaltet werden, und die Gewerkschaften hatten weitgehende Beteiligungsrechte dabei. Am 1. November trat ich meinen Dienst in der DGB-Zentrale, Schlüterstraße 45, an. Bis Ende 1960 hatte ich außerdem die Möglichkeit, ins Finanzamt zurückzukehren, wo ich so lange noch als „beurlaubt" galt. Ich tat es nicht, weil mir diese neue Tätigkeit gefiel. Allerdings musste ich mich an die raue Gewerkschaftsluft gewöhnen.

Der Vorsitzende des DGB war zu jener Zeit Ernst Scharnowski, der 1948/1949 die Westberliner Gewerkschaft über die UGO (unabhängige Gewerkschafts-Opposition) aus dem kommunistischen FDGB herausgelöst hatte, übrigens mit starker, auch finanzieller Unterstützung der Amerikaner. Ich machte eine harte Lehre durch und werde den gewerkschaftlichen Stallgeruch mein Leben lang behalten. Arbeitsweise und Atmosphäre beim DGB sagten mir zu. 1958 konnte ich auch meine steuerlichen Kenntnisse einbringen, indem ich Lohnsteuerberatungen anbot oder Vorträge zur Lohnsteuer auf Betriebsversammlungen hielt.

Die Arbeit war frei und ungezwungen, wenn sie auch zum Teil über das normale Pensum hinausging und sich auch auf die Wochenenden erstreckte. Marion akzeptierte mein neues Aufgabengebiet und meine häufige Abwesenheit. Für mich war es reizvoll und interessant, immer wieder etwas Neues zu sehen und auch die Mentalitäten und Probleme anderer Berufsgruppen wie Lehrer, Feuerwehrleute oder Förster in Berlin kennen zu lernen. Gerade mit den Förstern verband mich im Laufe der Jahre eine besondere Freundschaft, und es gelang mir auch, für sie eine Menge zu erreichen. Hier in Berlin – zumindest im „Wilhelm-Leuschner-Haus" in der Dahlemer Lentzeallee, der früheren Villa des Reichsaußenministers von Ribbentrop – führten wir für die Berliner Kollegen beamtenpolitische Seminare und Lehrgänge durch, die stets gut besucht waren. Ich hatte ein volles Programm.

Marion arbeitete wieder beim Hauptfinanzamt für Körperschaften und Thomas war von Sonntagabend bis Donnerstag überwiegend bei meinen Eltern in Haselhorst. Zum verlängerten Wochenende holten wir ihn nach Hause. Im Juli war der Junge zur gründlichen Untersuchung im Kaiserin-Auguste-Viktoria-Krankenhaus. Hier stellte man den angeborenen Herzklappenfehler und die Verengung der Herz-Lungenschlagader fest, eine sehr ernste Erkrankung, und wir mussten stets auf seine eingeengte Bewegungsfreiheit beim Atmen achten. Er konnte auch später nie so herumtollen wie die anderen Kinder.

Thomas war natürlich auch 1959 ständig auf „Wanderschaft" zwischen meinen Eltern und uns. Für uns war das normal – ob es für das Kind auch gut war? Bei meinen Eltern gefiel es ihm jedenfalls. Manchmal machte er sogar Theater, wenn wir ihn dort abholten. Durch diese Kontakte gab es viele Familienbesuche hin und her, auch mit der Schwiegermutter in Charlottenburg. Es war eine gute Harmonie.

Im Juni machten wir mit Thomas unseren ersten gemeinsamen Familienurlaub in Wyk auf Föhr. Es war sehr schön. Wir wohnten in einem kleinen Hotel in der Nähe des Hafens Wyk. Allerdings machte sich die Krankheit des Kindes auch hier bemerkbar. Wir mussten einen Arzt aufsuchen, der seinerseits noch einmal den schweren Herzfehler diagnostizierte. Dennoch, so denke ich, hatte der Junge seine Freude, im Sand zu spielen und im Wasser zu planschen. Am 19. Juli wurde er zwei Jahre alt.

Das berufliche Leben war durch eine Vielzahl von Tagungen und Lehrgängen beim DGB geprägt. Ich flog von einem Kongress zum nächsten. Langsam entwickelte ich mich auch zum Referenten bei den einzelnen Fachtagungen, und natürlich gab es auch in Berlin beim Senat und im Innenausschuss des Abgeordnetenhauses viel zu tun, um unsere Forderungen und Wünsche zu erläutern und durchzusetzen. Man kann zurückschauend mit Fug und Recht festhalten: Der DGB Berlin und seine Einzelgewerkschaften hat-

Bei einer DGB-Stadtstaaten-Tagung Anfang der 60er Jahre im Schulungsheim Berlin-Wannsee; links Werner Salomon, rechts Hans Koschnick, späterer Bürgermeister von Bremen.

ten einen bedeutenden Gestaltungseinfluss auf die Beamtengesetzgebung. Dafür sorgten auch gute persönliche Kontakte zu den Abgeordneten und Senatsmitgliedern. Das ließ später, ab Ende der 60er Jahre, aus den unterschiedlichsten Gründen deutlich nach. Aber zunächst blieb auch 1960 viel zu tun. Ich hatte mich entschieden, diese Gewerkschaftsarbeit hauptamtlich fortzusetzen und nicht wieder in den Finanzamtsdienst zurückzukehren. Neuer DGB-Vorsitzender in Berlin wurde 1960 der frühere Vorsitzende der Baugewerkschaft, Walter Sickert.

Anfang des Jahres trat ich der SPD bei, nachdem ich vorher parteilos war und glaubte, Gewerkschaftsarbeit auch losgelöst von einer parteipolitischen Zugehörigkeit erfolgreich leisten zu können. Das war natürlich ein Irrtum: Alle an einflussreicher Stelle wirkenden Gewerkschafter gehörten einer Partei an, der weitaus überwiegende Teil traditioneller Weise der SPD.

Auch die CDU stellte über die christlich soziale Arbeitnehmerschaft führende Gewerkschafter, so z.B. Fritz Giersch, den langjährigen stellvertretenden DGB-Vorsitzenden in Berlin, oder Günter Schackow, leitender Beamter beim Landesfinanzamt Berlin, maßgeblich in der beamtenpolitischen Arbeit in der ÖTV und dem DGB Berlin tätig. Letzterer versuchte, mich für die CDU zu gewinnen. Über führende DGB-Gewerkschaftssekretäre wurde man allerdings auch bei der SPD in Spandau auf mich aufmerksam. So trat ich am 28. Januar 1960 in die Partei ein und gehörte fortan zur SPD-Abteilung Spandau-West (Klosterfelde). Dort wurde ich bald ein aktives Mitglied.

Die Stammkneipe der Partei war jahrzehntelang die Gaststätte „Zur Erholung" (kurz „bei Reiber" genannt) an der Seegefelder Ecke Dallgower Straße, eine der altbekannten, gut geführten Spandauer Eckkneipen.

Die Gewerkschaftsarbeit nahm naturgemäß weiter zu, auch über das rein beamtenrechtliche Fachgebiet hinaus. So führte der Deutsche Gewerkschaftsbund in Berlin einwöchige sog. „Ost-West-Seminare" durch, um die westdeutschen Mitglieder mit der Ost-West-Problematik vertraut zu machen. Mit der Leitung und Durchführung wurde ich betraut. Dozenten und Referenten waren hervorragende Sachkenner der kommunistischen Ideologie. Diese Ost-West-Seminare lagen den Verantwortlichen in der DDR offensichtlich im Magen, wie folgendes Schreiben des SPD-Parteivorstandes (Ostbüro) an den DGB Berlin beweist: „Ich hatte Gelegenheit, einen kommunistischen Erfahrungsbericht über die Zersetzungsarbeit innerhalb der Gewerkschaften in der Bundesrepublik einzusehen. In diesem Bericht gibt es ein besonderes Kapitel über die Berliner Ost-West-Seminare. Darin kommt zum Ausdruck, dass diese langjährige systematische Schulungsarbeit es in der kommunistischen Einschätzung immer schwerer macht, in den Gewerkschaften mit ihren Argumenten anzukommen. Man dürfe diese ‚antikommunistische Hetze', wie es in dem Bericht heißt, nicht unterschätzen ...", so schrieb uns der Ost-Parteifreund Stephan Thomas: „Ich wollte Euch diese Information nicht vorenthalten. Sie ist m.E. eine gute Bestätigung für die langjährige Arbeit Euerer Institution. Ich freue mich, Euch in dieser Arbeit helfen zu können."

*

Am 31. Dezember 1960 schied ich endgültig als Berufsbeamter aus und verzichtete damit auch auf die Beamtenrechte. In meinem Dienstzeugnis bescheinigte man mir „wertvolle Eigenschaf-

ten und anerkennenswerte Leistungen". Meine dienstliche Führung sei stets tadellos gewesen.
Zu Hause lief alles seinen gewohnten Gang. Allerdings zeichnete sich ab, dass Thomas an einer schwierigen Herzoperation nicht vorbeikam, die nach Vollendung des vierten Lebensjahres durchgeführt werden sollte. Natürlich glaubten wir noch immer an ein Wunder!

– DIE MAUER TEILT BERLIN –

Das Jahr 1961 brachte besonders auf politischer Ebene Turbulenzen. Es stellte sich zunehmend heraus, dass die gewerkschaftliche Arbeit immer mehr politische Akzente setzte. Mit meinem Spezialthema „Der öffentliche Dienst in der sowjetisch besetzten Zone" (später „Der Staatsdienst in der DDR") wurde ich zum begehrten gewerkschaftspolitischen „Wanderprediger" in Westdeutschland und auf den Bundesschulen des Deutschen Gewerkschaftsbundes. Dazu kam die Berliner Tagesarbeit.
Am 13. August 1961, einem Sonntag, wurde Berlin durch den Mauerbau geteilt. Was weltweit auf Empörung stieß, hatte dann fast 30 Jahre lang Bestand und wurde nach und nach auch zur Gewohnheit. Zunächst rückte Berlin aber noch mehr in das Blickfeld der Weltöffentlichkeit, und das machte sich auch in der internationalen Arbeit des DGB bemerkbar. Weil der für Presse und Öffentlichkeitsarbeit zuständige Sekretär Stefan Hoyzer längere Zeit wegen einer Krankheit ausfiel, wurde mir dieses Arbeitsgebiet zusätzlich übertragen. Ich hatte nun internationale und nationale Gewerkschaftsdelegationen in der Stadt zu betreuen. Berlin war nach dem 13. August mehr denn je ein gefragtes Reiseziel.
Am 23. August, kurz nach dem Mauerbau, legte der Deutsche Gewerkschaftsbund spontan den Grundstein für ein neues Gewerkschaftshaus in der Keithstraße Ecke Kleiststraße in Tiergarten. Mir oblag ein Großteil der Organisation, und meine Vorträge, angereichert mit aktuellen berlinpolitischen Fragen, wurden

noch begehrter. Ich befand mich in ständiger Hetze vom Flughafen zum Tagungsort und wieder zurück. Dennoch war es aufregend und interessant. Als Kehrseite der Medaille war ich nur noch selten zu Hause und hatte damit auch nur wenig von Thomas in seinem letzten Lebensjahr. Allerdings war er immer noch nur an den verlängerten Wochenenden bei uns in Spandau.
1961 klang mit einem schönen, harmonischen Weihnachtsfest im Kreise der Familie aus. Thomas bekam neben einem Verkehrsspiel eine Kuckucksuhr, einen Stoffaffen und – auf Vaters Wunsch hin – eine elektrische Eisenbahn geschenkt. Daran hatte der Junge offenbar seine Freude. Ich erinnere mich, dass Thomas frühmorgens am ersten Feiertag aus dem Bett stieg um nachzusehen, ob die Eisenbahn noch da war.

– SCHMERZLICHER ABSCHIED VON THOMAS –

Dann kam das schlimme Jahr 1962. Es fällt schwer, derartige Stunden und Tage zurückblickend in Worte zu fassen. Wir wussten natürlich, dass Thomas um eine schwierige Herzoperation nicht herumkam. Wir hatten auch ins Auge gefasst, ihn eventuell in Düsseldorf operieren zu lassen, bei Prof. Derra, dem Herzspezialisten der damaligen Zeit. Aber man beruhigte uns. Auch der Chefarzt der Herzchirurgie im Westend-Klinikum, Prof. Lindner, sei eine Kapazität. Wir führten mit ihm ein längeres Gespräch und vertrauten ihm dann unseren Sohn an. Am 17. Januar 1962 brachten wir Thomas in das Westend-Krankenhaus. Es war ein Mittwoch, und er wurde an den folgenden Tagen auf die Operation am 23. Januar vorbereitet. Am Tag zuvor habe ich ihn noch einmal besucht, und er winkte mir – im Bettchen stehend – zum Abschied zu. Ich sollte ihn nie wieder sehen.
Der 23. Januar war der schrecklichste Tag in unserem Leben. Thomas wurde vormittags operiert und wachte aus der Narkose nicht mehr auf. Wir saßen mehrere Stunden voller Ungewissheit

und Ungeduld im Krankenhaus und warteten auf eine Nachricht. In den Mittagsstunden ließ uns der Professor rufen und übermittelte uns die Todesnachricht.
Um 13.05 Uhr an diesem Mittag stand für uns das Leben still. Ich weiß nur noch, dass ich zum Telefonhörer griff und die zu Hause wartende Familie informierte. Wir haben unser totes Kind auch nicht noch einmal angesehen, sondern sind völlig abwesend per Taxe nach Spandau gefahren.
Müßig, jetzt noch darüber zu philosophieren, ob diese Operation zu diesem Zeitpunkt richtig und notwendig war, ob ein anderer Operateur, z.B. Prof. Derra in Düsseldorf, ihn hätte retten können. Sicher war die Bestürzung von Prof. Lindner aufrichtig und ehrlich – aber Thomas war tot.
In den nächsten Tagen waren wir wie von Sinnen. Wir konnten es einfach nicht fassen, unser viereinhalbjähriges Kind verloren zu haben. An den notwendigen Formalitäten kamen wir nicht vorbei, wobei insbesondere mein Vater uns hilfreich zur Seite stand: Bestattungsinstitut, Sterbeurkunde, Todesanzeigen und, und, und. Bei allen Gesprächspartnern waren tiefe Bestürzung und echte Anteilnahme zu spüren. Ein Kind zu Grabe tragen zu müssen, ist eben auch für Außenstehende schmerzlich.
Am 30. Januar trugen wir Thomas unter großer Anteilnahme in Begleitung von Verwandten, Freunden, Bekannten und Kolleginnen und Kollegen auf dem Spandauer Friedhof „In den Kisseln" bei sonnigem Winterwetter und Schnee zu Grabe. Ein Specht klopfte während der Zeremonie beständig an einem Baum, als wollte auch er seiner Trauer Ausdruck verleihen. Thomas war nicht getauft und gehörte somit keiner Kirche an. Die Trauerrede hielt ein freikirchlicher ehemaliger Pfarrer im Talar. Ich hätte mir eine schönere Rede wünschen mögen. Die große Anteilnahme der Trauergemeinde spendete uns Trost: Wir waren in unserem Schmerz nicht ganz allein.
Warum wurde Thomas nicht getauft? Der ev. Pfarrer der Heimatgemeinde Spandau-Klosterfelde, ein gewisser Pfarrer Herzberg – konservativ bis in die Knochen – hatte eine Taufe abgelehnt, weil Marion nicht der Kirche angehörte. Ihre gesamte

Familie war in den dreißiger Jahren aus der Kirche ausgetreten, ich dagegen war Mitglied der ev. Kirche – in heutiger kirchlicher Anschauung ein unverständlicher Vorgang. Mir gab das ein Hauptmotiv, einige Zeit später ebenfalls aus der Kirche auszutreten. Wie ehrlich meinte die Kirche eigentlich das Wort „Lasset die Kindlein zu mir kommen"?
Der Schicksalsschlag trug viel dazu bei, dass die Familie stark zusammenhielt. Wir besuchten uns häufig und gingen gemeinsam auf den Friedhof. Das Kindergrab glich in den folgenden Wochen und Monaten einem Blumenmeer.

*

Ich verkroch mich in meine Arbeit. Viele politische Aufgaben prägten das Jahr 1962: Vortragsreisen; die Vorbereitung und Durchführung des Deutschen Beamtentages vom 7. bis 9. Mai in der Berliner Kongresshalle mit Bundeskanzler Konrad Adenauer als Gastredner; Ansprachen am 16. und 17. Juni in Oer-Erkenschwick und Datteln vor über 2000 Zuhörern anlässlich des Gedenkens an den Aufstand vom 17. Juni 1953 in Ostberlin, veranstaltet vom „Kuratorium Unteilbares Deutschland". So politisch engagiert war der DGB damals.
Auch die große Mai-Kundgebung des Deutschen Gewerkschaftsbundes auf dem Platz der Republik, vor hunderttausenden von Berlinerinnen und Berlinern musste vorbereitet werden. Gastredner war u.a. Bundespräsident Heinrich Lübke. Eine kleine Begebenheit am Rande: Es war an diesem Vormittag des l. Mai trotz Sonnenscheins noch etwas kühl. Wilhelmine Lübke, die auch anwesend war, bat mich, ihrem Mann zu sagen, er möge doch seinen Mantel anziehen. Daraufhin Heinrich Lübke zu mir: „Sagen sie meiner Frau, ich weiß alleine, wann mir kalt ist!"
Das Jahr 1963 verlief ohne besondere Höhen und Tiefen. Die Arbeit beim Deutschen Gewerkschaftsbund bestimmte meinen Jahresablauf, und Marion ging ihrer Arbeit beim Hauptfinanzamt für Körperschaften nach. Ich hatte wiederum viele Vortrags-Auftritte bei beamtenpolitischen Tagungen mit meinem Stammreferat über den Staatsdienst in der DDR. Bemerkenswert dabei ist mein erster „Auftritt" in Siegen: Der Bezirk Spandau unterhält

seit 1952 partnerschaftliche Beziehungen zum Siegerland. Daran erinnerte sich die damalige DGB-Kreisvorsitzende Waltraud Steinhauer und lud mich am 20. November 1963 zu einem Vortrag nach Siegen ein. Diesem ersten Aufenthalt in Siegen sollten noch viele weitere folgen.

Meine parteipolitische Aktivität in der SPD Spandau entwickelte sich schnell zum zusätzlichen Aufgabengebiet. Ich wurde Kreisdelegierter und über die Partei auch „Bürgerdeputierter" (fachkundiger Bürger) in der Verwaltungsdeputation der Bezirksverordnetenversammlung (BVV) Spandau. Am 17. Januar 1963 waren Wahlen in Berlin und Spandau. In Spandau siegte die SPD mit weit über 60 Prozent der Stimmen und war für lange Zeit das bestimmende kommunalpolitische Element. Auch ich kandidierte auf der SPD-Liste für die BVV, allerdings nur als „Nachrücker", ich war noch nicht bekannt genug.

In dieser Zeit liegt der Grundstein für mein kommunalpolitisches Engagement in Spandau. Am 6. August 1963 hatte ich ein erstes Grundsatzgespräch mit dem damaligen Bezirksbürgermeister Ernst Liesegang, und so eigenartig es klingen mag, bereits zu diesem Zeitpunkt regte sich bei mir im Hinterkopf die Überlegung: Bürgermeister von Spandau zu sein, das wäre auch etwas für mich!

Die Hauptaufgabe der Verwaltungsdeputation (heute Verwaltungsausschuss) lag seinerzeit im Neuaufbau und der baulichen Ausgestaltung des altehrwürdigen Spandauer Ratskellers im Rathaus, der im Kriege durch Bomben zerstört worden und noch nicht wieder in Betrieb genommen war. Gewerkschaftspolitisch bestand meine Aufgabe weiterhin auch darin, die Maikundgebungen vorzubereiten und ausländische Gewerkschaftsdelegationen zu betreuen. Berlin wurde zunehmend für europäische und außereuropäische Gewerkschaften interessant. So besuchte auch der amerikanische Präsident John F. Kennedy am 26. Juni den Gewerkschaftstag der IG Bau, Steine, Erden in der Kongresshalle, und weil wir die organisatorischen Vorbereitungen mit zu bewältigen hatten, kam mir die Ehre zu, mich unmittelbar in seiner Nähe aufhalten zu dürfen.

Zu Weihnachten 1963 gab es die erste Passierschein-Regelung. Meine Eltern machten davon Gebrauch und besuchten wiederholt über Weihnachten und Silvester unsere Verwandten – die Grönings – in Pankow. 280 000 Westberliner taten es ihnen gleich und besuchten Verwandte in Ostberlin.

Ende 1963, fast zwei Jahre nach dem Tod unseres Sohnes, hatten Marion und ich uns langsam von unserem Schock erholt. Zu Silvester kaufte ich bei Möbel Hübner eine neue Musiktruhe mit Plattenspieler und auch neue Schallplatten, darunter die „brandneue" LP von Friedel Hensch und den Cyprys: „Als Oma noch kniefrei ging". Die tollsten Schlager der verrückten 20er Jahre mit Zwischentexten, gesprochen von Peter Frankenfeld, sind heute wie damals für mich ein Hit, obwohl die Schallplatte schon über 40 Jahre alt ist.

Das Leben ging eben weiter. Natürlich kommt man über den Verlust seines einzigen Kindes ein Leben lang nicht hinweg, aber das alte Sprichwort „Die Zeit heilt Wunden" hat doch einen gewissen Wahrheitsgehalt.

– Berufliche Veränderungen –

Zum 1. Mai 1964 schied Marion aus dem Berufsleben als Steuerinspektorin und mithin aus dem Beamtendasein aus. Sie erhielt eine Abfindung, die wir in eine Lebensversicherung anlegten. Rückblickend war das Ausscheiden aus dem Beruf mit damals 34 Jahren aus meiner Sicht vielleicht ein Fehler. Ich war ja damals durch Dienstreisen häufig von zu Hause weg, und auch sonst war mein Arbeitstag bis spät in den Abend hinein ausgefüllt. Thomas war nicht mehr da, und an ein zweites Kind trauten wir uns aus verschiedenen Gründen nicht mehr heran, insbesondere aus Angst, noch einmal etwas Ähnliches wie mit Thomas zu erleben.

Auch für mich ergab sich eine berufliche Veränderung: Mitte Juni verstarb der langjährige Leiter der Abteilung Finanzen, Personal und Vermögensverwaltung beim DGB Berlin, Gerhard Kriebel, der sich selbst auch gern als „Kopekenscheich" titulierte. Es musste ein Nachfolger für diese wohl wichtigste Abteilungsleiterfunktion gefunden werden. Die Wahl fiel auf mich, offenbar auf Wunsch von Gerhard Kriebel. Das erstaunte mich, denn vom Typ her konnte es zwischen ihm und mir nicht Gegensätzlicheres geben: Er war der alte Hase in der Gewerkschaftslandschaft und ich der junge Mann, der kaum Gerwerkschaftsverdienste erworben hatte. Kriebel war mit allen Wassern gewaschen und in vielem der heimliche Chef im DGB Berlin, auch schon zu Zeiten von Ernst Scharnowski, weil er über das notwendige Geld verfügte, das z. T. auch aus unbekannten Quellen (von den Amerikanern?) floss. Ich trat also am 22. Juni einen schwierigen Job an. Ich war Personalchef, Kassenchef und Geschäftsführer der VTG in Berlin (Vermögens- und Treuhandgesellschaft des DGB). Das Grundstück der Schulungs- und Bildungsstätte „Wilhelm Leuschner" in Dahlem gehörte zum Treuhandvermögen dazu, ferner das Jugendheim „Gustav Pietsch" am Kleinen Wannsee. Außerdem verwaltete ich das neue DGB-Haus mit einem Teil der Berliner Gewerkschaften als Mieter sowie der Büchergilde Gutenberg und einem Reisbüro. Dazu gehörte auch ein Riesenobjekt, das Gebäude am Hohenzollerndamm 174/175 in Wilmersdorf, mit über hundert gewerblichen Mietern. Dieses Gebäude war bis 1945 Sitz der „Deutschen Arbeitsfront" gewesen und dem DGB treuhändisch als Vermögensobjekt übertragen worden. In diesem Haus war fast alles vertreten, von einer großen Elektrohandelsgesellschaft bis zum legendären Tanz- und Swing-Lokal „Riverboat" im Dachgarten. Inhaber waren die aus der Szene bestens bekannten Brüder Burdenski. Die Verwaltung dieses Hauses (auch Mieten eintreiben) brachte viel Ärger mit sich. Besonders montags standen die Mieter auf der Matte, weil hunderte von Jugendlichen am Wochenende beim Besuch des „Riverboat" ihre Spuren hinterlassen hatten.

Für die neue Aufgabe musste ich meine Arbeit ganz neu einteilen, zumal ich für eine gewisse Zeit meine alte Tätigkeit als Beamtensekretär mit erledigen musste. Es war gar nicht so leicht, einen Nachfolger zu finden. Etwas sehr Unangenehmes mussten

wir außerdem bei der Übernahme der Kasse feststellen: Es gab Ungereimtheiten bei den Finanzen. So sahen wir uns etwa einer großen Menge Bargelds gegenüber, in einem Schuhkarton verstaut, dessen Herkunft unklar war. Es gab Großalarm auch beim DGB-Bundesvorstand, den wir sofort in Kenntnis gesetzt hatten. In den nächsten Monaten galt es, mit Hilfe der Bundesrevision und in Kleinarbeit, Beleg für Beleg, den Dingen auf den Grund zu gehen. Die Ursache lag im unkorrekten Umgang mit Geldern, die aus öffentlichen Mitteln dem von uns verwalteten Rationalisierungs-Kuratorium der Wirtschaft (RKW) zugeflossen waren. Hier war einiges mittels falscher Rechnungslegung in andere Kanäle abgezweigt worden. Kriebel verschaffte sich so einen bequemen Finanzierungsspielraum für andere Dinge, wobei er immer nach dem Motto „leben und leben lassen" handelte und bestimmte finanzielle Wohltaten auch anderen für ihre Arbeit zukommen ließ – er tat das sicher nicht in krimineller Absicht. So hatte er immer ein „Füllhorn", von dem keiner wusste, wie es gefüllt wurde. Jedenfalls lief es nicht korrekt, denn die Gelder waren ausnahmslos zweckbestimmt für das RKW. Der DGB zahlte nach der Prüfung eine größere Summe an die öffentlichen Geldgeber zurück.
Im April 1964 war der DGB aus der Schlüterstraße in das neue, schöne, große Haus in der Keith- / Ecke Kleiststraße umgezogen. Am 5. Mai wurde das städtebaulich markante Bauwerk eingeweiht. Ich hatte ein wunderschönes Büro im achten Stockwerk und konnte mich auch gehaltsmäßig nicht beklagen. Ein anderes Privileg erbte ich von Kriebel: Ich hatte einen Dienstwagen mit Fahrer zur Verfügung, auch für die Heimfahrten morgens und abends. In dieser Bequemlichkeit lag wohl auch der Grund, dass ich nie einen Führerschein gemacht habe.
1965 wurde ich für den Deutschen Gewerkschaftsbund ständiges Mitglied im Verwaltungsrat der Wohnungsbaukreditanstalt (WBK) Berlin. Nach Turbulenzen in der „Rudergesellschaft West", einem alten Arbeiter-Ruderverein an der Havel in Spandau, der vom DGB übernommen worden war, wurde ich sozusagen Kraft meines Amtes zum kommissarischen Vorsitzenden eingesetzt. Völlig

unabhängig von diesen gesellschaftlichen Funktionen wurde ich außerdem 1965 für vier Jahre zum Jugendschöffen in einer großen Jugendstrafkammer auserwählt. Diesem staatspolitischen Ehrenamt kann man sich kaum entziehen. Es brachte mit seinen monatlichen Sitzungen in den nächsten Jahren nicht unerhebliche seelische Belastungen mit sich. Ich gehörte der 13. Großen Jugendstrafkammer an, besetzt mit drei Berufsrichtern und zwei Jugendschöffen (Laienrichtern). In dieser Kammer wurden schwere Jugenddelikte bis hin zu Mord abgeurteilt. Das ging schon manchmal unter die Haut und nahm mich ziemlich mit. Öfters sprach ich noch zu Hause bis in die Nachtstunden hinein mit Marion darüber.

Am 11. November 1965 zog ich als Nachrücker in die Bezirksverordnetenversammlung (BVV) Spandau ein. Zu meiner ersten Sitzung am 24. November kam ich zu spät, was mir die strafenden Blicke des damaligen Bezirksverordnetenvorstehers Paul Fechner einbrachte. Die „First Lady" der Spandauer SPD in dieser Zeit, Margot Brühe, nahm mich aber sofort in ihre Obhut: „Jungchen, das hier ist dein Platz." In der Wahlperiode 1963 bis 1967 hatte die SPD-Fraktion 30 von 45 Sitzen, die CDU hatte elf und die FDP vier.

Blieb auch ein wenig Privatleben übrig? Wir machten im Sommer vier Wochen Urlaub im Schwarzwald. Zwischendurch musste ich ihn allerdings für drei Tage unterbrechen, um von Zürich nach Berlin zu fliegen, wo die VTG das große Haus am Hohenzollerndamm verkaufen wollte. 1965 fing ich auch damit an, als Hobby Briefmarken zu sammeln. Diese Leidenschaft hält nun schon mehr als 40 Jahre an.

*

Doch eines möchte ich für 1966 anfügen: In diesem Jahr besuchten uns während unseres Urlaubs zum ersten Mal Anneliese und Heiner Bültemeyer. Anneliese war meine erste Sekretärin beim DGB, wechselte Ende der 50er Jahre zum Senator für Finanzen und heiratete 1960 Heiner Bültemeyer aus dem gleichen Hause. Anneliese war seine große Liebe. Die Urlaubsbesuche der beiden wurden in den nächsten Jahren zu einer ständigen

Einrichtung. Kaum ein Urlaub, wo Bültemeyers nicht – meist sollte es eine Überraschung sein – auf der Matte standen, wo auch immer. Wir unternahmen vieles gemeinsam, und es wurde eine echte Freundschaft, die Jahre später an Meinungsverschiedenheiten zwischen meiner Frau und Anneliese zerbrach. Bültemeyers zogen dann um nach Bad Bevensen. Heiner Bültemeyer starb 1986 ganz plötzlich. Anneliese musste ein Bein amputiert werden. Wir beide schrieben uns nach 1995 wieder lange Briefe, und ich besuchte sie in ihrem Heim 1997 und 1999. Sie starb im Jahr 2004.

*

1966 liefen die dienstlichen und politischen Termine routinemäßig weiter. Das Folgejahr war turbulenter: Am 12. März 1967 wurden in Berlin das Abgeordnetenhaus und die Bezirksverordnetenversammlungen gewählt. Die SPD erreichte mit knapp 57 Prozent wieder die absolute Mehrheit, so auch in Spandau: Von den 45 Sitzen in der BVV erhielt die SPD 29, die CDU 13 und die FDP drei Sitze. Karl Neugebauer wurde Fraktionsvorsitzender und ich neben Fritjof Lindgreen sein Stellvertreter – ein schneller Aufstieg, so kurz nach meinem Eintritt in die Partei. Und dabei blieb es nicht: Im April führte die Spandauer SPD ihre Kreisdelegiertenversammlung durch, und der alte geschäftsführende Kreisvorstand, die langjährig tätigen Genossen Fritz Bühl, Alfred Blödorn und Helmut Baltes, wurden abgewählt bzw. traten aus Solidarität mit dem abgewählten Vorsitzenden Fritz Bühl zurück. Ein neuer geschäftsführender Kreisvorstand musste schnellstens gewählt und eingesetzt werden. Der Abgeordnete Franz Ehrke wurde zum Vorsitzenden gewählt, der Abgeordnete Dr. Herbert Kleusberg wurde Stellvertreter – und ich wurde wie „Kai aus der Kiste" plötzlich Kreiskassierer. Als „Hauptkassierer" beim DGB und ehemaliger Finanzbeamter müsse ich das ja können, hieß es. Ich willigte schließlich ein. Von der Mehrarbeit will ich gar nicht reden. Der Begriff „Computer" war damals noch ein Fremdwort. Auch gab es noch keinen Beitragseinzug durch Bankabbuchung, sondern die Zahlungen der Mitgliederbeiträge wurden von Hauskassierern vorgenommen. Alles lief persönlich und nicht so anonym wie heute. Wir arbeiteten mit Karteikarten und handschriftlich geführten Hauptjournalen in Heimarbeit. Erstaunlicherweise tolerierte Marion als meine Frau das alles, auch diese Mehrbelastung, und protestierte nicht. Ich lernte in dieser Zeit viele neue Menschen kennen, Parteigenossen und Gewerkschaftskollegen, und langjährige Freundschaften wuchsen.

*

Ein Blick in meine Unterlagen zeigt mir, dass ich mich in den Jahren 1965/66 immer noch intensiv und erfolgreich um die Belange der Berliner Förster kümmerte, die fast vollständig in der DGB-Gewerkschaft Gartenbau, Land- und Forstwirtschaft organisiert waren. Wir erreichten damals viel für die Förster, und ich galt ein bisschen als ihr „Schutzpatron". Daraus entwickelten sich etliche Freundschaften, eine bis zum heutigen Tage – mit dem ehemaligen Revierförster im Radeland (Spandau-Hakenfelde), Helmut Korn, der einen Tag nach mir seinen Geburtstag feiert.

*

Infolge der immer kürzer werdenden Arbeitszeit bekam die Freizeit einen wachsenden Stellenwert, und die Gewerkschaften kümmerten sich zunehmend darum, ihren Mitgliedern attraktive Freizeitangebote zu machen wie z.b. Reisen. Auf Bundesebene gab es die „GUT"-Reisen (Gewerkschaft und Touristik) und in Berlin eine Art Unterorganisation, den Verein „Nach Feierabend", insbesondere inszeniert von Personalräten der großen und mächtigen Eigenbetriebe BVG, BSR, Wasser- und Entwässerungswerk und Gasag, in denen die ÖTV-Mitgliederquote besonders hoch war. Natürlich waren Betriebs- und Personalräte oder gar Busfahrer keine Reisebürofachleute, und so ging auch einiges schief, was finanzielle Auswirkungen hätte haben können. Der Vereinsvorsitzende und zugleich ÖTV-Vorsitzende Dieter Schwäbl bat mich, bestimmte Dinge zu überprüfen und gerade zu rücken. Offenbar ist mir dieses Krisen-Management gelungen, und er musste als Vorsitzender nicht zur Rechenschaft gezogen werden, was er mir hoch angerechnet und nie vergessen hat.

*

Auch an Vorträgen mangelte es neben meiner Alltagsarbeit beim DGB Berlin nicht. Die Bundeszentrale für politische Bildung holte mich im Februar 1967 zu einem Seminarvortrag nach Köln. Die Veränderung der Umsatzsteuer zur Mehrwertsteuer stand an, und natürlich musste der ehemalige Steuerbeamte in etlichen Referaten seine Kolleginnen und Kollegen schlau machen. Jetzt frage ich mich, wie ich das alles geschafft und verkraftet habe.

*

1967 nahmen kritische Phasen in der Berliner SPD, trotz des hohen Wahlsieges, ihren Anfang. Die Glanzzeiten unter Willy Brandt, insbesondere seine Autorität, waren vorbei. Willy Brandt wurde Außenminister in Bonn, sein Nachfolger in Berlin, Heinrich Albertz, trat am 26. September wegen der Turbulenzen um den Schah-Besuch zurück. Am 19. Oktober wurde Klaus Schütz zum Reg. Bürgermeister gewählt. Das hatte für Spandau insofern Auswirkungen, als der Spandauer Bezirksbürgermeister Dr. Klaus Bodin als Gesundheits- und Sozialsenator in den Berliner Senat berufen wurde. Sein Nachfolger in Spandau wurde Dr. Herbert Kleusberg.

*

Ein Blick in den Umschlagkalender meines Vaters lässt Wehmut aufkommen: Am 2. Oktober fuhr die letzte Straßenbahn in Berlin, die Linie 55, von Spandau-Hakenfelde zum Zoo. Das Herausnehmen der Straßenbahn aus dem Stadtverkehr und der Ersatz durch Autobusse wurde damals als fortschrittliche Verkehrspolitik gepriesen. Heute sollte diese Entscheidung eher mit einem Fragezeichen versehen werden.

*

Das Ende des Jahres wurde von einem schmerzlichen Todesfall überschattet: Am 24. Dezember 1967 verstarb meine Schwiegermutter, Marions Mutter Irma Huneke, im Waldkrankenhaus im Alter von nur 59 Jahren. Sie war hochgradig rheumakrank, fast erblindet und während des Jahres mehrfach im Krankenhaus gewesen. Es waren insbesondere für Marion schwere Tage. Am 2. Januar wurde sie auf dem Spandauer Friedhof „In den Kisseln" zu Grabe getragen.

– Partnerschaft mit dem Siegerland –

1968 begannen unruhige Zeiten, die durch das Attentat auf das Idol der APO-Bewegung (außerparlamentarische Opposition), Rudi Dutschke, noch verschärft wurden. Man sprach später oft und häufig von der „68er-Generation", die mit ihrer antiautoritären Lebensweise und ihren völlig anderen Ansichten Beruf und Leben beeinflusste. Auch die leidenschaftliche Debatte um die Notstandsgesetzgebung und der Antiamerikanismus (Korea-Krieg) spielten mit hinein.

Meine Arbeit war durch die Übernahme der politischen und parteilichen Ämter in Spandau von zusätzlichen Terminbelastungen geprägt. Die Dienstreisen nach Westdeutschland und die Vortragseinladungen drängte ich zurück. Allerdings war ich 1968 allein dreimal für einige Tage im Siegerland – die partnerschaftlichen Kontakte zu Spandau machten sich bemerkbar, und dieser Partnerschaft habe ich mich stets verbunden gefühlt.

Der Kreis Siegen-Wittgenstein und die Stadt Siegen sind Spandaus älteste Partner. Die partnerschaftliche Verbindung wurde am 1. Juli 1952 begründet, wobei der Kontakt schon ein Jahr früher (1951) begonnen hatte, als das Siegerland die Patenschaft für erholungsbedürftige Spandauer Kinder übernahm. Kurze Zeit später wurde zwischen der Stadt Siegen und dem Bezirk Spandau eine Partnerschaft geschlossen. Sie gehört zu den ältesten, die Berliner Bezirke überhaupt eingegangen sind. Wie kam es zur Verbindung zu diesem Landschaftsgebiet, das 1952 noch aus den zwei selbstständigen Landkreisen Siegen und Wittgenstein bestand? Vermittelnd war Anfang der 50er Jahre der Berliner Oberbürgermeister Ernst Reuter aktiv, der über den Deutschen Städtetag die Spandauer Verbindung zum Siegerland herstellte. Das Siegerland übernahm die Patenschaft für Spandauer Kinder, die sich in den schweren Zeiten Berlins auf dem Land erholen sollten. Es gibt Jahrgänge in Spandau, aus denen jedes zweite Kind schon einmal im Siegerland zu Gast war. Man kann rückschauend mit Bewunderung und Dank feststellen: Was die Region Siegerland in jenen Jahren geleistet hat, war einmalig in der Bundesrepublik. Was zunächst als Patenschaft gedacht war, entwickelte sich im Laufe der Jahre zu einer Partnerschaft und einer herzlichen Freundschaft zwischen vielen Menschen aus dem Siegerland und Spandau. Ernst Reuter bewies damals ein feines Gespür für das Zusammenpassen von Menschen, als er dem Siegerland Spandau als Partner vorschlug. Großen Anteil an der Freundschaft und Partnerschaft hatte auch der leider viel zu früh verstorbene Siegerländer Landrat Hermann Schmidt.

Für diese Partnerschaft bedurfte es nie behördlicher Anstöße. Ob Kleingärtner, Taxifahrer, Sportler oder Gewerkschaftler – sie wurden Freunde und besuchten sich vielfach in den vergangenen Jahrzehnten. Das Siegerland wurde auch für viele Spandauer zur Urlaubsadresse, und nicht wenige Siegener und Spandauer blieben für ein ganzes Leben zusammen.

– Direkt ins Abgeordnetenhaus –

Das Jahr 1970 war von Routine geprägt, wenn auch immer etwas Neues hinzukam. Ich gab meinen Posten als Kreiskassierer der SPD Spandau auf und wurde unter Franz Ehrke stellv. Kreisvorsitzender. Ein Renner und ein gutes Werbemittel waren in diesen Jahren unsere SPD-Busrundfahrten in Nachbarbezirke, in die man sonst nicht so schnell hinkam wie das „Märkische Viertel" im Norden und die „Gropiusstadt" (Britz, Buckow, Rudow) im Süden Berlins. Die Spandauer sollten sich ein Bild machen und Vergleiche mit dem „Falkenhagener Feld" ziehen, ebenfalls einer Großraumsiedlung, die seit 1962 auf einstigen Getreidefeldern in Spandau gebaut wurde.

*

Es gab auch abwechslungsreiche und nette Ereignisse, die Entspannung und Freude brachten. Darunter die jährliche „Sauvesper" der Berliner Förster im winterlichen Spandauer Forst oder später im Grunewald, mit Lagefeuer, Wildschwein am Spieß und (reichlich) flüssiger Nahrung „geistiger" Art. Die örtliche Polizei drückte manches Mal alle Augen zu, wenn wir auf dem „Ho-Tschi-Minh-Pfad" aus dem Wald fuhren. Schön waren auch die Parlamentarischen Abende des DGB Berlin im Wilhelm-Leuschner-Haus, wo sich einmal im Jahr die politische Prominenz zusammenfand. Die Vorbereitungen gingen zwar meist zu meinen Lasten, aber der politische und gesellschaftliche Erfolg überwog.

*

In dieser Zeit kamen viele ausländische Gastarbeiter nach Berlin, die als Arbeitskräfte in ihren Heimatländern von der deutschen Arbeitsverwaltung zur Arbeit in Deutschland angeworben wurden. Das wurde natürlich auch zu einem gewerkschaftlichen Problem, und wir richteten „Ausländerberatungsstellen" mit türkischen, jugoslawischen und griechischen hauptamtlichen Sekretären ein. Die personalrechtliche Zuständigkeit lag bei mir.

*

1970 bin ich nach längerer Zeit wieder anstandslos mit dem Auto durch die DDR gefahren. Natürlich saß nicht ich am Steuer sondern Marion. Sie hatte sich entschlossen, 1967 den Führerschein zu machen, und im April 1968 erstanden wir als unser erstes Auto einen VW-Käfer. 1970 waren wir mit einem Karman-Ghia unterwegs.

*

1971 wurde in Berlin wieder gewählt. Im Herbst zuvor zeichnete sich ab, dass ich diesmal direkt für das Abgeordnetenhaus von Berlin kandidieren würde. Die Partei stellte mich in dem neu geschaffenen Wahlkreis Spandau 8 als Kandidaten auf. Dieser Wahlkreis umfasste die Gebiete beiderseits der Seegefelder Straße. Schon Ende 1970 stellte ich mich „meinen künftigen Wählerinnen und Wählern" in einem Rundbrief vor. Spandauer Volksvertreter im Berliner Abgeordnetenhaus zu werden, das war schon etwas. Bis zu den Wahlen am 14. März führten wir einen anstrengenden und engagierten Wahlkampf: „Klinken putzen", Verteileraktionen, Kanditatenvorstellung, Diskussionen (so z.B. in der ev. Kirchengemeinde Klosterfelde, u.a. mit dem bekannten Spandauer Rechtsanwalt und FDP-Abgeordneten Hermann Oxfort), Autokorso mit Megaphon, Informationsstände – auch mit tatkräftiger Wahlhilfe der Siegener Parteifreunde – und vieles andere. Es war noch ein Wahlkampf der alten, sozialdemokratischen, „handwerklichen" Art. Wir klebten unsere Plakate selbst und hatten einen Stamm alter, erfahrener Genossen, denen keine Wahlkampfarbeit zu viel war. Es zahlte sich aus. Die SPD wurde auch 1971 zur stärksten Kraft in Spandau. Ich erhielt in meinem Wahlkreis über 57 Prozent der Stimmen; weit abgeschlagen die anderen Parteien. Auch auf Bezirksebene behielt die SPD die absolute Mehrheit. Dr. Herbert Kleusberg blieb Bezirksbürgermeister. Auf Berliner Landesebene verteidigte die SPD trotz Verlusten mit 50,4 Prozent knapp die absolute Mehrheit. In seinem Amt als Regierender Bürgermeister wurde Klaus Schütz bestätigt. Am 19. April 1971 konstituierte sich das Abgeordnetenhaus. Einen der 73 SPD-Sitze hatte der Spandauer Werner Salomon inne. Die „alten Hasen" Hubert Schwarz und Franz Ehrke führten mich in die Tagesgeschäfte und die Alltagsgewohnheiten eines Abgeordneten ein. Das Berliner Abgeordnetenhaus wie auch der Senat residierten damals im Provisorium des Rathauses Schöneberg, was die Arbeit überschaubar und familiär machte. Für viele alte Parlamentarier war die dortige Enge angenehmer und symbolreicher als die Weitläufigkeit und Anonymität großer Parlamentspaläste: Das war die Realität „Westberlins", eines Bundeslandes besonderer Prägung.

Eine spannende Geschichte bei der Konstituierung einer neuen Fraktion nach einer Wahl ist die Verteilung der Sitze in den Parlamentsausschüssen. Es gibt die „wichtigen" Ausschüsse, die in der Regel den etablierten Abgeordneten vorbehalten bleiben, und die weniger beliebten Ausschüsse wie z.B. den Petitionsausschuss, der zwar mit großer Bürgernähe, aber auch viel Kleinarbeit verbunden ist. Ich hatte wieder einmal Glück und offensichtlich gute Fürsprecher: Ich kam, wie gewünscht, neben Experten wie Dr. Klaus Riebschläger und Dr. Wolfgang Haus in den Innenausschuss, wurde dort später sogar SPD-Sprecher und stellv. Vorsitzender. Noch sensationeller war es, dass die Fraktion mich als Neuling auf Anhieb zum Vorsitzenden eines ihrer wichtigsten internen Arbeitskreise wählte – nämlich Innenpolitik. Wir bereiteten dort fachpolitisch

die parlamentarischen Entscheidungen zur Berlinpolitik, zur Innenpolitik mit Polizeireform, öffentlichem Dienstrecht und Beamtenpolitik, aber auch zur Justizpolitik vor. Der Arbeitskreis tagte wöchentlich, und in der Regel nahmen auch die zuständigen Senatoren (Kurt Neubauer, Horst Korber u.a.) daran teil. Die Arbeitskreisvorsitzenden nahmen ihrerseits an den Fraktionsvorstandssitzungen, meistens mit dem Regierenden Bürgermeister, teil. Eine bessere Informations- und Entscheidungszentrale konnte man sich kaum wünschen. Fraktionsvorsitzender war seinerzeit Alexander Voelker und später Dr. Wolfgang Haus; Fraktionsgeschäftsführer (die Schaltzentrale) war der spätere Regierende Bürgermeister Dietrich Stobbe. Präsident des Abgeordnetenhauses war, wie schon in der vorangegangenen Legislaturperiode, der DGB-Vorsitzende Walter Sickert (SPD).
Vielleicht noch ein Wort zum Klima der damaligen parlamentarischen Arbeit. Am Vortage der Sitzungen des Innenausschusses setzten wir Sprecher der Fraktionen uns meistens im Kasino zusammen, um auf kollegiale Weise die Sitzungen vorzubereiten, die Tagesordnungspunkte zu strukturieren und uns auf bestimmte Knackpunkte einzustellen. Die SPD regierte ja allein, CDU und FDP bildeten die Opposition. Es ging alles fair und kollegial zu, und wir duzten uns danach alle.

– Das Viermächteabkommen –

Die herausragende deutschlandpolitische Entscheidung des Jahres 1971 war das „Berlin-Abkommen" vom 3. September. Bereits 1970 hatten die Verhandlungen der Botschafter der USA, Großbritanniens, Frankreichs und der Sowjetunion mit der DDR zum Abbau der Spannungen um Berlin begonnen. Am 3. September unterzeichnete man einvernehmlich das „Viermächteabkommen über Berlin". Diese Vereinbarung regelte die freie Verbindung zwischen dem Bundesgebiet und Westberlin, die Aufrechterhaltung und Entwicklung seiner Beziehungen mit der Bundesrepublik, die Verbesserung der Besuchsmöglichkeiten für Westberliner im Ostteil der Stadt und in der DDR sowie die Vertretung der Westberliner durch die Bundesrepublik im Ausland. Dieser Vorgang spielte sich in den Parlamentsferien ab, und die Mitglieder des Abgeordnetenhauses mussten vorzeitig aus den Ferien zurückgerufen werden. Dazu hatten wir alle vorher unsere Urlaubsanschriften hinterlegt, da diese Entwicklung vorauszusehen war. Das Telegramm „Sofortige Rückkehr!" erreichte mich im Salzburger Land. Am 7. September 1971 tagte das Abgeordnetenhaus, um eine Regierungserklärung des Regierenden Bürgermeisters Klaus Schütz zum Viermächteabkommen über Berlin entgegenzunehmen; es galt Präsenzpflicht. SPD und FDP votierten für eine in fünf Punkten zusammengefasste Regierungserklärung, die CDU machte Bedenken geltend. Dem Abkommen entsprechend trafen im Dezember die Bundesregierung, der Berliner Senat sowie die DDR die nötigen Vereinbarungen.

*

Mein Terminkalender war weiter reichlich angefüllt mit parteipolitischen Terminen in Spandau und auf Landesebene, mit Sitzungen, Wahlkreisarbeit und Presseterminen. Neben dem Innenausschuss gehörte ich jetzt auch dem Ausschuss für Verkehr und Betriebe an sowie dem Verwaltungsrat der Berliner Stadtgüter. Dazu kam meine tägliche Arbeit beim Deutschen Gewerkschaftsbund, einschließlich Vermögens- und Treuhandverwaltung, Verein „Feierabend", Gesellschaft für Jugendheime und auch Vorbereitung der Mai-Kundgebung, die seit 1971 nicht mehr unter freiem Himmel, sondern im Saal (1971 im Sportpalast) stattfand, weil die Störungen von Jahr zu Jahr größer geworden waren. Dass der DGB diesen bequemeren Weg vorzog, blieb umstritten.

*

Aufgrund der neuen Vereinbarung mit der DDR besuchte ich mit meinen Eltern am 17. Mai 1972, erstmals nach zwanzig Jahren, wieder unser Grundstück in Falkensee. Es war ein bewegender Augenblick, Falkensee wiederzusehen, das sich von einem Berliner Vorort nunmehr zur „Stadt" im Bezirk Potsdam, DDR, entwickelt hatte. Allerdings habe ich damals wenig Städtisches erkennen können. In den vergangenen Jahrzehnten hatte sich an den meisten Stellen nicht sehr viel verändert. Herrliche alte Kastanienbäume standen immer noch an schlecht oder gar nicht gepflasterten Straßen. Alles glich mehr einem kleinen Erholungsort als einer Stadt.

Heute aber zählt die Stadt Falkensee ein Vielfaches der Einwohner von 1928 und hat seit der Wende 1989 ihr Gesicht entscheidend verändert. Die Menschen, die damals als erholungssuchende Wochenendgäste ihre Falkenseer Grundstücke nutzten, wurden mehr und mehr abgelöst von Menschen, die dauerhaft nach Falkensee zogen.

*

Die viele Arbeit auf all meinen Betätigungsfeldern hielt an. Im parlamentarischen Bereich kam der Ausschuss für Bundesangelegenheiten hinzu. Ich wurde Vorstandsmitglied im Verwaltungsbeirat der Fachhochschule für Verwaltung und Mitglied der Landessportkonferenz. Beim DGB hatte ich hervorragende Mitarbeiterinnen, die mir viel Arbeit abnahmen, insbesondere Hannelore Kutz, aber auch Rosi Trapp und Monika Kleinfeld. Auch waren meine Vorträge über den „Staatsdienst in der DDR" in Westdeutschland weiterhin begehrt. Aber damit war Mitte des Jahres Schluss: Krefeld im Oktober 1973 war meine letzte Station als gewerkschaftspolitischer Wanderprediger.

– ARBEITSDIREKTOR BEI DER GASAG –

1973 stand für mich die zweite wichtige berufliche Veränderung nach 1957 an: Berlin hatte damals eine ganze Reihe von Eigenbetrieben, so die Berliner Verkehrsbetriebe (BVG), die Berliner Stadtreinigung (BSR), die Berliner Wasser- und Entwässerungswerke (BWE), die Berliner Hafen- und Lagerbetriebe (BEHALA), die Berliner Ausstellungen – und die Berliner Gaswerke (Gasag). Die wurden seit 1937 in der Rechtsform eines Eigenbetriebes geführt, d. h., sie haben den Status eines nicht rechtsfähigen Unternehmens, dennoch sind sie keine Behörde. Rechtsgrundlage war das „Gesetz über die Eigenbetriebe des Landes Berlin" (Eigenbetriebsgesetz). 1973 wurde die paritätische Mitbestimmung in den Eigenbetrieben Berlins eingeführt: Bei Eigenbetrieben, die mehr als 2000 Arbeitnehmer hatten, musste nun einen Geschäftsleiter ausschließlich für soziale und personelle Angelegenheiten bestellt werden. Darunter fiel die Gasag mit ihren etwa 3000 Beschäftigten. Die Aufgabenstellung entsprach weitgehend der eines Arbeitsdirektors im Montanbereich.

Die Gasag schrieb diese Stelle öffentlich aus. Ich habe mich am 8. Oktober beworben. Natürlich bin ich von verschiedenen Seiten auf diese Bewerbung angesprochen worden. Es hatte schon im Spätsommer eine Reihe von Gesprächen gegeben mit Arbeitnehmervertretern der Gasag und der Gewerkschaft, denn eine derartige Aufgabe ist nicht einfach auszubalancieren, und ein Bewerber braucht das Vertrauen der Arbeitnehmer. Ich habe mich also beworben und wurde am 4. Dezember einstimmig vom Verwaltungsrat für fünf Jahre in diese Funktion gewählt.

Dienstantritt war der 1. Februar 1974. Ich war ein bisschen stolz, Gasag-Direktor zu werden und als zweiter Arbeitsdirektor nach Bruno Frank (BVG) in Berlin tätig sein zu dürfen. Die Übernahme dieses Amtes hatte allerdings eine Konsequenz: Ich musste zum Dienstantritt mein Abgeordnetenmandat aufgeben, da nach Berliner Rechtslage beides nicht miteinander vereinbar war. Es galt die Trennung von Amt (Exekutive = Eigenbetrieb des Landes Berlin) und Mandat (Legislative = Parlament). Allerdings war diese Frage immer strittig. Ein Direktor der Bewag konnte z.B. sehr wohl Abgeordneter sein, weil die Bewag als selbstständige Aktiengesellschaft galt, obwohl das Land Berlin Hauptaktionär war.

Der Januar war ausgefüllt mit Abwicklungsarbeiten. Nachfolgefragen mussten geklärt werden beim Deutschen Gewerkschaftsbund, der DGB-Vermögensverwaltung und im Abgeordnetenhaus. Ins Parlament rückte mein Spandauer Weggenosse Fredy Stach nach, seines Zeichens Studienrat an der Freiherr-vom-Stein-Schule. Bei der Gasag mussten Bewerbungsgespräche für Sekretärin und Fahrer geführt werden, denn selbstverständlich bekam ich einen eigenen Dienstwagen. Ich entschied mich für Renate Gehring und Conny Klein als Fahrer, und bin mit beiden gut ausgekommen. Auch gab es ein erstes Vieraugengespräch mit dem kaufmännischen Geschäftsführer Hans-Werner Krentz. Der wurde allgemein als der „Herrscher der Gasag" angesehen, war etwas schwierig, und ihm passte die ganze sozial-politische Entwicklung sowieso nicht in den Kram, weil er Aufgaben an den neuen Geschäftsführer für personelle und soziale Angelegenheiten abgeben musste.

Am 31. Januar verabschiedete mich Walter Sickert vom Deutschen Gewerkschaftsbund, Landesbezirk Berlin, nach über 16 Jahren Dienst. Es war eine schöne Zeit, die mir für meinen weiteren Lebensweg viel an Erfahrung und sozialem Einfühlungsvermögen gegeben hat. Den gewerkschaftlichen Stallgeruch werde ich mein Leben lang nicht loswerden. Meine DGB-Erfahrungen waren auch besonders wertvoll für das, was jetzt vor mir lag.

Am 4. Februar, einem Montag, trat ich meinen Dienst bei der Gasag an und wurde im Kasino in der Knesebeckstraße vor den versammelten Abteilungsleitern, leitenden Mitarbeitern und dem Gesamtpersonalrat sowie den beiden Geschäftsleitern Hans-Werner Krentz (kaufmännischer Bereich) und Dr. Kurt Restin (technischer Bereich) von Senatsdirektor Schwäbl in mein Amt eingeführt. Natürlich waren alle neugierig auf mich und auf das, was ich wohl über mein neues Tätigkeitsgebiet sagen würde. Insbesondere die Arbeitnehmervertreter erhofften sich viel von mir. Es war für mich nicht einfach, zukunftsorientierte Grundsatzaussagen zu machen. Dazu war das Aufgabengebiet zu neu.

Natürlich hatte ich mir Literatur beschafft und mich in den Grundzügen schlau gemacht, aber mir war von Beginn an klar, dass ich meinen eigenen Weg gehen musste, und so verhielt ich mich auch am 4. Februar vor der versammelten Mannschaft: Ich versprach den Arbeitnehmervertretern kein „Schlaraffenland".

Ich fand bei der Gasag, meinem neuen Hauptsitz am Kurfürstendamm 203 bis 205, gute Bedingungen vor mit nagelneuem, großem Büro, Vorzimmer, einem neuen Mercedes-Dienstwagen mit Privatchauffeur – alles vom Feinsten, denn insbesondere mein kaufmännischer Vorstands-Kollege Krentz war sich der Würde der

Gasag-Direktoren bewusst. Allerdings wurde auch viel und mit Erfolg geackert. Meine firmeninterne Bezeichnung war „DirS" (Direktor Salomon), neben DirK (Krentz) und DirR (Dr. Restin). Die Gasversorgung Berlins bestand 1974 fast 150 Jahre, seit 1826 wird in Berlin Gas erzeugt und verkauft. Bis Ende des 19. Jahrhunderts wurde das Gas überwiegend für die Beleuchtung der Gebäude und Straßen genutzt. Mit Beginn des 20. Jahrhunderts weitete man die Nutzung aus: Das Gas wurde im Haushalt zum Kochen, zur Warmwasserbereitung und zum Waschen, später auch zum Heizen und Kühlen eingesetzt, in der Industrie und im Gewerbe für viele verschiedene Wärmeprozesse. Seit den 60er Jahren wird Gas mehr und mehr für die Beheizung von Räumen verwendet. Die Entwicklung bedingte einen ständig steigenden Gasabsatz. Westberlin war die wohl einzige europäische Großstadt, deren Gasversorgung ausschließlich auf Eigenerzeugung von Stadtgas aufgebaut war, weil jegliches Verbundnetz fehlte. Gab es früher für Groß-Berlin noch 29 Gaswerke, so wurde Anfang der 70er Jahre in Westberlin das Gas nur noch in zwei Werken – Charlottenburg und Mariendorf – erzeugt, durch Kohle-Entgasung (GasKokereien) und zunehmend durch Spaltung von Leichtbenzin (Methanol). Dieses Stadtgas galt als umweltfreundliche Energie, und es wurde über ein ca. 4200 km langes Rohrnetz an rund 500 000 Kunden verteilt.

Das alles und vieles mehr musste ich erst lernen, und meine beiden Geschäftsleiter-Kollegen waren mir auf ihren Fachgebieten natürlich zunächst um Längen voraus. Meine Stärken mussten also im innerbetrieblichen Bereich liegen, in der Personalführung, der Interessenabwägung und vielleicht auch in meinen politischen Beziehungen. Es war in den ersten Monaten wahrlich nicht einfach, sich auch in der Geschäftsführung zusammenzuraufen. Kompromisse waren gefragt, und ich hatte manches Mal den Eindruck, dass mich „DirK" nicht recht für voll nahm. Ich musste manchmal etwas lauter werden, um mich nicht unterbuttern zu lassen. Das war Herr Krentz nicht gewohnt, bisher kuschten alle vor ihm. Schließlich hatten wir die Zuständigkeiten geklärt. Zu meinem Verantwortungsbereich gehörten die Abteilungen Personal und

Soziales, Berufliche Bildung, der Betrieb Schöneberg mit dem Fuhrpark und die Abteilung Zentrale Dienste. Auf dem Kompromissweg schufen wir neben dem kaufmännischen und dem technischen Fachbereich einen gemeinsamen Zuständigkeitsbereich mit den Abteilungen Organisation und Revision, Arbeitssicherheit, Pressestelle und Planung. Bei den monatlichen Direktionssitzungen hatte wechselseitig immer ein Geschäftsleitungsmitglied den Vorsitz. Das galt auch für die Sichtung der Posteingänge. Kompliziert wurde die Sache dadurch, dass die Direktoren Krentz und Dr. Restin je einen Stellvertreter hatten. Für meine Begriffe wurden beide mit meinem Eintritt überflüssig, denn jetzt konnte eine andere Vertretungsregelung gefunden werden. Auch dieser Vorschlag schuf mir nicht nur Freunde, die Stellvertreter wurden später aber doch abgeschafft. Das Klima zwischen Herrn Krentz und mir wurde nach und nach etwas besser.

Es lag in der Natur der Sache, dass ich öfter und vertrauensvoller mit dem Personalrat zu Gesprächen zusammenkam. Mit dem geschäftsführenden Vorstand des Gesamtpersonalrates traf ich mich jeden Mittwoch zum Frühstück bei mir zu Lagebesprechungen. Ich traf auch häufig mit dem für die Eigenbetriebe zuständigen Senatsdirektor Dieter Schwäbl zusammen sowie mit den Kollegen der anderen Eigenbetriebe. Ich musste und wollte mich persönlich überall vorstellen und mich informieren, sowohl im externen Bereich (bei der Bewag, leider lange Zeit von Krentz als tödliche Konkurrenz betrachtet), aber ganz besonders auch im internen Bereich. Ich musste und wollte die Werke Mariendorf und Charlottenburg kennen lernen, ebenso die Abteilung Gasverwendung, die Stadtgeschäfte und Beratungsstellen der Gasag und anderes mehr.

Wenige Tage nach meinem Dienstantritt hatte ich schon eine erste „Bewährungsprobe": Am 11. Februar 1974 hatte die Gewerkschaft ÖTV zum Streik aufgerufen und wollte damit eine Lohn- und Gehaltsforderung von 15 Prozent durchdrücken. Obwohl der Streik sich primär im öffentlichen Nahverkehr (BVG) und bei der Stadtreinigung/Müllabfuhr (BSR) auswirkte, streikten am 11. und 12. Februar auch Teile der Gasag, und es entbehrte nicht einer gewissen Delikatesse, wie sich der neue Arbeitsdirektor – selbst langjähriger Gewerkschaftssekretär – in seiner neuen Funktion verhielt, denn er war ja jetzt auch Arbeitgeber. Wir bezogen uns auf eine mit dem Personalrat abgeschlossene Not-Dienstvereinbarung, die zur Versorgung der Bevölkerung einiges von Streiks ausnahm. Aber im Grunde war mein Glück, dass der Streik nur zwei Tage andauerte und sich die Tarifparteien schon am 13. Februar auf eine Lohn- und Gehaltserhöhung von 11 Prozent verständigten.

An Neuerungen habe ich im Laufe des Jahres auch einen „Tag der offenen Tür" eingeführt, eine monatliche Sprechstunde für alle Mitarbeiterinnen und Mitarbeiter, die wurde gut angenommen. Außerdem ging ich ein Problem an, dass schon längere Zeit bei der Gasag schwelte: Die Umorganisation des Schichtbetriebes. Ich muss sicher nicht betonen, wie Schichtarbeit rund um die Uhr die Gesundheit und die Psyche der betroffenen Arbeiter und deren Familien belastet. Wir gingen nach vielen Gesprächen mit den Schichtarbeitern daran, eine fünfte Schicht einzuführen, ohne Neueinstellungen, nur durch Umschichtung der Arbeit auf eine verträglichere Art – ein erster sichtbarer Erfolg.

Mit meinem Eintritt bei der Gasag habe ich jedes Jahr am Heiligen Abend die Spätschicht in den Werken Mariendorf und Charlottenburg besucht, um den Arbeitern mit kleinen Gaben ein Frohes Fest zu wünschen und ihnen für ihren Einsatz zu danken. Mit Freude weitergeführt habe ich die Kinderweihnachtsfeier für die Mitarbeiterinnen und Mitarbeiter in der Urania mit Süßigkeiten, Kakao und lustigen Walt-Disney-Filmen.

*

Ein besonderes Datum war für mich der 20. November. Zum 25. Mal trafen sich die Klassenkameraden der Klasse 6 c der Freiherr-vom-Stein-Oberschule wieder. Wir waren eine Klassengemeinschaft, die weit über die Schulzeit hinaus zusammenhielt. 1942 waren wir zusammen im Ernteeinsatz gewesen, 1943/44 gemeinsam Luftwaffenhelfer, und dann hatten wir uns versprochen, uns auch nach dem Krieg wieder zusammenzufinden, was 1948 erstmals gelang. Wir trafen uns fortan in jedem Jahr, immer einen Tag vor

Buß- und Bettag. An diesem 20. November waren wir wohl noch 15 der ehemals 35 Pennäler des Jahrgangs 1926/27, die sich vor der ehemaligen Schule versammelten, um nochmals für eine Stunde die Schulbank zu drücken. Die meisten der ehemaligen „Stein-Schüler" hatten Spandauer Bodenständigkeit bewiesen, so z.b. der Chef der Bäckerei Schwarzkopf in der Klosterstraße oder Werner Groth, der ehemalige Inhaber der gleichnamigen Drahtzaunfabrik, der Spielwarenhändler Herbert Heinsohn, die Schulleiter zweier Spandauer Schulen Gerhard Raschke (dritte Sonderschule) und Horst Gering (Siemens-Schule), der Arzt Dr. Hans-Joachim Knütter, der gestandene Polizist Peter Rauschke und eben auch der Gasag-Direktor Werner Salomon. Viele von den Jungs leben heute nicht mehr. Schade!

*

1974 zogen wir in eine Eigentumswohnung. In dieser Zeit zog die Berliner Presse gegen politische Mandatsträger zu Felde, die in subventionierten Sozialbauwohnungen wohnten, sich aber von ihrer Vermögenslage her eine frei finanzierte oder eine Eigentumswohnung leisten konnten. Eine solche öffentliche Presseschelte wollte ich als Gasag-Direktor nicht riskieren. Immerhin hatte ich jetzt ein Monatsgehalt von etwa 6000 DM. So fragte ich den damaligen Direktor der Neuen Heimat Berlin, Günter Lippich, ob die Neue Heimat in Spandau Wohnbauprojekte in Arbeit hätte, die meinen Wünschen entsprächen. Und siehe da, in Spandau-Bocksfelde in der Jaczostraße 78-80 wurde gerade ein Projekt mit sechs Eigentumswohnungen gebaut. Eine Vier-Zimmer-Wohnung im ersten Stockwerk mit Gartenanteil kostete 270 564 DM. Wir hatten gerade mal 10 564 DM flüssiges Geld zur Verfügung. Da die Wohnanlage sehr schön gelegen und die Wohnung sehr schön geschnitten war, mit großem Kellerraum, schlugen wir dennoch zu. 60 000 DM wurde uns von der Neuen Heimat zinsgünstig bis zum 31. Mai 1978 gestundet. Den Restbetrag von 200 000 DM nahmen wir als Hypotheken-Darlehen auf, was eine nicht unerhebliche monatliche Belastung ausmachte. Die Rückzahlung des gestundeten Betrages innerhalb von vier Jahren wurde dadurch abgemildert, dass wir von der Wohnungsbau-Kreditanstalt Zu-

schüsse und Darlehen wegen der Aufgabe einer Sozialbauwohnung erhielten und nicht unerhebliche steuerliche Vorteile durch Sonderabschreibungen hatten.
Die Wohnung wurde zum 1. Juli 1974 bezugsfertig. Mit etwas Wehmut verließen wir unseren alten Kiez – immerhin wohnten wir seit zwanzig Jahren dort und fühlten uns bei unserem Hauswirt Otto Joos sehr gut aufgehoben. Aber die neue Eigentumswohnung war schon etwas Besonderes, nur wenige Schritte von der Havel, von der Scharfen Lanke, entfernt.
Einige der neuen Nachbarn kannte ich sogar von früher, so Klaus Grobe, ein früherer Kollege der Steuerverwaltung, und Lothar Löffler, seines Zeichens SPD-Bundestagsabgeordneter. Auch mit anderen, mit Renate und Fritz Kliche (Malermeister) und Wera und Uli Mann (Elektrohaus Albrecht) schlossen wir bald Freundschaft. Es war zumindest in den ersten Jahren für die Neue Heimat eine mustergültige Eigentümergemeinschaft mit Grillabenden und auch nicht wenigen „geistigen" Getränken.

*

Ein wichtiger Tag wurde der 15. November 1974: Mein alter jüdischer Zahnarzt Naphtalie Alter in Moabit zog mir recht schmerzvoll einen Weisheitszahn und bat den Raucher Werner Salomon, wenigstens 24 Stunden nicht zu rauchen, das könne eine Komplikation verursachen. Diese 24 Stunden des Nichtrauchens haben nun schon über dreißig Jahre lang angedauert. Seither bin ich Nichtraucher und habe nicht den leichtesten Zigarettenzug gemacht, und das ist gut so.

– RÜCKKEHR IN DIE POLITIK –

1975 waren wieder Wahlen zum Berliner Abgeordnetenhaus und zu den Bezirksverordnetenversammlungen fällig, so auch in Spandau. Schon im Herbst 1974 hatte sich abgezeichnet, dass ich wieder für die SPD kandidieren würde, und zwar an führender Stelle. Der kommunalpolitische Weg war also weiter vorgezeichnet.

Dabei stellt sich die Frage: Warum tat ich das eigentlich? War ich nicht ausgelastet? War ich mit dem, was damals mein Leben kennzeichnete, nicht zufrieden? Ich kann diese Fragen mit letzter Gewissheit auch heute nicht beantworten. Auf keinen Fall waren es materielle Beweggründe, die schmalen Diäten der Bezirksverordneten waren nicht der Rede wert. Ich hatte bei der Gasag ein gutes Gehalt und war auch sonst mit den Begleitumständen dort sehr zufrieden. Warum also diese zusätzliche politische Belastung, mit der auch meine Frau Marion offensichtlich nicht einverstanden war? Ich denke, politisches Engagement ist wie ein Bazillus: Einmal angefangen, kommt man so schnell nicht davon weg. Außerdem bin ich kein Büromensch. Ich hatte mich Ende der 50er Jahre auch vom Berufsbeamtentum getrennt, weil ich einen weiteren Wirkungskreis brauchte, mit Gestaltungsspielraum und öffentlicher Ausstrahlung.

Auch bei der Gasag fehlte mir ein Stück öffentliche Wirksamkeit, denn die Tätigkeit eines Geschäftsführers für Personal und Soziales war in den Betrieb hinein gerichtet. Ich brauchte aber darüber hinaus eine politische Plattform, und da war die Kommunalpolitik, noch dazu in meiner Heimatstadt Spandau, das geeignete Terrain. Sicher spielte dabei ein gewisser Ehrgeiz eine Rolle, und vielleicht auch Eitelkeit. Kurzum: Die Kommunalpolitik, die Politik vor der Spandauer Haustür, lag mir. Oder spielte da auch schon im Unterbewusstsein mit, was sich einige Jahre später, 1979, ereignete?

Zunächst galt mein ganzer Einsatz 1975 noch der Tätigkeit bei der Gasag. Ich war erst ein knappes Jahr bei den Gaswerken und wollte in meinem neuen Job vieles bewegen. Es gab unzählige Sitzungen und Gespräche mit den beiden anderen Geschäftsleitern und den Personalräten. Ganz besonders kümmerte ich mich um die Auszubildenden im kaufmännischen wie im technischen Bereich. Zum Leiter meiner Abteilung Berufliche Bildung machte ich den Installations-Ingenieur Horst Mauruschat – ein ausgesprochener Glücksgriff, nicht nur, weil er früher ein exzellenter Fußballspieler bei Tasmania 1900 war. Ein Schwerpunkt wurde mehr und mehr die Arbeitssicherheit. Arbeitsschutzkommissionen wurden eingerichtet und wir mussten Vorbereitungen treffen, um eine Werksfeuerwehr einzurichten, die künftig zu meinem Verantwortungsbereich gehören würde. Nach wie vor eng war mein Kontakt zu den politisch Verantwortlichen der Senatsverwaltung.

Was die Beschäftigten und die Personalräte anging, hatte ich ein Erfolgserlebnis: Wir schafften für die Belegschaft einen modernen Reisebus an als betriebseigenes Transportmittel z.b. zu den Arbeitsmedizinischen Untersuchungen, aber auch für Fahrten der Betriebssportgruppe oder Ausflüge der Mitarbeiterinnen und Mitarbeiter an Wochenenden. Die Anschaffung wurde zwar einmal vom Rechnungshof kritisch angemerkt, aber das nahmen wir einfach zur Kenntnis.

*

Den Wahlen am 2. März ging ein kräftiger Wahlkampf voraus. Ich war auf der Spandauer Liste zur Bezirksverordnetenversammlung (BVV) auf Platz drei nach Bezirksbürgermeister Dr. Kleusberg und BVV-Vorsteher Karl Neugebauer nominiert, und das erforderte einen kräftigen Einsatz von mir. Bei den Wahlen zum Abgeordnetenhaus verlor die SPD Berlin die absolute Mehrheit und sackte auf 42,6 Prozent ab. Die CDU wurde stärkste Fraktion mit 43,9 Prozent, die FDP erreichte 7,2 Prozent. Überschattet wurde die Wahl Tage zuvor von der Entführung des CDU-Vorsitzenden und Spitzenkandidaten Peter Lorenz. Am 27. Februar war er von Terroristen der „Bewegung 2. Juni" gekidnappt worden. Die Regierung ging, um das Leben von Peter Lorenz zu retten, auf die Forderung der Entführer ein und entließ fünf inhaftierte Komplizen, die dann am 4. März mit Pfarrer Heinrich Albertz als Bürgen ins Ausland nach Aden geflogen wurden. Am 5. März – drei Tage nach der Wahl – war Peter Lorenz wieder frei. Ohne Frage hatte die Entführung von Lorenz einen für die CDU günstigen Einfluss auf die Wahl gehabt, aber viele politische Beobachter sahen in dem Wahlausgang auch einen generellen Popularitätsverlust der Sozialdemokratie in Berlin. Dennoch kam es zu einer Koalition SPD/FDP mit Klaus Schütz als Regierendem Bürgermeister.

In Spandau behielt die SPD mit 24 Sitzen die absolute Mehrheit in der BVV; die CDU erhielt 18 und die FDP drei Sitze. Dr. Herbert Kleusberg blieb Bezirksbürgermeister, Karl Neugebauer Vorsteher der BVV, und ich wurde – das hatte sich abgezeichnet – Fraktionsvorsitzender. Als solcher gehörte ich neben dem Kreisvorsitzenden und dem Bezirksbürgermeister zu den maßgeblichen Entscheidungsträgern der SPD in Spandau, wodurch unmittelbar nach den Wahlen eine erhebliche Mehrbelastung auf mich zukam. Konstituierung der Ausschüsse, Verhandlungen mit der CDU über die Ressortverteilung, Klausurtagungen, Sprechstunden und vieles mehr. Auch war ich Mitglied des SPD-Landesausschusses auf Berliner Ebene. In der BVV war ich Sprecher in den wichtigen Ausschüssen sowie Vorsitzender des Sportausschusses. Zusätzlich bildeten wir einen Sonderausschuss „Zitadelle Spandau". Dieser Ausschuss hatte für Spandau aus folgenden Gründen Bedeutung: Bausenator im neugebildeten Berliner Senat war Harry Ristock, und der hatte seine Liebe für die Spandauer Zitadelle entdeckt. Kulturhistorisch sei sie vergleichbar mit dem Londoner Tower oder den bauhistorischen Gebäuden in Florenz, und man müsse damit beginnen, die historische Spandauer Zitadelle zu restaurieren, fand er. Es kam hinzu, dass die Bundesregierung gerade ein Zukunftsinvestitionsprogramm (ZIP) aufgelegt hatte, aus dem Mittel nach Berlin fließen könnten. Und so schufen wir diesen Sonderausschuss „Zitadelle", der das auch von Ristock unterstützte Vorhaben begleiten sollte. Es tat sich einiges in den folgenden Jahren auf der Zitadelle.

– Im Licht der Öffentlichkeit –

Die Eintragungen meines Vaters in seinem Umschlagkalender waren 1976 schon geprägt von seiner Parkinsonschen Krankheit. Das Schreiben muss ihm bereits schwer gefallen sein. Er war häufig in ärztlicher Behandlung. Am 26. Juni hatten meine Eltern ihren 50. Hochzeitstag, den sie aber nicht in Berlin, sondern in Hamburg begingen.

Ich war weiterhin ausgelastet. Bei der Gasag bemühte ich mich, meine Arbeit erfolgreich zu gestalten. Ich richtete Kommissionen und Arbeitsgruppen ein, z.B. „Soziale Leistungen", „Planstellen" oder „Verbesserungsvorschläge", immer auch mit dem Ziel, Einvernehmen mit der Arbeitnehmervertretung herzustellen, denn das war schließlich ein Gebot der paritätischen Mitbestimmung. Ein Kernstück des neuen Eigenbetriebsgesetzes war eine größere Einflussnahme der Arbeitnehmerseite. Natürlich war eine derartige Gesetzesnovellierung nur mit einer sozialdemokratisch geführten Regierung machbar, in der der Gewerkschaftsflügel auch im Parlament eine starke Stellung hatte.

1976 wurden die Berliner Gaswerke 150 Jahr alt. Es gab am 23. September eine Geburtstagsfeier und für jede Mitarbeiterin und jeden Mitarbeiter als Jubiläumsgeschenk einen KPM-Teller mit dem Motiv der „Ersten Gaserleuchtungsanstalt 1826". Dieser Teller bereite uns noch Ärger, denn der Rechnungshof beanstandete diese Gabe als „Steuerverschwendung".

Apropos „Geldverschwendung": Am 1. Oktober 1976 feierte ich 50. Geburtstag. Zwei Jahre zuvor hatte die Gasag bereits zu runden Geburtstagen meiner Geschäftsleitungs-Kollegen Krentz und Dr. Restin Geburtstagsempfänge gegeben. Die damit verbundenen Kosten zu Lasten des Gasag-Etats waren vom Rechnungshof in der Höhe gerügt worden, und später – allerdings erst 1978 – interessierte sich sogar die Staatsanwaltschaft dafür. Nach Abwägung aller Begleitumstände hatte die Geschäftsleitung dennoch auch zu meinem 50. Geburtstag einen sehr schönen Geburtstagsempfang in der Gasag-Lehrküche am Tauentzien gegeben, mit Billigung des Verwaltungsratsvorsitzenden, Bürgermeister Lüder, und mit namhaftem Eigenanteil von mir selbst. Als ich später vom Ermittlungsverfahren gegen Krentz und Dr. Restin erfuhr, teilte ich das der Staatsanwaltschaft sozusagen in „Selbstanzeige" mit. Auch gegen mich wurde ein Verfahren eingeleitet und beim Landgericht Berlin sehr schnell wieder eingestellt. Man kann im öffentlichen Scheinwerferlicht nicht vorsichtig genug sein! Die Gasag war eben kein selbstständiges Unternehmen der freien Wirtschaft.

*

Aus der Fülle der kommunalpolitischen Arbeit greife ich nur zwei Dinge heraus: Das Krankenhaus Spandau in der Lynarstraße entsprach in keiner Weise mehr modernen medizinischen Ansprüchen. Wir zogen ernsthaft einen Neubau ins Kalkül und favorisierten einen Standort im Westen Spandaus, am Cosmarweg. Nach langen Diskussionen scheiterte das Projekt dann allerdings an schwirigen Grundstücksfragen und an finanziellen Problemen.

Die Bewag erwog außerdem, im Norden Spandaus ein neues Kraftwerk zu bauen, mitten im Spandauer Forst, direkt an der Zonengrenze. Dieser geplante Standort löste lebhafte und leidenhaftliche Diskussionen aus. Insbesondere Bürgerinitiativen, ch aus dem kirchlichen Bereich, protestierten dagegen. Von r Bewag in Auftrag gegebene Gutachten begründeten einen ätzlichen Energie-Bedarf. Vor dem Verwaltungsgericht setzten Kraftwerksgegner jedoch gegen Jahresende ein Rodungsver- auf dem vorgesehenen Bauplatz durch. Auch das Oberver- tungsgericht stellte im Mai 1977 den Standort Oberjägerweg rage. Damit war das Projekt gestorben, und der Senat be- ss, das Grundlastkraftwerk auf den Ruhlebener Wiesen (KW er II) zu errichten.

 Diskussion war auch für mich persönlich ein dunkler Punkt, ch gegen meine innere Überzeugung dem Vorhaben von Be- nd Senat (Kraftwerk im Wald) zugestimmt hatte, wie schließ- ich die überwiegende Mehrheit der BVV. Auch ich hatte den ngen der Bewag („... ohne dieses neue Kraftwerk gehen in die Lichter aus ...") und den politischen Mahnungen des nachgegeben. Gott sei Dank, haben dann andere mit Hilfe waltungsgerichtsbarkeit das Ruder herumgerissen. Dieses erlebnis hat mich auf meinem weiteren politischen Weg lich geprägt: „Sage nie ja, wenn du nein sagen willst!"

*

schönen kommunalpolitischen Ereignissen gehörten stets gnungen mit den Freunden aus dem Siegerland, ob bei haftsbesuchen in Siegen oder hier in Spandau. 1976 r drei Treffen. Angenehm waren auch immer die Begeg- it Spandauer Sportvereinen. Als Vorsitzender des Sportausschusses hatte ich guten Kontakt zu den Vereinen, z.b. zum Boxclub 26 oder zum SC Siemensstadt, um nur zwei zu nennen. Immerhin hatten wir damals in Spandau etwa 200 Sportvereine, davon alleine 100 Wassersportvereine und -clubs.

*

Klaus Schütz erklärte im April 1977 als Regierender Bürgermeister nach zehn Amtsjahren seinen Rücktritt. Nachfolger in der SPD-FDP-Koalition wurde Dietrich Stobbe, der Spandauer SPD-Kreisvorsitzende Gerhard Heimann wurde Chef der Senatskanzlei. Kommunalpolitisch interessant war, dass am 1. Dezember nach achtjährigen Verhandlungen mit der DDR eine Vereinbarung zum Schleusenausbau in Spandau unterzeichnet wurde, nach der 1983 der Bau einer neuen Schleusenkammer beendet sein sollte.

Für die Gasag war ich viel unterwegs in den einzelnen Betriebsteilen, referierte auf Personalversammlungen und musste etwas bewerkstelligen, was ich bislang noch nie getan hatte: Ich musste mit dem Vertreter des Innensenators Tarifverhandlungen führen, und zwar auf Arbeitgeberseite! Es gab zum Bundesmanteltarifvertrag (BMTG) Zusatzverträge, so auch für Lohnempfänger der Gasag, und es war nicht einfach, die Balance zu halten zwischen den Forderungen der Gewerkschaften und dem finanziell Machbaren. Aber unter dem Strich sind wir immer ganz gut auseinander gegangen.

– POLITISCHE AMBITIONEN WACHSEN –

So kam dann das Jahr 1978. Die Ruhefrist für Thomas' Grab auf dem Spandauer Friedhof lief nach 15 Jahren ab. Wir haben sie nicht verlängern lassen. Mit jedem Jahr war der Abstand zu seinem Tod größer geworden und damit auch der Weg zum Friedhof. Am 23. Januar waren wir zu seinem 16. Todestag noch einmal am Grab, danach wurde es eingeebnet. Aber irgendwie bin ich auch später manches Mal bei meinen Friedhofsbesuchen am Kinderfeld 96 vorbeigegangen.

Meinem Vater ging es 1977 schon nicht mehr gut. Den Kalendernotizen entnehme ich, dass er wegen seiner Parkinsonschen Krankheit häufiger den Nervenarzt aufsuchen musste. Im Herbst gaben meine Eltern ihren Garten an der Nonnendammallee auf, weil ihnen die Gartenarbeit zu viel wurde. Nach langem Zureden habe ich meinen Eltern im Januar 1978 schließlich ein Telefon besorgt. Aus welchen Gründen auch immer, mein Vater wehrte sich gegen die Anschaffung eines Fernsprechanschlusses. Aber gesundheitlich ging es ihm zunehmend schlechter, da wurde eine Telefonanbindung umso dringender. Am 24. November musste er ins Waldkrankenhaus gebracht werden, und am 28. November starb er, wohl an Altersschwäche und Herzversagen, mit 84 Jahren. Am 2. Dezember fand die (katholische) Trauerfeier im Krematorium Ruhleben statt. Er hatte sich gewünscht, auf See bestattet zu werden, was auf der Höhe von Helgoland geschah. Um meine Mutter kümmerten sich in der Zeit nach Vaters Tod in erster Linie ihre Schwestern.

Bei der Gasag bahnte sich ein neues Geschäftsfeld an: Der Erdgasverbund mit der Sowjetunion gemeinsam mit der Ruhrgas AG, also weg von der Eigenerzeugung des Stadtgases. Das war auch eine hoch politische Frage.

*

Als Fraktionsvorsitzender in der BVV Spandau kamen mir herausgehobene Aufgaben zu, auch was Repräsentation betraf. So gab es für mich die ersten Kontakte zur britischen Schutzmacht. Bekanntlich gehörte Spandau zum Britischen Sektor von Berlin. Fast die gesamte britische Garnison war in Spandau stationiert, und so entwickelte sich nach und nach ab Mitte der siebziger Jahre ein gutes, später ein freundschaftliches Verhältnis zu den Briten, bis hin zum Stadtkommandanten. Bezirksbürgermeister Dr. Herbert Kleusberg verlieh Mitte 1978 der britischen Werkstatteinheit „REME" als erster Einheit den Ehrentitel „Freedom of Spandau", eine Art Ehrenbürgerschaft.

Langsam interessierte sich auch die Presse für die Person Werner Salomon. Am 12. Mai schrieb die Morgenpost-Redakteurin Brigitte Baecker in einem Porträt über mich: „Die gewachsene Ver-

trauensbasis bei der Gasag (als Arbeitsdirektor) will der jetzt wieder als Fraktionschef in der BVV amtierende Sozialdemokrat nicht aufs Spiel setzen, auch nicht, wenn ihm die Partei in Spandau höhere, ehrenvollere Ämter antragen sollte ..." – „auf den Busch klopfen" nennt man das wohl. Und natürlich kochte schon im Herbst 1978 die Gerüchteküche, denn Herbert Kleusberg musste wegen Erreichung der Altersgrenze und Ablauf der Legislaturperiode als Bezirksbürgermeister ausscheiden, und der Name Salomon tauchte immer wieder als Nachfolger auf. Insbesondere nach einer Kreisdelegiertenversammlung der Spandauer SPD Ende November, bei der es zwar nicht um personelle Fragen ging, aber eine gewisse Stimmung schon aufgekommen war. Zitat aus dem „Volksblatt Berlin" vom 24. November: „Beide Referenten des Abends, Dr. Herbert Kleusberg und Werner Salomon, Fraktionschef der Spandauer Sozialdemokraten, wurden bei ihren Ausführungen mit spontanem Applaus der Genossen bedacht. Sie berichteten von in der Vergangenheit Erreichtem und zukünftig Erreichbarem in der sozialdemokratischen Kommunalpolitik. [...]"
Auch trat ich gemeinsam mit Marion im September eine offizielle Dienstreise an, und zwar nach Israel, in unsere dortige Partnerstadt Ashdod. Anlass war der 30. Jahrestag der Staatsgründung. Ende der 60er Jahre gingen mehrere (West-)Berliner Bezirke Partnerschaften mit Städten und Regionen Israels ein. Die Kontakte wurden seinerzeit über den Deutschen Städtetag hergestellt und vom Senat initiiert. Der Bezirk Spandau hatte 1969 Kontakte zur israelischen Hafenstadt Ashdod geknüpft, etwa 40 Kilometer südlich von Tel Aviv gelegen. Natürlich war und ist das Verhältnis von deutschen zu israelischen Menschen nicht ohne Probleme, da es von der Vergangenheit, vom Holocaust überschattet wird, aber gerade deshalb hat die Partnerschaft einen hohen politisch-moralischen Stellenwert, und insbesondere junge Leute sollten sich begegnen.
Die Spandauer Delegation bestand aus den Bezirksstadträten von Pich-Lipinski (CDU) und Behrendt (SPD), Pfarrer Winfried Augustat von der CDU-Fraktion und Werner Salomon von der SPD, dazu deren Ehefrauen. Auch andere Berliner Bezirke und west-

deutsche Städte waren durch Delegationen vertreten. Für uns war alles neu und aufregend: Zwei Tage offizielles Programm in Jerusalem, Ausflug ans Tote Meer und zur Festung Massada, drei Tage Besuchsprogramm in Ashdod und Ashqelon, Abflugtage in Tel Aviv. In Ashdod waren wir privat bei einem berühmten Architektenehepaar untergebracht, und es gab erste Begegnungen und Gespräche mit dem deutschstämmigen Bürgermeister Zvi Zilker, der fast seine ganze Familie im Holocaust verloren hatte.

*

Im August 1978 waren Schwimm-Weltmeisterschaften in Berlin. Ein Teil der Wasserballspiele fand im neuen Spandauer Freibad Süd an der Gatower Straße statt, weil die „Wasserfreunde Spandau 04" im deutschen und europäischen Wasserball führend waren. So war es für mich als Vorsitzenden des Sportausschusses mehr als selbstverständlich, die Spiele zu besuchen.

*

In Berlin war schon in den 50er Jahren eine „Freiwillige Polizeireserve" (FPR) gebildet worden, die die Schutzpolizei bei bestimmten Aufgaben wie dem Objektschutz unterstützen sollte. Es waren wohl einige tausend Mann, überwiegend aus dem öffentlichen Dienst und der Bewag. Diese Truppe war von Anbeginn an politisch umstritten, aber sie existierte, und 1978 engagierte sie mich gern als Referenten über „Kommunale Verwaltung in den Bezirken". Mitglied der FPR war ich allerdings nie.

– Sprung in den Chefsessel des Rathauses –

Nach dem Tod meines Vaters übernahm meine Mutter eigenartiger Weise die Kalendereintragungen. Zumindest das Wetter protokollierte sie – die Macht der Gewohnheit nach 52 Ehejahren. Diesen Eintragungen entnehme ich, dass der Jahresbeginn 1979 mächtig kalt gewesen war, -19°C in der Neujahrsnacht, starker Wind und starke Schneeverwehungen. Das Jahr war besonders in seinen ersten Monaten auch stark von Politik geprägt, denn es

war Wahlkampf, am 18. März wurde gewählt, und ich war nicht nur Fraktionsvorsitzender der SPD in Spandau, sondern auch ihr Spitzenkandidat und somit ein gefragter Mann. Allerdings war ich mir am Jahresanfang immer noch nicht sicher, ob ich bei einem Wahlsieg, der ja zu vermuten war, das Amt des Bezirksbürgermeisters wirklich antreten sollte. Schließlich war ich als Gasag-Direktor auch finanziell besser gestellt. Aber man bearbeitete mich weiterhin nach allen Regeln der Kunst. Der bisherige Bürgermeister Herbert Kleusberg, der Vorsteher der BVV, Karl Neugebauer, und auch die Genossen und Genossinnen, mit denen ich auf Fraktionsreise nach Siegen ging, nahmen mich ins Gebet. Natürlich tat die Presse das ihrige, was Spekulationen und Gerüchte anging. Unter der Überschrift „Das Namenskarussell dreht sich: Wer wird neuer Bürgermeister?" brachte mich das Spandauer Volksblatt am 3. Januar ins Gespräch. Brigitte Baecker von der Berliner Morgenpost sah am 8. März schon das „Gras wachsen". Unter der Überschrift „Geheimnisvoll" schrieb sie: „[...] Auch das Geheimnis um den Namen des zukünftigen Bürgermeisters wird weiterhin gehütet. Doch hinter vorgehaltener Hand wird auf den 19. März verwiesen. An diesem Tag wird Fraktionschef Werner Salomon nach langen Kämpfen mit dem inneren Schweinehund bekannt geben, dass er Nachfolger des noch bis Juni amtierenden Dr. Herbert Kleusberg werden will. Ein honoriger Entschluss. Verzichtet der Gasag-Direktor damit doch pro Jahr auf mindestens 25 000 Mark. Statt 123 000 Mark Gehalt plus Aufwandsentschädigung nun nur noch 97 080 Mark jährlich. Aber im Gegensatz zum ebenfalls in der Diskussion stehenden Stadtrat Wolfgang Behrendt sicher die bessere Entscheidung. Eine Vaterfigur mit viel Integrationsvermögen, was dem im Fraktionsvorsitz nachrückenden Rolf Rührmund noch abgeht [...]."
Noch lagen einige Wochen vor den Wahlen, und ich hatte meinen Aufgabenbereich bei der Gasag. Wir mussten Umschulungsmaßnahmen in die Wege leiten. Mit Schließung der Koksöfen im Werk Mariendorf wurden Umsetzungen notwendig, und das war eine gewaltige Aufgabe, die gut in die Wege geleitet werden wollte.

Am 18. März kamen die Wahlen zum Abgeordnetenhaus und zu den zwölf Bezirksverordnetenversammlungen. Auf Landesebene behauptete die SPD in etwa ihr Position mit 42,7 Prozent. Dagegen konnten die CDU mit 44,4 Prozent und die FDP mit 8,1 Prozent erneut einen Zuwachs verbuchen, ein weiterer Popularitätsverlust für die Sozialdemokratie. Einen Achtungserfolg erzielte die erstmals kandidierende „Alternative Liste für Demokratie und Umweltschutz" (AL) mit 3,7 Prozent.

Am 26. April wurde der Regierende Bürgermeister Dietrich Stobbe erneut ins Amt gewählt, Gegenkandidat war Richard von Weizsäcker (CDU). Der am selben Tag gewählte Senat wurde wiederum von einer Koalition aus SPD und FDP gebildet. Bei der Senatorenwahl gab es eine mächtige Panne: Horst Korber erhielt nicht die erforderliche Mehrheit als Bundessenator. Daraufhin wurde der Spandauer SPD-Vorsitzende Gerhard Heimann Berliner Vertreter in Bonn.

Und wie gingen die Wahlen in Spandau aus? Die SPD erreichte 48,3 Prozent und 23 Sitze, die CDU 39,7 Prozent und 19 Sitze, die FDP 7,6 Prozent und drei Sitze. Die AL erhielt in Spandau auf Anhieb 1,9 Prozent der Stimmen. Die SPD hatte also im Vergleich zu 1975 einen Sitz verloren, behielt aber die absolute Mehrheit in der BVV. Noch am Wahlabend erklärte ich meine Bereitschaft zur Kandidatur für das Amt des Bezirksbürgermeisters von Spandau. Die Entscheidung war also zugunsten des Bürgermeisteramtes gefallen, zuletzt relativ spontan und aus dem Bauch heraus.

Ich gestehe offen, dass es tiefe und eingehende Aussprachen darüber mit meiner Frau Marion nicht gegeben hat, obwohl auch sie von vielen anderen zur Akzeptanz meiner Kandidatur gedrängt wurde. Ich war der Meinung, dass auch sie diesen Weg letztendlich mitgehen würde, denn mit meiner Übernahme des Bürgermeisteramtes in einem Bezirk mit mehr als 200 000 Einwohnern war ja auch ein Stückchen Ehre verbunden, auch für die Ehefrau. Alle Bürgermeister vor mir galten in der „Stadt Spandau" als Respektspersonen, die von den Menschen geachtet wurden. Aber offenbar war sie mit der Übernahme meines Amtes nie einverstanden gewesen. Erst viel später erfuhr ich, dass sie damals gesagt haben soll: „Wenn der Werner Bürgermeister wird, lasse ich mich scheiden", und sicher hat die Ausübung dieses Amtes auch Wunden in meine Ehe geschlagen.

Bis ich Bürgermeister wurde, vergingen noch mehr als drei Monate, aber die Weichen waren gestellt. Viele Kolleginnen und Kollegen bedauerten meinen Weggang von der Gasag, und es gab viele Sitzungen und Abwicklungsgespräche. Offensichtlich war die Frage der Nachfolge nicht so leicht zu lösen. Mit einem Bein war ich also noch Arbeitsdirektor, mit dem anderen schon fast in Spandau. Auch hier mussten Weichen gestellt werden. In dieser Situation kam der Urlaub zu kurz. Es gab nur 14 Tage im Siegerland, in Hilchenbach, und auch dies war eine halbe Dienstreise.

In meinen fünfeinhalb Jahren bei der Gasag hatte ich einen anspruchsvollen Auftrag, mit dem ich völliges Neuland betreten hatte. Ich musste das Vertrauen der Arbeitnehmer gewinnen und stand gleichzeitig als Mitglied der Geschäftsleitung in voller Mitverantwortung für den ganzen Betrieb. Bei einer derartigen Doppelfunktion war ein hohes Maß an Integrationsvermögen erforderlich, um den richtigen Weg in der Mitte zu finden. Das Ausformen dieses Weges war mir sicherlich in fünfeinhalb Jahren nicht abschließend möglich. Ich denke aber, dass ich einiges habe anschubsen können, neue Wege gegangen bin und auch neue Akzente gesetzt habe. Vor allen Dingen war ich bemüht, Menschlichkeit in das Arbeitsleben zu tragen und damit praktisch daran mitzuwirken, dass der Begriff „Humanisierung der Arbeitswelt" nicht nur ein Schlagwort blieb, sondern mit Leben gefüllt wurde.

Die Schaffung der paritätischen Mitbestimmung in den Berliner Eigenbetrieben und damit die Installierung von Arbeitsdirektoren passte konservativen Kräften in der Politik natürlich überhaupt nicht in den Kram, und es wurde kräftig polemisiert: „Karrieren für DGB-Funktionäre" oder „Paritätisch bestimmte Eigen-Versorgungsbetriebe ÖTV". Allen Kritikern zum Trotz zeige ich mit einem gewissen Stolz mein Zeugnis über meine Tätigkeit bei der Gasag, unterschrieben vom liberalen Bürgermeister und Wirtschaftssenator Wolfgang Lüder, worin es unter anderem heißt:

„Ich bedauere sehr Ihr Ausscheiden aus der Geschäftsleitung der Gasag; es wird schwierig sein, eine Persönlichkeit zu finden, die Ihnen in Ihrem bisherigen Amt folgt und die den von Ihnen gesetzten Maßstäben gerecht werden soll."

Verabschiedung bei der Gasag: Kfm. Direktor Hans-Werner Krentz, Verwaltungsratsvorsitzender Bürgermeister Wolfgang Lüder, Werner Salomon (von links).

Und auf eine weitere Geste bin ich noch ein bisschen stolz: Bei meinem Eintritt in die Gasag habe ich vor der Belegschaft erklärt, ich könne mit der neuen Aufgabe keine Wunder vollbringen und ich könne den Mitarbeiterinnen und Mitarbeitern der Gasag kein Schlaraffenland versprechen. Bei meinem Ausscheiden am 30. Juni haben mir meine engsten Mitarbeiter – die beiden Sekretärinnen und mein Fahrer – eine Urkunde überreicht, in der sie mich zum „Doktor honoris causa der Gasag" ernannten, auf die erwähnte Antrittsrede verwiesen und mit den Worten in ihrer Laudatio endeten: „... und es wurde doch ein Schlaraffenland". Da kam schon Wehmut auf!

Am l. Juli 1979 übernahm ich das Amt des Spandauer Bezirksbürgermeisters, wurde vom Vorsteher der Bezirksverordnetenversammlung (BVV) vereidigt, und ein neues Lebenskapitel begann.

– BÜRGERMEISTER IN SPANDAU –

Gemeinsam mit mir wurden auch die anderen Bezirksamtsmitglieder vereidigt: Helmut Schleusener (SPD) – Stadtrat für Volksbildung, Hans Hill (SPD) – Stadtrat für Sozialwesen, Wolfgang Behrendt (SPD) – Stadtrat für Bauwesen, Hans-Ulrich Hering (CDU) – Stadtrat für Wirtschaft und Finanzen, Rudolf Will (CDU) – Stadtrat für Jugend und Sport sowie Wilhelm Heidepriem (CDU) – Stadtrat für Gesundheit und stellv. Bürgermeister.
Neu ins Bezirksamt zogen mit mir Hans-Ulrich Hering und Rudolf Will, die anderen waren „alte Hasen". Besonders um die Position des Stadtrates für Jugend und Sport gab es bis zuletzt bei der CDU Querelen. Praktisch eine Stunde vor Beginn der BVV-Sitzung am 27. Juni präsentierte die CDU Rudolf Will (bislang

„Stabwechsel" zum 1. Juli 1979 im Spandauer Rathaus: Der neue Bürgermeister Werner Salomon mit seinem Amtsvorgänger, Dr. Herbert Kleusberg.

Stadtvormund in der Bezirksverwaltung) als neuen (Kompromiss-) Kandidaten. Die SPD war zuerst empört, wie leichtfertig man mit diesem Amt umging. Bei geschlossener Stimmenthaltung von SPD und FDP (um nicht die gesamte Bezirksamtsbildung platzen zu lassen) wurde dann „Rudi ratlos", wie er schon vorher tituliert wurde, mit 18 Ja-Stimmen der CDU und einer Gegenstimme aus den eigenen Reihen zum Stadtrat gewählt. Bei allen übrigen erfolgte die Wahl einstimmig. Abends gab es dann bei uns im Garten in der Jaczostraße eine private Bürgermeister-Fete mit Verwandten, Freunden, Kollegen und Nachbarn, mit Musik, Freibier und einem über Bültemeyers gecharterten Imbisswagen für die Verpflegung. Es war sehr fröhlich, und Marion gefiel es offensichtlich auch.

Am 2. Juli begann ich im Rathaus meine neue Tätigkeit. Natürlich musste ich mich erst zurechtfinden. Es begann ein völlig neues Lebenskapitel mit vielen neuen Erfahrungen.

– Die Mitarbeiterinnen und Mitarbeiter –

Es ist und bleibt eine alte Wahrheit, dass Erfolge eines kommunalpolitischen Wahlbeamten und insbesondere eines Bürgermeisters weitgehend auch abhängig sind von der Qualität seiner engsten Mitarbeiterinnen und Mitarbeiter. Ich habe zunächst überwiegend den Mitarbeiterstab meines Vorgängers übernommen: als Sekretärin Christel Bartsch, als Referenten Peter Lenz, als Pressereferentin Marion Riedel, Claus Rehfeld als „Hoffotografen" und Gery Schuster als Planungsbeauftragten. Der fungierte überwiegend als Verbindungsmann zu den britischen Truppen, eine für die Spandauer Kommunalpolitik wichtige Aufgabe. Ich bin mit all meinen Mitarbeiterinnen und Mitarbeitern sehr gut gefahren. Im Laufe der Jahre wurde der Stab teilweise verändert und auch aufgestockt.

– Das politische Programm –

Wenn man eine so wichtige kommunalpolitische Aufgabe übernimmt, sollte man politische Vorstellungen, wie und welche Schwerpunkte man setzen will, entwickeln. Ich war als Bürgermeister in Spandau mit dem klaren politischen Programm angetreten, so viel Bürgernähe wie möglich zu praktizieren: Ich wollte das Rathaus näher an die Bürger heranbringen, das Rathaus zum Ratgeber für die Bürger machen und das alte deutsche Sprichwort umsetzen: „Wer aus dem Rathaus kommt, sollte klüger sein als zuvor." Meine Erfahrungen hatten mir gezeigt, dass die politischen Parteien offenbar verlernt haben, auf die Bürger zu hören und sich ihrer Sorgen anzunehmen. Das wollte ich ändern, eine Einheit von Reden und Handeln herstellen, und so begann ich mit einer Fülle von Aktivitäten mit dem Ziel, engere Kontakte zu den Menschen herzustellen. Ich führte eine monatliche Bürgersprechstunde ein, um zu hören, was die Leute bewegte. Besonders in den Außenbezirken führte ich die Rollende Sprechstunde ein – in Siemensstadt, Haselhorst, Kladow, aber auch in der „Spandauer Neustadt" wegen ihrer Ausländerkonzentration. Zu sog. „Zielgruppengesprächen" lud ich Betriebsräte, Ärzte, Pfarrer, Sportler, Taxifahrer und auch andere ein. Diese Gesprächsrunden waren stets gut besucht, und meistens ging es rund dabei. Häufig wurde ich später angesprochen: „Bürgermeister, wann machste mal wieder 'ne Meckerstunde?" Eine leicht zugängliche Bürgerberatungsstelle richtete ich im Rathaus ein als erste Anlaufstelle für Rat suchende Bürger. Sicher konnte ich nicht immer helfen, aber ich konnte zuhören und das Beste versuchen, wie überhaupt mein Leitspruch war und ist: „Zuhören ist wichtiger als reden!"
Vor allen Dingen wollte ich von Amtsbeginn an ein Vertrauensverhältnis zwischen den Menschen in Spandau und mir herstellen, denn Vertrauen und Glaubwürdigkeit ist das wichtigste Kapital eines Politikers. Wer als Politiker Vertrauen verspielt, hat bei den Menschen verloren, und das führt zu Parteien- und Politikverdrossenheit und damit zu Wahlabstinenz.

Aber auch dieses war mir eine Richtschnur: Kommunalpolitik ist die Politik vor der Haustür, vielfach Kleinkram, aber gerade das berührt die Menschen im Alltag unmittelbar. Kommunalpolitik hat dem Bürger zu dienen und eignet sich nicht für ideologische Planspiele. Das bedeutet, in der Praxis der Kommunalpolitik muss man den Menschen nahe sein um zu hören, wo es brennt. Der Kommunalpolitiker muss zu den Vereinen gehen – zu Sportvereinen, Gesangsvereinen, Kleingartenvereinen und Kaninchenzüchtern, bis hin zur Freiwilligen Feuerwehr. Und er muss auch mal Kneipen besuchen, um an die Menschen heranzukommen, denn an der Theke wird meistens Tacheles gesprochen. Mir war von Anfang an klar: Alle diese Vorstellungen werden zeitraubend und kräftezehrend sein und zu Lasten des Privat- und Familienlebens gehen, denn in den meisten Fällen spielt sich das Vereinsleben an den Wochenenden ab – Spandau hatte allein 200 Sportvereine –, und das wirkte sich auch privat aus. Aber ich hatte nun mal „ja" gesagt und mir dieses anspruchsvolle Ziel gesetzt, denn ich wollte ja etwas bewirken.

Meine kommunalpolitischen Grundsatzvorstellungen wurden im Juli 1979 auch bereits in der Spandauer Presse wiedergegeben und kommentiert. So hieß es in der Berliner Morgenpost: „Der neue Bezirkschef will Politik vor der Haustür der Bürger machen", oder im Spandauer Volksblatt: „Salomons Konzept: Mehr Bürgernähe".

– Erste Aktivitäten und Konfliktfelder –

Die ersten Wochen und Monate waren ausgefüllt mit Antrittsbesuchen und ersten Kontaktaufnahmen. So machte ich unter anderem meinen Antrittsbesuch beim Britischen Stadtkommandanten und bei den Kommandeuren der Einheiten, die ihrerseits auch stets Antritts- und Abschiedsbesuche beim Spandauer Bürgermeister machten, ich besuchte Polizei, Feuerwehr, Wasserzoll und Post, ich machte mich bei den Chefs der großen Spandauer Industriebetriebe wie Siemens, Orenstein & Koppel, BMW und AEG bekannt, ich führte Gespräche mit den Betriebsräten und ich besuchte das Spandauer Volksblatt, das Sprachrohr für die Kommunalpolitik in Spandau.

Ich war kaum im Amt, da musste ich schon in einer Podiumsdiskussion Rede und Antwort stehen zur Zukunft der Spandauer Rieselfelder. Das war ein kontroverses Thema, weil die unterschiedlichen Interessen der Umweltschützer (Arbeitskreis Gatow) mit denen der etwa zwölf Freizeitvereine auf den Rieselfeldern, von den Modellfliegern bis zu den Hundevereinen, aufeinander prallten – wegen der Lage des Stadtgebietes ein typisches Westberliner Insel-Problem.

Auch hatte ich schon bald Konflikte zwischen Umweltschützern und der britischen Schutzmacht auszutragen. Der britische Militärflugplatz befand sich seit 1945 in Gatow. Mitte 1979 fürchteten die Briten um die dortige Flugsicherheit und ordneten eine gewaltige Rodung von Bäumen in der östlichen Einflugschneise an. Etwa 30 000 zu hoch gewachsene Bäume sollten gefällt werden, was die Umweltschützer auf die Barrikaden trieb. Schnell bildete sich eine „Bürgerinitiative Gatower Heide". Im November wurde die Fällaktion unter Polizeischutz durchgeführt. Vor Ort kam es zu hefti-

Bürgermeister Werner Salomon in seinem Amtszimmer.

gen Auseinandersetzungen zwischen ca. 500 Demonstranten und starken Polizeikräften mit hautnaher Live-Berichterstattung der Hörfunkreporter des SFB. Hans-Werner Kock und Juliane Barthel taten sich als „Frontberichterstatter" besonders hervor. Natürlich setzten sich die Briten Kraft alliierten Rechts durch, und der Konflikt ging weit über Spandauer Zuständigkeiten hinaus. Doch auch ich als Spandaus Bürgermeister wurde kritisiert und angegriffen, weil ich mich im Rahmen einer von der Bürgerinitiative veranstalteten Podiumsdiskussion nicht mit ihr solidarisiert hatte. In ihren Augen paktierte ich mit den Engländern, weil ich einer Einladung des Stadtkommandanten zum alljährlichen „Tattoo" gefolgt war. Natürlich war einiges mit den Alliierten in Berlin konfliktträchtig, und auch ich habe später nachdrücklich protestiert, bloß in diesem Fall lag meine Priorität eindeutig in der Sicherheit. Im übrigen hatte ich den Eindruck, dass sich die wirklich engagierten Baumschützer hatten instrumentalisieren lassen von Leuten, die „Bäume" sagten und „Krawall" meinten. Das Rodungsgebiet ist alsbald renaturiert worden und durch viele Wacholdersträuche zu einer wunderschönen Heidelandschaft herangewachsen.

Natürlich gab es darüber hinaus eine Fülle neuer Aufgabenbereiche. Als Bezirksbürgermeister war ich Mitglied im Rat der Bürgermeister (RdB), einem Verfassungsorgan, in dem monatlich die zwölf Bezirksbürgermeister von West-Berlin mit dem Regierenden Bürgermeister zusammentrafen. Die Bezirke sollten über den RdB zu Gesetzgebungsverfahren gehört werden. Sie hatten kein Mitbestimmungsrecht. Der RdB war also keine „zweite Kammer", aber schon ein wichtiges Instrument im Land Berlin, um den Bezirken Gehör zu verschaffen. Ich gehörte dem Innenausschuss des Rats der Bürgermeister an.

Als neues Gesicht in der Spandauer Bezirkslandschaft war ich ein begehrter Gast und Referent bei einer Vielzahl von Verbänden und Vereinen, vom Reichsbund über den Blindenverein, den Camping-Club und die Vereinigungen der Rollstuhlfahrer bis zu den vielen Sportvereinen. Ich sprach auf Belegschaftsversammlungen bei Orenstein & Koppel und den einzelnen Siemens-Werken, nahm an der „Spandauer Skatmeisterschaft" teil, führte meine ersten

„Rollenden Sprechstunden" durch, gratulierte Jubelpaaren anlässlich ihrer Diamantenen Hochzeit oder hochbetagten Mitbürgerinnen und Mitbürgern zum Geburtstag. Im Dezember reihte sich eine Weihnachtsfeier an die andere. Damit entsprach ich meinem Anspruch auf Bürgernähe und beschwerte mich nicht, dass ich beim Wort genommen wurde.

Aus der Fülle der kommunalpolitischen Probleme, die ich versucht habe, so schnell wie möglich aufzugreifen, will ich eins besonders darstellen: Bereits Ende September 1979 führten wir eine „Woche der Neustadt" durch. Die Neustadt ist ein Ortsteil im nördlichen Spandau, zwischen den beiden Hauptverkehrsadern Schönwalder und Neuendorfer Straße (ehemals „Oranienburger Vorstadt") gelegen. Sie hatte im Kernbereich eine dichte Bebauung aus der Gründerzeit, um die Wende ins 20. Jahrhundert entstanden, mit zum Teil schlechter Bausubstanz, aber relativ billigen Mieten – sog. „Mietskasernen". Die Neustadt wurde zunehmend zum Problembereich: Modernisierungsbedürftige Altbaublöcke mit teilweise ungenügenden sanitären Einrichtungen und graue Straßen mit wenig Grün prägten das Bild. Die wenigen vorhandenen Grünanlagen wurden lange Zeit vernachlässigt, es gab kaum ausreichende Spielplätze und Einrichtungen für Jugendliche. Zu dieser Palette von Problemen gesellte sich ein weiteres: der starke Anteil ausländischer, insbesondere türkischer (kurdischer) Mitbürger. Bekanntlich wurden in den sechziger Jahren tausende von ausländischen Arbeitskräften vornehmlich aus der Türkei angeworben, und sie siedelten sich mit ihren nachkommenden Familien vornehmlich in Ballungsgebieten an, in Wohnungen mit geringem Wohnkomfort, aber tragbaren Mieten. In Berlin war das typischerweise Kreuzberg und in Spandau die sog. Neustadt, die Gegend um die Lynarstraße, Luther-, Kur- und Jagowstraße. Diese Menschen brachten eine andere Lebensart aus ihrer Heimat mit, die uns fremd war. Gleichzeitig konnten sie sich nur langsam an unser Leben gewöhnen, was sie oft beängstigte, ganz zu schweigen von den Schwierigkeiten bei der Verständigung, und natürlich traten bei den Kindern auch Schulprobleme auf. Diese Probleme erkannten wir. Mit der „Woche der Neustadt" wollten wir uns – das gesamte Bezirksamt – vor Ort den Herausforderungen stellen. „Salomon besichtigt Bruchbuden", schrieb daraufhin das Spandauer Volksblatt am 25. September. Doch uns war sehr schnell klar, dass zur Bereinigung der Situation langer Atem nötig war und alles nur Stück für Stück zu regulieren ging. Erschwerend kam hinzu, dass im Gegensatz zum Sanierungsgebiet Spandauer Altstadt die Neustadt trotz unserer Bemühungen vom Berliner Senat nicht zum offiziellen Sanierungsgebiet erklärt wurde, sodass wir bei Sanierungsmaßnahmen vorwiegend auf die Mithilfe der Hauseigentümer angewiesen waren, die aber oft nicht über die finanziellen Mittel für eine Modernisierung verfügten. „Sanierung" der Neustadt konnte daher in vielen Fällen nur bedeuten, unterhalb des Standards des sozialen Wohnungsbaus zu bleiben (z. B. bei der Ofenheizung). Wir installierten Projektgruppen für die einzelnen Fachbereiche, aber die Situation in der Neustadt begleitete mich noch viele, viele Jahre, und es ging nur mit vielen kleinen Schritten voran.

*

Im gleichen Jahr entstand eine neue Städtepartnerschaft mit Boca Raton in Florida/USA. Vorweg soviel: Städtepartnerschaften sind erst nach dem letzten Weltkrieg entstanden und gehören nach meiner Bewertung zu den äußerst wichtigen Erkenntnissen aus den grausamen Völkermorden dieses Krieges: Wer miteinander freundschaftlich verbunden ist, schießt nicht auf seine Freunde und wird auch nicht auf Hetzreden verantwortungsloser Demagogen gegen Ausländer hereinfallen, weil er es ja besser weiß, er hat nämlich die Menschen und ihre Gastfreundschaft in ihrer Heimat kennen gelernt. Unmittelbar nach dem Krieg sind vielfache Partnerschaften zwischen deutschen Städten und insbesondere Städten in Frankreich und England – den ehemaligen Kriegsgegnern – entstanden. Jugend- und Schülerbegegnungen standen dabei im Vordergrund, aber auch Begegnungen von Kriegsveteranen der Länder. Auch Spandau hatte partnerschaftliche Verbindungen nach Frankreich (Asnières) und England (Luton) aufgebaut. Viele hundert gegenseitige Besuche hatten bisher stattgefunden. Städtepartnerschaften haben aber auch einen hohen moralischen Wert. Ich verweise beispielhaft auf die Kontakte zwischen Hannover und Hiroshima, Dresden und Coventry, und ich verweise auf die Verbindungen vieler Berliner Bezirke zu Städten und Gemeinden in Israel. Ich weiß aus eigenem Erleben, wie hoch die Israelis – wie in unserer Partnerstadt Ashdod – die Solidarität gerade der Deutschen schätzen.

Wie erwähnt, hatte Spandau bisher drei ausländische Partnerstädte: Asnières in Frankreich, Luton in England und Ashdod in Israel. Und nun meldete sich eine 50 000 Einwohner zählende Stadt im sonnigen Florida, jenseits des Ozeans in Amerika. Wie ist das zustande gekommen und wie konnte es funktionieren? Die Vorgeschichte ist abenteuerlich: Angefangen hatte sie 1977, als die Schwimmer der „Wasserfreunde Spandau 04" zum Training und zu Wettkämpfen ins Urlaubsparadies Florida aufbrachen. Ein Jahr später – es fanden gerade die Schwimmweltmeisterschaften in Berlin statt – waren die „Boca Swimmers" an der Havel zu Gast. Die Amerikaner fühlten sich in Spandau wohl und sagten: „Wir wollen, dass Boca Raton Sister-City von Spandau wird." Sie setzten in Boca dazu alle Hebel in Bewegung. Sie gründeten ein Komitee, das die Partnerschaft von ihrer Seite aus in die Wege leiten sollte und interessierten die dortige Stadtverwaltung für die Sister-City-Idee mit Spandau. In der Tat kam ein offizielles Angebot der Stadt Boca Raton zur Aufnahme einer Städtepartnerschaft mit Spandau: Man habe sich von acht Städten in Mittel- und Südamerika sowie Europa (Dänemark) mit großer Mehrheit für Berlin-Spandau entschieden. In Absprache mit der Senatskanzlei akzeptierten wir das Angebot, weil eine Ablehnung gerade für einen Westberliner Bezirk politisch nicht vertretbar gewesen wäre, und unterschrieben nach Zustimmung von Bezirksamt und Bezirksverordnetenversammlung die Partnerschaftsurkunde, wohl wissend, dass eine Ausfüllung dieser Partnerschaft mit Leben nicht ganz einfach sein würde, zumal in Amerika eine andere Auffassung von Partnerschaft bestand als bei uns. Dort wurde und wird die Partnerschaft privat, nach Feierabend, gepflegt, hat also in erster Linie touristischen und geschäftlichen Charakter.

*

Das ereignisreiche Jahr ging zu Ende, und als Bürgermeister besuchte ich am 24. Dezember die diensttuenden Beamten von Polizei, Feuerwehr und Zoll, um ihnen mit kleinen Gaben frohe Weihnachten und ein gutes neues Jahr zu wünschen. Diese Besuche setzte ich in den folgenden Amtsjahren regelmäßig fort.

*

Zu guter Letzt eine kleine Bilanz: Das Spandauer Volksblatt fragte Bezirksverordnete, wie sie mit der Arbeit des vergangenen halben Jahres und besonders mit dem neuen Bürgermeister zufrieden seien. Am 28. Dezember las ich von Edgar Swinne (FDP) dazu: „Bezirksbürgermeister Werner Salomon wird von der Spandauer FDP geschätzt. Von Egon Ixmeier (CDU) hieß es: ‚Der Bürgermeister gibt sich große Mühe, ist aber noch ziemlich unbekannt in der Bevölkerung.' Die Zusammenarbeit Werner Salomons mit den Fraktionen ist objektiv und sachlich. Außerdem arbeitet der Bürgermeister sehr aktiv, um bei allen Bürgern bekannt zu werden." Ich war nicht unzufrieden mit dieser Beurteilung – prosit Neujahr!

– Erfolgreicher Start –

Offenbar war ich erfolgreich in das neue Wahlamt gestartet, aber manches war auch nur mit längerem Atem oder gar nicht umsetzbar. Die Spätsprechstunden in den Ämtern haben sich nicht überall bewährt. Die Kinderspielstube im Rathaus, die schon vor meiner Zeit eingerichtet worden war und Eltern, die im Rathaus Erledigungen zu machen hatten, Gelegenheit bot, ihre Kleinkinder zur Betreuung abzugeben, war eine an sich feine und sehr bürgerfreundliche Einrichtung, zwei Kindergärtnerinnen wurde dafür extra halbtags eingestellt. Eigenartigerweise wurde sie aber kaum genutzt: Den ganzen September 1979 über kamen nur zwölf Kinder, im Oktober 19, im November 21 Kinder. Fast ausschließlich türkische Mütter gaben dort ihre Kinder ab. So mussten wir später diese Kinderspielstube im Rathaus wegen mangelnder Inanspruchnahme wieder abschaffen, was ich schade fand.

Gut bewährt haben sich hingegen die monatlichen Sprechstunden des Bürgermeisters, die Rollende Sprechstunde in den Ortsteilen sowie die Aktion „Begrüßungsbrief für Neu-Spandauer" mit wichtigen Informationen.

1980 saß ich erstmals in der Jury des Sonderwettbewerbs „Schaufrisieren", den die sehr rührige Friseurinnung Spandau unter ihrer Innungsmeisterin Elli Rabe einmal im Jahr für ihre Lehrlinge durchführte – ein Riesenspektakel im Schützenhof. Im März 1980 riefen mich empört die Spandauer Förster an und machten ihrem Unmut Luft über Manöverschäden, die die Briten im Spandauer Forst hinterlassen hatten. Ich protestierte beim Reg. Bürgermeister Dietrich Stobbe nach einer Ortsbesichtigung im Spandauer Forst und bat ihn, beim Britischen Stadtkommandanten tätig zu werden. Offenbar sind die Proteste der Spandauer bei den Briten nicht vergebens gewesen: In den folgenden Tagen waren britische Truppen damit beschäftigt, die entstandenen Schäden im Wald mit ihren Möglichkeiten zu beseitigen.

– „Freedom of Spandau" –

In meinem Brief an den Regierenden Bürgermeister brachte ich auch zum Ausdruck, dass die Spandauer Bevölkerung einen grundsätzlich guten Kontakt zu den Briten pflegte. Das bewiesen wir wenige Tage später durch die Verleihung der Ehrenbürgerwürde „Freedom of Spandau" an die „62. Transport and Movement Squadron Royal Corps of Transport" (RCT). Bei dieser britischen Transporteinheit, die seit 1945 in Spandau stationiert war, arbeiteten auch 250 einheimische Zivilbedienstete. Wir haben dieser Einheit die Ehrenbürgerschaft in Form einer Spandauer Stadtfahne mit Inschrift und einer besonderen Urkunde verliehen, weil sie sich immer wieder hilfsbereit gezeigt hatte. Sie stellte kostenlos Busse zur Verfügung, um Kinder und Senioren zu befördern,

oder Lastwagen zum Abtransport von Sammelgut, und sie spendete immer wieder für Kinderheime und Kindertagesstätten.
„Trommelwirbel und militärisches Zeremoniell bestimmten gestern Vormittag im Stadion Askanierring die Szene", titelte das Spandauer Volksblatt am 21. März, und in der Tat war es für mich das erste Mal in meinem Leben, dass ich die Front einer militärischen Soldateneinheit abschritt und eine Militärparade abnahm.
Die Auszeichnung „Freedom of a city" stammt aus dem 15. Jahrhundert und wird in Großbritannien militärischen Einheiten verliehen, die lange in einer Stadt stationiert sind. Die Auszeichnung gilt als Geste der Freundschaft und Verbundenheit zwischen der Truppe und der Bevölkerung. Die Ehrenwürde „Freedom of Spandau" berechtigte nun diese Militäreinheit, mit fliegenden Fahnen, aufgepflanzten Bajonetten und Militärkapelle durch die Havelstadt zu ziehen – eine altehrwürdige britische Gepflogenheit, die die Briten außerordentlich hoch einschätzten. Dazu wurde aus England extra ein 40 Mann starkes Stabsmusikcorps eingeflogen.
Zur Annahme des Ehrentitels musste der britische Verteidigungsminister seine Zustimmung geben. An diesem besonderen Ereignis nahmen der Britische Stadtkommandant, das gesamte Offizierscorps des britischen Militärkommandos und der kommandierende Brigadegeneral des Royal Corps of Transport aus London teil. Ein festliches Diner am Abend als Dank der Briten krönte den Tag.

– REPRÄSENTATIONSPFLICHTEN –

Partnerschaftsreisen führten mich nach Siegen zum Sportlertreffen und in die befreundete Stadt Rastatt zum dortigen Stadtfest, dem „Staffelschnatz". Es ist mir in sehr guter Erinnerung und diente mir als Vorbild für ähnliche Altstadtfeste in Spandau. Vor allen Dingen haben mich die idyllischen Höfe begeistert, auf denen wunderschöne kleine Weinfeste gefeiert wurden. Auch Spandau hat schöne Hinterhöfe.

Die amtliche Routine ging weiter mit Referaten auf Betriebsversammlungen, Betriebsbesichtigungen, Besuchen bei Polizei und Feuerwehr, Sprechstunden und konsequenter Weiterführung der Zielgruppengespräche.

Ein „Muss" für den Spandauer Bürgermeister war die Anwesenheit bei bestimmten Anlässen zweier Institutionen, das war einmal die Schützengilde und zum anderen der „Unterstützungsverein der Gartenstadt Staaken". Die „Schützengilde zu Spandau (Kooperation)" ist die älteste Spandauer Institution. Sie wurde 1334 als „Schutz-Gilde" der Spandauer Bürger ins Leben gerufen und zählt zu den ältesten Gilden ihrer Art in Deutschland. Sie pflegt bis zur Gegenwart ihre alten Traditionen im besten Spandauer Sinn und hat sich stets auch für soziale Anliegen engagiert. Höhepunkt eines jeden Jahres ist die „Schützenwoche" jeweils im Mai, beginnend mit dem „Schützenausmarsch" vom Rathaus aus durch die Stadt, heraus zum Schützenhof nach Hakenfelde und dem anschließenden Königsschießen. Obwohl ich nie Mitglied der Schützengilde war, war es für den Spandauer Bürgermeister ein ungeschriebenes Gesetz, den Schützenausmarsch an der Spitze mit Bürgermeisterkette zu begleiten und auch beim Königsball anwesend zu sein.

Und nun zu meiner zweiten „Präsenzpflicht" beim Unterstützungsverein der Gartenstadt Staaken: Im Westen der Stadt liegt der Ortsteil Staaken. Hier entstand in den Jahren 1914 bis 1917, mitten im Ersten Weltkrieg, die Gartenstadt Staaken. Der Architekt Paul Schmitthenner setzte hier die Siedlungsideale des Engländers Howard um, die einen Gegensatz zur innerstädtischen Mietskaserne bildeten. Zu jeder Wohnung gehörte ein Garten, der die Verbindung des Berufstätigen zur Natur herstellen sollte. Das Zentrum ist der Heidebergplan mit einer holländisch geprägten Ladenzeile. Die Straßenzüge besitzen ländlichen Charakter. Die Gartenstadt Staaken ist eine kleine Stadt in der Stadt. Sie ist ein Genossenschaftsmodell. Die Bewohner sind wie eine große Familie. Zur Betreuung und Unterstützung älterer und hilfsbedürftiger Mitbewohner wurde vor vielen Jahren der Unterstützungsverein gegründet, der als Höhepunkt eines jeden Jahres um Pfingsten herum ein großes, mehrtägiges Kinder- und Familienfest veranstaltet, mit einem großen Umzug durch die festlich geschmückten kleinen Straßen der Gartenstadt. Dabei ist alles, was in der Gartenstadt Rang und Namen hat, vertreten, vom Staakener Spielmannszug über die Schulen und Kindergärten bis hin zur Freiwilligen Feuerwehr, und natürlich darf dann auch der Spandauer Bürgermeister nicht fehlen. Er marschiert mit anderen Honoratioren an der Spitze des Zuges. Übrigens war die Gartenstadt Staaken jahrzehntelang eine Hochburg der Spandauer Sozialdemokraten. Wahlergebnisse um die 60 Prozent herum waren keine Seltenheit.

*

Im September 1980 übergab ich, nach längeren Vorbereitungen im Rathaus, eine Bürgerberatungsstelle der Öffentlichkeit, die Ratsuchenden als Anlaufstelle dienen sollte – sie wurde ein bürgerfreundlicher Renner. Die Spandauer „BBS" fand viele Nachahmer und war die Vorstufe zum heutigen Bürgeramt. Auch führten wir ab 1980 gelegentlich Bezirksamtssitzungen außerhalb des Rathauses durch, z.b. in der Zitadelle, bei der Osthavelländischen Eisenbahn, bei Siemens oder der Westfälischen Transport AG auf der Insel Eiswerder. Auch das geschah im Hinblick auf die Bürgernähe, denn im Rahmen solcher Sitzungen führten wir auch immer Gespräche mit Geschäftsführung und Betriebsrat.

*

Darüber hinaus bereiteten wir bereits die 750-Jahr-Feier Spandaus im Jahre 1982 vor. Wir schufen ein Büro mit dem PR-erfahrenen Bernhard Hallpap, den der damalige Sozialstadtrat Hans Hill extra für diese Arbeit für drei Jahre abstellte, und installierten eine Arbeitsgruppe. Im Oktober konnten wir ein preisgekröntes Emblem für das Jubiläum präsentieren: Sieger wurde der Entwurf des Graphikers Michael Waldow.

*

Am l. Oktober um 13.10 Uhr erreichte die Berliner U-Bahnlinie 7 in Siemensstadt erstmals Spandauer Boden. Die ersten U-Bahnzüge konnten auf dem neuen Bahnhof Siemensdamm als damaligem Endbahnhof begrüßt werden. Es hatte über 50 Jahre lang gedauert, bis das Projekt „U-Bahn nach Spandau" verwirklicht werden konnte. Die Pläne dazu reichten bis in die 20er Jahre zurück.

*

Am 29. November eröffnete ich den Spandauer Weihnachtsmarkt, der sich mehr und mehr zum Markenzeichen der Altstadt entwickelte. Mit Beginn der Altstadt-Sanierung 1974 wurde dieser Markt erfunden, um den Umsatzeinbußen zu begegnen, die sich aus den Baustellen ergaben. Mit circa 40 Ständen fing man an. Heute sind es circa 400 Stände, die der Markt an den Adventswochenenden umfasst, und 1989 überstieg die Besucherzahl erstmalig die Millionengrenze.

– Berliner SPD in der Krise –

Anfang 1981 erlitt die angeschlagene Berliner SPD eine entscheidende Schlappe: Am 15. Januar trat der Reg. Bürgermeister Dietrich Stobbe mit dem gesamten Berliner Senat (SPD und FDP) zurück, nachdem vorher die Senatorenwahl geplatzt war. Eine Woche später wurde Hans-Jochen Vogel, der frühere Münchener Oberbürgermeister, als Regierender Bürgermeister gewählt. Er ließ sich in die Pflicht nehmen, wohl wissend, dass sein Senat (wiederum eine Koalition aus SPD und FDP) mit fünf Importen aus dem Bundesgebiet vermutlich nur ein Übergangssenat sein würde: Neuwahlen kündigten sich bereits an, wurden auf den 10. Mai vorgezogen und ergaben einen klaren Sieg für die CDU mit ihrem Spitzenmann Richard von Weizsäcker. Die Sozialdemokratie wurde erstmalig in der Nachkriegsgeschichte aus der Regierungsverantwortung abgewählt, was wahrlich nicht an Hans-Jochen Vogel lag. Die SPD schwächelte schon jahrelang zuvor. Allerdings errang die CDU mit 48 Prozent der Stimmen nicht die absolute Mehrheit (die SPD kam auf 38,3 Prozent, die FDP auf 5,6 Prozent und die Alternative Liste auf 7,2 Prozent). Richard

von Weizsäcker gründete einen CDU-Minderheitssenat, der von der Mehrheit der FDP toleriert wurde. Hans-Jochen Vogel übernahm die Rolle des Oppositionsführers.
Nach der Berliner Verfassung teilen die Bezirke das Schicksal des Landes. Demzufolge musste auch unsere Bezirksverordnetenversammlung neu gewählt werden – ein Drahtseilakt für mich. Ich war noch keine zwei Jahre im Amt, und vor dem Hintergrund der damaligen „CDU-Euphorie" mit dem überragenden Spitzenkandidaten Weizsäcker und den Schwächen der Berliner SPD war die Sorge berechtigt, ob es auch in der SPD-Hochburg Spandau einen Erdrutsch geben würde. Ich hatte zwar ein Rückkehr-Recht auf eine vergleichbare Position wie bei der Gasag, aber die entsprechende Stelle war wieder besetzt worden, und außerdem wollte ich Spandaus Bürgermeister bleiben. Es gab also wieder einmal Wahlkampf rund um die Uhr.
Einen Vorgeschmack auf die politische Stimmungslage in Berlin nach dem SPD-Eklat im Abgeordnetenhaus bekam ich auf dem ADAC-Ball am 16. Januar: Ich wurde zwar als SPD-Bürgermeister von Spandau offiziell und auch freundlich begrüßt, aber die vollzählig anwesende CDU-Prominenz mit Heinrich Lummer an der Spitze bekam jubelnden Beifall. Die ADAC-Spitze galt von jeher als ein verlängerter Arm der CDU.
Bis zum Wahltag ging es für mich in die Vollen: Betriebsbesuche, Zielgruppengespräche, Sprechstunden, Ball-Besuche bei den Klempnern und den Kraftdroschkenfahrern (Taxifahrern) – so etwas gab es Anfang der 80er Jahre noch. Weiter ging es auch mit der Planung der 750-Jahr-Feier Spandaus, vor allen Dingen musste die Finanzierung gesichert werden. Ich ging auf „Betteltour" bei Spandauer Wirtschaftsunternehmen, um Spender und Sponsoren zu finden, und das war nicht erfolglos. Bei der Spendenbereitschaft machte sich der Spandauer Heimatsinn bemerkbar. Insbesondere Spandauer Familienbetriebe mittlerer Größe waren spontan zu einer finanziellen Beteiligung bereit, bis zu 50 000 DM im Einzelfall. Zögerlicher waren die großen Industriebetriebe wie Siemens und BMW, deren Entscheidungszentralen in München lagen und denen dadurch die innere Bin-

dung zu Spandau fehlte, aber letztendlich spendeten auch sie. Wichtig war jedoch, dass der Bürgermeister persönlich bei ihnen vorsprach und sich auch die Zeit nahm, mit ihnen über ihre Anliegen zu diskutieren.

*

Am 8. Mai verliehen wir der britischen Versorgungseinheit „Ordonance Services", die seit 1945 ihren Standort in Hakenfelde hatte, für ihre vielen Verdienste und Hilfen den Ehrentitel „Freedom of Spandau", mit entsprechendem Pomp wie zuvor geschildert. Es beeindruckte mich immer wieder, was die Verleihung dieses Ehrentitels für die britischen Militärs bedeutete.

*

Am 10. Mai gingen auch die Spandauer an die Wahlurnen. Wie bei der Wahl zum Abgeordnetenhaus, so gab es auch bei den Wahlen zu den Bezirksverordnetenversammlungen für die Sozialdemokraten Verluste. Konnten die Spandauer Sozialdemokraten im März 1979 noch sieben von acht Bezirksmandaten für das Abgeordnetenhaus gewinnen, waren es 1981 nur noch fünf, drei Wahlkreise gingen an die CDU. Das war allerdings keine Überraschung: Die SPD hatte allgemein in der Stadt abgewirtschaftet, und Richard von Weizsäcker eroberte als neuer CDU-Spitzenmann Berlin wie ein Sturmwind. Vor diesem Hintergrund war es noch sehr bemerkenswert, dass in Spandau die SPD fünf Direktmandate erhielt und bei den Zweitstimmen etwa gleichauf mit der CDU lag. Bei den Wahlen zur Bezirksverordnetenversammlung kam die Spandauer SPD auf 44,66 Prozent, die CDU auf 43,43 Prozent, die FDP auf 4,44 Prozent und die Alternative Liste auf 4,99 Prozent – der AL fehlten ganze zwölf Stimmen für den Einzug in die BVV. Fazit: Die SPD stellte weiterhin den Bürgermeister und drei Stadträte, die CDU erzielte ebenfalls drei Stadtratsposten. Damit war Spandau neben Wedding 1981 der einzige Berliner Bezirk, der weiterhin einen sozialdemokratischen Bürgermeister stellte, und ich persönlich war die Rückkehr-Sorgen los. Eine neue Legislaturperiode mit gewaltigen politischen Veränderungen hatte begonnen. Neu im Bezirksamt waren Sigurd Hauff (SPD) als Volksbildungsstadtrat sowie Gero Luckow

(CDU) als Stadtrat für Jugend und Sport, ausgeschieden waren Helmut Schleusener (SPD) und Wilhelm Heidepriem (CDU).

*

Kurz nach den Wahlen feierte die Freiherr-vom-Stein-Schule Jubiläum. Als ehemaliger Schüler und Bürgermeister war ich beim Festakt in dem ehrwürdigen roten Backsteinbau an der Galenstraße natürlich Ehrengast. Mein Grußwort zum 75-jährigen Bestehen der Schule würzte ich mit persönlichen Anekdoten und Erinnerungen, die besonders bei den älteren Jahrgängen Gelächter erzeugten. Wenige Tage später trafen wir ehemaligen Klassenkameraden meines Jahrgangs uns noch einmal in der Schule, um unsererseits dieses Jubiläum zu feiern; 1937 waren wir dort zusammen eingeschult worden.

— Spandauer Städtepartnerschaften —

Im Laufe meiner Amtszeit habe ich im Auftrag des Bundespräsidenten viele Orden feierlich überreicht. An einige erinnere ich mich besonders gern. Am 15. Mai 1981 zeichnete ich z.b. den Musikclown „Fridolino", mit bürgerlichem Namen Willy Jaeckel, mit der Verdienstmedaille des Verdienstordens der Bundesrepublik Deutschland aus. Er beherrschte zwölf Musikinstrumente und war häufig zu Gast in den Manegen von Zirkus Krone, Sarrasani oder Hagenbeck. Ein Bundesverdienstkreuz bekam auch Reinhold Napirala, der „Urvater" des Spandauer Reise- und Tourismuswesens. Viele touristische Einrichtungen im Fichtelgebirge oder im Bayerischen Wald tragen noch heute seinen Namen. Napirala, einst Schriftsetzermeister und Redakteur der Spandauer Zeitung, hatte nach dem Kriege dem Urlauberverkehr mit dem Reisebüro zum Durchbruch verholfen.

*

Durch die politischen Veränderungen auf Landesebene und in den Bezirken bekam auch der Rat der Bürgermeister (RdB) ein ganz besonderes Gesicht. Der neue Regierende Bürgermeister Richard von Weizsäcker leitete die Sitzungen kaum, sondern überließ dies dem Berliner Bürgermeister Heinrich Lummer. Im RdB selbst waren als Sozialdemokraten nur noch Erika Heß (Wedding) und ich für Spandau vertreten. Die übrigen Bezirksbürgermeister gehörten der CDU an – welch ein Wandel! Es gab allerdings ein gutes Einvernehmen untereinander, und wir zogen mit den CDU-Kollegen meistens an einem Strang. Ich wurde Sprecher der SPD-Bürgermeister und zum Vorsitzenden des RdB-Innenausschusses gewählt. Auch vertrat ich das Land Berlin mit im Deutschen Städtetag und war dort im Wirtschaftsausschuss engagiert.

*

In Spandau gab es 1981 viele Begegnungen im Rahmen der Städtepartnerschaften: Senioren aus Asnières (Frankreich) und Luton (England) waren in der Stadt, ich begrüßte auch Behinderte aus Luton bei uns und besuchte meinerseits im September mit einer Spandauer Delegation diese Partnerstadt.

Luton zählt rund 170 000 Einwohner und liegt 50 km nördlich von London. Sie ist die bedeutendste Stadt der Grafschaft Bedfordshire und ein wichtiger Mittelpunkt der Fertigungsindustrie in Südostengland. Der britische Opel-Vectra, der „Cavalier", wurde dort produziert, ebenso die „Kreissäge", der traditionelle Strohhut in England. Die Hutherstellung bot im 19. und beginnenden 20. Jahrhundert die meisten Arbeitsplätze, was die Grundlage bildete für die heutige industrielle Stärke der Stadt. Luton hat einen eigenen Flughafen, von wo aus es in den 80er Jahren eine Direktfluglinie nach Berlin-Tegel gab.

Das sportliche Aushängeschild der Stadt, der Fußballclub Luton Town, gehörte lange zu den führenden Clubs in England, und Fußball hatte 1959 eine wichtige Rolle beim Zustandekommen der Städtepartnerschaft mit Spandau gespielt. Offensichtlich hatten ehemalige Spandauer, die während des Zweiten Weltkriegs in englische Kriegsgefangenschaft geraten waren und sich dort später niederließen, gemeinsam mit dem Lutoner Fußballclub eine Sportreise in die Havelstadt initiiert, auch kam es zu einem Gegenbesuch auf der Insel. Der Spandauer Sportverein (SSV) verpflichtete Ende der 50er Jahre den „Erstdivisionär" Luton Town

FC zu zwei Gastspielen im Berliner Olympiastadion. Auch der SSV weilte in jenen Jahren zu Gastspielen in Großbritannien. Die Partnerschaft zu Luton wurde anlässlich eines Banketts nach dem ersten Gastspiel des Fußballclubs in Berlin aus der Taufe gehoben. Fußball war also der Ursprung dieser Verbindung, aus der sich in den Folgejahren ein reger Gruppenaustausch entwickelte. Sichtbares Zeichen der Freundschaft ist die original Lutoner Telefonzelle vor dem Rathaus, die seinerzeit von der Royal Air Force in die Havelstadt befördert worden war.

Wir flogen im September direkt von Berlin-Tegel mit „Monarch-Airlines" zum Internationalen Airport von Luton, wurden in der Stadt fürstlich empfangen und betreut. Der Lutoner Bürgermeister begleitete uns von morgens bis abends. Wir besichtigten das hochmoderne Shopping Arndale Center, die berühmte Whitbread Brewery und die Vauxhall Motors Autofabrikation. Über Luton (Vauxhall Motors) und Spandau (BMW Motorradwerk) ist es auch zu einer Freundschaft mit Wolfsburg (Volkswagen) gekommen.

– Kontaktpflege mit dem britischen Militär –

Was die britischen Militäreinheiten in Spandau anging, ist mir der sich entwickelnde intensive und gute Kontakt in bleibender Erinnerung. Sicher lag es in der Natur der Sache, dass unsere Gesprächspartner in erster Linie die Offiziere bis hoch zu den Truppenkommandeuren und Stadtkommandanten waren. Da gibt es bei den Briten eine klare Trennung, die wohl auch in ihrer Militärhistorie begründet ist. An den sich ständig verbessernden Kontakten hatte zweifellos einer meiner Mitarbeiter im Bürgermeisterbüro – Gerhard (Gerry) Schuster – seinen verdienstvollen Anteil. Gerry war im Büro nach dem Stellenplan offiziell Planungsbeauftragter, sein Hauptaugenmerk galt jedoch der Kontaktpflege zu den Briten, wovon ganz Spandau profitierte: Gerry Schuster hatte nach dem Kriege fast zwanzig Jahre in Südafrika gelebt, sprach perfekt englisch und trank gerne schottischen Whisky. In den Offiziersmessen der britischen Einheiten fühlte er sich wie zu Hause und hatte beste Verbindungen bis hinauf zur Stadtkommandantur.

Wir waren der Bezirk für die Briten, und sie taten vieles für die Stadt. So luden sie einmal 400 Seniorinnen und Senioren zu einer Berlin-Rundfahrt in Militärbussen ein und bewirteten sie anschließend in der Alexander-Kaserne mit Kaffee und Kuchen. Häufig besuchten mich auch Truppenkommandeure und übergaben mir Schecks für Spandauer Wohlfahrtseinrichtungen, oder die Havelstädter trafen sich bei Veranstaltungen von Offiziersfrauen.

Eine regelmäßige Einrichtung – meistens zweimal im Jahr – waren die Treffen mit dem Britischen Stadtkommandanten, allen Truppenkommandeuren und den vier Bürgermeistern der vier Berliner Bezirke, die zum Britischen Sektor gehörten: Charlottenburg, Wilmersdorf, Tiergarten und Spandau. Ab Beginn der 80er Jahre wurde der Kontakt zwischen den britischen Militärbehörden und den deutschen Stellen lockerer und besser. Das Zeitalter der „Besatzungsmacht" rückte allmählich in den Hintergrund. Im Laufe der Zeit wurden auch die britischen Offiziere angehalten, Deutsch-Kurse zu besuchen, was früher undenkbar gewesen wäre.

– Schleusenpläne gefährden Zitadelle –

Ab Anfang der 80er Jahre wies uns der Innensenator zunehmend ausländische Kommunalpolitiker zu, die bei uns in Spandau deutsche Kommunalpolitik und Verwaltungswesen kennen lernen sollten. So waren Ende November 1981 ägyptische Kommunalpolitiker hier, und das setzte sich fort.

*

Am 30. August wurde das morgendliche „Bremer Hafenkonzert" live aus der Havelstadt Spandau übertragen. Gemeinsam mit dem RIAS Berlin wurde dazu im Kolk die Hafenidylle aufgebaut, mit Norddeutschem Blasorchester und dem RIAS-Tanzorchester. Es war ordentlich was los, der Bayerische Rundfunk übertrug das Treiben, und ich wurde natürlich vom Moderator zur Spandauer Schleusenproblematik befragt: Wie erwähnt, hatte es nach achtjährigen Verhandlungen mit der DDR 1977 eine Vereinbarung zum Schleusenneubau in Spandau gegeben, wonach 1983 der Bau einer neuen Schleusenkammer beendet sein sollte. 1981 verdichteten sich die Vorstellungen der Schleusenbauer, dass neben der vorhandenen Schleusenkammer eine zweite 123 m lange Kammer gebaut werden solle, um den sog. Europaschiffen die Durchfahrt zu ermöglichen. Das stieß auf den Widerstand Spandaus, denn eine zweite Kammer neben der alten hätte den Verlust eines beträchtlichen Teils des historischen Vorfeldes der alten Befestigungsanlage an der Zitadelle bedeutet. Spandau-Experten erklärten zu Recht, dieses Vorfeld sei unverzichtbarer Bestandteil des Bauwerks Zitadelle. Außerdem hätten für den Bau einer zweiten Kammer mehr als 200 Bäume gefällt werden müssen, und wir argwöhnten, dass durch unvermeidliche Grundwasserabsenkungen die Bastion Kronprinz gefährdet werden könnte.

Scharfer Protest aus Spandau war angesagt, denn es stand zu befürchten, dass mit einem derartigen Eingriff die Folgen für den Erhalt der gesamten historischen Zitadelle, einem Bauwerk von europäischem Rang, unabsehbar geworden wären. Gegen eine neue, vergrößerte Schleusenkammer anstelle der alten war aus unserer Sicht dagegen nichts einzuwenden. In diesem Sinne habe ich mich Mitte Oktober an den Regierenden Bürgermeister Richard von Weizsäcker gewandt und um ein Gespräch gebeten. Wegen der großen öffentlichen Wirkung habe ich bewusst meinen Brief an Weizsäcker auch der Presse gegeben, was er mir in einem persönlichen Gespräch übel nahm: Ich sei der erste Politiker, der ihn mit einem offenen Brief bedacht hätte, sagte er. Dennoch hatten wir bei ihm damit den Fuß in der Tür, und der Regierende Bürgermeister wurde hellhörig. Neue Überlegungen wurden angestellt.

– 750 Jahre Spandau –

Unterdessen rückte die 750-Jahr-Feier Spandaus unaufhaltsam näher. Bei den Vorbereitungen sagten uns die Briten viel Unterstützung zu. Sie waren in den Ablauf eingebunden mit dem Auftreten von Musikkapellen, der Bereitstellung von Zelten und der Unterbringung von Gästen in den Kasernen.

Zum Spandau-Jubiläum erhielt die Havelstadt am 18. Februar 1982 eine Sonderbriefmarke der Landespostdirektion Berlin mit Sonderstempel. Der Theaterverein „Varianta" stellte eine Schallplatte „Lachendes Spandau" vor. Zum Jubiläumsjahr schufen wir außerdem eine Symbolfigur, den „Julius": Ein ehemaliger Schauspieler mit Namen Heinz Zubeil sollte als mittelalterlicher Herold im historischen Kostüm zum zünftigen Charakter der Jubiläumsveranstaltungen beitragen. Am 12. November 1981 stellten wir ihn in einer Pressekonferenz der Öffentlichkeit vor und gaben dabei bekannt, dass für das kommende Jubiläumsjahr rund 150 Veranstaltungen unterschiedlicher Größenordnung geplant seien. Die Gesamtkosten in Höhe von rund einer Million DM stiftete größtenteils die Industrie- und Handelswelt der Havelstadt. Nach einem turbulenten Dezember voller Weihnachtsfeiern verbrachten wir die Festtage in Ruhe zu Hause. Heilig Abend war meine Mutter bei uns – es sollte das letzte Mal gewesen sein.

– Tod der Mutter –

Dann begann das Jubiläumsjahr 1982. Die Feierlichkeiten und das gesamte Drum und Dran nehmen in meiner Erinnerung natürlich einen breiten Raum ein. Allerdings wurde die fröhliche Stimmung getrübt durch den Tod meiner Mutter: Ende Januar mussten wir sie wegen starker Durchblutungsstörungen im Bein – es war teilweise fast schwarz angelaufen – ins Krankenhaus bringen. Ich nahm Anfang Februar trotz des Jubiläumstrubels ein paar Tage Urlaub, war täglich im Krankenhaus und musste miterleben, dass ihr am 12. Februar das rechte Bein amputiert wurde. Es war nicht mehr zu retten. Die Amputation hatte sie relativ gut überstanden, und man versuchte, sie mit Krankengymnastik und anderen Therapien wieder hochzupäppeln, doch vergeblich. Im Nachhinein stellte ich fest, dass meine Mutter nach dem Tode meines Vaters 1978 zusehends abgebaut hatte. Meiner Meinung nach machte auch der Geist nicht mehr mit. Teilweise war sie verwirrt und war sogar „stolz darauf", nur noch ein Bein zu haben („das hat nicht jeder", sagte sie). Am Sonntag, dem 4. April, war sie dann erlöst. Zehn Tage später fand die Trauerfeier mit anschließender Einäscherung im Krematorium Ruhleben statt. Am 5. Mai, ihrem 82. Geburtstag, setzten wir ihre Urne auf dem Friedhof „In den Kisseln" bei. Die Auflösung ihres 50-jährigen Haushalts in Haselhorst war schwierig. Typisch für die Generation der Jahrhundertwende: In alten Kochtöpfen versteckt fand ich Bargeld und einige Goldstücke. Zu Banken hatte man wohl kein Vertrauen.

– Auftakt zum Jubiläum –

Doch geprägt war das Jahr von der 750-Jahr-Feier Spandaus. Am 7. März 1232 fand die Stadt Spandow ihre erste urkundliche Erwähnung in einer lateinisch gefassten Urkunde, in der es heißt, dass die Spandauer auf eigene Kosten eine Flutrinne bauen dürfen und dass der Stadt nicht nur brandenburgisches Stadtrecht verliehen wird, sondern alle in den Ländern Teltow, Barnim und Glien dieses Recht zu empfangen haben. Es waren die Markgrafen zu Brandenburg, Johann und Otto, die Spandow diese Ehre zuteil werden ließen.
Historiker einigten sich auf den 7. März 1232 als Ausstellungsdatum der Urkunde zur Verleihung der Stadtrechte. Und um den früheren Präsidenten des Bundesverfassungsgerichtes, den Spandauer Ernst Benda, zu zitieren: „Es bleibt wichtig festzustellen, dass Berlin immer die um fünf Jahre jüngere Schwester Spandaus sein wird." Berlin wurde erst 1237 das Stadtrecht verliehen.

Apropos Ernst Benda: Noch im Januar flog ich mit Bernhard Hallpap nach Karlsruhe, um den Bundesverfassungsgerichtspräsidenten für den Festvortrag am 7. März zu gewinnen. Er sagte spontan zu. Er war eben Spandauer (Siemensstädter) und begann seine politische Karriere als Bürgerdeputierter und Bezirksverordneter der CDU hier in der Spandauer BVV.
Am 15. Januar wurde der Auftakt zum Jubiläum im Rathaus begangen mit der Vorstellung der ausgezeichneten Festschrift. Der Regierende Bürgermeister Richard von Weizsäcker und der Britische Stadtkommandant General David Mostyn sprachen launige Grußworte. Hans Höppner, Chefredakteur des Spandauer Volksblattes, und Günter Matthes vom Tagesspiegel („... als die Berliner noch Kaulquappen fingen, waren die Spandauer schon Patrizier") trugen das ihre dazu bei. Außerdem eröffneten wir die Fotoausstellung „Spandau einst und jetzt". Sie wurde aus Beständen des Bildarchivs des Stadtgeschichtlichen Museums Spandau und aus Beständen privater Leihgeber zusammengestellt und zeigte die wechselvolle Geschichte der Stadt und ihrer Bürger in den vergangenen hundert Jahren.
Das eigentliche öffentliche Spektakel fand aber zuvor auf dem Marktplatz statt, wo das Maskottchen der 750-Jahr-Feier, der Herold Julius, hoch zu Ross und mit Gefolge (BVV-Vorsteher und Bürgermeister in einer Pferdekutsche), den Beginn des Festjahres verkündete. Nach Zeitungsberichten verfolgten etwa 600 Schaulustige das Spektakel auf dem Markt. Fahnen und Transparente zeugten überall vom Festjahr. Der Trubel hatte begonnen. Die kommunalpolitische Alltagsarbeit lief nebenher.
Am 18. Februar 1982 stellten wir der Öffentlichkeit die neue Sonderbriefmarke zum 750-jährigen Spandauer Stadtjubiläum vor. Spandau kam immer gut weg bei der Herausgabe von Sonderbriefmarken – sicher ein Verdienst des langjährigen Vorsitzenden des Spandauer Briefmarkenklubs, Günter Dröscher, der bei der Landespostdirektion nichts unversucht ließ, um die Stadt postalisch in das richtige Licht zu rücken. Immerhin hatte die 60-Pfennig-Marke „750 Jahre Stadt Spandau" eine Auflage von über 8 Millionen und war somit ein werbewirksamer Faktor für uns.

Damit stand das eigentliche Großereignis vor der Tür: Der 7. März, der Geburtstag Spandaus, und das bedeutete Einsatz rund um die Uhr. Am 25. Februar stellten wir das Festtagsprogramm öffentlich vor, und in die Pressekonferenz platzte eine Überraschung: Mit 20 frischen Eiern und zwei Gläsern Bienenhonig warteten die Christkönigsschwestern aus dem Nonnenkloster Alt Lankwitz auf. Sie ließen einen Boten diese Gaben überreichen. Außerdem lagen in einem Umschlag 1000 DM, die die katholischen Schwestern für das Jubiläum stifteten. Diese Spende hatte einen geschichtsträchtigen Hintergrund: Im Mittelalter, just zu der Zeit, als der Havelstadt die Stadtrechte verliehen wurden, war das Dorf Lankwitz dem Spandauer Nonnenkloster abgabepflichtig. Die Priorin des Lankwitzer Klosters, Dr. Andrea Mai, legte der Gabe einen Brief bei, in dem sie erklärte, dass die Schwestern „die 750-Jahr-Feier aus der Ferne ein wenig mitfeiern" möchten. Zwar müssten sie heutzutage keine Abgaben mehr entrichten, wollten aber doch der Stadt Spandau ihre Grüße senden. Zu Recht fand diese Geste in der Presse Beachtung, und es entwickelte sich daraus in den folgenden Jahren ein enge Freundschaft mit gegenseitigen Besuchen. Die Christkönigsschwestern haben sich später auch in das Goldene Buch der Stadt Spandau eingetragen.

– BÜRGERMEISTER IN KETTEN –

Am 5. März begrüßte ich die Repräsentanten unserer Partnerstädte aus Siegen-Wittgenstein, Asnières bei Paris und Luton bei London in der Havelstadt. Besonders aus Luton kam eine große Gruppe mit dem Bürgermeister an der Spitze und einer 26-köpfigen Schülerband der „Rotheram High School" in Luton. Die Schüler durften kostenlos in einer britischen Kaserne übernachten.
An diesem Vormittag wurde die neue Fußgängerzone „Markt" an die Spandauer Bürger übergeben. Mit 4 Mill. DM Baukosten war

sie zunächst umstritten, vor allen Dingen wegen eines Kunstwerkes, des 32 m langen „Rückgrats". Dieses Wasser-Rinnsal mit Zulauf auf Knopfdruck sollte die Havel nachempfinden. Ich gestehe, mit diesem Kunstwerk auch nicht besonders glücklich gewesen zu sein, aber wir waren an das Gestaltungsrecht der Markt-Architekten Grötzebach und Plessow mit dem Bildhauer Prof. Ohlwein gebunden. Übrigens bekam das „Rückgrat" bald den deftigen Spitznamen „Pinkelrinne".

Die Marktübergabe vollzog sich vor Hunderten von Zuschauern im Rahmen eines mächtigen Spektakels: Der Bürgermeister wurde von „frechen Buben" in Ketten gelegt. Der Tagesspiegel berichtete dazu: „Salomon wurde kurzerhand von den Pankgrafen aus Wedding seines Amtes enthoben und gefesselt. [...] Da aber stürmten auf den Altstadt-Marktplatz mit lauten Rufen ‚Unser Bürgermeister ist in Gefahr!' die Männer der Spandauer Schützengilde, warfen sich den frechen Pankgrafen in den Weg, rangen mit diesen, durchtrennten die Eisenfesseln des Bürgermeisters und obsiegten."

Die Pankgrafen – wie immer friedfertig – holten einen Geldsack mit „tausend Silberlingen" (gleich 1000 DM) hervor. Damit sollte der Bürgermeister, der sich „schuldig" gemacht habe, beim Marktplatz nicht auch an die Kinder gedacht zu haben, diesen etwas kinderfreundlicher herrichten lassen.

Und weiter im Tagesspiegel: „Nun aber die Schützengildner! Sie stopften den Buben aus dem Wedding mächtig das freche Maul, und zwar mit einem größeren Geldsack mit 1334 ‚Silberlingen' [= DM]. Und beide Säcke hielt nun der Bürgermeister in den befreiten Händen hoch über die vergnügte Menge. Die jauchzte mit ihm." Es war ein Volksfest, das immerhin die Kasse mit 2334 „Silberlingen" klingeln ließ. Vor dem Gerangel setzte ich mit einem Knopfdruck „Wasser marsch!" das Rinnsal in Bewegung, aber dieses Kunstwerk blieb umstritten.

Am gleichen Abend eröffneten wir im Kommandantenhaus der Zitadelle die historische Ausstellung „Spandaus besonderer Weg", die die Entwicklung der Havelstadt von der mittelalterlichen Handelsmetropole über die Ackerbürgerstadt zur Festungs- und Garnisonsstadt und schließlich zum größten Industriebezirk Berlins dokumentierte.

Auch der folgende Tag hatte es in sich: Im Rathaus gab es eine Briefmarken-Ausstellung mit Sonderpostamt; ein Hubschraubersonderflug der Briten brachte „Luftpost" aus Gatow unter den Klängen der Regimentskapelle der Royal Fusiliers vor das Rathaus; der RIAS Berlin gestaltete seine dreistündige Mittagssendung mit acht Reportern aus Spandau, und etwas Historisches fand am Nachmittag in der St. Nikolai-Kirche statt: ein ökumenischer Gottesdienst mit dem katholischen Berliner Bischof, Kardinal Dr. Joachim Meißner – mit Sitz in Ostberlin – und dem evangelischen Bischof Martin Kruse. Damit hatte erstmals seit der Reformation ein katholischer Würdenträger in diesem Spandauer Gotteshaus gepredigt. Die St. Nikolai-Kirche am Reformationsplatz stammt aus der ersten Hälfte des 15. Jahrhunderts und gilt als typische märkische Stadtkirche. Hier soll 1539 Kurfürst Joachim II das Heilige Abendmal „in beiderlei Gestalt" empfangen haben.

Am Vorabend des offiziellen Stadtgeburtstags wurde zum großen Jubiläumsempfang geladen. Aus Platzgründen hatten wir diesen in die Mosaikhalle des Siemens-Verwaltungsgebäudes nach Siemensstadt verlegt. In Anwesenheit von Reg. Bürgermeister Richard von Weizsäcker, Siemens-Direktor Dr. Forkel und Repräsentanten der Stadt sowie der Partnerstädte begann der große Empfang, der zwei Stunden lang live vom Sender Freies Berlin (SFB) übertragen wurde. Zu einem bunten Programm mit Musikgruppen, historischen Filmen und kulinarischen Spezialitäten waren insgesamt 750 Gäste geladen, darunter auch Prinz Louis Ferdinand von Preußen. Etwa die Hälfte der Gäste waren Bürgerinnen und Bürger aus Spandau, die unter zahlreichen Bewerbern ausgelost worden waren. Es herrschte eine prächtige Stimmung. So tauschten Prominentenkoch Erich Steuber aus Hilchenbach im Siegerland und der katholische Bischof von Berlin, Kardinal Meißner, gegenseitig ihre Kopfbedeckungen aus.

– Der Jubiläumstag –

Es war ein gelungener Auftakt, und am nächsten Tag, dem 7. März, ging die Party dann richtig los: Der offizielle Festakt fand am Vormittag im Festsaal des Kant-Gymnasiums vor etwa 200 geladenen Gästen statt, unter ihnen Weizsäcker, der die Grüße der „jüngeren Schwester Berlin" überbrachte, der Oppositionsführer im Abgeordnetenhaus, Hans-Jochen Vogel, Vertreter der britischen Schutzmacht und Abordnungen der Partnerstädte aus Siegen, Luton, Asnières, Ashdod und Boca Raton. Der Festvortrag hielt der Präsident des Bundesverfassungsgerichts, Prof. Dr. Ernst Benda, der bekanntlich seine „Lehrlingsjahre" als Kommunalpolitiker der CDU in der Spandauer Bezirksverordnetenversammlung absolviert hatte.

Ernst Benda knüpfte seine Gedanken an die Steinsche Städteordnung von 1808 an, die in Spandau ein Jahr später in Kraft trat, als am 9. März die erste Stadtverordnetenversammlung gewählt wurde. Er würzte seinen mit starkem Beifall bedachten Vortrag auch mit persönlichen Erinnerungen an Spandau und mit vielen Zitaten. Umrahmt wurde die Festveranstaltung vom Jugendsinfonieorchester der Musikschule Spandau und dem Siemens-Chor unter seinem Dirigenten Otto Ruthenberg, dem Spandauer „Generalmusikdirektor".

Um 12 Uhr läuteten die Glocken aller Spandauer Kirchen, und es war herrliches Spandauer Wetter, die Sonne schien vom Märzhimmel. Was am Nachmittag geschah, schilderte der Chefredakteur des Spandauer Volksblattes, Hans Höppner, in seinem Kommentar „Hülle und Fülle" am 9. März wie folgt: „Also, so familiär, wie man es erhofft hatte, ging es denn doch nicht zu am Sonntag rings um das Spandauer Rathaus. Sofern man es überhaupt erreichte. 50 000 Gäste etwa hatten die Veranstalter und die Polizei zur großen Geburtstagsfeier erwartet – mehr als die doppelte Menge strömte aus den Spandauer Quartieren und aus den „Nachbarstädten" zwischen Wedding und Rudow herbei, quoll in die Spandauer Innenstadt, verknäulte sich dort zu scheinbar unauflöslichen Massen und zerfloss schließlich in die entlegensten Winkel

der Altstadt und die angrenzenden Stadtteile auf der Suche nach Herberge und Atzung. [...] Selbst steinalte Spandauer können sich nicht erinnern, jemals so viele Menschen gleichzeitig in Spandaus Straßen versammelt gesehen zu haben. [...]"
Wir wurden im wahrsten Sinne des Wortes von den Menschenmassen überrollt. Beängstigend wurde es im Veranstaltungsraum hinter dem Rathaus, am Stabholzgarten, als auf der Bühne bekannte Größen des Schlagergeschäftes die Stimmung anheizten: die „Roland-Backer-Show-Band", die Gebrüder Blattschuß („Spandauer Nächte sind lang") und Horst Jankowski. Geradezu „lebensgefährlich" wurde es, als Gottlieb Wendehals („Hier fliegen gleich die Löcher aus dem Käse") die Menschen zum „Wahnsinn" trieb. Seine berühmte „Polonaise Blankenese" rund um das Rathaus mussten wir abblasen, weil es wegen des Gedränges nicht zu verantworten war. Auch die Bühne wackelte schon. Hans-Werner Kock als Moderator und ich hatten alle Hände voll zu tun, um die Massen zu bändigen. Aber Wendehals hatte alles fest im Griff. Er schnappte sich den Bürgermeister, und in Abwandlung seines Hits „Mein Freund Herbert" sang er nun „mein Freund Werner"... Das Volksblatt schrieb vor einem „hitverdächtigen" Duo.
Zwischendurch fuhren die Luftakrobaten von „Montis" nochmals am Nachmittag und Abend (im Scheinwerferlicht) per Motorrad auf dem Schrägseil zum Rathausturm in 84 Metern Höhe. Vielen Besuchern stockte der Atem. Ich hatte schon vorher dankend abgelehnt, mitzufahren.
Die Berliner Sparkasse hatte einen „Brückenpass" nach Spandau herausgegeben: Bei per Stempel quittierten Brückenüberschreitungen nach Spandau wurden viele Preise in Aussicht gestellt. Eine Brücke, die das THW am 7. März am Stabholzgarten gebaut hatte, hatte wegen der Menschenmassen leider nur begrenzten Erfolg.
Es war ein Riesen-Geburtstagsrummel. Annähernd 120 000 Menschen waren gekommen, und gern zitiere ich die Berliner Morgenpost vom 9. März: „Am Samstag um 19 Uhr plumpsten im Spandauer Rathaus verschiedene Steine von den Herzen der Ver-

„Hier fliegen gleich die Löcher aus dem Käse": Gottlieb Wendehals zur 750-Jahrfeier in Spandau (© Brigitte Baecker).

antwortlichen. Erst wollten die Kommunalpolitiker den Geburtstag gar nicht öffentlich feiern, und nun war er furchtbar schön geraten. Nur 28 Kinder waren im Geschiebe und Gequetsche rund um das Rathaus abhanden gekommen, nur dreimal mussten Ohnmächtige betreut werden. Es war wie ein Wunder, dass es keinen ernsthaften Zwischenfall gab [...]." Recht hatte sie, die Journalistin Brigitte Baecker. Das war nun erst einmal geschafft und hat sicher dem Ruf Spandaus in ganz Berlin gut getan.

– Prominenter Besuch –

Unmittelbar nach dem großen Tag setzten wir uns zur Manöverkritik zusammen, um Schwachstellen zu analysieren, denn das nächste große, publikumsträchtige Ereignis stand zum „Havelfest" am 12. Juni an. Die unerwartet hohe Besucherzahl von 120 000 Gästen hatte unsere kühnsten Erwartungen übertroffen, und für das Fest im Juni wollten wir nun vorbeugen: die Veranstaltungsräume sollten – gegebenenfalls unter Einbeziehung des Kolk – auseinander gezogen werden, drei bis vier Aktionsschauplätze wurden eingeplant, die gesamte Altstadt sollte verkehrsfrei sein, selbst die BVG sollte nicht mehr fahren dürfen. Das und anderes nahmen wir uns vor.
Noch im März wurde uns der Festsaal des Zitadellen-Palas' in einer Feierstunde vom Senat übergeben. Diese hervorragend restaurierte „gute Stube" Spandaus hat immerhin 4,7 Mill. DM gekostet. Ehrengast bei der Übergabe war ein strahlender Harry Ristock. Er hatte als ehemaliger Bausenator die Restaurierungsarbeiten mit Verve vorangetrieben.
Der Palas stammt übrigens aus der Zeit zwischen 1350 und 1375 und war spätgotisch gemauert worden, was jetzt wieder zu erkennen war. Allerdings wurde der Palas im 16. Jahrhundert im damaligen Zeitgeschmack unter Kurfürst Joachim II im Renaissance-Stil etwas umgemodelt. Viele weitere Veränderungen sind noch erfolgt bis zur einfallslosen Einrichtung eines Wehrmacht-Offizierskasinos in den 30er Jahren.
Am 15. März gab es eine zweistündige Live-Sendung im dritten Fernsehprogramm für die sog. „Nordschiene" aus der Spandauer Zitadelle mit allem, was Spandau zu bieten hatte aus dem sportlichen, kulturellen, politischen, wirtschaftlichen und geschichtlichen Leben der Havelstadt.
Danach konnten wir kurz durchatmen, doch auch der kommunalpolitische Alltag forderte sein Recht.
Der nächste Höhepunkt war der Besuch des Bundespräsidenten Karl Carstens in Spandau am 30. April. Er kam anlässlich des Jubiläums für vier Stunden in Begleitung des Regierenden Bür-

germeisters Richard von Weizsäcker. Direkt vom Flughafen Tegel kommend, wurde er gegen 10 Uhr von uns und vielen Spandauern vor dem Rathaus begrüßt. Es folgte ein Empfang im Rathaus sowie die Eintragung in das Goldene Buch der Stadt, bei der eine nette Episode erwähnenswert war, die das Volksblatt wie folgt beschrieb: „Die Spandau-Krawatte hatte es dem Bundespräsidenten angetan. Als Karl Carstens nach der Eintragung in das Goldene Buch bemerkte, dass alle Stadtväter den Schlips mit Wappen der Havelstadt trugen, bekundete er sein Interesse, und Bürgermeister Werner Salomon konnte ihm den Wunsch prompt erfüllen. Flugs entledigte sich der Bundespräsident seines Jacketts, stellte sich vor den Spiegel und wechselte den Binder." Noch ein prominenter Bundespolitiker besuchte im Mai die Havelstadt: der CDU-Bundesvorsitzende Helmut Kohl. Selbstverständlich wurde auch er vom Bezirksbürgermeister im Rathaus empfangen, ehe er sich seinen parteipolitischen Vorhaben in Spandau widmete. Am 24. Mai konnte die U-Bahn-Buddelei nach mehr als drei Jahren in der Klosterstraße offiziell beendet werden. Die Autofahrer konnten nun ohne große Umleitungen wieder von Hakenfelde zur Heerstraße direkt durchfahren. Das wurde gebührend mit Bier und britischer Militärkapelle gefeiert.

750 Jahre Spandau: Bundespräsident Karl Carstens trägt sich im Beisein des Regierenden Bürgermeisters Richard von Weizsäcker im Rathaus ins Goldene Buch der Havelstadt ein.

– Das Havelfest –

Das Jubiläum ging mit vielen kleineren Veranstaltungen weiter, ebenso die vielfältige Alltagsarbeit für den Bürgermeister. So war ich Vorsitzender im Kuratorium der Stiftung „Hospital zum Heiligen Geist", einer mittelalterlichen Spandauer Einrichtung, die an der Marschallstraße in der Neustadt ein Seniorenwohnhaus betrieb, gemeinsam getragen von der ev. Kirchengemeinde St. Nikolai und vom Bezirksamt Spandau. Auch dort waren regelmäßig Sitzungen und Veranstaltungen wahrzunehmen.
Der Juni als nächster großer Festmonat hatte es in sich. Die große Präsentation des Spandauer Handwerks am 5. und 6. Juni litt leider unter der großen Hitze (über 30°C), die in Berlin in diesen Tagen herrschte. Diese niveauvolle Schau in der Altstadt fand daher leider nicht den verdienten Zuspruch. Es war ganz einfach zu heiß, um sich an den 105 Ständen von Innungen und Gewerken zu informieren. Bis hin zum original gebauten Fachwerkhaus und dem „Schau-Frisieren" der Friseurinnung gab es dort sehr viel zu sehen. Für rund 30 000 Besucher war diese Schau in der Altstadt ein Erlebnis. Mehr Glück hatten die Schausteller mit ihrem „Jubiläums-Festrummel" auf den Spektewiesen, zwischen Hohenzollernring und Zeppelinstraße: Zumindest am Eröffnungstag, dem 5. Juni, ging es bei 1000 Mollen Freibier trotz Hitze luftiger zu. Natürlich durfte bei diesem Rummel auch nicht die Wahl der „Miss Spandau" fehlen.
Nächstes Highlight war das Havelfest am 12. Juni. Um einen Überblick über die Veranstaltungsfülle und die damit verbundene riesige Organisation und Logistik zu vermitteln, zitiere ich die Berliner Morgenpost vom 11. Juni 1982: „Morgen steht Spandau der Höhepunkt seiner 750-Jahr-Feier bevor. Mehr als 150 000 Berliner werden zu dem dreizehnstündigen Fest in der Altstadt erwartet. Auf drei Bühnen am Stabholzgarten, auf dem Markt und am Lindenufer sowie auf weiteren Schauplätzen werden nonstop Hunderte von Künstlern, Musikgruppen und Sportlern Geburtstagsgäste unterhalten. Vom Hamburger ‚Bandonion-Unterhaltungsorchester Favorit' bis zum Heißluftballon-Flug reicht das um 11 Uhr beginnende Programm. [...]"

In diesem Zusammenhang muss ein riesiger Dank an viele Mitarbeiterinnen und Mitarbeiter des Bezirksamtes gesagt werden. Stellvertretend für viele, die freiwillig unzählige Überstunden leisteten, seien hier Bernhard Hallpap, Marion Riedel und Gerd Steinmöller erwähnt. Auch die AG Altstadt, die Polizei, die freiwillige Polizeireserve und viele Hilfsorganisationen spielten hervorragend mit. Unzählige kulturelle Gruppen, hunderte von Musikern sowie die politischen Repräsentanten unserer Partnerstadt Siegen und des Kreises Siegen-Wittgenstein reihten sich in das Veranstaltungsprogramm ein. Hier bewährte sich die Partnerschaft mit dem Siegerland im besten Sinne des Wortes: Die gesamte Siegerländer Presse war in Spandau vertreten und berichtete ausführlich. Die Berliner Zeitungen titelten „Das Spandauer Havelfest wurde ein voller Erfolg", „Weiträumiges Konzept hat sich bewährt" und „Erst nach dem Feuerwerk kam auch der Regen zum Havelfest".

Wir hielten mit dem Tower am Flughafen Tegel Kontakt, um vor einem eventuell heranrückenden Unwetter rechtzeitig gewarnt zu sein. Erst gegen Abend wurde vom Tower gemeldet, es könne zu unliebsamen Regengüssen kommen. Daraufhin wurde das große Höhenfeuerwerk kurzerhand vorverlegt. Zu Recht, wie sich herausstellte: Als die letzte Rakete bunt zerplatzte, begann es heftig zu regnen. So etwas nennt man Organisationstalent, und das nicht von Veranstaltungsprofis: Die gesamte 750-Jahr-Feier wurde vom Bezirk in Eigenregie organisiert!

Kleine Bemerkung am Rande: Zwischen den Feierlichkeiten düste ich in meiner Eigenschaft als Berliner Mitglied des Wirtschafts- und Verkehrsausschusses des Deutschen Städtetages am 18. Juni für ein paar Stunden mal schnell nach München (Abflug 6.40 Uhr, Rückflug 15.15 Uhr).

Abends musste ich zur „Farewellparty" des britischen Truppenkommandeurs, Brigadier Evans, wieder in Spandau sein. Offenbar habe ich das damals, 55-jährig, spielend weggesteckt.

Am folgenden Tage ging es munter weiter: Die Schultheiss-Brauerei lud zum Familien-Frühschoppen in der Neuendorfer Straße ein mit den Irish Rangers, viel Freibier, Erbsensuppe und Geschicklichkeitsspielen. Nebenbei stiftete die Brauerei 10 000 DM für wohltätige Zwecke. Nachmittags war Dorfkirmes in Gatow, anschließend Abschlussspiel des Deutschen Wasserballmeisters Wasserfreunde Spandau 04 im Freibad Spandau-Süd mit offizieller Siegerehrung durch den Präsidenten des Deutschen Schwimmverbandes. Ergebnis 18:4 gegen den Vizemeister Duisburg 98, Endstand 60:0 Punkte mit 470 erzielten Toren, das waren neue Maßstäbe! Mit dem Sommerfest der IG Rust in Hakenfelde ging dieser Tag zu Ende.

– DER GROSSE FESTUMZUG –

Am Sonntag, 20. Juni, kam der dritte Höhepunkt des Jubiläumsjahres: der große Festumzug. Es sollte der größte Umzug werden, den Spandau je erlebt hatte, in jahrelanger mühevoller Kleinarbeit meisterhaft vorbereitet und organisiert vom früheren, leider verstorbenen Sport- und späteren Volksbildungsstadtrat Helmut Schleusener.

Etwa 120 000 Menschen beklatschten die Geburtstagsparade, an der sich mehr als 3200 Personen mit 85 Wagen beteiligten. Sie stellten Themen aus der 750-jährigen Geschichte Spandaus dar. 17 Musik- und Spielmannszüge zogen mit, davon allein fünf aus Spandaus Partnerkreis, dem Siegerland. 13 Schulen, 25 Sportvereine und zwölf Volkskunstgruppen defilierten durch die Straßen. Zwei Tage später resümierte die Berliner Morgenpost: „[...] Unter dem Jubel der Zuschauer setzte sich der Zug am Melanchthonplatz in Bewegung. Bunt geschmückte Wagen, farbig gekleidete Menschen, zackige Musik der Spielmannszüge – so ging es über die Wilhelmstraße, Stabholzgarten, Breite Straße, Neuendorfer und Schönwalder Straße bis zum Hohenzollernring. [...] Am Markt hatten Mitarbeiter des Bezirksamtes Tribünen aufgebaut. Von dort aus nahmen der Britische Stadtkommandant General Mostyn, BVV-Vorsteher Karl Neugebauer und Bürgermeister Werner Salomon ‚die Parade ab'. Da waren die Wassersportler, die ihre Boote auf Anhängern durch die Straße zogen. Und die freiwilligen Feuerwehren Spandaus, die mit zwei Oldtimern auf Hartgummirädern und Glockengeläut vorüberzogen. Auch die Abfallbeseitigungsfirma Alba zog das Museum zu Rate und präsentierte sich mit einer Straßenkehrmaschine aus den dreißiger Jahren und mit einem nicht mehr jungen Müllauto. Für die Lynar-Schule aus der Spandauer Neustadt marschierten bunt bekleidete ‚Bezirkskinder', andere zeigten die ersten Gastarbeiter, die Berlin kannte: Holländer und Franzosen. Der Spandauer Cowboy-Klub hatte einen Wagen mit dem Ausländerbahnhof ins Rennen geschickt. Von diesem Bahnhof in Ruhleben fuhr so mancher im vergangenen Jahrhundert in die neue Welt. Auch Spandaus Bauern ließen es sich nicht nehmen, ihre mit frischem Gemüse garnierten Wagen vorbeirollen zu lassen. Vor der Bühne am Markt hielt jede der insgesamt 120 Gruppen an und bezeugte den Ehrengästen ihren Tribut."

Es war schon einmalig, was da der Bezirk ohne professionelle PR-Agentur, jedoch mit großem finanziellem Engagement der Spandauer Wirtschaft, der Industrie, der Banken und des Handwerks auf die Beine gestellt hatte. Es war schon immer etwas Besonderes, ein Spandauer zu sein!

Die Jubiläums-Feierlichkeiten hatten den Bekanntheitsgrad der Havelstadt erheblich gesteigert. Viele haben Spandau so entdeckt. Viele Berliner waren erstmalig in der Havelstadt. Aus dem Bundesgebiet erreichten uns Briefe und Anfragen über touristische Möglichkeiten, und auch aus dem Ausland, sogar aus Australien, bekamen wir Post. Ohne Frage haben dazu die überregionalen Rundfunksendungen (Deutsche Welle) beigetragen, vielleicht auch die „Spandauer Briefmarke" und die kleinen PR-Aufkleber.

Für mich war damals wichtig, wie man die freundliche Grundstimmung für Spandau auch nach der 750-Jahr-Feier erhalten und insbesondere die Altstadt auch in den nächsten Jahren mit Leben erfüllen könnte. Viel hat sich seitdem verändert.

– Rechnungshof rügt Spandauer Krankenhaus –

Nach den Highlights des Monats Juni kehrte im Bezug auf das Jubiläum eine kleine Ruhepause ein, die aber keinesfalls die Alltagsarbeit betraf. Unmittelbar nach Rückkehr aus einem dreiwöchigen Urlaub erwartete mich dienstlich Unangenehmes im Zusammenhang mit dem Krankenhaus Spandau: Der Rechnungshof hatte einen im Jahr 1978 selbstverschuldeten Verlust in Höhe von ca. 2,4 Mill. DM festgestellt, bedingt durch fehlerhafte Patientenstatistiken und eine fehlerhafte Vorräte-Rechnung. Hinzu kamen säumige Jahresberichte für die Jahre 1979 bis 1981. Der Rechnungshof hatte Untersuchungsberichte angefordert, und das alarmierte auch die Senatsebene. Augenscheinlich waren die Probleme entstanden durch eine fehlerhafte Umstellung des Rechnungswesens von der alten kameralistischen Haushaltsführung auf die kaufmännische Buchführung, denn die Krankenhäuser wurden jetzt als Wirtschaftsbetriebe geführt. Offenbar lag es aber auch an einem Mangel qualifizierter Mitarbeiter im Finanz- und Rechnungswesen des Krankenhauses und an einem gewissen Führungsmangel. Wir setzten eine Untersuchungskommission ein. Ergebnis: „Der offensichtlich völlig überforderte Stadtrat für Gesundheitswesen hat aus ‚Gesundheitsgründen' um die Versetzung in den Ruhestand gebeten." Den Verwaltungsleiter der Spandauer Krankenhausbetriebe – einen gestandenen Verwaltungsfachmann – löste ich nach amtsärztlichem Gutachten aus gesundheitlichen Gründen von seinem Aufgabenbereich ab. Das war für mich menschlich schmerzlich, denn der Betroffene war ein alter Schulkamerad von mir.
Die notwendigen organisatorischen und personellen Korrekturen in Absprache mit den zuständigen Senatoren waren schwierig und zeitraubend, weil ich mich vielfach selbst einschalten musste. Ich war schließlich Dienstvorgesetzter der beamteten Mitarbeiter.

– Das Jubiläumsjahr geht zu Ende –

Nebenbei ging auch der Geburtstagstrubel weiter. Ein erneuter Höhepunkt der 750-Jahr-Feier war im September eine „Technik-Schau" im Spandauer Rathaus, die unter dem Motto „Erfinden – Entwickeln – Produzieren" stand.
Auf dieser beachtlichen Schau stellte sich der größte Industriebezirk der Stadt dar. 32 Industriebetriebe sowie sieben städtische Ver- und Entsorgungsbetriebe zeigten Produkte, Maschinen und Historisches. Von der Abfallverbrennungsanlage bis zur Zigarettenherstellung war alles vertreten. Die erste E-Lok von Siemens und die modernen Strumpfwirkmaschinen von Hudson wurden präsentiert. 20 000 Menschen besuchten diese Schau.
Auf dem Flugplatz Gatow gab es am 22. Oktober noch ein besonderes Ereignis: Anlässlich der 750-Jahr-Feier Spandaus verlieh der Bezirk den Ehrentitel „Freedom of Spandau" an die beiden in Gatow stationierten britischen Truppenteile der Luftwaffeneinheit Royal Air Force und der Heeresfliegerstaffel 7th Flight Army Air Corps (Hubschrauberstaffel). Mit dieser Auszeichnung sollte die freundschaftliche Zusammenarbeit und die große Unterstützung auch dieser Militäreinheiten gewürdigt werden. Wiederum fand ein großes militärisches Zeremoniell auf dem Flugplatzgelände mit der Flugparade der dort stationierten Flugzeuge statt. Bei dem abendlichen Festbankett gab es einen Ehrengast der Engländer, den wir dort nicht vermutet hätten: Beate Rothermund, später besser als Beate Uhse bekannt. Sie war im April 1945 als Testpilotin mit ihrem damals zweijährigen Sohn mit der letzten vorhandenen Maschine unter russischem Beschuss aus dem belagerten Gatow hinausgeflogen. Sie genoss bei den britischen Fliegern große Hochachtung.
Zu guter Letzt muss ich zum Jubiläumsjahr noch zwei Dinge erwähnen: Seit einigen Jahren führte der Senat von Berlin in der Berliner Landesvertretung in Bonn für die Bonner Politiker ein sog. „Laubenpieperfest" durch. Bei diesem Gartenfest sollten sich auch die Berliner Bezirke darstellen. Den Anfang machte 1981 der Bezirk Neukölln. Wir sollten in unserem Jubiläums-

jahr folgen. Unser „Laubenpieperfest" wurde dann jedoch kurzfristig abgesagt: Bei der AEG in Berlin gab es damals eine größere Entlassungswelle, und dem Senat schien diese Zeit nicht zum Feiern geeignet zu sein. Das Spandauer „Laubenpieperfest" wurde 1983 nachgeholt.

Während der vielen Feiern unter freiem Himmel war mir aufgefallen, dass die behinderten Mitbürgerinnen und Mitbürger, insbesondere die Rollstuhlfahrer, ihre Probleme in den Menschenmassen hatten. Daraufhin habe ich Ende Oktober die Behinderten zu einem besonderen Nachmittag in den Bürgersaal des Rathauses eingeladen, um mit ihnen ein paar sorglose Stunden zu verbringen. Das wurde ein großer Erfolg, und ich habe diese Veranstaltung Jahr für Jahr wiederholt.

Mir haben die Begegnungen mit behinderten Menschen viel gegeben. Wir hatten zu dieser Zeit in Spandau allein fünf Rollstuhlfahrergruppen, die ihre ständigen Begegnungen hatten und an die ich mich sehr gerne erinnere. Besonders die „Spandauer Roller" waren außerordentlich aktiv und rührig. Es gab auch eine sehr aktive Ortsgruppe der Blinden im Allgemeinen Deutschen Blindenverein, die sogar einen „Blindenschützenverein" gründeten – den ersten in Deutschland – mit einer Anlage, in der akustisch geschossen wurde.

Das Jubiläumsjahr neigte sich dem Ende entgegen und blieb als glanzvolles Ereignis mit nachhaltiger Wirkung in Erinnerung. Fünf Jahre später – 1987 – sollte Berlin seine 750-Jahr-Feier begehen. Im Hinblick darauf schrieb Brigitte Grunert im Tagesspiegel Ende 1982: „[...] Gedacht sei [im Hinblick auf die Berliner Feier] an einen oder zwei ‚Manager' [...]. So wurde ernsthaft der Gedanke erwogen, einen ehemaligen Senator oder Senatsdirektor für diese Aufgabe zu reaktivieren, der heute als Pensionär lebt. Eine ‚Leitfigur' sollte her, die bei den kulturellen und sonstigen gesellschaftlichen Institutionen der Stadt Ideen sammeln und sie zur Mitarbeit einladen sollte. Wie zu hören ist, wurde man senatsseitig schon bei Bezirksbürgermeister Werner Salomon vorstellig, der mit seinen Beamten die Spandauer 750-Jahr-Feier bestens organisiert hatte [...]."

Über Ablauf, Höhepunkte und Presse-Echo haben wir zum Jahresende eine Dokumentation angefertigt, um auch der Nachwelt das Jubiläumsjahr in Wort und Bild zu erhalten.

*

Im Rathaus ging ich dazu über, dass sich auch herausragende Spandauer Sportler in das Goldene Buch der Stadt eintragen sollten. Den Anfang machten am 15. Dezember 1982 die erfolgreichen Wasserballer der „Wasserfreunde Spandau 04", Europapokalsieger dieses Jahres.

*

Eines war für den Bezirk Spandau noch wichtig: Ende Oktober übergaben wir einen zweiten Friedhof seiner Bestimmung, den „Landschaftsfriedhof Gatow" an der Potsdamer Chaussee – Bauzeit knapp sechs Jahre, Kostenaufwand 22,3 Mill. DM, 35 000 Grabstätten. Der altehrwürdige Spandauer Friedhof „In den Kisseln", 1886 eröffnet, drohte Mitte der 70er Jahre aus den Nähten zu platzen, und so entschloss sich der Bezirk zu dieser Neubaumaßnahme. Aber wir hatten mit dem neuen Friedhof vor den Toren der Stadt, auf den Rieselfeldern, unsere Probleme. Die Spandauer wollten lieber „In den Kisseln" beerdigt werden als in Gatow. Nach heutiger Erfahrung – Zunahme der Urnenbestattungen und anonymen Bestattungen bei weniger Erdbestattungen – hätte der alte Spandauer Friedhof an der Pionierstraße ausgereicht. Deshalb haben wir den Gatower Friedhof später auch zum Teil in einen „islamischen Friedhof" umgewidmet.

– Rückkehr zum Tagesgeschäft –

1983 kehrte in Spandau der Alltag wieder ein. Ein trauriges Kapitel war der Ratskeller: Bis zu seiner Ausbombung am Ende des Krieges war er ein gastronomischer Treffpunkt gewesen. Die „feine Gesellschaft" der Havelstadt hatte sich hier zum geselligen Speisen im Weinrestaurant getroffen. Nach dem Krieg dauerte es zwanzig Jahre, ehe der Ratskeller wieder ausgebaut und hergerichtet war. Der erste Pächter war der Wirt des „Schützenhofes",

Horst Lukat. Unter ihm entwickelte sich der Ratskeller zu neuer Blüte. Nach seinem Ausscheiden Anfang der siebziger Jahre gab es ein ständiges Auf und Ab mit wiederholtem Pächterwechsel. Überall veränderten die Ratskeller damals ihr Gesicht oder schlossen angesichts der wachsenden Konkurrenz von italienischen, chinesischen oder jugoslawischen Restaurants. In Spandau entstand jedoch 1983 mit neuem Wirt – einem Versicherungskaufmann mit vielen Ideen und Enthusiasmus – wieder ein gastronomischer Mittelpunkt. Leider dauerte dieser Traum auch nur wenige Jahre. Der Wirt musste stets zweigleisig fahren mit einem gastronomischen Angebot für Restaurant-Gäste und einem preiswerten Kantinenangebot für die Rathausbeschäftigten. Die Beschäftigten ihrerseits gaben nach und nach Fast-Food-Angeboten außerhalb des Rathauses den Vorzug.

*

Eine weitere Episode rankte sich um die Spandauer Volkshochschule, die in ihrem Schulungsprogramm u.a. „Nichtraucherkurse" anbot. Das löste eine Protestwelle aus, denn in Spandau gab es die sehr rührige BAT-Zigarettenfabrik in Hakenfelde, die sich mit umfangreichen Sozialleistungen und regelmäßigen Spenden an das Bezirksamt für die Jugend- und Seniorenarbeit hervortat. Deren Betriebsrat ging nun auf die Barrikaden und wurde auch beim Bürgermeister vorstellig: Ich sollte das „wirtschaftsschädigende Tun" der Volkshochschule unterbinden. Ein Bürgermeister, der als arbeitnehmerfreundlich bekannt sei, könne es doch nicht dulden, dass durch derartige „Raucherentwöhnungskurse" die Zigarettenindustrie geschädigt und Arbeitsplätze gefährdet würden. Ich tat natürlich nichts, um die Kurse zu untersagen.

*

Am 6. März 1983 waren Bundestagswahlen – natürlich wieder ohne uns Berliner, denn wir durften aufgrund des Besatzungsrechtes den Bundestag nicht mitwählen. Das Abgeordnetenhaus wählte stattdessen entsprechend dem jüngsten Berliner Wahlergebnis die 22 Berliner Bundestagsabgeordneten. Die CDU wurde stärkste Partei, Helmut Kohl blieb Bundeskanzler, und Hans-Jochen Vogel, bislang SPD-Fraktionsvorsitzender in Berlin, ging als Oppositionsführer nach Bonn in den Bundestag.

*

In Spandau machte uns nach wie vor der Schleusenausbau Sorgen. Der Diskussionsprozess zog sich in die Länge. Erschwerend kam hinzu, dass die Schleusen in Westberlin der Aufsicht der DDR unterstanden, und dort stießen wir wieder einmal auf Funkstille. Wir hatten uns, auch mit Hilfe einer Bürgerbefragung, vehement gegen den Bau einer zweiten Schleusenkammer gewehrt, weil wir Schäden an der 400-jährigen Zitadelle befürchteten. Und in der Tat: Der Senat beauftragte Prof. Lackner aus Hannover mit einem weiteren Gutachten, der bei den Fachleuten als „Papst" der Schleusentechnik galt. Prof. Lackner favorisierte später allerdings eine zweite Schleusenkammer, was nach wie vor in Spandau auf Skepsis stieß.

*

Anfang 1983 gab es außerdem Proteste und Demonstrationen wegen der Auflösung des Hospitals in der Streitstraße und Verlegung der chronisch Kranken nach Hohengatow: „Es ist unanständig, lebenslang kranke Menschen im Wald in Hohengatow zu verstecken", argumentierten die Gegner. Letztlich führte aber kein Weg an der Schließung vorbei, weil die Stilllegung des Hospitals Streitstraße im Bettenplan des Senats vorgegeben war und wir die Zusage hatten, dass die Chronikerbetten in Hohengatow auch nach 1990 erhalten bleiben würden. Entsprechend berichtete das Spandauer Volksblatt am 12. März: „Salomon vor Demonstranten: 420 Betten und 350 Arbeitsplätze in Hohengatow sind mir lieber als ab 1991 null Betten und null Arbeitsplätze in der Streitstraße."

*

Meine „Rollende Sprechstunde" in Siemensstadt fand diesmal auch im Tagesspiegel Beachtung: „Bürgermeister Salomon in Spandau geht regelmäßig mit einem kleinen Tross, zu dem jedes Mal zwei Kontaktbereichsbeamte und die Leiterin der Bürgerberatungsstelle gehören, in die Ortsteile außerhalb des Mittelpunktes der Havelstadt. Gestern war es in Siemensstadt der Wochenmarkt. Salomon wurde gefragt, wann denn endlich die Straßenbauarbeiten am Rohrdamm beendet sein werden, wann der Bus wieder auf der gewohnten Strecke fährt […]. Viele Fragen in Siemensstadt galten Miet- und Wohnproblemen, andere wollten wissen, wie man Formulare richtig ausfüllt."

– Deutsch-Britischer Freundschaftstag –

Kommunalpolitisch gab es am 16. April 1983 eine Premiere: den ersten „Deutsch-Britischen Freundschaftstag" auf dem Spandauer Markt. Der damalige Britische Stadtkommandant, Generalmajor David Mostyn, hatte die Idee aufgegriffen, einen solchen Freundschaftstag zu veranstalten. Wilmersdorf und Spandau machten den Anfang. Es hatte bis dahin zwar sehr gute Beziehungen zwischen dem Bezirksamt und den Angehörigen der britischen Schutzmacht gegeben, die z. B. speziell Spandauer Sportvereine bei der Organisation von Veranstaltungen tatkräftig unterstützten, ein breiter Kontakt der Briten zur Bevölkerung fehlte jedoch noch. Das wollten wir mit einem Begegnungsfest ändern, und es gelang uns recht gut. Das Spektakel begann am 16. April bereits um 5.45 Uhr morgens, als ein britischer Militärhubschrauber zwar mit Getöse, aber gekonnt auf dem Marktplatz aufsetzte. Der Bürgermeister und die Kinder vor dem Hubschrauber wurden zum beliebten Foto-Objekt. An 21 Ständen auf dem Markt präsentierten die Briten Spezialitäten und Souvenirs aus ihrer Heimat, an etwa der gleichen Anzahl von Ständen wurden einheimische Waren präsentiert. Das Volksblatt titelte am nächsten Tag: „Bei Guinness kam man sich näher „Zehntausende in der Altstadt – Deutsch-Britischer Freundschaftstag ein Erfolg". Der Erlös des Festes kam dem Sozialwerk der britischen Streitkräfte zugute, damit wollten wir uns für die zahlreichen Spenden der Briten revanchieren.
Aber nicht nur zum „Deutsch-Britischen Freundschaftstag" stellten die Briten einen Hubschrauber in die Dienste des Miteinanders: Kurz vor Ferienbeginn im Juni konnte ich mit einer netten Überraschung für die Kinder aufwarten. „Bürgermeister Salo-

mon kam per Hubschrauber zum Spielplatz", titelten die Zeitungen: „Erst regnete es Bonbons und dann Bälle, bevor Spandaus Bürgermeister Werner Salomon gestern in Staaken im Hubschrauber landete. Zur offiziellen Inbetriebnahme des neu gebauten Spielplatzes am Anschützweg kam er über den Luftweg, bepackt mit Tüten voll Süßigkeiten und Fußbällen. [...]" Dieser Lufttransport war nur durch den hervorragenden Kontakt zu den britischen Militärstreitkräften möglich.

*

Am 12. Mai feierten wir 125 Jahre Johannesstift. Das altehrwürdige Ev. Johannesstift wurde 1858 von Johann Hinrich Wichern in Moabit gegründet und 1910 in den Norden Spandaus verlegt. Diese in den Spandauer Forst hineingebaute Sozialeinrichtung ist eine eigene kleine Stadt in der Stadt. Das Stift hat eine eigene Wirtschaftsführung und unterhält sich vornehmlich durch private Spenden. Diakone und Fürsorgerinnen werden dort ausgebildet, Körperbehinderte und Schwererziehbare unterrichtet, alte und pflegebedürftige Menschen werden im Stift untergebracht. Der Kontakt vom Bezirksamt zum Ev. Johannesstift war stets ausgezeichnet.

– FREUNDLICHE UND BESTIMMTE SCHUTZMACHT –

Interessant war eine internationale Dampferfahrt am 8. Juni auf der Oberhavel mit 150 Gästen aus aller Herren Länder unter meiner Reiseleitung. Es handelte sich um Besucher der Bundeswehr-Führungsakademie Hamburg und eine Gruppe von in Bonn akkreditierten Botschafts-Attachés, die auf Einladung des Senats einen mehrtägigen Berlin-Besuch absolvierten. In Spandau zeigte sich Berlin einmal mehr von einer seiner schönsten Seiten. Der landschaftliche Reiz der Havelgewässer faszinierte („So hatten wir uns Berlin nicht vorgestellt, so grün und mit so viel Wasser ..."), aber auch die kuriosen Grenzverhältnisse von Westberlin zur DDR: Die Grenze verlief in der Strommitte, durch

Bojen beider Seiten markiert. Man blickte auf die Wachtürme und Grenzbefestigungen und sah die schnellen Wachboote der Volkspolizei.

Im August bekamen wir Ärger mit dem neuen, von der Britischen Militärregierung geplanten Schießplatz in Kladow/Groß-Glienicke. Nach dem Besatzungsrecht hatten die Alliierten in Westberlin die oberste Befehlsgewalt, auch fast 40 Jahre nach Beendigung des Krieges noch, und sie hatten alle – ob Amerikaner, Briten oder Franzosen – ihre Eigenarten und Empfindlichkeiten. So brauchte jede Seite eigene Militärflugplätze (Tempelhof, Gatow oder Tegel) und einen eigenen Schießplatz. Die Briten hatten ihrer Ansicht nach bisher nur unzulängliche Schießanlagen in Ruhleben („Fighting-City") sowie in der Montgomery-Kaserne in Hottengrund zur Verfügung. Seit den 70er Jahren planten sie daher an einem neuen Schießplatz. Zunächst sollte der inmitten der Rieselfelder errichtet werden, was der Bezirk aus Gründen des Naturschutzes durch energischen Widerstand verhinderte. Nunmehr wählte man eine alte Kiesgrube parallel zur Potsdamer Chaussee aus. Der Streit mit den Bewohnern und Bürgerinitiativen entzündete sich insbesondere daran, dass diese Schießanlage nicht überdacht werden sollte, wie es bei der französischen Anlage in Reinickendorf der Fall war. Man rechnete damit, erheblichem Geschosslärm ausgesetzt zu sein. Die Geschichte zog sich in die Länge. Zwar sagten die Briten ein Optimum an Schallschutz nach modernsten Methoden zu, aber an der Sache selbst war nicht zu rütteln, selbst dann nicht, als betroffene Bürger die Gerichte anriefen, hinauf bis zum High Court in London und zum Europäischen Gerichtshof in Straßburg.

Geradezu bezeichnend für die damalige Lage in Westberlin war ein Gespräch, das ich mit dem Britischen Stadtkommandanten Generalmajor Mostyn führte, um ihm noch einmal die Spandauer Bedenken gegen den Schießplatz vorzutragen: Bei Tee und Gebäck hörte er sich in aller Ruhe meine Einwände an und erwiderte dann, ebenfalls in aller Ruhe: „Werner, wir versprechen euch einen optimalen Schallschutz, aber über die Notwendigkeit einer derartigen Schießanlage müsst ihr uns die Beurteilung überlassen." Das war's dann – freundlich, aber knallhart begegnete er mir. Das war eine schwierige Angelegenheit für mich als Bürgermeister, der ich einerseits die Interessen meiner Mitbürger zu vertreten hatte, andererseits über alliiertes Recht nicht hinweg kam. Natürlich war übergeordnet auch zu berücksichtigen, dass die Westalliierten die Freiheit Berlins schützten und garantierten.

Konzilianter zeigte sich die militärische Führung der Briten bei einem anderen Problem 1985: Ich hatte den für Ende April angesetzten „Deutsch-Britischen Freundschaftstag" in Spandau abgesagt, weil ich Demonstrationen befürchtet hatte, die der deutsch-britischen Freundschaft geschadet hätten. Der Tagesspiegel erklärte die Hintergründe: „[...] Salomon bezog sich dabei in erster Linie auf den Ausgang zweier Prozesse gegen einen britischen Soldaten wegen Vergewaltigung und Hausfriedensbruch. Wie berichtet, war der Soldat, der sich vor einem britischen Militärgericht verantworten musste, nicht verurteilt worden. [...] Der britische Brigadegeneral Patrick Stone teilte gestern mit, man habe Verständnis für die Absage Spandaus wegen des Prozesses vor dem britischen Militärgericht. Die Verschiebung ändere nichts an der freundschaftlichen und herzlichen Atmosphäre zwischen britischen Einheiten und dem Spandauer Rathaus." Wir holten diesen „Deutsch-Britischen Freundschaftstag" im September im Rahmen eines Straßenfestes in der Wilhelmstadt nach.

– LAUBENPIEPERFEST IN BONN –

Im September wurde das im Jubiläumsjahr ausgefallene Berliner Laubenpieperfest in Bonn nachgeholt. Wir Spandauer waren die Veranstalter. „Die Spandauer erobern Bonn", schrieb Hans Höppner im Spandauer Volksblatt dazu. Die Veranstaltung war von unserem bewährten Spandau-Team bestens vorbereitet und organisiert worden und galt später bei der Bonner Berlin-Vertretung als das gelungenste Laubenpieperfest überhaupt, was uns sehr schmeichelte.

Wir rückten mit allem an, was Spandau zu bieten hatte, unter anderem mit einer nachgebauten Zitadellenfestung mit Juliusturm aus Holz, gefertigt von der Otto-Bartning-Schule. Von deren Zinnen aus wurden die etwa 3000 Festbesucher von Fanfarenbläsern der in Spandau stationierten Irish Rangers begrüßt. Die Bonner Joachimstraße vor der Berlin-Vertretung war zum ersten Mal als Veranstaltungsraum mit einbezogen und für den Verkehr gesperrt worden. Das Spandauer Blasorchester war in voller Mannschaftsstärke in Bonn vertreten, Bauer Bathe mit Gemüse aus Gatow, Fischer Latendorf mit geräucherten Havelfischen, Wirtschaftshofvorsitzender und Konditormeister Klaus Rödiger mit selbst verzierter, 18 kg schwerer Marzipantorte. Die Spandauer Bäcker boten das originale „Spandauer Festungsbrot" an, gebacken auf dem Laubenpieperfest in einem mitgeführten historischen Ofen, und vieles mehr präsentierte die Havelstadt in Bonn. Die politische Prominenz von Rhein und Spree war fast vollzählig vertreten, und auch Marion war mit von der Partie – wir durften als „Gastgeber" sogar in der Berlin-Vertretung logieren. Ich war mir allerdings nie so recht im Klaren darüber, ob sie sich in der Rolle der „First Lady Spandaus" wohl fühlte.

Zurück in Spandau, liefen die Verwaltungs- und Repräsentationstermine in farbiger Abfolge weiter. Im Oktober fuhr ich auf Einladung der Britischen Regierung mit den anderen drei Bezirksbürgermeistern des Britischen Sektors von Berlin nach England. In London, Bristol und Oxfort machten wir Station, nahmen an einer Sitzung des Britischen Unterhauses teil und wurden in Bristol vom dortigen Oberbürgermeister empfangen. Ich nutzte den Aufenthalt in London zu einem kurzen Besuch in unserer Partnerstadt Luton.

– Schlichten am Stammtisch –

Im Januar 1984 besuchte ich einen Stammtisch im Lokal „Goglers Bierstuben" in der Wilhelmstadt. Stammtische waren ein beliebtes Diskussionsforum, auch bei anderen Einrichtungen, denn beim Bier redet es sich leichter und ungenierter. Dieser Stammtisch war insofern bemerkenswert, als die „Berliner Abendschau" des SFB mit Scheinwerfern und Kameras zu Gast war: Haupt(-Streit?)punkt war die Rivalität zwischen der Wilhelmstadt und der Altstadt Spandaus. Die Geschäftsleute aus der Wilhelmstadt warfen dem Bezirksamt die einseitige Bevorzugung der sanierten Altstadt (Herausgabe einer Sanierungszeitung) zum Nachteil der Wilhelmstadt vor. Doch nach einiger auch kontroverser Diskussion erhoben die „Streithähne" (Spandauer Anzeiger) Hartmut Siegelberg von der IG Wilhelmstadt und Bürgermeister Werner Salomon die Gläser und stießen auf weiterhin gute Zusammenarbeit für das Gedeihen der Spandauer Wilhelmstadt an.

*

Eine besonders angenehme Pflicht kam mir am 12. Februar zu: Ich durfte dem Pfarrer der katholischen Pfarrgemeinde St. Maximilian-Kolbe, Georg Walf, das Bundesverdienstkreuz überreichen. Pfarrer Walf hatte sich große Verdienste bei der humanitären Hilfe leidgeprüfter polnischer Menschen erworben. Der Transport von Lebensmitteln, Medikamenten, Kleidung und Waschmitteln stand dabei im Mittelpunkt. Am 4. Mai 1984 begleitete er den 250. Malteser-Transport nach Polen. Dabei war er auf vielen Fahrten Fahrer, Mechaniker, Tankwart und Seelsorger in einem.

– VIELE JUBILÄEN GEFEIERT –

Vom 10. bis 12. April flog ich als Vertreter Berlins zum Europäischen Gemeindekongress nach Turin. Gleich danach war wieder Deutsch-Britischer Freundschaftstag auf dem Marktplatz in Spandau, den ich zu er- öffnen hatte. Zeitgleich für zwei Tage hatten wir offiziellen Besuch aus Luton, denn unsere Städtepartnerschaft bestand gerade 25 Jahre. Bürgermeister Frank S. Lester und eine Seniorengruppe kamen aus diesem Anlass an die Havel. Gleichzeitig wurde der für rund 700 000 DM umgestaltete „Luton-Saal"

im Ratskeller seiner Bestimmung übergeben. Bei dieser Gelegenheit trug sich auch der Lutoner Bürgermeister mit Amtskette in das Goldene Buch der Stadt ein. Seit 1975 bestand ein regelmäßiger Seniorenaustausch zwischen Luton und Spandau, was reibungslos funktionierte. Auch der Austausch von behinderten Menschen, selbst Rollstuhlfahrern, funktionierte hervorragend.
Im Mai feierten wir 25 Jahre „Finnenhaus-Siedlung" in Kladow (347 Eigenheime). Die Bezeichnung „Finnenhaus-Siedlung" ist darauf zurückzuführen, dass für den Bau in Finnland vorgefertigte Holzteile zur Verfügung standen, die die USA dem Land Berlin geschenkt hatten. Es waren finnische Reparationsleistungen an Amerika. Außerdem galt es im Wonnemonat, zwei Jubiläen zu feiern, die auch über die Grenzen der Havelstadt hinaus Bedeutung hatten: Die altehrwürdige Spandauer Schützengilde beging zehn Tage lang mit großem Programm ihr 650-jähriges Bestehen, und die Spandauer Gastwirte-Innung feierte ihren hundertsten Geburtstag mit einem großen Bierfest auf dem Marktplatz. Na dann, prost! Am 4. April 1884 hatten die Spandauer Budiker unter der Leitung des Gastwirts Albert Barthel ihren Verein gegründet, den heutigen Bezirksverband der Berliner Hotel- und Gaststätten-Innung. Die damals fünf Spandauer Brauereien produzierten zu dieser Zeit pro Jahr 1 300 Hektoliter Bier, von denen ein Drittel ins Havelland „exportiert" wurde. 192 Händler mit einem konzessionierten Ausschank gab es kurz vor der Jahrhundertwende, darunter zahlreiche Biergärten und Ausflugslokale.
An der Spitze der Innung standen 1984 gestandene Gastwirte wie Manfred Schwedler, Wirt des Gasthauses „Zur Linde" in Gatow. Unter seiner Leitung war die „Linde" noch ein beliebtes Berliner Ausflugslokal mit großem schattigen Biergarten an der Havel und einem großen Veranstaltungssaal, in dem unzählige Stiftungs- und Jubiläumsfeste von Spandauer Vereinen stattfanden, natürlich auch der Gatower Feuerwehr.
Ein Spandauer „Kneipen-Unikum" im Vorstand der Innung war Ernst Völkel. Er war Bannerträger der Innungsfahne und betrieb die urige Eckkneipe „Türkisches Zelt", in der keine Türken ver-

kehrten, an der Bismarckstraße in der Spandauer Neustadt. Viele Vereine betrachteten das „Türkische Zelt" als ihr Vereinslokal und genossen Ernst Völkels Wurstspezialitäten. Er war von Hause aus Schlachter und bereitete seine Blut- und Leberwurst persönlich im Spandauer Schlachthof zu. Diese Wurstwaren waren ein Geheimtipp über die Grenzen Spandaus hinaus. Außerdem war er passionierter Taubenzüchter. Ernst war ein Original. Feucht-fröhliche Abende im „Türkischen Zelt" waren Erlebnisse. Der Wirt blieb auch nach dem 60sten Kirschlikör noch standhaft und dirigierte die Musikbox! Derartige Stammkneipen gehören leider mehr und mehr der Vergangenheit an.

*

Im Sommer ging es in Spandau relativ gemächlich zu. Der im Jahr zuvor heftig kritisierte Umzug der chronisch Kranken vom Hospital Streitstraße nach Hohengatow hatte sich letztlich als Erfolg erwiesen. „Viel Lob und wenig Tadel für neues Hospital in Hohengatow", titelte am 13. Juli die Berliner Morgenpost.

*

Anlässlich des 25-jährigen Partnerschaftsjubiläums zwischen Spandau und der französischen Stadt Asnières kam im Juli der Bürgermeister von Asnières, Maurice Bokanowski, mit einer Seniorengruppe nach Spandau. Dieser Pariser Vorort und die Havelstadt pflegten seit einem Vierteljahrhundert einen regen Austausch von Jugend- und Seniorengruppen. Asnières-sur-Seine liegt rund 15 km nördlich von Paris an einem Seine-Bogen. Die knapp fünf Quadratkilometer große Stadt ist selbstständig, aber an das Pariser Metro-Netz angeschlossen. Asnières-sur-Seine fand schon unter römischer Besetzung Galliens Erwähnung und war später jahrhundertelang ein Fischerstädtchen. Heute ist Asnières eine Industriestadt mit wichtiger Lebensmittelbranche und elektrotechnischen Betrieben, die zu den Hauptarbeitgebern der Stadt zählen. Metall- und Pharmaindustrie sind ebenfalls bedeutende Industriezweige. Asnières hat mehr als 75 000 Einwohner.
Unsere Städtepartnerschaft hatte begonnen, als Ende der 50er Jahre ein großes Sängertreffen in Spandau stattfand, an dem auch der französische Kinderchor „Le Petit Chanteurs" aus Asnières teil-

nahm. Es war die Zeit, da überall in der Bundesrepublik im Rahmen der beginnenden deutsch-französischen Verständigung freundschaftliche Beziehungen mit französischen Städten geknüpft wurden. 1959 wurde der Partnerschaftsvertrag zwischen Spandau und Asnières unterschrieben. In den Folgejahren florierte insbesondere der Jugendaustausch, und seit 1978 auch ein Seniorenaustausch. Auf französischer Seite organisierten ebenfalls über viele Jahre hindurch dieselben engagierten Stadträtinnen diesen Austausch, und bekanntlich stehen und fallen Partnerschaften mit Menschen, die sich dafür einsetzen.

*

Anfang Juli gab es im Seniorenklub Lindenufer ein großes Sommerfest aus Anlass des zehnjährigen Bestehens dieser Einrichtung an der Mauerstraße, nahe der Havel. Spandau hatte in den 70er und 80er Jahren drei Senioren-Klubhäuser erbaut: Dieses am Lindenufer, das zweite am Südpark an der Weverstraße und ein drittes in Hakenfelde am dortigen Stadion. Die Einrichtung derartiger Senioren-Freizeitstätten war unstreitig das Verdienst des langjährigen Sozialstadtrates Hans Hill. Er war der Motor zum Bau dieser Häuser, und sie wurden zum großen Renner in der Sozialarbeit für Seniorinnen, Senioren sowie Behinderte in Spandau.

*

Bei der Grundsteinlegung für ein neues Bettenhaus (Kosten: 168 Mill. DM) im Ev. Waldkrankenhaus Spandau mit dem Regierenden Bürgermeister zusammen zog ich mir den Zorn des Senats zu, weil ich in meiner Rede Kritik an seiner Krankenhauspolitik übte. Insbesondere kritisierte ich die Streichung eines seit Jahren geplanten neuen städtischen Akut-Krankenhauses in Spandau, während der Senat das Ev. Waldkrankenhaus finanziell stark förderte.

*

Im September stieg ich wieder ins Flugzeug, um unsere Partnerstadt Luton in England zu besuchen. Die sympathischsten Gesprächspartner unter den Kommunalpolitikern dort waren „Torries" (Konservative), mit den Labour-Leuten hatten auch wir Sozialdemokraten häufig unsere Probleme. Die Konservativen stan-

den unserer Partnerschaft immer aufgeschlossener gegenüber als die Vertreter der Arbeiterpartei. „Was bringt uns solche Partnerschaft politisch? Wir sollten uns lieber mehr um unsere Arbeitslosen und sozial Schwachen in Luton kümmern!", hörte man aus deren Reihen. Ich hatte einige kontroverse Diskussionen zu führen. Eine ähnliche Haltung stelle ich jetzt, im neuen Jahrtausend, bei etlichen jüngeren Sozialdemokraten in Spandau fest.
Die englischen Bürgermeister waren reine Repräsentanten, die jährlich neu gewählt wurden. Der eigentliche Kommunalbeamte, der Kontinuität verkörperte, war der Stadtdirektor (chief executive). Luton entwickelte sich im Laufe der Jahre immer mehr zu einer Einwandererstadt. Aus dem karibischen Raum und später auch aus Pakistan und Indien strömten Menschen dorthin, was die Kontakte für uns erschwerte.

*

Weiter ging es im Jubiläumsreigen: Meine Delegation mit Karl Neugebauer, Fritjof Lindgreen und anderen flog von London aus nach Stuttgart, weil wir der badischen Stadt Rastatt zu ihrem 900-jährigen Bestehen unsere Aufwartung machen wollten. Mit Rastatt verband uns in Spandau eine schöne Freundschaft. Das hing auch mit Ruderern aus beiden Städten zusammen, die sportlich und freundschaftlich miteinander verkehrten. Und wieder hing es an Personen, die die Kontakte knüpften. Mit dem damaligen CDU-Oberbürgermeister Franz Rothenbiller hatten gerade wir Sozis in Spandau ein freundschaftliches Verhältnis. Auch das hat sich mit dem Wechsel der Personen inzwischen verändert.
Am 21. September 1984 feierte ich mein 25-jähriges Dienstjubiläum, zu dem mir der Regierende Bürgermeister von Berlin, Eberhard Diepgen, höchstpersönlich in Spandau die Urkunde überreichte. Wir standen dazu vor dem Bildnis des altehrwürdigen früheren Spandauer Oberbürgermeisters Friedrich Koeltze, des letzten Oberbürgermeisters der selbstständigen Stadt Spandau vor 1920.

Eberhard Diepgen als Regierender Bürgermeister überreicht Werner Salomon eine Urkunde zum 25-jährigen Dienstjubiläum. Im Hintergrund sieht man ein Bild von Friedrich Koeltze, dem letzen Oberbürgermeister der selbstständigen Stadt Spandau (© Landesarchiv Berlin, Karl-Heinz Schubert).

– Einweihung der neuen U-Bahn –

In Spandau gingen wir in dieser Zeit frisch in den „Untergrund": Mit dem Chef der U-Bahn-Bauarbeiter, Heinz Bülow, und dem Bahnhofsarchitekten, Gerhard Rümmler, einem Spandauer und „Stein-Schüler", hatten wir bereits im Oktober 1983 eine Baustellenwanderung vom künftigen Bahnhof „Rathaus Spandau" über „Altstadt Spandau" bis zum Bahnhof „Zitadelle" gemacht. Die Verlängerung der U-Bahnlinie vom Bahnhof „Rohrdamm" in Siemensstadt bis Spandau kostete damals stolze 850 Mill. DM. Kurz vor Antritt meines Sommerurlaubs 1984 hatte ich noch die „Jungfernfahrt" der U-Bahnlinie 7 von „Rohrdamm" zum „Rathaus Spandau" zur Erprobung der neuen Strecke erlebt, mit Bausenator Franke, BVG-Direktor Piefke und einem Riesenaufgebot der Medien. Einhellige Meinung zu den U-Bahnhöfen: „Schmuckstücke unter Spandaus Pflaster".

Die offizielle Eröffnung war für den 1. Oktober angesetzt, und hinter den Kulissen ging es im Sommer bereits richtig rund. Spandau wäre nicht Spandau gewesen, wenn dieser historische Termin nicht gebührend gefeiert werden sollte, und der Leiter des Spandauer Kunstamtes, Gerd Steinmöller, wäre nicht Gerd Steinmöller gewesen, wenn er nicht alle Energie dafür einsetzte, dieses Ereignis vorzubereiten. Ein paar wenige Mitstreiter hatte er bei der Vorbereitung der einwöchigen Feierlichkeiten außerhalb seines Büros auch. Hier ist besonders die AG Altstadt mit dem damaligen Vorsitzenden Lothar Thöns zu nennen, aber auch die Leiterin meiner Pressestelle, Marion Riedel. Dieser relativ kleine Personenkreis arbeitete an dem Festprogramm oftmals auch an den Wochenenden, da die normalen Dienstgeschäfte ebenfalls erledigt werden mussten.

Das Einweihungsfest der U-Bahn von Siemensstadt nach Spandau war ein absoluter Höhepunkt für die Havelstadt. Der 1. Oktober wurde ein wahrhaft historischer Tag: Zum ersten Mal fuhr die U-Bahn nach Spandau! Ein Jahrhundertereignis im wahrsten Sinne des Wortes. Seit 1905 hatten sich Spandaus Stadtväter um den Anschluss an das Hoch- und Untergrundbahnnetz in Berlin bemüht. So war die Geschichte um den U-Bahnanschluss nach Spandau lang und dornenreich gewesen. Im Grunde genommen hatte Ernst Reuter 1929 im damaligen Groß-Berliner Magistrat schließlich die Weichen für den U-Bahn-Anschluss Spandaus gestellt, und dennoch hatte es weitere 55 Jahre lang gedauert, bis der Spandauer Wunsch in Erfüllung ging.

Rund neun Jahre nach dem ersten Rammschlag für die U-Bahn auf Spandauer Bezirksgebiet und vier Jahre nach der Eröffnung der Teilstrecke zum Rohrdamm wurde die Verbindung am 1. Oktober 1984 vollendet. Hans Höppner überschrieb seinen damaligen Kommentar im Spandauer Volksblatt treffend: „Aufbruch aus der Diaspora". Gewiss, die Havelstadt war an ihren Rändern schon in Kontakt mit der U-Bahn gekommen, in Ruhleben und in Siemensstadt, aber seit diesem denkwürdigen 1. Oktober 1984 war nun auch das Herz Spandaus, die Altstadt, direkt mit der U-Bahn zu erreichen. Dieser Anschluss war überfällig, zumal die S-Bahn nach Spandau 1980 stillgelegt worden war.

Zur Einweihung der U-Bahnlinie 7 kam 1984 auch Bundeskanzler Helmut Kohl nach Spandau (© Klaus Lehnartz).

Mit der neuen U-Bahnlinie 7 war man jetzt in 25 Minuten am Zoo und in knapp einer Stunde im Süden Berlins, in Rudow. Gewiss, es gab auch Kritik an der neuen U-Bahn. Die Siedlung Haselhorst wurde von ihr nur am Rande berührt, lieb gewordene Autobus-Linien wurden aus Rationalisierungsgründen eingestellt, und die Spandauer Geschäftsleute befürchteten ein „bequemes Abwandern" ihrer Kundschaft in Richtung Berlin, vor allem zur Wilmersdorfer Straße. Ich denke, so ist es nicht gekommen: Wenn Kundschaft aus der Altstadt unter Umständen abgewandert ist, so ist daran ganz gewiss nicht die U-Bahnverbindung Schuld. Nach meinen Beobachtungen ist die U-Bahn zu einem Renner geworden, und der Strom nach Spandau hinein ist vielfach stärker als in umgekehrter Richtung. Es ist schon etwas Wahres dran am Spruch: „Wenn in Spandau etwas los ist, ist in Rudow schon die U-Bahn voll!"
Aber das wichtigste an dieser Linie ist: Wir hätten sie später in dieser Form nie wieder erhalten. Nach 1984 wäre das finanziell undenkbar gewesen. Vor allen Dingen sind auch die Bahnhöfe in ihrer Ausgestaltung zu Schmuckstücken und Sehenswürdigkeiten für Touristen geworden. Ich denke an die U-Bahnstation „Zitadelle" mit ihrer märkischen Backsteingotik, die fast wie die Einfahrt in eine Kasematte der Festung anmutet, und ich denke an den Bahnhof „Rathaus Spandau", der Moskauer Metro-Dimensionen nahe kommt. Der Spandauer Gerhard Rümmler hat hier als Architekt seiner Heimatstadt einen guten Dienst erwiesen. Die Station „Zitadelle" ist übrigens der einzige U-Bahnhof in Berlin, auf dem Werbetafeln nicht zugelassen sind.
Auch der Streckenbau selbst war eine beachtliche Leistung: Gemeistert wurde nicht nur der Tunnelbau im Märkischen Sand, sondern auch die schwierige Havelunterquerung. Wir sollten nicht vergessen, dass sie auch Menschenleben kostete.
Selbstverständlich herrschte nach Spandauer Brauch am Tag der U-Bahn-Eröffnung Volksfest-Stimmung. Alles, was in Berlin Rang und Namen hatte, tummelte sich in der Havelstadt. Sogar Bundeskanzler Helmut Kohl gab sich die Ehre und machte Spandau sowie der neuen U-Bahn seine Aufwartung. Um den eigentlichen Eröffnungstag, einen Montag, herum reihte sich schon seit dem

Freitag Veranstaltung an Veranstaltung. An einem „Tag der offenen Bahnhöfe" bekamen die Menschen die Gelegenheit, vom Bahnhof „Zitadelle" bis zum Bahnhof „Rathaus Spandau" unterirdisch alle Haltepunkte zu erwandern, und in der Zitadelle wurde die Ausstellung „U-Bahnen in Europa" eröffnet, an der sich in einmaliger Weise U-Bahn-Verwaltungen von Moskau über London bis nach Budapest beteiligt hatten.

Zum 1. Oktober noch eine sehr persönliche Anmerkung: Sowohl die Verlängerung der U-Bahn bis zum Rohrdamm 1980, als auch die Vollendung der Strecke bis zum Rathaus Spandau 1984 erfolgten an einem Tage, der auch für mich persönlich immer eine besondere Bedeutung hat. Es ist nämlich mein Geburtstag, und welcher Bürgermeister hat schon das Glück, zu zwei Geburtstagen U-Bahnstrecken als „Geschenke" zu erhalten!

– WAS VOM JAHR ÜBRIG BLEIBT –

Einen mächtigen Pressewirbel gab es am 23. November im Rathaus: Es amtierten zwei „Sonderbürgermeister", die 24-jährige Monika Zibell und der neunjährige Carsten Ziegler. Sie verdankten ihr „Amt" dem 1. Spandauer Scheckheft, weil sie die richtige Zahl aller Bürgermeister der Havelstadt herausgefunden hatten. Natürlich wurden beide „Bürgermeister" mit dem Dienstwagen abgeholt und nach den „Dienstgeschäften" wieder nach Hause gefahren. Selbst Bild-Zeitung und BZ berichteten über dieses Ereignis.

*

Eine sehr gute Einrichtung unseres Ausbildungsleiters im Bezirksamt war es, einmal in der Lehrzeit mit den Auszubildenden das ehemalige KZ Sachsenhausen bei Oranienburg zu besuchen, erstmalig in diesem November. Wir fuhren dazu mit der S-Bahn über den Kontrollpunkt Friedrichstraße, wobei meine Anwesenheit bei den „Grenzorganen" offenbar besondere Aufmerksamkeit hervorrief. Das Ausstellen meines Tagesvisums dauerte lange. Vom S-Bahnhof Oranienburg aus gingen wir zu Fuß nach Sachsenhausen. Ich war das erste Mal dort. Meine Eindrücke waren genauso bedrückend wie die der jungen Leute. Dieser Besuch war notwendig und wichtig.

*

Gerne hätte ich etwas Muße zum Nachdenken über meine Eindrücke gehabt, aber mein Tagesprogramm war noch nicht erledigt: Am gleichen Tage hatte ich eine Betriebsversammlung bei Rhenus WTAG, auf der ich sprechen musste, und abends fand im Rathaus noch ein sog. „Zielgruppengespräch" mit Vertretern von Wohlfahrtsverbänden statt.

*

Vor mir stand der arbeitsreiche Weihnachtsmonat. Die außerordentliche Sitzung der Bezirksverordnetenversammlung im Dezember fand traditionell bei der Spandauer Schultheiss-Brauerei statt. Das war stets ein harmonischer Arbeitsausklang, wobei ich das Wort „harmonisch" besonders betonen möchte: Zu dieser Zeit gab es noch über alle Parteigrenzen hinweg freundschaftliche und vor allem menschliche Kontakte. Bei den uns nachfolgenden Generationen geht das leider mehr und mehr verloren.

– 50 Jahre Weihnachtskirche –

Am 6. Januar 1985 beging die Ev. Weihnachtskirche am Haselhorster Damm, in meinem Heimatsortteil, ihr 50-jähriges Bestehen. Natürlich war ich als Ehrengast beim Jubiläumsgottesdienst. Mit dieser Kirchengemeinde hatte es eine besondere Bewandtnis. Sie war erst 1938 selbstständig geworden. Vorher hatte sie zur Spandauer St. Nikolai-Gemeinde gehört.
An diese eigenartige Entwicklung erinnere ich mich besonders: 1942 war ich, wie berichtet, in der Weihnachtskirche von Gemeindepfarrer Schletz konfirmiert worden. Diese Kirche war ein Hort der Deutschen Christen, der nationalsozialistischen Kirchenbewegung, der Pfarrer Schletz angehörte. Die „Weihehand-

lung" zur Grundsteinlegung dieser Kirche am 8. Juli 1934 wurde in der Chronik zur 50-Jahrfeier so beschrieben: „Die Feier wird eingeleitet durch den Bläserchor des Musikzuges der SA-Standarte 14. Nach Verlesung der Urkunde erfolgt ihre Einmauerung. Neben sonstigen Dokumenten wird auch die vorliegende Nummer ‚Evangelium im Dritten Reich' im Grundstein verschlossen. Der Reichsbischof Müller hält die Weiherede. In folgender Reihenfolge werden die Hammerschläge vollzogen: Der Reichsbischof, der stellv. Bischof von Berlin, der Siemenskonzern, die Reichs- und Gauleitung ‚Deutsche Christen', die Stadt Spandau, der Kreis 1 der NSDAP, der Kirchenkreis Spandau, der Parochialverband, der Gemeindekirchenrat, die Bauleitung und die Arbeiterschaft. Die Schlussliturgie hält der Ortsgeistliche Pfarrer Schletz, bekanntlich der Vater der späteren Filmschauspielerin Elke Sommer [...]." Das war die Kirchenlandschaft in Haselhorst in den dreißiger Jahren. Überflüssig dabei zu betonen, dass die Hakenkreuzfahne zu „Festtagen" der Nazis stets am Kirchturm aufgezogen wurde.

— Prominente Wahlhilfe —

Am 10. März 1985 waren wieder Wahlen zum Abgeordnetenhaus von Berlin und zu den Bezirksverordnetenversammlungen. So waren die ersten zwei Monate des Jahres vom Wahlkampf geprägt, und wir bekamen einigen prominenten Besuch. Der Berliner Spitzenkandidat der SPD, der frühere Bundesminister Hans Apel, kam mehrfach nach Spandau. Schließlich galten wir in jener Zeit noch als sozialdemokratische Hochburg in Berlin. Hans-Jochen Vogel leistete in Spandau Wahlhilfe, und Hans Koschnik, Bürgermeister von Bremen, kam ebenfalls im Wahlkampf in die Havelstadt. Ich kannte Hans Koschnik schon viele Jahre aus gemeinsamen Zeiten beim Deutschen Gewerkschaftsbund. Der Oberbürgermeister von Hannover, Herbert Schmalstieg, war auch in Spandau, um zu helfen. Es bildete sich etwas, was es in Spandau bisher nicht gegeben hatte: eine „Wählerinitiative Salomon", die mit Zeitungsanzeigen für meine Wiederwahl am 10. März warb.

Höhepunkt des Wahlkampfes war der 4. Februar: Willy Brandt kam nach Spandau, um mit seiner ganzen Persönlichkeit und Autorität für die SPD zu werben. Nach einem Besuch beim Spandauer Volksblatt mit Interview durch den Chefredakteur Hans Höppner – natürlich in Anwesenheit des Spandauer Spitzenkandidaten Werner Salomon – fand im total überfüllten Ratskeller eine Wahlversammlung mit ihm statt. „Wenn Willy Brandt kommt, platzen alle Säle" titelten die Zeitungen. Es waren beileibe nicht nur eingeschworene SPD-Anhänger, die von Willy in den Bann gezogen wurden.

Es kamen auch die Siegener Sozialdemokraten, um ihren Anteil an Wahlhilfe für Spandau zu leisten. Zahlreiche kleinere Aktivitäten wurden noch entfaltet.

Am 6. März 1985 verabschiedeten wir in einer Feierstunde den langjährigen Bezirksverordnetenvorsteher Karl Neugebauer, der aus Altersgründen nicht mehr kandidierte. Karl Neugebauer war in seiner 14-jährigen Amtszeit als „erster Mann" im Bezirksparla-

Wahlkampf 1985: Hans-Jochen Vogel leistete Wahlhilfe in Spandau (© Ernst).

ment in Spandau eine Autorität gewesen. Er hatte dem Amt des Vorstehers seine ganz persönliche Prägung gegeben und war ein Gütezeichen der Stadt im besten Sinne des Wortes. Über alle Parteigrenzen hinweg schätzte man ihn hoch. Auch die Freundschaft mit dem Siegerland in ihrer heutigen Form wäre ohne sein Wirken nicht denkbar gewesen. Ich hielt die Laudatio, und wir schenkten ihm zum Abschied eine Spandauer Fahne, damit er vor seinem Ferienhaus auf Mallorca immer Flagge zeigen konnte.

– Spandauer SPD behauptet sich –

Noch am Tage vor der Wahl orakelte das Volksblatt Berlin: „Die Zahlen hinter dem Komma können den Ausschlag geben [...]." Die SPD hatte bei der vergangenen Wahl in Spandau in der Tat nur noch einen knappen Vorsprung erreicht, aber jetzt konnte sie sich wieder stabilisieren, im Gegensatz zum Wahlausgang für das Abgeordnetenhaus: Hier fielen von acht Wahlkreisen in ganz Berlin nur noch zwei Spandauer an die SPD, mit Hans-Georg Lorenz und Fredy Stach, der Rest an die CDU. Bei den Zweitstimmen kam die CDU auf 43,9 Prozent, die SPD auf 39,8 Prozent, die AL auf 6,2 und die FDP auf 8,3 Prozent. Bei der Wahl zur Bezirksverordnetenversammlung votierten die Spandauer exakt umgekehrt: Die SPD erhielt 46,1 Prozent (fast 1 Prozent mehr als zuvor), die CDU 42,5 Prozent. Beide Parteien mussten je ein Mandat an die Alternative Liste abgeben. Die SPD erhielt 22 Mandate, die CDU 21, und der AL gelang es mit 5,9 Prozent erstmals, mit zwei Mandaten in die BVV Spandau einzuziehen. Kommentar von Hans Höppner zum Wahlausgang: „[...] Am Sonntagabend ist zweien ihrer (SPD-) Repräsentanten ein kleines Wunder an Gerechtigkeit widerfahren. Erika Heß in Wedding und Werner Salomon in Spandau haben in der Sturzflut, die ihre Partei in die Talsohle spülte, allen Prognosen der Meinungsforscher und Hochrechner zum Trotz das rettende Ufer erreicht. Spandau und Wedding (als einzige von 12 Bezirken!)

behalten ihre sozialdemokratischen Bezirksbürgermeister, und es steht außer Frage, dass die Wähler damit ihre persönliche Leistung, ihren persönlichen Einsatz honorierten [...]" Offenbar hatte der Spandauer Wahlslogan „SPanDauer sind schlauer" seine Wirkung nicht verfehlt.

Da die langjährigen Bezirksstadträte Hans Hill (Soziales) und Wolfgang Behrendt (Bauwesen) aus dem Bezirksamt ausschieden, drehte sich das „Ämter-Karussell" wieder. Wir verabschiedeten die beiden verdienstvollen Stadträte. Hans Hill war in 14 Jahren als Stadtrat zu einer „sozialen Institution" in Spandau geworden und hat durch seine Art auch fiel zum guten Ansehen der Sozialdemokraten in der Havelstadt beigetragen. Seine sozialpolitischen

Werner Salomon als strahlender Wahlsieger 1985 (© Inge Kundel-Saro).

Verdienste waren richtungsweisend, auch nach Berlin hinein. Hill blieb als Vorsitzender der Arbeiterwohlfahrt dem sozialen Spandau weiterhin erhalten.

Wolfgang Behrendt hatte zehn Jahre lang das Bauressort geleitet. Er trieb die Sanierung der Spandauer Altstadt erfolgreich voran und formte damit das Gesicht der Altstadt. In seine Amtszeit fielen die entscheidenden Weichenstellungen für die Stadterneuerung und die Modernisierung in der Havelstadt. Beide Stadträte hinterließen Lücken im Bezirksamt. Auf dem Kreisdelegiertentag der Spandauer SPD am 10. Mai wurden neben Werner Salomon als Bezirksbürgermeister und Sigurd Hauff als Volksbildungsstadtrat auch Nachfolger für die beiden Ausgeschiedenen nominiert: der bisherige Abgeordnete Klaus Jungclaus als Baustadtrat und Renate Mende als Sozialstadträtin. Die Wahl in der BVV verlief ohne Probleme. Wir bildeten mit den CDU-Stadträten Hering (Finanzen/Wirtschaft), Mischke (Jugend und Sport) und Runge (Gesundheit) die neue Bezirksamtsspitze bis 1989.

– Abwechslungsreicher Alltag –

Der Bürgermeister von Doncaster kam zu Besuch ins Spandauer Rathaus. Die Royal Air Force (RAF) Gatow hatte eine militärische Partnerschaft zum britischen Militärflugplatz Finningley nahe Doncaster. Vor diesem Hintergrund lud sie einmal im Jahr den Mayor of Doncaster nach Gatow ein, und wie selbstverständlich war er mittags zu Gast beim Spandauer Bürgermeister.

*

Anfang Mai 1985 besuchte uns die SPD-Fraktion des Hamburger Stadtbezirks Mitte, zu dem auch der Ortsteil St. Pauli gehört. In den 70er Jahren hatte sich zwischen den SPD-Fraktionen von Hamburg-Mitte und Berlin-Spandau eine „Partei-Partnerschaft" entwickelt, die damals mit gegenseitigen Besuchen und Informationsaustausch recht gut funktionierte.

*

Mitte Mai fand in Spandau wieder das traditionelle Sportlertreffen Spandau – Siegen statt. Es war seit 1961 mit wechselseitigen Treffen alle zwei Jahre eines der Standbeine der Partnerschaft zwischen Spandau und Siegen geworden. Sage und schreibe zweihundertsechzig Sportlerinnen und Sportler aus 15 Siegener Vereinen reisten dazu nach Spandau. Sportliche Wettkämpfe wurden in den Disziplinen Leichtathletik, Tauchsport, Badminton, Fußball, Handball, Judo, Modellsegeln und Schach ausgetragen.

*

Am 23. Mai lud ich zum bereits Tradition gewordenen Empfang für 120 Spandauer Behinderte in den Bürgersaal des Rathauses ein. Diesmal nahmen auch Behinderte aus der englischen Partnerstadt Luton teil. Diese Veranstaltung unter dem Motto „Einander verstehen – miteinander leben" war stets ein großer Erfolg.

– BRITISCHE STADTKOMMANDANTEN –

Ende Mai gab es wieder einmal einen Informationsabend mit dem Britischen Stadtkommandanten, Generalmajor Gordon Lennox. Die Britischen Stadtkommandanten hatten stets den Rang eines Generalmajors und entstammten meistens hochdekorierten militärischen Adelsfamilien. Für die Berliner Aufgaben (zwei- bis dreijährige Tätigkeit in Berlin) wurden sie besonders ausgewählt. Sie residierten in der „Villa Lemm" in Gatow, ihr Dienstsitz befand sich im britischen Hauptquartier am Olympia-Stadion. Sie waren für die britische Garnisonsstadt Spandau von besonderer Bedeutung. Ich habe in meiner Amtszeit von 1979 bis 1992 fünf Stadtkommandanten kennen gelernt: Generalmajor Richardson (bis September 1980), einen schottischen Offizier vom Scheitel bis zur Sohle, ganz Militär, korrekt, aber höflich; Generalmajor David Mostyn (bis Oktober 1983), ein freundlicher, jovialer Kommandant, dennoch hart in seiner militärischen Haltung. Er hat viel zur Verbesserung des Klimas zwischen den Briten und den Deutschen beigetragen. Er trank gerne einen guten Whisky, was meinem damaligen Mitarbeiter und Kontaktmann zu den Briten, Gerry Schuster, sehr entgegen kam. Generalmajor Gordon Lennox (bis Dezember 1985) war ein knallharter Militär und als solcher in der Armee bekannt und gefürchtet, kein guter diplomatischer Vertreter der Briten für Berlin: ein atmosphärischer Rückschritt. Generalmajor Patrick Brooking (bis Januar 1989) war das ganze Gegenteil zu Lennox: Er war freundlich, zuvorkommend und sprach deutsch. Offenbar war er bewusst für Berlin ausgewählt worden, nachdem sein Vorgänger ein solches schlechtes Image hatte. Patrick Brooking blieb später als Zivilist in Berlin und wurde für Großbritannien Repräsentant der Firma Krone. Generalmajor Robert Corbett (bis Oktober 1990) setzte das gute Ansehen seines Vorgängers nahtlos fort, und auch er sprach deutsch. Britischer Stadtkommandant von Berlin zu sein, war, wie ich denke, eine hohe Auszeichnung und fast immer die Krönung in der Militärkarriere. Die Kommandanten hatten hier auch fast den „Himmel auf Erden": die Residenz an der Havel und sieben Beschäftigte, die für ihr Wohl sorgten. Berlin war eben auch ein politisches Aushängeschild von „Great Britain". Die Stadtkommandanten wurden später häufig von ihrer Königin mit dem Titel „Sir" geadelt.

Nach der Wiederherstellung der Deutschen Einheit und der staatlichen Souveränität verließ Robert Corbett wie der amerikanische und französische Stadtkommandant am 3. Oktober 1990 Berlin. „My job is done!", stellte Corbett dazu fest. Auf Deutsch fügte er hinzu: „Ich werde auch in Zukunft immer ein Freund dieser Stadt bleiben, egal, was geschieht."

Neben den Stadtkommandanten, die in erster Linie politisch-diplomatische Aufgaben hatten, gab es noch die Truppenkommandeure im Range eines Brigadegenerals. Sie waren zuständig für den militärischen Teil der Stationierung von etwa 4000 britischen Soldaten in Berlin. Ihre Residenz war stets in der Heerstraße in Charlottenburg. Nach Wegfall der Statusfunktion „Stadtkommandant" am 3. Oktober 1990 übte der Truppenkommandeur, Brigadier Bromhead, bis zum Abzug der britischen Truppen aus Berlin 1994 auch politisch-diplomatische Aufgaben aus.

– Wieder ein Havelfest –

Am 1. Juni 1985 führten wir wieder unser großes Havelfest durch. Was zur 750-Jahrfeier Spandaus 1982 kreiert worden war und zur 750-Jahrfeier Berlins 1987 den Spandauer Auftakt bilden sollte, wurde am 1. Juni sozusagen als Generalprobe veranstaltet. Die Spandauer Altstadt und das Havelufer zwischen Schleuse und Dischinger Brücke wurde wieder zur Festmeile mit allem, was in Spandau dazugehörte. Prominente Unterhaltungskünstler wie bei unserem Jubiläum waren dieses Mal aus Kostengründen nicht dabei, aber auch das lokale Programm u.a. mit „Old Texas Town" und dem Tauchclub „Lobster" (Fackelschwimmen in der Dunkelheit) konnte sich sehen lassen. Mir schwebte mit dem Havelfest im Zweijahresrhythmus eine Berliner Attraktion in Spandau vor, wie es vor dem Kriege einmal der „Stralauer Fischzug" oder „Treptow in Flammen" waren.

– Ristocks „Laupenpieperfest" –

Am 15. Juni fand das berühmte „Laubenpieperfest" von Harry Ristock statt. Harry Ristock war früher Bausenator in Berlin gewesen und ein sozialdemokratisches Urgestein. Er hatte in Plötzensee ein Laubengrundstück, und einmal im Jahr veranstaltete er dort im wahrsten Sinne des Wortes ein gesellschaftliches Ereignis, nämlich „Harry Ristocks Laubenpieperfest". Fast alles, was Rang und Namen hatte, fand sich dort unter relativ primitiven Verhältnissen ein. Es war eine Ehre, bei Harry eingeladen zu sein. Minister verschiedener Parteien, Diplomaten – viele vom sowjetischen Generalkonsulat –, Schauspieler und Fernsehstars amüsierten sich dort bei Bratwurst, Bier und Wodka. Man unterhielt und vergnügte sich bis spät in die Nacht hinein.

*

Auch in den Sommermonaten gab es viele Verpflichtungen für mich als Bürgermeister, z.B. das Angeln um den Berlin-Pokal, die

Parade der britischen Werkstatteinheit REME, die Eröffnung der Deutschen Bahngolfmeisterschaften im Südpark oder die Spandaufahrt mit ausländischen Attachés. Mit dem Gesundheitssenator und der Unternehmensgruppe Dr. Marx hatte ich ein ernstes Gespräch zu führen: Sie wollten in Havelhöhe ein privates Rehabilitationszentrum errichten. „Das Gesundheitswesen ‚privatisieren' und Gewinne einstreichen", das passte einigen meiner Genossen überhaupt nicht. Ich gab für das Reha-Zentrum (später „Berlin Klinik") dennoch grünes Licht, weil es mit öffentlichen Mitteln nicht hätte errichtet werden können und der Zug der Zeit in eine derartige private Richtung ging. Dafür bekam ich einigen Ärger.

– Friesenhaus auf Föhr –

Im August fuhren wir in den Urlaub auf die Insel Föhr. Wir wohnten in einer Ferienwohnung im „Park am Südstrand", sehr schön am Wattenmeer gelegen, gegenüber der Hallig Langeneß. Mi diesem „Park am Südstrand", auf den wir über eine Zeitungsanzeige stießen, hatte es seine besondere Bewandtnis. Dieser ehemalige Sanatoriumspark, sehr schön mit seltenen Bäumen und seltenen Pflanzen versehen, sollte an seinen Rändern mit kleinen Friesenhäusern in verschiedenen Ausführungen bebaut werden. Es bildete sich eine Bauherrengemeinschaft unter der Federführung einer Wirtschaftsberatungsgesellschaft für Ärzte aus Osnabrück. Mit anderen Worten: Gut verdienenden Ärzten wurden steuerliche Abschreibungsobjekte in bester Lage angeboten und schmackhaft gemacht. Auch wir fanden Gefallen an diesen Ferienwohnungen. Zum Ende des Urlaubes hatten wir das erste Mal Kontakt mit dem Geschäftsführer der Bauherrengesellschaft und besichtigten in Betracht kommende Baugrundstücke für ein „Kapitänshaus" am Eulenkamp in Wyk auf Föhr. Im November 1985 kauften wir dort eine Ferienwohnung, und die künftigen Urlaubsplanungen waren damit vorprogrammiert.

– Willy Brandt in Staaken –

Am 5. September mussten wir nach dem Sommerurlaub auf schnellstem Wege zurück nach Berlin: Willy Brandt wurde am Abend in Staaken erwartet. Das hatte folgenden Hintergrund: Das ZDF hatte eine politische Fernsehsendung „Bürger fragen – Politiker antworten", die vom ZDF-Chefredakteur Reinhard Appel moderiert wurde. Appel aber war und blieb Spandauer, sein Vater war Schulhausmeister der Schule in der Mauerstraße. So vergaß er seine Heimatstadt auch bei ZDF-Fernsehsendungen nicht, und bei Moderationen trug er häufig einen Spandau-Schlips.
Kurzum, die Sendung „Bürger fragen – Politiker antworten" sollte dieses Mal aus Spandau kommen. Wir suchten uns in Absprache mit der Regie einen Ort unmittelbar an der Grenze zur DDR aus. Dafür bot sich die Gartenstadt Staaken geradezu an. Und dazu noch Willy Brandt als Stargast – was konnte da noch schief gehen? Nur noch das Wetter, wie wir feststellten.

– Spandau-Tag auf der Bundesgartenschau –

Unser nächster großer Auftritt war der Spandau-Tag auf der Bundesgartenschau (Buga). Die Buga fand im Sommer 1985 auf einem großen Freizeit- und Erholungsgelände in Britz statt. Auch die Berliner Bezirke sollten und wollten sich dort präsentieren. Spandau war am 7. September an der Reihe, natürlich mit großem Aufgebot und großem Programm: mit der britischen Militärkapelle der Royal Hampshires, mit 15 Kapellen, Chören und Tanzgruppen. Zu Beginn hallten Glockengrüße von St. Nikolai über das weitläufige Gelände. Leider spielte auch hier das Wetter nicht mit – in Spandau hatten wir bei derartigen Veranstaltungen stets bestes Wetter. Entsprechend berichtete das Volksblatt Berlin: „BUGA: Dunkle Wolken über Spandau-Tag" und weiter: „Das kühle, bewölkte Wetter brachte Bürgermeister Werner Salomon gestern beim großen Spandau-Tag auf der Bundesgartenschau zum

Improvisieren. Kurzerhand begrüßte er die wenigen Besucher am Buga-Festplatz nicht zu einem ‚duftig-frischen Havelstrauß' – wie offiziell vorgesehen – sondern passender zu einem ‚stürmischen Havelstrauß', denn über das Gartengelände in Britz wehte ein eisiger Wind." Dennoch, so resümierte die Zeitung: „Addiert man alle Beteiligten, so traten gestern mehrere hundert Spandauer an verschiedenen Stellen der Buga auf und unterstrichen Rolf Rührmunds Einleitung, man wolle den Neuköllnern zeigen, dass es ‚auch 15 Kilometer westlich noch Kultur gibt'. Abschluss des Abends war der Spandauer Nachtwächter, der gestern ausnahmsweise auf der Buga ‚fremdging'."

*

Eine ganz besondere Ehre wurde uns am 16. September zuteil: Der Britische Botschafter, Sir Julian Bullard, besuchte das Spandauer Rathaus und trug sich in das Goldene Buch ein. In einem Vier-Augen-Gespräch hatte ich deutlich die Schießplatzproblematik der Briten angesprochen, die das gute Verhältnis trüben könne. Der Botschafter erwiderte, dass das Problem auch in London bekannt sei, doch er äußerte sich nicht weiter im Detail.

*

Am 21. September 1985 machte ich mich, gemeinsam mit unserem Verbindungsmann zu den Briten, Gerry Schuster, auf den Weg nach Wolfsburg zu einem „Partnerschaftstreffen": Die Volkswagen-Stadt Wolfsburg unterhielt ebenfalls eine Partnerschaft zur englischen Stadt Luton, wo Vauxhall – General Motors seinen Sitz hatte. Mit der Spandauer Motorradproduktion bei BMW schloss sich damit der „Motorisierungskreis". Mit den britischen Freunden aus Luton frischten wir die Kontakte auf. Ich hatte Gelegenheit, das VW-Werk zu besichtigen, dessen Automatisierung mich beeindruckte.

*

Eine besondere Aktion starteten wir Anfang Oktober im „Bürgersaal" und der Eingangshalle des Rathauses: eine Aktion gegen Suchtgefahren, Alkohol und Drogen. Ich hatte eine Suchtberaterin eingestellt, die in Zusammenarbeit mit anderen ehrenamtlichen Helfern, darunter auch trockene Rathausbeschäftigte, einen

Feldzug insbesondere gegen Alkoholmissbrauch startete. Es hatte sich herausgestellt, dass die heimliche Trinkerei auch im Rathaus während der Dienststunden z.T. Besorgnis erregende Formen angenommen hatte, die es zu bekämpfen galt. Die Beratung erfolgte fast ausschließlich unter dem Schirm der Anonymität, zum Schutz der Mitarbeiterinnen und Mitarbeiter. Natürlich war eine derartige Aktion ein „gefundenes Fressen" für Schlagzeilen in der Boulevardpresse, weil derartige Vorkommnisse sofort verallgemeinert wurden.

– „Shake hands" mit Lady Di –

Der nächste Höhepunkt für Spandau und die Presse war wieder britisch, „very british": „Her Royal Highness, the Princess of Wales" besuchte am 18. und 19. Oktober in Spandau das 1. Bataillon The Royal Hampshire Regiment, dessen „Colonel-in-Chief"

Lady Di, die „Prinzessin der Herzen", zu Gast in Spandau; links der Bürgermeister und seine Frau Marion.

(d.h. Ehrenoberst) sie war. Auf deutsch: Die allseits beliebte Prinzessin Diana, Gattin von Prinz Charles, kam nach Berlin-Spandau. Meine Frau Marion und ich hatten die Ehre, der Königlichen Hoheit vor der Parade in den Wavell Barracks in der Seektstraße mit Handschlag als einzige Deutsche – neben dem Regierenden Bürgermeister – vorgestellt zu werden. Sicher war das eine Geste, um die uns Millionen von Briten beneidet hätten. Das „Berlin-Bulletin", das amtliche Presseorgan der Britischen Militärregierung, widmete dem Besuch eine sechsseitige Sonderausgabe und Bildreportage.

Am 30. Oktober hatte ich die Ehre, einem weiteren hohen Staatsgast in Spandau begrüßen zu können: den Staatspräsidenten von Togo, General Eyadema. Peter Rebsch, damaliger Präsident des Abgeordnetenhauses und Spandauer, hatte für ihn auf der Zitadelle einen Empfang gegeben.

– Neukölln als U-Bahn-Partner –

Noch etwas Originelles tat sich am letzten Oktoberwochenende 1985: Ein Jahr zuvor war, wie berichtet, die U-Bahnlinie 7 das erste Mal zum Rathaus Spandau durchgefahren und hatte damit Neukölln (dortige Endstation war Rudow) und das Rathaus Neukölln mit der Havelstadt verbunden. Das hatten damals die Neuköllner Stadtväter, die mit dem ersten Zug nach Spandau gekommen waren, zum Anlass genommen, um eine „Bezirks-Partnerschaft" zwischen Neukölln und Spandau zu kreieren.

Nun brachte das ein Jahr später eine Neuköllner Reisegruppe auf die Idee, eine „Wochenendreise" nach Spandau per U-Bahn zu unternehmen. Ideengeber war der umtriebige Neuköllner Rathaus-Pressechef Eike Warweg. Die Reisegruppe, darunter eine 20-köpfige Hochzeitsgesellschaft aus Rudow, kam um 13.48 Uhr mit der U-Bahn auf Spandauer Gebiet an, wurde am Bahnhof „Siemensdamm" vom Spandauer Bürgermeister mit einem Blumenstrauß begrüßt, und gemeinsam fuhren wir weiter zum Spandauer Rathaus. Natürlich waren auch die Berliner Abendschau des SFB und viele Pressevertreter mit von der Partie. Man übernachtete in einem Spandauer Altstadt-Hotel, und es wurde ein zünftiges Spandau-Programm geboten. Und in der Tat, die meisten Neuköllner Besucher waren das erste Mal in der Havelstadt zu Besuch. Es war ein toller Erfolg, und der Reporter vom Volksblatt Berlin folgerte: „[...] An der guten Stimmung und dem Reisefieber der Gäste konnte man erkennen, dass diese Form des Innerberliner Städtetourismus sicherlich nach einer solchen Premiere eine große Zukunft haben könnte [...]."

Am Wochenende 10./11. November regieren die Narren in Spandau. Bereits am Sonntag, also einen Tag vor dem eigentlichen Narrenaufstand, kam mit Pauken und Trompeten ein langer Zug bunt gewandeter Gestalten das Rollband aus der U-Bahn-Station heraufgefahren und marschierte im Gleichschritt auf das Rathausportal zu. Die Karnevalsgäste waren in freundlicher Absicht aus dem Süden Berlins angereist, um die „Städtepartnerschaft" Spandau – Neukölln zu festigen und dem neu gegründeten „Karnevalsclub Spandau 85" (KCS) ihren Antrittsbesuch zu machen.

Am 11.11. um 11.11 Uhr blies dann der KCS zum Sturm auf das Rathaus, und der Bürgermeister übergab, der Übermacht gehorchend, Rathausschlüssel und „Staatskasse" den Karnevalisten. Der KCS hatte sich für den historischen Rathaussturm mit britischen Soldaten verstärkt. Die Royal Hampshires aber waren nur mit ihren Instrumenten angereist und umrahmten den „Sturm" mit schmissiger Musik.

– SPANDAUER SPORTLER TRUMPFEN AUF –

Zwei sportliche Ereignisse rundeten den November ab: Zum einen gastierten polnische Boxer aus Danzig beim Spandauer Box-Klub 26 in der Bruno-Gehrke-Halle. Star der Spandauer Boxer war der neue deutsche Mittelgewichtsmeister Sven Ottke. Ich hatte die Freude, ihn im Ring mit den Worten zu ehren: „Wir

sind stolz auf sie, dass sie Spandau auch mit ihren Leistungen bekannt gemacht haben." Sven Ottke wurde später einer der ganz großen Boxer.
Ein weiteres Aushängeschild des Spandauer Sports trumpfte am 30. November auf: Die Wasserballer der Wasserfreunde Spandau 04 wurden nach 1982 unter ihrem Erfolgstrainer Alfred Balen zum zweiten Mal Europa-Pokal-Sieger der Landesmeister. Der ungarische Titelträger BVSC Budapest wurde im Rückspiel in der Schöneberger Schwimmhalle in Berlin mit 7:4 besiegt. Es war ein wahrer Krimi, der uns alle erschauern ließ.

– Schüler-Ausstellung in Israel –

Doch zurück zu einem ernsten Thema. Ausgerechnet an meiner alten Schule, der Freiherr-vom-Stein-Oberschule, hatte es in der Schülerschaft Anfang der achtziger Jahre einen antisemitischen Vorfall gegeben: Ein jüdischer Schüler war von drei Mitschülern geschlagen worden, was ihre Entfernung von der Schule zur Folge hatte.
Dieser Vorgang hatte die Schulleitung dazu veranlasst, das jüdische Thema im Unterricht aufzuarbeiten und eine Ausstellung über das Judentum zu erarbeiten. Diese Ausstellung, 1981/1982 von den Schülerinnen und Schülern unter dem Titel „Wesen und Schicksal des Judentums in der ausländischen Kultur" gestaltet, wurde Mitte 1985 im Jugendkulturzentrum in Jerusalem gezeigt. Die Tatsache, dass die Ausstellung einer Spandauer Schule in Israel gezeigt wurde, nahm ich zum Anlass, sie auch in der Spandauer Partnerstadt Ashdod zu präsentieren – auch, um die in den vergangenen Jahren ins Stocken geratenen Beziehungen speziell im Jugendaustausch zu reaktivieren.
Zur Ausstellungseröffnung flog ich zusammen mit dem Vorsitzenden des Schulausschusses der BVV, Dietrich Berndt, Anfang Dezember nach Israel. Diese Ausstellung war in Ashdod ein viel beachtetes Ereignis, an dem auch Vertreter der Deutschen Botschaft in Israel teilnahmen. Wir führten Gespräche, insbesondere über die Förde-

rung des Jugendaustausches, und spendeten 1 000 US-Dollar für die geplante Anpflanzung eines Palmenhaines, der in Ashdod als „Berliner Park" entstehen sollte. Damit entsprachen wir einem ausdrücklichen Wunsch des dortigen Bürgermeisters Arieh Azoulay.

– Farbiger Bürgermeister-Alltag –

Ab 8. Januar 1986 begann wieder der Alltag im Rathaus, zum Beispiel mit dem Empfang des neuen Britischen Gesandten in Berlin, Michael Burton. Der Britische Gesandte war der höchste zivile Diplomat und zugleich auch Stellvertreter des Stadtkommandanten. Im Januar kam auch der Deutsch-Türkische Verein nach Spandau zu Besuch. Die Spandauer Neustadt war bekanntlich ein Ballungsgebiet türkischer Mitbürger. Der Bund Deutscher Pfadfinder mit Sitz am Koeltzepark bemühte sich besonders um das gemeinsame Zusammenleben von jungen Deutschen und Türken. Dabei tat sich deren Geschäftsführer Ulf Hoffmeyer-Zlotnik besonders hervor, der später auch eine Türkin heiratete.
Einige türkische Pfadfinder stammten aus dem kleinen Ort Iznik am Iznik-See, im westlichen Anatolien. Man führte am Ufer des Sees gemeinsame Zeltlager durch, und dadurch entstand eine freundschaftliche Bindung zu der kleinen türkischen Stadt und ihren Bewohnern. Man strebte zu Spandau auch kommunale Kontakte an seitens des Vereins, weil man sich natürlich Entwicklungshilfe versprach. Aber so weit war es noch nicht.

*

Am 31. Januar machte der neue Britische Stadtkommandant, Generalmajor Patrick Brooking, in Spandau seinen Antrittsbesuch und trug sich in das Goldene Buch der Stadt ein. Um ihn schnell heimisch werden zu lassen, bekam er sogleich eine Spandau-Krawatte geschenkt.

*

Die Bürgersprechstunden, die ich nach wie vor regelmäßig einmal im Monat im Rathaus durchführte, waren stets ein Erfolg, auch wenn ich nicht immer helfen konnte. Aber mein Wahlspruch, gelernt von Hans-Jochen Vogel, war „zuhören ist wichtiger als reden". Ein Reporter des Volksblattes wollte einmal Zeuge einer derartigen Sprechstunde sein und schrieb eine Reportage über die kleinen und großen Probleme, die die Bürger an mich als „letzte Instanz" herantrugen.

*

Ende Februar warf das Berliner Stadtjubiläum des kommenden Jahres bereits seine Schatten voraus: Wir stellten der Berliner Presse vor, was wir Spandauer an Jubiläumsbeiträgen beisteuern wollten. Schließlich hatten wir einen fünfjährigen „Erfahrungsvorsprung" in Sachen 750-Jahrfeier. So wollten wir schon in der Silvesternacht 1986 von der Spandauer Zitadelle aus im Rahmen einer großen Silvesterparty mit großem Feuerwerk unsere Geburtstagsgrüße nach Berlin entbieten. Viele weitere Ereignisse sollten folgen, so auch das Havelfest im Mai unter dem Motto „Berlin zu Gast in Spandau".

– Dienstreise nach Kairo –

Am 23. Februar ging ich auf große Dienstreise in Richtung Kairo. Im Auftrag des Senats sollte ich in Kairo gemeinsam mit drei leitenden Senatsbeamten ein Seminar über Kommunalpolitik durchführen. Die Einladung war erfolgt, nachdem sich ägyptische Kommunalbeamte wiederholt in Berlin über die Gliederung unserer Verwaltung informiert und dabei auch regelmäßig das Spandauer Rathaus als Beispiel einer Bezirksverwaltung besucht hatten. Ein einwöchiges Seminar im Goethe-Institut in Kairo sollte die Zusammenarbeit vertiefen, und anschließend sollten zwanzig hohe Kommunalbeamte und Abgeordnete aus Kairo mit uns nach Berlin fliegen, um hier das Seminar fortzusetzen.
Kaum hatte das Seminar in den Räumen des Goethe-Institutes in Kairo begonnen, musste es jedoch abgebrochen werden, weil in der Stadt Unruhen ausbrachen. Die Ursache waren offenbar sozi-

ale Spannungen, ausgelöst von jungen Polizisten im Gebiet von Gizeh, die unzufrieden mit ihrem Leben und ihren Arbeitsbedingungen waren.
Ein Indiz dafür, dass islamische Fundamentalisten mit auf diese Unruhen einwirkten, kann insbesondere die Tatsache sein, dass sich die Zerstörungen auf die sog. „Überflussgesellschaft" konzentrierten. So war in den betroffenen Hotels am Rande der Pyramiden ganz gezielt der Alkohol vernichtet worden.
In Kairo wurde Ausgangssperre verhängt. Es dauerte allerdings Stunden, ehe alle Autos von den Straßen verbannt werden konnten. Wir wurden unter Polizeischutz in unser Hotel direkt am Nil gebracht und sollten unsere Hotelzimmer „zu unserem eigenen Schutz" nicht verlassen. Wir beobachteten das Geschehen vom Balkon unseres Hotels aus.
Am nächsten Tag wurden wir von unseren ägyptischen Betreuern vorsorglich in die rund 80 km entfernte idyllische Oase Fayyum gebracht. Dort wurden wir wie Staatsgäste behandelt und vom Bürgermeister, einem ehemaligen Armeegeneral, empfangen. Besichtigungen und Gespräche standen auf dem Programm, und auch der zuständige Gouverneur empfing uns im Garten seiner Residenz. Trotz nächtlicher Ausgangssperre in Kairo fuhren wir am nächsten Tag in die Hauptstadt zurück und flogen planmäßig zurück nach Berlin.
In Berlin löste unser „Abenteuer" in Kairo einen ziemlichen Wirbel aus. Insbesondere waren dem Volksblatt Berlin aus Spandau die Ereignisse in Ägypten drei Artikel wert mit der Headline „Bürgermeister Salomon von Unruhen in Kairo überrascht".

*

Am 12. März fungierte ich als Discjockey in einer nächtlichen Livesendung des Privatsenders „hör 1". „Kleine Nachtmusik" hieß die Sendung, in der jeweils ein Prominenter, als solcher galt auch ich, seine Lieblingsmusik vorstellte. Natürlich gab es bei mir Swing und Jazz von Glenn Miller bis Louis Armstrong.

*

Einige Tage später beteiligte ich mich an der Grundsteinlegung einer Fabrikationsstätte der Bremer Fleischwarenfabrik Könnecke an der „Freiheit". Das war wichtig und schuf Arbeitsplätze. Dass bei derartigen Ansiedlungen in Westberlin in erster Linie Steuervorteile eine entscheidende Rolle spielten, sei nur am Rande erwähnt. Beste Beispiele dafür in Spandau waren die Zigarettenindustrie (BAT) und die Kaffeerösterei „Cofea" (Eduscho). Alle waren nach der Wiedervereinigung Berlins und Deutschlands ganz schnell verschwunden und hinterließen hunderte von Arbeitslosen.

*

In der Spandauer Bezirksverordnetenversammlung fiel eins besonders auf: Seit die Alternative Liste in der BVV vertreten war, dauerten die Sitzungen bedeutend länger als vorher. Die AL-Vertreter hakten bei jedem Thema nach. So konnte sich eine Sitzung auf bis zu sieben Stunden in die Länge ziehen.

*

Am 4. April 1986 hatten wir wieder einmal auswärtige Kommunalbeamte aus 20 Ländern zur Information über die Bezirksverwaltung zu Gast in Spandau. Sie waren Gäste der „International Union of Local Authorities", einem internationalen Verband von Kommunalverwaltungen. Es war gut, dass Spandau damit wieder einmal weltweit bekannt wurde. Wir hatten damals schon einige Erfahrung mit ausländischen Kommunalbeamten. Im November 1984 waren erstmalig chinesische Kommunalbeamte zu Gast im Rathaus. Sie kamen aus der Volksrepublik China, darunter 14 Bürgermeister aus den für den Außenhandel geöffneten Küstenstädten sowie der inneren Mongolei. Das war damals etwas Besonderes. Natürlich interessierte sich die Berliner Presse für die Chinesen, aber die Fotoreporter wollten unbedingt meine „Geschicklichkeit" im Umgang mit Stäbchen beim Essen in einem chinesischen Restaurant in Spandau im Bild festhalten. Trotz der Hilfestellung durch die chinesischen Kollegen war da mit mir nicht viel Staat zu machen.

– Bundesverdienstkreuz Erster Klasse –

Der 11. April war ein ehrenvoller Tag für mich: Der Regierende Bürgermeister von Berlin überreichte mir im Rathaus Schöneberg das vom Bundespräsidenten verliehene Bundesverdienstkreuz Erster Klasse. Zwei Dinge überraschten mich dabei: einmal das Herausstellen meiner sozialen Verdienste bei der Gasag als Geschäftsleiter, insbesondere mein Engagement im Ausbildungsbereich, und zum anderen – darüber habe ich mich ganz besonders gefreut –, dass die Anregung für die Verleihung des Bundesverdienstkreuzes aus der Spandauer Bevölkerung gekommen war als Dank für meine Verdienste in der Stadt.

*

Wenige Tage danach fuhr die SPD-Fraktion für drei Tage nach Hamburg. Zwischen der Spandauer SPD-Fraktion und der des Bezirks Hamburg-Mitte hatte sich ein gute Partei-Freundschaft entwickelt. Jetzt bereitete man uns in Hamburg ein großes Informations- und Unterhaltungsprogramm. Wir wohnten zünftig im Hotel „Hafen Hamburg", und natürlich fehlte auch ein St.-Pauli-Bummel nicht. Der beschere einigen unserer jungen Frauen ziemlich starken Tobak: Die öffentliche Bühnendarstellung eines Sexvorganges im härtesten Sex-Schuppen auf der Großen Freiheit – dem „Salambo" – ist sicher nicht jedermanns Geschmack. Aber St. Pauli gehört numal zum Bezirk Hamburg-Mitte, und man meinte, uns auch derartiges bieten zu sollen. Übrigens waren einige der „St.-Pauli-Könige" auch SPD-Mitglieder oder zumindest Sympathisanten der Partei.
Auch ein morgendlicher Besuch des Fischmarktes in Altona stand auf dem Programm sowie ein Empfang beim Bezirksamt Hamburg-Mitte mit kommunalpolitischem Informationsaustausch. Ich nutzte einen Nachmittag, um meine Tante Lotte in der Großen Brunnenstraße kurz aufzusuchen.

– Mit Daumendrücken zum Pokalsieg –

Am 3. Mai waren die Deutschen Fußballpokalendspiele im Berliner Olympia-Stadion. Neben dem Endspiel der Herren spielten vorher die Damen ihren Pokalsieger aus. Das war immer eine große Stunde für den Damenfußball, denn immerhin war das Olympia-Stadion zu dieser Zeit schon mit rund 50 000 Zuschauern gefüllt.
Der Damenfußball war ein besonderes Bindeglied zwischen Spandau und seiner Partnerstadt Siegen: Die Damen des TSV Siegen standen zum ersten Mal im Pokal-Endspiel und schlugen die Gegnerinnen aus Bergisch-Gladbach mit 2:0. Für Spandau war es Ehrensache, dass die Damen aus der Partnerstadt in unserem Wassersportheim wohnten und wir sie offiziell empfingen und betreuten. Zum Pokalsieg titelte das Volksblatt Berlin: „Salomons Daumendrücken half!"

– Transit nach Bonn –

Am 12. Mai trat ich eine besondere, dreitägige Reise in Richtung Bonn an. Gemeinsam mit „meinem Briten" Gerry Schuster und acht hohen britischen Offizieren folgten wir einer Einladung der Bundesregierung, der Stadt Bonn sowie der Bundeswehr zu einem Informationsaustausch. Wir waren Gäste des Bundespresseamtes, des Deutschen Bundestages, der Berlin-Vertretung in Bonn, des Oberbürgermeisters der Stadt Bonn sowie des Bundesverteidigungsministeriums. Höhepunkt der Reise war ein Besuch in Koblenz beim 343. Panzerbataillon, wo ich das erste und einzige Mal in einem „Jaguar"-Panzer durch ein Übungsgelände fuhr. Ich denke, diese gemeinsame Reise hatte auch einen besonderen politischen Stellenwert.
Natürlich reisten wir getrennt. Eine gemeinsame Fahrt mit den Briten durch DDR-Gebiet war nach den geltenden Regeln undenkbar. Episode am Rande: Wir Deutschen fuhren mit meinem

Dienstwagen. Gerry Schuster hatte vergessen, seinen Personalausweis verlängern zu lassen und musste an der Grenzkontrollstelle Dreilinden ein Sonder-Transitvisum beantragen. Kommentar des wachhabenden DDR-Grenzoffiziers zu mir: „Peinlich, Herr Bürgermeister, dass ihr engster Mitarbeiter keine gültigen Passpapiere hat." Man war also gut informiert. Einige Wochen später fragte mich ein Kollege aus dem Personalrat des Bezirksamtes Spandau, was denn da neulich an der Grenze mit Gerry Schuster passiert sei. Auf meine erstaunte Frage, wieso er das wisse, antwortete er mir, der Grenzoffizier sei sein Cousin.

– Partnerschaft in die Türkei –

Über Pfingsten war der Bürgermeister der türkischen Stadt Iznik, Erdogan Savas, auf Einladung des Deutsch-Türkischen Vereins zu Besuch in Spandau. Wir bereiteten ihm ein interessantes Programm, und natürlich gab es einen Meinungsaustausch über eine mögliche offizielle Städtepartnerschaft. In der Tat zeigten der Besuch und die engen Kontakte des Deutsch-Türkischen Vereins sowie des Bundes Deutscher Pfadfinder (BDP) erste Erfolge: Am 3. Juni beschloss das Bezirksamt, eine Städtepartnerschaft mit Iznik einzugehen. Das Volksblatt Berlin sprach von einer „Vorreiterfunktion", weil Spandau damals der erste West-Berliner Bezirk war, der eine Städtepartnerschaft in die Türkei gründete. Die CDU äußerte Vorbehalte dazu, aus welchen Gründen auch immer. Das Verfahren zog sich noch einige Zeit hin.
Im August flog ich mit einer Spandauer Reisegruppe unter der Federführung des Deutsch-Türkischen Vereins nach Iznik. Wir waren eine Gruppe mit Spandauer Kommunalpolitikern, überwiegend aus der SPD, dazu Karl Neugebauer mit seiner Frau Christel, Ulf Hoffmeyer-Zlotnik, der Vorsitzende des Vereins, und Brigitte Baecker von der Berliner Morgenpost. Wir waren also eine große „Spandauer Familie". Die türkischen Partner, vom Bürgermeister Erdogan Savas über den Landrat Metan Köksal bis zu den

sehr freundlichen und lieben Menschen der türkischen Kleinstadt mit 15 000 Einwohnern, taten alles, um unseren Aufenthalt dort so angenehm wie möglich zu machen. Sie wollten einen engen, auch kommunalpolitischen Kontakt zu Spandau, weil sie sich natürlich auch für ihr Gemeinwesen Positives versprachen.
Über unseren Besuch haben die Spandauer Zeitungen ausführlich berichtet. Ich hatte den Eindruck, dass sich die politischen Verhältnisse in der Türkei im demokratischen Sinne stabilisierten und sah daher auch aus politischer Sicht keine Hinderungsgründe für eine Partnerschaft. Im Gegenteil: Es war mir ein Anliegen, diejenigen zu unterstützen, die sich um demokratische Verhältnisse in der Türkei bemühten.

*

Ende Mai beging der Spandauer Box-Club 1926 sein 60-jähriges Bestehen. Neben einem internationalen Box-Turnier in der Bruno-Gehrke-Halle gab es einen Empfang im Bürgersaal des Rathauses mit Eintragung der Boxgrößen dieses erfolgreichen Traditionsvereins in das Goldene Buch der Stadt Spandau: Gerhard „Bubi" Dieter und Hans-Heinrich Dieter, Jürgen Wegener (Deutscher Meister 1959) und der 18-jährige nationale Mittelgewichtsmeister 1985, Sven Ottke. Es war mein Wunsch, dass sich nicht nur hochrangige Gäste der Havelstadt in das traditionsreiche Goldene Buch eintrugen, sondern auch verdiente Spandauer, eben auch Sportler.

*

Einen breiten Raum in meiner kommunalpolitischen Arbeit nahm in den 80er Jahren die Sorge um den Bestand der Spandauer Krankenhäuser ein. Obwohl es nicht unmittelbar in meine fachliche Zuständigkeit fiel, war es für mich ein großes Anliegen, hier keine Einbrüche zu erleiden. Insbesondere für die älteren Mitbürger waren intakte und ortsnahe Kliniken von großer Bedeutung. „Bei realistischer Einschätzung der Lage muss man davon ausgehen, dass ein Krankenhausneubau [...] auf absehbare Zeit nicht zu verwirklichen sein wird", schrieb ich in einem Artikel im Juni. Um die vorhandenen städtischen Krankenhäuser auf einem leistungsfähigen Standard zu halten, waren umfassende Sanierungen nötig. In einem Arbeitskreis mit Vertretern aus Bezirk, Krankenhaus und Senat gaben wir dem zentralen Krankenhaus in der Lynarstraße bei der Sanierung den Vorzug. In Überlegungen für eine Sanierung des Krankenhauses Havelhöhe im Süden des Bezirks musste auch die geplante private Reha-Klinik mit einbezogen werden.

– Frauenbeauftragte für die Havelstadt –

Die Havelstadt entschied sich im Juni 1986 für die Einstellung einer Frauenbeauftragten. Dem war in den Ausschüssen der BVV eine lange Diskussion vorausgegangen, insbesondere über die besondere Rechtsstellung einer derartigen Beauftragten. Natürlich war die Zeit reif, auch in den bezirklichen Rathäusern eine solche Institution zu schaffen, die sich um die Rechte und Gleichstellung der Frauen im Bezirk kümmerte. Sie sollte z.B. Kontakte zu Frauengruppen und Verbänden herstellen, geschlechtsspezifische Diskriminierungen verhindern und auch öffentlichkeitswirksame Maßnahmen zur Verhütung von Gewalt gegen Frauen ergreifen.
Wir betraten institutionelles Neuland, was uns wichtig war und dem Zeitgeist entsprach. Aber, wie häufig, lag der Teufel im Detail. Vor allen Dingen war keine Planstelle vorhanden, obwohl der Senat sich politisch für die Schaffung von Frauenbeauftragten ausgesprochen hatte. Wir mussten den sog. Dispositionsfonds beanspruchen, obwohl dieser Fonds nur für Übergangslösungen und kurzfristige Engpässe verwendet werden durfte.
Nach längeren Vor- und Bewerbungsgesprächen stellten wir Ende August 1987 eine Frauenbeauftragte für den Bezirk Spandau ein. Ich entschied mich bewusst für eine sog. freie Bewerberin, die nicht aus dem Spandauer Verwaltungsbereich kam. Ihr Name war Hannelore Fock-Smith. Ihr neuer Arbeitsbereich bedurfte der Ausformung und viel Kreativität. Die Frauenbeauftragte war mir direkt unterstellt. Aufgabenbereich und Amtsinhaberin waren nicht ganz unkompliziert, wie sich im Laufe der Zeit herausstellte.

– „Rendezvous" mit achtjähriger Zeichnerin –

Im Sommer kam es noch einmal zu einem größeren Presserummel in meinem Amtszimmer: Ich erhielt Besuch von der achtjährigen Simone Krüger aus Wedding. Sie hatte einige Monate zuvor, als ich ihre Urgroßeltern in Spandau zur diamantenen Hochzeit besuchte, ein Porträt von mir gemalt, das sie mir gezeigt hatte. Ich schrieb ihr als Untertitel „Das ist der Bürgermeister von Spandau" darunter und signierte ihr das Bild, damit sie ihren Freunden etwas zu erzählen hatte. Dann aber zog ich das Bild plötzlich aus einem Postumschlag im Rathaus, zusammen mit einem Brief von Simone: „Lieber Herr Salomon! Heute möchte ich Dir mein selbstgemaltes Bild zuschicken. Freust Du Dich? Darf mein Bild in Deinem Zimmer hängen? Es würde mich sehr freuen. Den Rahmen habe ich von meinem Taschengeld gekauft. Darf ich auch einmal zu Dir kommen? Bitte schreibe mir zurück. Tschüss, bis bald, Deine Simone Krüger". Natürlich durfte sie mich besuchen, und die Zeitungen fotografierten sie, wie sie mit einem riesigen Eisbecher auf dem Spandauer Regierungsstuhl Platz nahm.

*

Mein Besuch in Kairo im Februar hatte Folgen: Im Juli waren wieder zwanzig leitende Fachbeamte aus der arabischen Republik Ägypten zum Studium der bezirklichen Verwaltung hier, und ich betreute sie einen ganzen Tag lang in Spandau. „Ägyptische Beamte befragten ‚König Salomon'", titelte die Zeitung.

*

Ebenfalls im Juli empfing ich den Gesamtbetriebsrat der Firma Siemens im Rathaus. Das war wichtig und gut für Spandau, denn Siemens war zu jener Zeit noch der größte Industriebetrieb vor Ort mit ca. 23 000 Arbeitnehmern. Ich verhehle nicht, dass mir derartige Begrüßungen als ehemaliger Gewerkschaftssekretär auch besonders angenehm waren.

*

Ein internationales Sportereignis brachte Spandau Ende Juli ins Rampenlicht: Im Spandauer Freibad Süd wurden die Jugendeuropameisterschaften im Schwimmen, Springen, Wasserball und Syn-

chronspringen ausgetragen – ohne Frage war das auch eine Auszeichnung für den sportlichen Erfolg der Wasserfreunde.
Allerdings hatte das sportliche Großereignis auch eine Kehrseite, die kritisch vermerkt wurde: Das Freibad Süd musste eine Woche lang für den öffentlichen Badebetrieb, bis auf morgendliche Ausnahmen, geschlossen bleiben. Das führte hier und dort zu Unmut, schließlich war Hochsommer, und es gab auch kritische Zeitungskommentare. Eine Sportveranstaltung von europäischem Rang musste allerdings Vorrang haben. Ich nutzte jedoch diesen Engpass dafür, vom Senat erneut ein weiteres Schwimmbad im Spektegrünzug zu fordern.

– Grundstein für die Havelstrasse –

Am 23. September legten wir den Grundstein für die neue Havelstraße in der nördlichen Altstadt. Die alte Havelstraße war völlig verschwunden. Ich erinnere mich aus meiner Jugendzeit noch sehr lebhaft an diesen historischen Straßenzug: Die Straßenbahn fuhr aus Haselhorst kommend in Richtung Carl-Schurz-Straße und Rathaus über die Havelstraße, an der viele alte bekannte Spandauer Einzelhandelsgeschäfte lagen sowie das „Havel-Kino".
Diese Straße wurde 1960 unverständlicherweise für die Anlage eines Parkplatzes teilweise abgerissen. Einige Häuser, die den Krieg überstanden hatten, stammten aus dem 18. Jahrhundert. Die Stadt „autogerecht" zu gestalten, war damals das Zauberwort, und die Schaffung breiter Straßen – Altstädter Ring, Straße Am Juliusturm – war modern. So verschwand der historische Verlauf der Havelstraße, zuletzt auch durch die U-Bahn-Baumaßnahmen, völlig. Übrigens wurden mit dem Bau dieser Autostraßen auch die ältesten Teile Spandaus – Kolk und Behnitz – von der Altstadt abgetrennt. Erst Mitte der 70er Jahre erfolgte ein Umdenken zur behutsamen Stadtsanierung und Stadterneuerung. Es geschah spät, aber noch nicht zu spät.

Davon profitierte auch die gute alte Havelstraße. Mit viel Hartnäckigkeit gelang es nach fünfjährigem bürokratischem Hin und Her – übrigens nicht im Spandauer Rathaus –, die Grundsteinlegung zu erreichen. „Die Steine, die dem Projekt Havelstraße in den Weg gelegt wurden, würden ausreichen, um die Havelstraße neu zu pflastern", sagte Baustadtrat Klaus Jungclaus zu dieser Episode.

Das Problem hatte in der Akzeptanz eines Genossenschaftsmodells gelegen, bei dem 25 Geschäftsleute den Gewerbeteil der Bebauung errichten sollten und dazu 64 Wohnungen mit einer altstadttypischen Nutzung zwischen Gewerbe und Wohnen und selbstverwaltetem Eigentum. Hinzu kamen schwierige Gründungsarbeiten, denn der U-Bahnhof „Altstadt" lag unmittelbar unter der Baustelle, und es mussten langwierige Verhandlungen über einen Erbbauzins geführt werden. Später gelangte dieses „Genossenschaftsmodell Havelstraße" wegen seiner Einmaligkeit zu überregionaler Bedeutung.

*

1987 beging die Stadt Berlin ihr 750-jähriges Bestehen in beiden Teilen der Stadt. Im Vorfeld gab es vielfältige Bemühungen, Kontakte zwischen den Berliner Stadtbezirken in West und Ost herbeizuführen, z.B. zwischen Reinickendorf und Pankow, Wedding und Prenzlauer Berg, Neukölln und Treptow und so weiter – eine begrüßenswerte Sache. Es wurden Gespräche geführt, aber dann zerschlug es sich doch. Es passte wohl nicht ins ideologische Bild.

In Spandau versuchte sich die FDP zu profilieren, indem sie eine Bezirkspartnerschaft zwischen Spandau und Köpenick in Ostberlin vorschlug. BVV und Bezirksamt lehnten derartige Alleingänge jedoch ab. Wie der Tagesspiegel am 18. September berichtete, blickten wir aber auf unser westliches Umland in der DDR, zum Beispiel auf Weststaaken, Falkensee und Nauen, wohin wir auf menschlicher Ebene in vielfacher Hinsicht starke Beziehungen unterhielten. In der Tat richteten sich insbesondere meine Blicke in Richtung Osthavelland, aber davon später.

*

Der Plan einer erneuten Baumfällaktion am britischen Militärflugplatz Gatow verärgerte uns in Spandau. In erster Linie störte uns die unzureichende Informationspolitik der Senatskanzlei, aber auch der Britischen Militärregierung, die trotz entsprechender Zusagen in der Vergangenheit ebenfalls keine Informationen an das Bezirksamt gegeben hatte. In der Gatower Heide östlich des Flugplatzgeländes sollten etwa 5000 Bäume aus Gründen der Flugsicherheit gefällt bzw. gestutzt werden. Wir wehrten uns gegen eine Nacht- und Nebelaktion unter Ausschluss der Öffentlichkeit. Ähnliche Probleme hatten wir bereits 1979 gehabt, aber alles, was mit der Britischen Militärregierung zusammenhing, war eben hoch politisch und schwierig.

– Tag des ausländischen Mitbürgers –

Eine Premiere feierten wir am 20. September in Spandau, nämlich einen „Tag des ausländischen Mitbürgers", ein internationales Fest. Das Volksblatt Berlin schrieb dazu: „Besser konnte es gar nicht kommen: Bei strahlendem Spätsommerwetter feierten gestern auf dem Markt tausende von Spandauern aus aller Herren Länder und Besucher aus anderen Bezirken den ersten ‚Tag des ausländischen Mitbürgers'. Im Vorfeld geäußerte Befürchtungen, das Fest könnte nur Deutsche oder nur Ausländer in die Altstadt locken, wurde von der fröhlichen, bunt gemischten Menge widerlegt. Bereits am Vormittag kündigte Bezirksbürgermeister Werner Salomon an, dass nun aus der Veranstaltung eine Tradition werden soll.
Fast alle, die sich in Spandau mit dem Zusammenleben von ausländischen und deutschen Bürgern beschäftigen, waren dabei – und bei fast allen gab es neben Informationen auch Scharfes, Süßes oder Saures aus der einheimischen Küche. Der Speisezettel der Marktfete reichte von vietnamesischen Frühlingsrollen über frittiertes Gemüse aus Indien bis hin zu feurigen Balkanwürstchen. [...]"

– Viel Lob zum 60. Geburtstag –

Das nächste „große Ereignis" folgte am 1. Oktober – mein 60. Geburtstag. Ich habe lernen müssen, dass jemand, der im öffentlichen Leben steht, bekannt und vielleicht auch relativ beliebt ist, einen solchen Tag nicht privat begehen kann: Ein 60. Geburtstag wird dann zum medienträchtigen Ereignis, ganz besonders in der Havelstadt Spandau, wo der Bürgermeister stets einen gewissen Öffentlichkeitswert besessen hat.

Man berichtete in Wort und Bild ausführlich in den Zeitungen, auch schon mit Vorberichten und Porträts. Ich sage ganz offen, dass mir derart positive Darstellungen schmeichelten. Natürlich ist ein Politiker auch eitel und liest nicht ungern Angenehmes über sich. So schrieb die Berliner Morgenpost: „Ob Kraftwerk oder Müllverbrennung, Schleusenbau, Asylbewerber oder Baumfällaktion, der Berliner Senat vertraut all diese Probleme dem Spandauer Bürgermeister Werner Salomon an. Im Rathaus Schöneberg ist man sicher, dass der 94. Schultheiss seit 1410 in der Havelstadt schon alles meistern wird – auch wenn die ‚Herren in Berlin' selbst gar nicht wissen wie. In der Tat nimmt Spandau der fünf Jahre jüngeren Schwester Berlin eine Menge Sorgen ab. Dass sich das ohne größeren politischen Klamauk vollzieht, verdankt die Stadt Werner Salomon (SPD), dem wohl populärsten Bezirksbürgermeister Berlins. [...]" Das Volksblatt Berlin skizzierte meine Arbeit so: „[...] Seitdem hat es Salomon verstanden, das Bezirksamt souverän zu führen und manche Wogen in der Havelstadt zu glätten. Als ‚Volksbürgermeister' sucht er stets den Kontakt zur Bevölkerung und hat immer ein Ohr für den Bürger und dessen Nöte. Der Erfolg der Sozialdemokraten in Spandau bei den letzten Wahlen ist nicht zuletzt auf seine Popularität zurückzuführen."

Nach Zeitungsberichten vom 2. Oktober überbrachten mehr als 500 Geburtstagsgäste dem „ersten Mann der Republik Spandau" ihre Glückwünsche. Neben dem Regierenden Bürgermeister Eberhard Diepgen, der meine Bürgernähe als „hohe Schule der Politik" würdigte, neben Vertretern der britischen Garnison und dem Landrat des Partnerkreises Siegen-Wittgenstein überbrachten junge

Türkinnen aus dem Neustädter Mädchenladen Spezialitäten aus ihrer Heimat. Fanfarenbläser einer britischen Regimentskapelle hatten den Gratulationsreigen im Bürgersaal des Rathauses eröffnet. Die Spandauer Förster warteten mit einer frisch erlegten Wildsau auf, und es gab viele weitere Überraschungen. Der „Reichsbund" zeichnete mich an diesem Tage mit der Verleihung des Ehrenschildes dieses Sozialverbandes aus. Der Tag war anstrengend, aber auch sehr schön.

*

Der Alltag holte mich schnell wieder ein. Anfang Oktober machte die Bezirksverordnetenversammlung eine Dienstreise in den Kreis Siegen-Wittgenstein. Im Siegerland war – wie immer – ein umfangreiches und anstrengendes Programm angesagt, und das war wichtig, denn unter den Bezirksverordneten waren viele neue Kolleginnen und Kollegen, die das Siegerland bisher nicht kannten. Durch solche Besuche sollte die Partnerschaft weiter gefestigt werden. Es ging, wie häufig bei den Siegener Freunden, auch feucht-fröhlich zu.

Am 10. Oktober veranstalteten unsere Gastgeber auf der „Krimmelsdeele" bei Berghausen, mitten im Wald im Wittgensteiner Land, eine rustikale Sause mit Wildschweinbraten am Spieß und vielen, vielen Getränken. Dazu spielten die „Wittgensteiner Musikanten". Adolf Schmerer, der Bürgermeister von Bad Berleburg, und ich wechselten uns am Schlagzeug ab. Es war zünftig, so wie es im Siegerländer und Wittgensteiner Land öfter zuging. Allerdings musste man die Art der Leute in diesem Landstrich kennen und lieben lernen: rau, aber herzlich und mitunter mächtig trinkfreudig. So wurden wir am Sonntagmorgen wie selbstverständlich auch mit einem Frühschoppen in der Siegerlandhalle verabschiedet.

– Ausbau der Spandauer Schleuse –

Am 23. Oktober beschloss das Berliner Abgeordnetenhaus mit Stimmen der CDU und FDP eine für Spandau folgenschwere

Maßnahme: Den Ausbau der Spandauer Schleuse mit einer zweiten Schleusenkammer. Wie das Volksblatt Berlin berichtete, hatte ich angekündigt, mich „mit allen Möglichkeiten des Protestes" gegen den Ausbau zu wehren. „Mit diesem Beschluss fordert das Berliner Parlament den Senat auf, den Ausbau einer zweiten Schleusenkammer mit einer nutzbaren Länge von 114 Metern und einer Breite von 12 Metern schnellstmöglich voranzutreiben. Damit hat ein bereits neun Jahre andauernder Streit sein vorläufiges Ende gefunden. Denn der Ausbau der Spandauer Schleuse ist Bestandteil einer vom damaligen SPD-Senat am 1. Dezember 1977 mit der DDR getroffenen Grundsatzvereinbarung. Inzwischen hat sich jedoch bei den Sozialdemokraten der Standpunkt grundlegend geändert. Sie gehen davon aus, dass mit den notwendigen Bauarbeiten zwangsläufig eine Gefährdung der Zitadelle verbunden ist." Ich versteckte meine Enttäuschung diesem Parlamentsbeschluss gegenüber nicht, war ich doch davon überzeugt, dass 80 Prozent der Spandauer mit mir gegen den Ausbau waren und es uns gelänge, eine Protestbewegung zu organisieren. Niemand konnte nachweisen, dass die Zitadelle sicher war. Wir forderten daher als Alternative zum Schleusenausbau in Spandau unter Berücksichtigung der Bedürfnisse der an der Oberhavel ansässigen Unternehmen den Ausbau der Schleuse Plötzensee.

– Sowjetrussischer Diplomat in Spandau –

Im November gab der sowjetische Generalkonsul in Westberlin im Hotel Kempinski einen Empfang aus Anlass der Oktober-Revolution, an dem auch der „Außerordentliche und Bevollmächtigte Botschafter der UdSSR in der DDR und Mitglied des ZK's der KPdSU", Wjatscheslaf Kotschemassow, teilnahm. Irgendwie gab es einen Spandauer „Museums-Draht" insbesondere unseres Kunstamtsleiters Gerd Steinmöller in Richtung Moskau über das sowjetische Generalkonsulat in Westberlin, und so wurde ich dem Botschafter Kotschemassow vorgestellt. Bei diesem Zusammentreffen

erzählte ich dem Botschafter von der Spandauer Zitadelle mit Museums-Exponaten auch aus Moskau zur laufenden „Napoleon"-Ausstellung und lud ihn spontan zu einem Besuch in Spandau ein. Natürlich war das ein Vorgang von politischer Brisanz – der höchste Diplomat der UdSSR in der DDR zu einem Besuch in den Westsektoren Berlins, noch dazu inszeniert vom Bezirksbürgermeister eines Stadtbezirks! Ich wusste auch nicht, wie ernst Kotschemassow diese „Einladung" nahm, aber er nahm mich beim Wort, und sicher mit hoch politischer Absicht. Wenige Tage später signalisierte er seine Besuchsbereitschaft zum 5. Dezember.
Davor gab es diplomatische Aufregungen: Ich hatte natürlich die Senatskanzlei von dem Vorhaben unterrichtet. Man geriet zunächst in helle Aufregung. Wie konnte es ein kleiner Bezirksbürgermeister wagen, unter Umgehung aller Zuständigkeiten, in die hohe Berlinpolitik einzugreifen! Doch die in erster Linie berührten Briten blieben gelassen: Schließlich sei der Botschafter der UdSSR in der DDR auch Hoher Kommissar für Berlin und habe, wenn er es wünsche, Besuchsrecht auch in den Westsektoren. Die Briten wollten lediglich, dass ein hoher Vertreter der Britischen Militärregierung bei dem Besuch zugegen ist. Ergebnis: Der Spandau- Besuch des Sowjetischen Botschafters war von der Senatskanzlei aus nicht zu verhindern. Die letzten Absprachen führte ich mit Botschaftsrat Smirnoff in Spandau.
Am 5. Dezember um 14 Uhr rollte der Dienstwagen mit Botschafter Kotschemassow vor dem Spandauer Rathaus vor, begleitet von einem Dienstwagen der Britischen Militärregierung mit Lieutnant Colonel Tony Le Tissier, einem guten Freund von uns. Tony Le Tissier war britischer Gefängnisdirektor des Kriegsverbrechergefängnisses in Spandau, bis zum Tode von Rudolf Heß am 17. August 1987.
Es gab eine kurze Begrüßung im Rathaus, was die Presse diplomatisch als „Höflichkeitsbesuch" umschrieb, dann folgte ein kurzer Rundgang durch die Altstadt und eine kleine Stadtrundfahrt. Der sowjetische Gast wollte besonders einen Blick auf das alliierte Kriegsverbrechergefängnis in der Wilhelmstraße werfen. Das Ziel war schließlich die Spandauer Zitadelle mit dem Besuch der

Erste Kontakte nach Russland: Besuch des sowjetischen Botschafters in der DDR, Kotschemassow (2. von links), am 5.12.1986 zur „Napoleon"-Ausstellung in der Spandauer Zitadelle (© Schön).

„Napoleon"-Ausstellung. Dabei ging es besonders um den Teil der Ausstellung, der sich mit dem „Vaterländischen Krieg" beschäftigte. Dieser Bereich war von Moskauer Museumsfachleuten zusammengestellt worden und zeigte Exponate, die bisher noch nie im Westen zu sehen gewesen waren.
Auf der Zitadelle erläuterten wir historische Gemeinsamkeiten. So hatten russische und preußische Truppen 1813 gemeinsam die Zitadelle aus französischer Hand befreit, und 1945 war es die Rote Armee, die in Verhandlungen die deutschen Truppen zur kampflosen Übergabe der Festung bewegt hatte. Mit einem Abendimbiss im Kommandantenhaus und einem freundschaftlichen „Nastarowje" endete dieser denkwürdige Besuch in Spandau, der nach Auffassung von Insidern Spandau viele Türen in Richtung Sowjetunion geöffnet hat. Dass dieser Besuch in Westberlin in der SED-Presse („Die Wahrheit") breiten Raum einnahm, versteht sich von selbst.

– Spandau und die europäische Geschichte –

Im Zusammenhang mit dem Besuch des Botschafters der UdSSR in Spandau möchte ich ein ganz besonderes Kapitel der Spandauer Kulturpolitik aufschlagen: Seit 1976 amtierte in der Havelstadt ein außergewöhnlicher Mann als Kunstamtsleiter, der auch Außergewöhnliches für Spandau zustande brachte, nämlich Gerd Steinmöller. Seine großen kulturpolitischen Leistungen setzten im Wesentlichen mit dem Beginn der Restaurierung der Spandauer Zitadelle Ende der 70er, Anfang der 80er Jahre ein. Diese Zitadelle zu einem gesamteuropäischen Kulturzentrum zu machen und damit der einstigen Festung ein internationales Renommee zu verschaffen, war seine Absicht. Die Zitadelle sollte künftig nur noch dem Frieden der Menschen und der Verständigung der Völker zwischen Ost und West dienen.

Gerd Steinmöller bewies politischen Weitblick. „Spandau und die europäische Geschichte", das war seine Vision, und in ihrem Dienste machte er sich auf den Weg durch Europa. In zäher Kleinarbeit, oft vor Ort und auf eigene Kosten, durchforstete er Museen, Institute und Archive und stellte in kurzer Zeit hervorragende persönliche Verbindungen zu den Verantwortlichen der jeweiligen Einrichtungen her, insbesondere in Wien, Moskau und Paris. Den Anfang der Ausstellungsreihe „Spandau und die europäische Geschichte" machte 1981 die vielbeachtete Ausstellung „Maria Theresia und Preußen". Es folgten „Der dreißigjährige Krieg" (1983), „Die Türken vor Wien" (1984), „Friedrich der Große und Schlesien" (1986) sowie eine bedeutende Ausstellung über Napoleon. Ein kulturelles Ereignis allerersten Ranges war 1984 die erste Dali-Ausstellung.

Es waren vielfach unschätzbare Werte, die die europäischen Metropolen als Leihgaben für Spandau zur Verfügung stellten. Mitunter war das Risiko nicht gering, aber Steinmöller brachte es mit Charme und persönlichem Einsatz fertig, sich Zugang zu den Schatzkammern der Archive und Museen zu verschaffen und alle Sorgen der Museumsdirektoren bezüglich des Ausleihens ihrer wertvollen Exponate zu zerstreuen. Der größte Coup gelang ihm wohl

1988, als erstmals in seiner hundertjährigen Geschichte das Staatliche Historische Museum der UdSSR in Moskau Teile seiner Sammlung im westlichen Ausland präsentierte, nämlich auf der Spandauer Zitadelle.

Steinmöllers Vorgehensweisen waren in der Tat höchst ungewöhnlich, und es bereitete mir als seinem Dienstvorgesetzten mitunter einige Probleme, weil er in seinem unbändigen Tatendrang häufig Verwaltungsebenen und bezirkliche Kompetenzen einfach übersprang, damit mitunter diplomatische Verwicklungen heraufbeschwor und sich am Rande der Westberliner statusrechtlichen Legalität bewegte. Wir ließen ihm dabei von Seiten des Bezirksamtes viel Spielraum, wie wir auch seine politischen Vorstellungen unterstützten, selbst wenn seine Vorstöße, schon 1985 auch in Richtung Bulgarien, im politischen Berlin gewisse Irritationen auslösten.

Schon bei der Vorbereitung der „Napoleon"-Ausstellung 1986 wurden Kontakte zum Historischen Museum in Moskau geknüpft, was von Senatsdienststellen mit Argwohn betrachtet wurde, zumal sich freundschaftliche Kontakte zwischen Steinmöller und dem sowjetischen Generalkonsul in West-Berlin entwickelten. Auch der damalige Generalkonsul Dr. Rudolf Alexejew begleitete das Ausstellungsprojekt persönlich mit großem Wohlwollen, weil Spandau hier Vorreiter auf dem Gebiet der Kulturkontakte zur Sowjetunion war, was natürlich seitens der Sowjets im damaligen West-Berlin auch eine pikante politische Note darstellte. Ich denke, der Besuch des sowjetischen Botschafters mit Besichtigung der „Napoleon"-Ausstellung in der Zitadelle hat zusätzlich einiges bewirkt in Richtung der kulturellen Kontakte zur Sowjetunion.

Die Ausstellung „Die Geschichte Russlands und der Sowjetunion", konzipiert und betreut vom Staatlichen Historischen Museum in Moskau, wurde dann in drei Teilen präsentiert: „Russlands Geschichte von 100 bis 1500" (1988), „Russland im 16. bis 19. Jahrhundert" (1989) und „Von der Oktoberrevolution bis zur Perestroika" (1990), mit überwiegend kostbaren und bedeutenden Kunstschätzen des Moskauer Museums und einmaligen, noch nie

außerhalb des Museums gezeigten Dokumenten und Exponaten. Das war schon eine Meisterleistung.
Auch die Kontakte des Kunstamtsleiters nach Wolgograd, dem ehemaligen Stalingrad, zu den dortigen Museen und insbesondere die Zusammenarbeit mit dem dortigen „Panorama-Museum" will ich erwähnen, das sich mit der Schlacht um Stalingrad befasst. Selbst zu diesem grauenvollen, das deutsch-sowjetische Verhältnis belastenden Thema holte Gerd Steinmöller Ausstellungen nach Spandau, die durch die Präsentation von Geheimdokumenten auch das Schicksal vermisster deutscher Soldaten klären sollten. In einigen Fällen gelang das. Ich war später mehrmals in Wolgograd und weiß aus eigenem Erleben, welche Hochachtung und Wertschätzung Steinmöller dort an der Wolga persönlich wie auch bei den staatlichen Stellen genoss.

– 40 Jahre BVV –

Im Dezember trat die Bezirksverordnetenversammlung (BVV) zu einer Sondersitzung zusammen, um der ersten frei gewählten BVV nach der Nazizeit zu gedenken, die vor 40 Jahren, am 11. Dezember 1946, ihre Arbeit aufgenommen hatte.
Bereits im Mai 1945 hatte die Besatzungsmacht ein Bezirksamt eingesetzt. Als die Verfassung von Groß-Berlin am 20. Oktober 1946 in Kraft trat, wurden dann die Stadtverordnetenversammlung sowie die Bezirksverordnetenversammlungen gewählt. Bei einer Wahlbeteiligung von 92,3 Prozent erhielt damals die SPD einem Bericht des Volksblatts Berlin nach 48,7 Prozent der Stimmen, die CDU 22,2 Prozent, die SED 19,8 Prozent und die LDP 9,3 Prozent. Im Spandauer Bezirksparlament, das damals nur 40 Sitze umfasste, entfielen 23 Sitze auf die SPD, 9 auf die CDU und je 4 Sitze auf LDP und SED. Brigadegeneral Hinde überbrachte damals den Bezirksverordneten zu ihrer ersten Sitzung die Grüße des Kommandanten der Britischen Militärregierung und strich heraus, dass es sich um die erste demokratische Ver-

sammlung in Spandau seit 13 Jahren handele. Wenn auch die Autorität der Militärbehörden weiter bestehe, widerspreche das doch nicht der Selbstverwaltung. Die Britische Militärregierung sei bereit, der neuen Verwaltungskörperschaft zu helfen, Autorität zu gewinnen, um den Zustand einer demokratischen Selbstverwaltung zu erreichen.

– Solidarität mit Hiroshima und Nagasaki –

Am 15. Januar 1987 flog ich nach Hannover zu der Konferenz „Städtesolidarität Hiroshima/Nagasaki". Die Bürgermeister von Hiroshima und Nagasaki in Japan hatten einen Solidaritätspakt zur Abschaffung aller Atomwaffen gegründet. Bis Anfang 1987 hatten sich diesem Bündnis weltweit 172 Städte, Kreise und Gemeinden angeschlossen, darunter 65 bundesdeutsche. Bei dieser ersten Konferenz sollte nun an die grausamen Folgen der Atombombenabwürfe von 1945 erinnert, und die Öffentlichkeit sollte für die Abschaffung von Atomwaffen sensibilisiert werden.
Als einziger Westberliner Bezirk war Spandau durch einen Beschluss der Bezirksverordnetenversammlung diesem Solidarpakt beigetreten. Verfassungspolitisch war das umstritten, weil eigentlich nur der Berliner Senat in derartigen übergeordneten Fragen entscheiden konnte. Berlin war diesem Solidaritätspakt nicht beigetreten, wohl mit Rücksicht auf die Schutzmacht der US-Amerikaner und weil ein Beitritt nicht in die politische Landschaft passte, denn Ostberlin als Hauptstadt der DDR und andere sozialistische Kommunen waren Mitglieder des Anti-Atomwaffenbündnisses geworden. Dennoch fuhr ich als Repräsentant Spandaus zu dieser Konferenz, weil mich das politische Anliegen überzeugte. Meine Anwesenheit wurde mit viel Beifall aufgenommen, was mir beim Regierenden Bürgermeister Diepgen Ärger einbrachte.
Besonders beeindruckt und erschüttert hatte mich der in Hannover gezeigte Dokumentarfilm „Hiroshima/Nagasaki – Atombom-

benopfer sagen aus". Mein Kommentar der Presse gegenüber: „Ich wünsche mir, jeder Mensch auf der Welt würde diesen Film mit derart erschreckenden und erschütternden Filmdokumenten sehen, um zu erkennen, dass diese Tragödie nie wieder geschehen darf." Für die in Hannover gewonnenen Erkenntnisse nahm ich gern eine dienstliche Rüge des Regierenden Bürgermeisters in Kauf.

*

Die Zeit um die Jahreswende herum war auch angefüllt mit vielen Besprechungen im Zusammenhang mit dem neuen Bettenhaus auf dem Gelände des städtischen Krankenhauses in der Lynarstraße. Auf besonderen Wunsch des Staatssekretärs beim Gesundheitssenator, Albrecht Hasinger (CDU), war ich Vorsitzender eines Arbeitskreises, der sich mit den Neubauplanungen beschäftigte, und nicht der zuständige CDU-Stadtrat. Es gab viele teilweise schwierige Vieraugengespräche mit Staatssekretär Hasinger und mir. Aber auf ihn war Verlass, an Zusagen hielt er sich.

Mitte März 1987 fanden sehr zähe und langwierige Preisgerichtssitzungen zum Architektenwettbewerb für das neue Bettenhaus statt, in denen neben uns Kommunalpolitikern in erster Linie die Architektenkammer mit ihren fachlichen Juroren Sitz und Stimme hatte. Wie sich zeigte, hatten fünf Architekten sechs Meinungen. In einer zweiten und dritten Runde setzte sich Ende April der Entwurf von Prof. Wischer und Partner als Siegerentwurf durch, auch mein Favorit.

– Langes Ringen um Partnerschaft –

Die Diskussion um eine Partnerschaft zur türkischen Stadt Iznik hatte sich gut zwei Jahre lang hingezogen. Insbesondere von der CDU hatte es immer wieder Querschüsse gegeben. Ich nahm das zum Anlass, um in einem SPD-Informationspapier einen Artikel zu „Partnerschaft und Völkerverständigung" zu veröffentlichen. Ich strich darin heraus, dass Spandau seit Jahrzehnten eine partnerschaftsfreudige Stadt gewesen ist und mit seinen Partnerstädten generell sehr zufrieden sein könne. Hundertfache Kontakte sind entstanden, denn wir haben immer Wert darauf gelegt, dass eine Partnerschaft nicht nur auf dem Papier besteht oder durch gegenseitige Besuche der Honoratioren aufrecht erhalten wird, sondern dass die Begegnung zwischen Menschen zum tragenden Fundament wird. „Gerade der jüngeren Generation kommt hier eine wichtige Aufgabe zu", schrieb ich: „In einer Zeit, in der die Weltmächte das miteinander Reden zwar noch nicht verlernt haben, jedoch sichtlich Schwierigkeiten vorhanden sind, ist es um so wichtiger, dass die Jugend der Welt lernt, miteinander zu reden, um den anderen kennen zu lernen und seine Probleme verstehen zu lernen. Partnerschaft zwischen Städten muss daher heißen, dass Menschen zusammentreffen, um gemeinsam für eine friedliche Zukunft einzutreten.

In diesem Sinne sind auch die Aktivitäten des Bezirks in Richtung Türkei zu verstehen: Seit Jahren bestehen Kontakte zwischen den Spandauer Pfadfindern und der türkischen Stadt Iznik. Mittlerweile arbeitet ein deutsch-türkischer Partnerschaftsverein, und mein Izniker Amtskollege Savas war auch bereits in Spandau zu Gast.

Besuch in der türkischen Partnerstadt Iznik (© Brigitte Baecker).

Vor kurzem habe ich mir selbst ein Bild verschafft und habe mit einer Reisegruppe Iznik besucht. [...] Ich glaube schon, dass eine Partnerschaft mit einer türkischen Stadt [...] ein echter Beitrag für die ständige Aufgabe der Völkerverständigung sein wird."

So langsam schien sich der Partnerschafts-Gedanke auch im Bezirk durchzusetzen. Die Ausländerbeauftragte des Senats, Barbara John (CDU), trat vehement dafür ein. Auf einer Sitzung des zuständigen Ausschusses am 10. März 1987 mit Barbara John war die Spandauer CDU nach langem Sträuben und nach zäher Diskussion dazu bereit, die offizielle Verbindung wenigstens „zur Kenntnis zu nehmen". Sicher waren und sind offizielle Städtepartnerschaften mit türkischen Städten nicht ganz unumstritten, denn in der Türkei sind Menschenrechtsverletzungen nie auszuschließen. Mir ging es aber darum, für die Menschen ein Signal zu setzen, denn schließlich wurde Spandau der erste Berliner Bezirk mit einer offiziellen Partnerschaft. Nach dem nun gefundenen Kompromiss stand der Aufnahme der offiziellen Partnerschaft nichts mehr im Wege.

Ende April kam der Izniker Bürgermeister Erdogan Savas nach Spandau, um am 1. Mai in einer außerordentlichen Sitzung der BVV die offizielle Partnerschaft zwischen Spandau und Iznik zu vollenden. Die Zeitungen berichteten sehr ausführlich über das Ereignis. „Die Städte Iznik und Berlin-Spandau versprechen feierlich, durch diesen Vertrag beständige Freundschaftsbande einer Städtepartnerschaft zu gründen", zitierte die Berliner Morgenpost aus der Urkunde. Seit fast zehn Jahren bestanden bereits die vom Bund deutscher Pfadfinder geknüpften und vom Verein zur Förderung deutsch-türkischer Partnerschaft vertieften Kontakte.

– SPANDAU GRATULIERT „JÜNGERER SCHWESTER" –

Ab dem 2. Mai ging in Spandau wieder die Post ab: Es begann die Festwoche zur 750-Jahrfeier Berlins, der um fünf Jahre jüngeren Schwester der Havelstadt. Wir hatten ja Erfahrung beim Ausrichten von Stadtjubiläen. Die bewährte Mannschaft aus Kunstamt, Pressestelle und AG Altstadt stellte wieder ein Programm auf die Beine, das sich in Berlin sehen lassen konnte. Schätzungsweise 200 000 Besucher aus nah und fern tummelten sich beim Havelfest unter dem Motto „Berlin zu Gast in Spandau" in den Straßen Spandaus sowie am Havelufer, von der Wilhelmstadt bis zum Kolk. Auch Vertreter unserer Partnerstädte aus Luton, Asnières, Ashdod und Iznik waren unsere Gäste.

Havelfest 1987: Werner Salomon wird zum Ritter geschlagen.

Großen Anteil am Geschehen hatten unsere Partner aus Siegen und dem Kreis Siegen-Wittgenstein. Viele Musikgruppen aus dem Siegerland kamen nach Spandau. Der Siegerländer Burgenverein verpasste dem Spandauer Bürgermeister in einer großen Zeremonie auf der Bühne ein Rittergewand mit Schwert und adelte ihn zum „Herrn von Salomon". Mit einer „Drehkoite" aus Girkhausen in Wittgenstein, die auf dem Markt aus frischem Buchen- oder Ahornholz Holzschüsseln drehte, wurde Handwerkskunst aus alter Zeit vorgeführt. Dicht umlagert waren nebenan auch die Kollegen vom Schieferschaubergwerk aus dem Siegerland. Die Südwestfalen boten eine große Bereicherung des Programms auf dem Markt.
Auch unsere britischen Freunde waren mit von der Partie: Von „Fish and Ships" bis zum Bogenschießen nach der Art von Robin

Hood reichten ihre Beiträge. Gemeinsam mit dem Regierenden Bürgermeister Eberhard Diepgen hatte ich das zweitägige Havelfest eröffnet. Es war ein gelungener Auftakt für die Feierlichkeiten zur 750-Jahrfeier Berlins. Ich zitiere noch einmal die Berliner Morgenpost: „Viel Zulauf fand nach der ‚Rettung' des Bürgermeisters Salomon aus luftiger Rathaushöhe über eine Drehleiter der Feuerwehr dann am Lindenufer eine große Wasserschau: Polospieler und Wasserskiläufer zeigten ihr Können auf der Havel. An allen Enden der Altstadt wurde schließlich getanzt. Auf vielen Bühnen sorgten Kapellen aus den Partnerstädten für Schwung und gute Laune. Selbst die Deutsche Oper steuerte echt Berliner Schmiss bei, bis um 21 Uhr auf allen vier Havelbrücken ein Feuerwerk entzündet wurde und Fackelschwimmer den Abschluss des Havelfestes in die Wellen zeichneten." Die „Berliner Abendschau" des SFB sendete ab 19.30 Uhr live aus Spandau, und auch RIAS Berlin berichtete vom Treiben in der Havelstadt.

Begleitet wurde die Spandauer „Berlin-Woche" von interessanten Ausstellungen wie „Spandau um 1920" im Rathaus, also aus der Zeit, in der die Stadt nach Berlin eingemeindet wurde, oder in der Zitadelle „Berlin im Mittelalter", und natürlich durften auch die rührigen Briefmarkenfreunde mit einer „Spandauer Briefmarkenausstellung" nicht fehlen.

Auf sehr typische Weise beteiligten sich die mit dem Titel „Freedom of Spandau" geehrten britischen Militäreinheiten am Berliner Geburtstagsfest: Aus Anlass der Spandau-Woche zum Berlin-Jubiläum machten sie von den Rechten, die der Ehrentitel mit sich bringt, vollen Gebrauch – und marschierten mit Musik am Rathaus vorbei. Auf einem mit rotem Teppich ausgeschlagenen Podest nahm ich mit goldener Amtskette neben Brigadegeneral Richard Powell stehend am Rathausportal die Parade ab. Wie das Spandauer Volksblatt berichtete, zogen am Himmel drei Hubschrauber Rauchfahnen in den britischen Flaggenfarben hinter sich her, während unten die Soldaten in Galauniformen im Gleichschritt vorbeimarschierten.

Den Abschluss der erfolgreichen Festwoche bildete am 9. Mai das Burgfest in der Spandauer Zitadelle mit einer großartigen Aufführung der „Carmina Burana" von Carl Orff unter freiem Himmel.

– Königlicher Besuch –

Für mich brachte der 26. Mai ein königliches Highlight: Anlässlich der 750-Jahrfeier Berlins gab sich die Britische Königin Elisabeth II. die Ehre, Berlin zu besuchen und die „Queens Birthday Parade" auf dem Maifeld höchstpersönlich abzunehmen. Einen Tag zuvor um 17 Uhr landeten Ihre Majestät und Prinz Phillip auf dem britischen Militärflugplatz Gatow. Marion und ich gehörten zum Empfangskomitee auf dem Rollfeld und hatten die Ehre, von der Queen und Prinz Phillip per Handschlag begrüßt zu werden. Alles wurde live im Fernsehen übertragen. Auf mich wirkte Ihre Majestät sehr reserviert, fast verkniffen, ohne ein freundliches Lächeln, während Prinz Phillip sehr locker wirkte, deutsch sprach und zu mir sagte: „... ach, Gatow gehört also zu Spandau, Mister Mayor?" Übrigens, keine der deutschen Damen im Empfangskomitee machte den in England selbstverständlichen Hofknicks.

– Hessische Turner in Spandau –

Im Juni wurde das Deutsche Turn- und Sportfest in Berlin ausgetragen. Die vielen tausend Turnerinnen und Turner mussten im Stadtgebiet untergebracht und betreut werden. Spandau nahm sich der ca. 14 000 hessischen Teilnehmer an. Sie wurden überwiegend in Spandauer Schulen untergebracht. Bereits am 31. Mai gaben der Hessische Turnerverband und ich im Rathaus einen Empfang für unsere Gäste aus Hessen. Auch der hessische Ministerpräsident Walter Wallmann ließ es sich nicht nehmen, am Empfang teilzunehmen und trug sich bei dieser Gelegenheit in das Goldene Buch der Stadt ein.

Höhepunkt war ein großes Begegnungsfest am 2. Juni in der Spandauer Altstadt. Unter dem Motto: „Hessen, wie es singt, tanzt und turnt" ging von nachmittags bis Mitternacht ein buntes Programm über die Bühne. Neben Turnvorführungen wurden Hessische Folklore, Frankfurter Würstchen und natürlich Äppelwoi geboten. Gegen 19 Uhr wurde es auch für den Spandauer Bürgermeister „ernst": Er musste vor aller Welt seine Trinkfestigkeit unter Beweis stellen. Als „hessische Mutprobe" wurde mir der traditionsreiche „Seligenstädter Löffeltrunk" gereicht. Hierzu das Spandauer Volksblatt am 4. Juni 1987: „[...] Keine ‚Satisfaktion' an die Hessen brauchte die Stadt Spandau zu bezahlen, denn der Bezirksbürgermeister trank, trank und trank – strahlte schließlich und war der Star des Abends bei der großen Hessenfete in der Altstadt. Vor mehreren tausend begeisterten hessischen Turnfestteilnehmern und Havelstädtern schaffte das Spandauer Stadtoberhaupt den ‚Seligenstädter Löffeltrunk' – ein Liter Frankenwein auf einen Zug – und blieb aufrecht stehen. Der Bezirksbürgermeister – der zuvor zweimal geübt hatte – überstand seine Leistung übrigens locker. Bereits um 8.45 Uhr am nächsten Morgen düste er munter per Jet zum Deutschen Städtetag nach Köln [...]."

– Kontaktsuche mit dem Kreis Nauen –

Aber ich will noch einmal zurückkommen auf die 750-Jahrfeier Berlins, die Kontaktversuche zwischen West- und Ostbezirken und unser Spandauer Anliegen, Kontakte in Richtung Osthavelland zu knüpfen. Mit ausdrücklicher Billigung der Senatskanzlei hatte ich am 14. April 1987 einen Brief an den Vorsitzenden des Rates des Kreises Nauen geschrieben und eine Nauener Delegation nach Spandau zu den Feierlichkeiten im Mai eingeladen. „[...] Auch die Berliner Bezirke nehmen an den vielfältigen Veranstaltungen [zum Stadtjubiläum Berlins] durch eigene Programmbeiträge teil. Da sie die eigentlichen Träger kommunaler Aufgaben und der Betreuung ‚ihrer' Einwohner sind, ist das Jubiläum auch ein Anlass, aus der Stadtgeschichte begründete Verbindungen aufzugreifen – und, falls das Interesse bestätigt wird – neu zu beleben. Der Kreis Nauen und die ‚Stadt Spandau' – der heutige Verwaltungsbezirk Berlin-Spandau – grenzen nicht nur aneinander, sondern sind durch traditionelle nachbarschaftliche, familiäre und zwischenmenschliche Kontakte seit Generationen auch über Grenzen hinweg verbunden. Ich meine, dass die Zeit reif ist, aus Anlass des Stadtjubiläums Kontakte zwischen den Gebietskörperschaften ins Auge zu fassen und Gespräche über die Ausfüllung solcher Kontakte aufzunehmen. [...]" So schrieb ich an den Vorsitzenden des Rates des Kreises Nauen.

Wie nicht anders zu erwarten war, gab es aus Nauen keinerlei Reaktion, aber damit fand ich mich nicht ab: Auf dem berühmten „Laubenpieperfest" von Harry Ristock bat ich am 30. Mai den Vorsitzenden der SPD-Bundestagsfraktion, Dr. Hans-Jochen Vogel, bei einem der nächsten Treffen der SPD-Führung mit der Staats- und Parteiführung der SED – derartiges gab es inzwischen – dieses Thema zur Sprache zu bringen. Er tat es mit Erfolg, wie ich noch berichten werde.

Natürlich blieb mein Vorstoß auch der Presse nicht verborgen, und der Tagesspiegel berichtete am 5. September: „[...] Versuche zu offiziellen Kontakten zwischen dem Bezirk Spandau und der Stadt Nauen waren stecken geblieben. Der SPD-Bundesvorsitzende, Bundestagsfraktionsvorsitzende und Berliner Abgeordnete Vogel, der sich bekanntlich auch um kleine Dinge kümmert, hat die Sache nun über seine Kanäle eingefädelt. So blieb Salomon die korrekte Unterrichtung der Senatskanzlei über das Vorhaben [...]."

– ROTARMIST GALL ZURÜCK AUF DER ZITADELLE –

Eine interessante erste Begegnung hatte ich am 23. Juni auf der Zitadelle: Ich traf dort Wladimir Gall aus Moskau, eine hochinteressante Persönlichkeit. Bei der Belagerung der Zitadelle durch die Rote Armee Ende April 1945 war er als deutsch sprechender Hauptmann der Roten Armee einer von zwei sowjetischen Parlamentären gewesen, die über die kampflose Übergabe der Festung verhandelt hatten, was ihnen auch nach schwierigen Gesprächen gelungen war. Am 1. Mai 1945 um 15 Uhr hatte die Zitadellenbesatzung kapituliert und dadurch vielen Menschen, auch Zivilisten, die in der Zitadelle Zuflucht gesucht hatten, das Leben gerettet. Mit Strickleitern waren die beiden russischen Offiziere über den Balkon des Torhauses in den Verhandlungsraum zum deutschen Kommandanten gelangt, um die Kapitulationsmodalitäten auszuhandeln.

Wladimir Gall war später fast jedes Jahr zu Besuch in Spandau und wurde stets freundschaftlich empfangen. Ich besuchte ihn später einmal in seiner Wohnung in Moskau. Gall berichtete 1988 in seinem Buch „Mein Weg nach Halle" über die aufregenden Vorgänge der Tage um die Kapitulationsvorgänge, und auch der DEFA-Spielfilm „Ich war neunzehn" hat in einer Szene die Spandauer Vorgänge von 1945 zum Inhalt. Filmregisseur Konrad Wolf hatte wie Gall der Propaganda-Abteilung der 47. Sowjet-Armee angehört und war mit ihm eng befreundet.

*

Am 2. Juli 1987 eröffneten wir ein bemerkenswertes Café: einen Treffpunkt der Arbeiterwohlfahrt (AWO) für Behinderte und Nichtbehinderte am Blasewitzer Ring 36 im Neubaugebiet Heerstraße-Nord. Initiatorin war die Vorsitzende der Behinderten-Selbsthilfegruppe „Tramper", Vera Vastof, und so hieß das Café einfach „Chez Vera". Die Idee war, ein auch für Rollstuhlfahrer erreichbares Kommunikationszentrum in einem Gebiet zu schaffen, in dem überproportional viele Behinderte und ältere Menschen lebten. Bemerkenswert: Die „Neue Heimat" als Grundstückseigentümerin stellte die Räume unentgeltlich zur Verfügung, und das Landesamt für Zentrale Soziale Dienste bewilligte Geld für den Umbau – das waren noch Zeiten! Das Café (später „Treff Charlie") machte ein wechselvolle Geschichte durch.

*

Den Sommer über wurden viele Feste gefeiert, auf denen der Bürgermeister gefragt war, und im Juli wurde es auch wieder „very british" in Spandau: Die Königin-Mutter („Queen Mum") besuchte in der Montgomery-Kaserne im Hottengrund die „Irish Guards", deren Ehrenoberst sie war. Selbstverständlich wurde ihr auch der

Spandauer Bürgermeister vorgestellt. Ich hatte einen guten Eindruck von der freundlichen und offensichtlich warmherzigen Frau. Und noch ein Mitglied des Königshauses besuchte im Juli britische Truppen in Spandau: Prinzessin Anne, die Tochter der Königin – „The Princess Royal". Sie war Ehrenoberst der „Kings Husars" und inspizierte die 14th/20th Squadron der „Husars", eine Panzertruppe, stationiert in dem Kasernengelände Wilhelmstraße.

Bei einem Empfang in der „Villa Lemm" überreichten wir der Einheit in ihrem Beisein einen kunstvoll gefertigten preußischen Adler, auch das Regimentszeichen der „Kings Hussars". Er sollte am Hauptquartier der Husaren als sichtbares Zeichen befestigt werden. Der Adler war in Auftrag gegeben und finanziert worden von Jürgen Schöttler, dem Inhaber der Firma Lunos-Lüftung, einem guten Freund von uns und Nachbarn der Einheit in der Wilhelmstraße. Die Prinzessin ließ sich in einem offiziellen Schreiben des Buckingham Palace („Dear Herr Salomon ...") durch ihre Hofdame „for the splendid Prussian Eagle" bedanken, na bitte!

*

Noch im Juli stellten wir – Gesundheitsstaatssekretär Hasinger und ich – nach Abschluss des Architektenwettbewerbs die Planungen für die Sanierung und Neuorganisation des Krankenhauses Lynarstraße vor. 1989 war als Baubeginn angepeilt. Über die Kosten des Großprojekts konnten wir noch keine genauen Angaben machen. Es war jedoch mit mindestens 200 Mill. DM zu rechnen.

– RUDOLF HESS STIRBT IN SPANDAU –

Im Spandauer Kriegsverbrechergefängnis starb am 17. August der letzte dort inhaftierte Nazi-Kriegsverbrecher, der ehemalige Führerstellvertreter Rudolf Heß. In seinem 94. Lebensjahr hatte er sich das Leben genommen, nach über 40-jähriger Inhaftierung. Ich erinnere mich noch sehr gut an den 1. Oktober 1946, damals war ich noch in Hamburg. Es war mein 20. Geburtstag, als im

Radio die Urteile des Nürnberger Kriegsverbrecherprozesses verkündet wurden: Verurteilungen zum Tode durch Erhängen, aber auch zu langjährigen, teilweise lebenslangen Gefängnisstrafen. Dabei fiel auch das Urteil über den „Stellvertreter des Führers", Rudolf Heß.
Als Kriegsverbrechergefängnis wurde ein preußisches Militärgefängnis, ein alter Backsteinbau aus dem 19. Jahrhundert an der Wilhelmstraße in Spandau, ausgeguckt. Dieses Gelände war bis 1987 alliiertes Hoheitsgebiet und wurde von Militäreinheiten der Amerikaner, Briten, Sowjets und Franzosen bewacht. Wenn man so will, war dieses Kriegsverbrechergefängnis in den Zeiten des Kalten Krieges die einzige Einrichtung, in der die vier ehemaligen Siegermächte auch militärisch noch nahtlos zusammenarbeiteten.
Es war für Berlin-Touristen und Pressevertreter immer ein beeindruckendes militärisches Schauspiel, wenn monatlich die Wachablösungen vor dem großen Eingangstor erfolgten, kurioserweise auch noch nach dem 17. August 1987, als Heß schon tot war. Ein großer alliierter Verwaltungsapparat mit vier Gefängnisdirektoren, vier Gefängnisköchen, Krankenpflegern, etwa 20 Beschäftigten und anderen bewachten und umsorgten den letzten Gefangenen, den „Allied prisoner Nr. 7", Rudolf Heß. In seinen letzten Jahren war er fast häufiger im britischen Militärhospital an der Heerstraße zur Krankenbetreuung als in seinem Gefängnis.
Der langjährige britische Gefängnisdirektor Lieutenant Colonel Tony Le Tissier hat in seinem Buch „Farewell to Spandau" (1994) in englischer Sprache sehr ausführlich und sehr persönlich über seine Erfahrungen und auch Gespräche mit Rudolf Heß geschrieben. Ich bin häufig gefragt worden, welchen Einblick ich als Spandauer Bürgermeister in dieses Kriegsverbrechergefängnis hatte. Antwort: Überhaupt keine. Dieser Bereich war für deutsche Einflüsse absolut tabu. Meines Wissens waren dort auch keine deutschen Zivilarbeiter beschäftigt. Es war bis zum Schluss ein Sinnbild der Niederlage Deutschlands. Aber es lag eben in Spandau und war für die Havelstadt ein dunkler Fleck. Wir haben besonders bei ausländischen Besuchern häufig feststellen müssen, dass

sie Spandau nur mit dem Kriegsverbrechergefängnis und Rudolf Heß in Verbindung brachten. Meistens vermuteten sie zudem, der ehemalige „Stellvertreter des Führers" sitze in der Zitadelle ein. So gesehen war mir mit dem Tode Heß' in gewisser Weise ein Stein vom Herzen gefallen.

Das Gefängnis hatte Spandau in dieser Zeit auch noch in anderer Weise belastet, indem es zu einer Pilgerstätte für Rechtsradikale und Neonazis geworden war. Noch zu Lebzeiten von Heß hatte das begonnen und zeigte sich verstärkt nach seinem Tod, als regelrechte Wallfahrten mit Blumen, Kerzen und Nazisymbolen zum Gefängnistor gingen. So war ich ganz und gar dafür, das Gefängnis nun abzureißen, um keine Kultstätte entstehen zu lassen. Vonseiten der Denkmalpflege plädierte man allerdings leidenschaftlich für einen Erhalt der historischen Gemäuer. Diese Diskussion lief zum Glück ins Leere, denn die Alliierten verlangten einmütig den Abriss des Gebäudes und die Verteilung der Gesteinsreste an unbekannten Orten. Nur das war maßgebend, und so geschah es auch. Die Briten bauten später auf diesem Gelände einen Supermarkt und Unterhaltungseinrichtungen.

– Offizieller Empfang in Nauen –

Parallel zu meinen Bemühungen um Kontakte mit dem Kreis Nauen tat sich in diesem Herbst Folgendes: Die gewerkschaftliche Bildungseinrichtung „Arbeit und Leben", deren zuständiger Bildungssekretär Spandauer war, organisierte in Verbindung mit der DDR-Organisation „International e.V." (FDGB) für die Spandauer SPD-Fraktion der BVV eine Fahrt nach Potsdam. Mit von der Partie waren auch der Bezirksbürgermeister und die Stadträte für Volksbildung und Bauwesen.

So besuchten wir am 26. September die Bezirkshauptstadt mit ihren Sehenswürdigkeiten, den Schlössern Cecilienhof und Sanssouci, und machten auf dem Rückweg einen Abstecher nach Nauen. Bürgermeister Alfred Kuhn empfing uns im dortigen Rathaus, gemeinsam mit Vertretern des Freien Deutschen Gewerkschaftsbundes (FDGB) und weiteren Mitgliedern des Rates der Stadt Nauen. Das war schon bemerkenswert, denn immerhin war es der erste Kontakt, der zwischen einer Westberliner Bezirksdelegation und dem Rat einer DDR-Kreisstadt zustande kam, und das im Rahmen eines offiziellen Empfanges. Dabei fand auch ein intensiver Meinungsaustausch über kommunalpolitische Fragen statt, insbesondere über Probleme im Zusammenhang mit der Sanierung alter Städte und eine mögliche Zusammenarbeit im kulturellen Bereich. Auf einem anschließenden Rundgang durch das Zentrum von Nauen besichtigten wir die bescheidenen Sanierungsmaßnahmen, die in der DDR geleistet wurden. Zum Schluss äußerten wir die Hoffnung, dass es den Kommunalpolitikern aus Nauen im Zuge weiterer Entspannungsbemühungen in absehbarer Zeit möglich werden sollte, die Einladung zu einem Gegenbesuch in Spandau anzunehmen. Beide Delegationen waren der festen Überzeugung, dass eine gute Nachbarschaft wesentliche Voraussetzung für ein friedliches Zusammenleben der Menschen in Ost und West sei. Hatten die Bemühungen von Hans-Jochen Vogel schon Früchte getragen?

Mir persönlich war Bürgermeister Alfred Kuhn auf Anhieb sympathisch, trotz aller ideologischen Gegensätze, die uns trennten, und das beruhte wohl auf Gegenseitigkeit, wie sich immer mehr bestätigte. Übrigens bekamen die Verantwortlichen des FDGB in Potsdam später erheblichen Ärger wegen des Ablaufs unseres Besuchsprogramms. Die intensive Kontaktaufnahme in Nauen passte wohl doch noch nicht so ganz zur politischen Großwetterlage. Sicher spielte dabei auch eine Rolle, dass die Westpresse groß über diesen erstaunlichen Besuch berichtete, was für DDR-Verhältnisse vollkommen ungewöhnlich war.

Welches Aufsehen dieser Besuch in Nauen bei den DDR-Dienststellen ausgelöst hatte, zeigt der aufgestellte „Maßnahmeplan zur politisch-operativen Sicherung eines Treffens zwischen Funktionären des Rates der Stadt Nauen und einer Westberliner Gewerkschaftsdelegation", wie er in DDR-Behördensprache hieß. Dieser „Maßnahmeplan" von zwei DIN A 4-Seiten Länge – teilweise geschwärzt – ist mir später über die sog. Gauck-Behörde, die die Stasi-Akten nach der Wende verwaltete, zugänglich gemacht worden. Man muss sich das auf der Zunge zergehen lassen, wie grotesk das Sicherungssystem der DDR damals noch war. Fünf offizielle Kräfte und einige inoffizielle waren im Einsatz, um einen „ungestörten Ablauf des Treffens und die vorbeugende Verhinderung von feindlichen Aktivitäten bzw. Provokationen" zu gewährleisten. Dazu schien den Behörden ein „Telefonstützpunkt innerhalb des Rates der Stadt Nauen" notwendig zu sein sowie „entsprechende Fototechnik" und die „Sicherung Übersiedlungsersuchender".

– Reisen nach Paris und Wolfsburg –

Der September 1987 war mit Reisen ausgefüllt. Zunächst flogen Marion und ich mit der Sozialstadträtin Renate Mende und einer Spandauer Seniorengruppe nach Paris, um in unserer Partnerstadt Asnières den zehnjährigen Seniorenaustausch zu würdigen. Der Seniorenaustausch war und ist ein wichtiges Bindeglied in den partnerschaftlichen Beziehungen zwischen Spandau und Asnières.
Neben den offiziellen Veranstaltungen, darunter ein Empfang, ließen es sich unsere Gastgeber nicht nehmen, uns mit einem umfangreichen Programm zu verwöhnen. Maurice Bokanowski war ein „Grandseigneur" der alten Schule, wohlhabend und auf dem politisch-diplomatischen Parkett zu Hause. In der de Gaulle-Regierung war er einst auch Minister gewesen. Er hatte offensichtlich seine Freude daran und setzte seinen ganz besonderen Stolz ein, uns Paris von seiner schönsten und teuersten Seite zu zeigen. Es war ein einmaliges Erlebnis.
Am 21. September musste ich, obwohl eigentlich im Urlaub auf Föhr, nach Wolfsburg, um dort eine „Berlin-Woche" zu eröffnen. Ich wurde am Fährhafen Dagebül von einem Wolfsburger Dienstwagen (natürlich VW, aber beste Klasse) abgeholt und am nächsten Tag nachmittags wieder nach Dagebül gebracht.

Wolfsburg hatte einen sehr rührigen und mitgliederstarken „Club der Berliner". Die 750-Jahrfeier Berlins nahm er zum Anlass, das Jubiläum der alten Reichshauptstadt auch in der Volkswagenstadt mit einer „Berliner Woche" zu würdigen, und irgendwie fand man an Spandau Gefallen, das ja über die gemeinsame Partnerstadt Luton in einem gewissen Dreiecksverhältnis zu Wolfsburg stand. So bat man mich, Berlin in Wolfsburg würdig zu vertreten. Das Spandauer Volksblatt sowie die Wolfsburger Zeitungen berichteten darüber ausführlich in Wort und Bild.

– Keine neue „Jüdenstrasse" in Spandau –

Eine nicht nur nach meinem Empfinden unerfreuliche Diskussion kam noch einmal in Spandau auf: Schon seit Oktober 1986 versuchte die Spandauer FDP mit Unterstützung der jüdischen Gemeinde, die Spandauer Kinkelstraße in Jüdenstraße um- bzw. zurückzubenennen. Bis 1938 hatte sie Jüdenstraße geheißen und war seinerzeit in Kinkelstraße umbenannt worden. Befürworter einer Rückbenennung sahen darin eine späte Wiedergutmachung des von den Nationalsozialisten verübten Unrechts an den Juden. Richtig ist aber auch, dass in den Jahren 1938/39 eine Reihe von Spandauer Straßen einen neuen Namen bekamen, so wurde der Heinrich- bzw. Joachimplatz in Reformationsplatz umbenannt, die Berliner Chaussee in Straße Am Juliusturm, die Potsdamer Straße in Carl-Schurz-Straße und eben die Jüdenstraße in Kinkelstraße, in Anlehnung an die historischen Vorgänge des Jahres 1850. 1850 hatte der spätere amerikanische Staatsmann Carl Schurz den Republikaner Gottfried Kinkel befreit, der als Revolutionär am Pfälzischen Aufstand 1849 teilgenommen hatte, von preußischen Truppen gefangen genommen worden war und eine lebenslange Haftstrafe im Spandauer Zuchthaus an der heutigen Carl-Schurz-Straße absitzen sollte. Die Befreiung Gottfried Kinkels durch Carl Schurz geschah mit Unterstützung von Spandauern. An dieses historische Ereignis erinnern Carl-Schurz- und Kinkelstraße.

Wir waren damals mit der überwiegenden Mehrheit der Spandauer Bevölkerung, insbesondere der Anwohner, der Auffassung, dass die Vorgänge des Jahres 1850 ein wichtiges Stück Spandauer Geschichte darstellten und diese Straßennamen nicht aus dem Stadtbild gelöscht werden sollten.

Es gab auch damals bei den Befürwortern des Namens Kinkelstraße nie einen Zweifel, dass dem Ansehen und dem Andenken der jüdischen Gemeinde in Spandau auch sichtbar Respekt und Achtung entgegengebracht werden müsse. Nach langem Beratungsprozess wurde unter meiner Leitung im Bezirk eine Arbeitsgruppe „Jüdisches Gedenken" eingesetzt, die im Laufe der Jahre wesentliche Maßnahmen realisierte: ein würdiges Mahnmal am Lindenufer im Blickfeld der 1938 von den Nazis zerstörten früheren Synagoge, eine Gedenktafel am Eingang zur Kinkelstraße, die neben Hinweisen an den Straßenschildern die Geschichte der Straße zusätzlich würdigte sowie eine umfangreiche historische Dokumentation „Juden in Spandau".

Wir waren damals der Auffassung, die ohnehin komplizierte Straßenumbenennung sei kein geeignetes Mittel, der jüdischen Geschichte in Spandau gerecht zu werden. Nur eine Symbolhandlung sei keine Problemlösung, und das hatte nichts mit antisemitischen Gefühlen zu tun. Die Befürworter meinten, die Nazis hätten 1938 den Namen Gottfried Kinkel missbraucht. Ich behaupte noch heute, dass diejenigen, die 1938 diese Straße in Kinkelstraße umbenannten, keine Ahnung davon hatten, von welch demokratischer, ja sogar sozialistischer Gesinnung dieser Kinkel eigentlich gewesen war (vgl. Carl Schurz „Jünglingsjahre in Deutschland", Seite 178).

Die Mehrheit der Spandauer BVV hatte am 19. Mai 1987 einen SPD-Antrag mit den bereits erwähnten Maßnahmen und gegen eine Umbenennung der Kinkelstraße verabschiedet. „Rückbenennung ist in der BVV jetzt vom Tisch" titelten damals die Zeitungen, doch die Diskussion flammte später immer wieder auf, z.T. mit unliebsamen Begleiterscheinungen.

*

Am 3. Oktober war „Österreich-Tag" in Spandau und die österreichische Fremdenverkehrswerbung ließ sich etwas Besonderes einfallen: Der Bürgermeister sollte gemeinsam mit dem Leiter des Tiroler Hochgebirgsclubs, Wolfgang Nairz, vom Balkon in der obersten Rathausetage abgeseilt werden, ganz zünftig mit Seil, Reepschnur und Haken. Ich willigte ein und hing wenig später jenseits der Balkonbrüstung in 30m Höhe an der Rathaus-Steilwand. Natürlich war ich ein gefundenes Fressen für die Medien, und auch politisch wurde dieser Gag noch ausgeschlachtet: Im Wahlkampf 1989 ging die FDP mit Bild und Slogan in die Werbung: „Salomon seilt sich ab – auch aus der Politik" – das dachten sie sich so!

*

Aus dem üblichen Jahresend-Trubel möchte ich ein Ereignis hervorheben: Am 6. Dezember fand in der St. Nikolai-Kirche ein Festgottesdienst statt, in dessen Rahmen die Einlagerung der Urkunden in die neue goldene Turmzier erfolgte. Genauer gesagt, wurden diese Urkunden in bestimmte Behälter eingelötet. Neben Dokumenten aus dem Jahre 1640 kamen in die Gefäße Urkunden, die vom ev. Bischof Dr. Martin Kruse, vom Regierenden Bürgermeister und von Spandaus Bezirksbürgermeister unterzeichnet worden waren.

Die Restaurierung der historischen Turmhaube der Kirche hatte sich 43 Jahre lang verzögert. Die Nachkriegszeit ließ es zunächst nicht zu, die bei einem Luftangriff 1944 zerstörte Turmspitze zu restaurieren. Ein Provisorium bestimmte das Bild der Havelstadt. Doch die Nikolaigemeinde ruhte nicht, besonderen Einsatz zeigte Pfarrer Winfried Augustat. In Spendenaktionen warb er ständig für die Wiederherstellung der Turmhaube, die 200 Jahre lang die Skyline der Havelstadt geprägt hatte. Berlins erster Landeskonservator, Karl Friedrich Schinkel, hatte die Spitze der Nikolaikirche 1744 nach dem damals geltenden Zeitgeschmack verändert. Nach diesem Vorbild sollte nun die neue Kuppel entstehen. Drei Millionen Mark kostete die Wiederherstellung des Turmes. Eine Million davon brachte die Gemeinde selbst auf, 1,5 Mill. DM steuerte der Senat bei, und der Rest wurde über Spenden finanziert. Ein schöner Tag für Spandau.

– Drohender Schleusenbau –

Die Zeit ab 1988 gehörte ohne Frage zu den aufregendsten und interessantesten politischen Jahren, die ich je erlebte. Zu Beginn des Jahres beschäftigten uns in Spandau zwei Schwerpunktereignisse, die schon vorher, aber auch noch längere Zeit später aktuell waren – der beabsichtigte Schleusenbau und die Zitadelle.
Spandau hatte sich, wie berichtet, vom ersten Auftauchen der Schleusenneubaupläne Ende der 70er Jahre an vehement gegen eine sog. „große Lösung" (zweite Schleusenkammer) gewehrt, weil wir insbesondere um den Bestand der unmittelbar benachbarten Zitadelle fürchteten. Schließlich ist die Zitadelle ein Kulturdenkmal von europäischem Rang. Wiederholt nannten wir Alternativen wie die östliche Umfahrung der Spandauer Schleuse über die Schleusen Charlottenburg und Plötzensee, die westliche Umfahrung über den Havelkanal oder die Prüfung neuer technischer Verfahren, mit denen die alte Kammer ausgebaut werden könnte. Nach Spandauer Auffassung wären diese Alternativen wirtschaftlich zumutbar, technisch realisierbar und ökologisch vertretbar. Der Senat hatte aus unserer Sicht die Alternativen nie ernsthaft – etwa in Verhandlungen mit der DDR – ins Auge gefasst.
Damit er es jetzt endlich täte, initiierten wir in Spandau ein Bürgerbegehren. Schon Ende 1987 war eine regelrechte Bürgerbewegung gegen den Schleusenausbau entstanden. Unter der Federführung des Spandauer Betroffenenrates und seines engagierten Vorsitzenden Dr. Heinz-Jürgen Axt waren bereits im Dezember die ersten Unterschriften gegen eine zweite Schleusenkammer gesammelt worden und wurden dem Bürgermeister übergeben. Anfang Februar lagen bereits mehr als 5000 Unterschriften vor, und das Bürgerbegehren lief erst zehn Tage. Wir waren davon überzeugt, dass die erforderlichen 16 000 Stimmen im März sehr schnell zusammenkommen würden. Wenn dieses Ziel erreicht war, musste sich die Spandauer Bezirksverordnetenversammlung mit dem Thema befassen, und auch beim Senat sollte ein derartiges Signal nicht ungehört bleiben.

Im Juni lag das überzeugende Ergebnis des Bürgerbegehrens gegen den Schleusenbau vor: 27 191 Wahlberechtigte hatten sich für die Prüfung aller Alternativen und gegen die bestehende Planung zur Schleuse ausgesprochen. Insgesamt hatten sich weit mehr als 30 000 Menschen mit dem Inhalt des Bürgerbegehrens identifiziert. Nunmehr musste die BVV das Thema auf ihre Tagesordnung setzen. Sie beauftragte das Bezirksamt, bei den zuständigen Senatsstellen ein Moratorium zu erwirken. Für mich war das großartige Ergebnis des Bürgerbegehrens der Beweis dafür, dass die Mehrheit der Spandauer Bürger diesen Schleusenneubau nicht wollte. Der Berliner Senat war damit gefordert, unser Anliegen aufzugreifen und ein Moratorium in Gang zu setzen. Das könnte die Möglichkeit eröffnen, auch mit der DDR erneut in Verhandlungen zu treten.

– Kampfstoffreste in der Zitadelle –

Ein schwieriges Kapitel im kommunalpolitischen Geschehen in Spandau war die Zukunft der Zitadelle. Im Frühjahr 1985 hatte der Senat zwar bereits seine Absicht bekräftigt, „Maßnahmen zur Erhaltung und künftigen Nutzung der Spandauer Zitadelle schrittweise weiterhin im Rahmen der jeweiligen finanziellen Möglichkeiten künftiger Haushaltspläne und Finanzplanungen zu verwirklichen". Der bereits 1978 von Harry Ristock vorgelegte Bericht über die „Bewahrung und zukünftige Nutzung der historischen Festung" war also im wesentlichen bestätigt worden, aber für die Giftstoff-Bergung auf der Zitadelle gab es noch kein abschließendes Konzept. Das machte uns große Sorgen.
Die Zitadelle hatte im Krieg ein „Heeres-Gasschutz-Laboratorium" beherbergt, und man vermutete im Untergrund noch Gift und andere Kampfstoffe aus jener Zeit. Deren Bergung musste Vorrang haben. Zwar hatten zunächst die Sowjets nach Besetzung der Zitadelle 1945 und anschließend die Briten bereits Kampfstoffe geborgen, aber man traute offenbar dem Frieden noch nicht. Wir befürchteten Schlimmes, denn man schloss nicht aus, dass

der Spandauer Zitadelle eine Totalsperrung drohte und auch eine vorzeitige Räumung der Otto-Bartning-Oberschule nötig würde, die in der Festung damals noch ihren Sitz hatte. In der Tat stand uns hier einiges bevor.

Zunächst die Vorgeschichte: Mit der Einführung der Allgemeinen Wehrpflicht 1935 war noch im gleichen Jahr mit der Einrichtung des Heeres-Gasschutz-Laboratoriums auf der Spandauer Zitadelle begonnen worden. Schon damals war durch Um- und Neubauten viel historische Bausubstanz zerstört und verändert worden, insbesondere auf der Bastion Brandenburg. Das Heeres-Gasschutz-Laboratorium hatte sich später nicht nur mit dem Gasschutz, sondern auch mit der Weiterentwicklung von chemischen Kampfstoffen befasst. Etwa 300 Personen waren in der Zitadelle tätig gewesen, darunter etwa 70 Chemiker. Unter anderem war in den Jahren 1941/1942 hier Nebelgas erprobt worden. Zum Kriegsende hin war das Laboratorium nach Munsterlager verlegt worden. Als die Rote Armee auf Berlin zu gerückt war, hatte die Wehrmachtsleitung befohlen, sämtliche Unterlagen zu vernichten. Restbestände an Gift oder Chemikalien waren in der Zitadelle alles andere als sachgemäß entsorgt worden. Erst bei den Restaurierungsarbeiten an den Bastionen Kronprinz und Brandenburg waren im September 1978 Giftreste gefunden worden. Man hatte sie vergraben oder in den Brunnen der Bastion Kronprinz geschüttet (Quelle: Jürgen Grothe „Die Spandauer Zitadelle", Berlin Edition, Seite 88/89).

Hier setzten unsere Probleme in den Jahren 1988 ff. ein, denn die Gifte mussten umfassend entsorgt werden. Das Bezirksamt verhandelte mit den Behörden um jeden Zentimeter der nötigen Sperrzone. Besonders ging es uns dabei um die einstige Bartning-Schule, in der wir ein Museum einrichten wollten.

Auch heute bin ich noch davon überzeugt, dass die Polizeitechnische Untersuchungsanstalt (PTU) die Dinge damals wesentlich überzogen betrachtet und sich ein umfangreiches Experimentierfeld aufgebaut hatte, dessen Aufwand in keinem Verhältnis zu den schließlich gefundenen Kampfstoffresten stand, aber natürlich waren die Sicherheitsbedenken stärker.

*

Am 24. Januar starb nach schwerem Krebsleiden mein Bezirksamtsdirektor Bodo Werner, einer der besten engeren Mitarbeiter, die ich je hatte. Er war ein echter Berater, auf den man guten Gewissens auch bei kritischen Anmerkungen hören konnte. Bevor er nach Spandau kam, war er persönlicher Referent von Finanzsenator Heinz Striek gewesen, danach in Spandau Leiter des Haushaltsamtes und seit dem 1. September 1982 Direktor beim Bezirksamt. Sein Tod war ein großer Verlust für uns.
Am 16. Mai führte ich als Nachfolger Werners den neuen Bezirksamtsdirektor in sein Amt ein. Ich hatte mich für den bisherigen Leiter des Haushaltsamtes, Heiner Schwarz, entschieden. Er war Anfang der 80er Jahre aus dem Bereich der Senatsverwaltung für Finanzen nach Spandau gekommen.

– Nauen-Kontakt wird offiziell –

Die politische Tauwetterlage zwischen Ost und West ließ es zu, dass es am 11. Februar im Schloss Niederschönhausen in Pankow zu einem Gespräch des Regierenden Bürgermeisters Eberhard Diepgen mit dem DDR-Staatsratsvorsitzenden Erich Honecker kam. Neben verschiedenen Erleichterungen zwischen Ost- und Westberlin machte Erich Honecker auch Vorschläge für Westberliner Bezirkskontakte zur DDR. Dabei schlug er konkret Spandau und Nauen vor – Hans-Jochen Vogel sei Dank für seine vorbereitenden Bemühungen! Offenbar war Eberhard Diepgen einigermaßen überrascht, sicher auch deshalb, weil Spandau einer der wenigen sozialdemokratisch geführten Westberliner Bezirke war. Man verständigte sich dann auf einen zweiten Bezirkskontakt zwischen Zehlendorf (CDU-geführt) und Königs-Wusterhausen.
Ohne Frage war diese neue Entwicklung nach Jahren der Stagnation eine politische Sensation. So werteten es auch die Medien, und es war ein guter Tag für Spandau, wie ich am selben Tag noch in einer Erklärung vor der Bezirksverordnetenversammlung

zum Ausdruck brachte. Bald gab es die ersten Pressekontakte nach Nauen, z.B. ein Interview im Spandauer Volksblatt mit dem Bürgermeister von Nauen, Alfred Kuhn, was für DDR-Funktionäre völliges Neuland war. Natürlich war auch ich für die Medien ein interessanter Interviewpartner geworden. Offensichtlich herrschte „drüben" eine gewisse Nervosität, denn die Kreisstadt Nauen rückte unversehens in den Blickwinkel der „großen Politik".

– Gebietsaustausch mit der DDR –

Ein weiteres Thema der Vereinbarungen zwischen Diepgen und Honecker vom 11. Februar war ein Abkommen über einen Gebietsaustausch – sehr wichtig für Spandau. Für uns gab es einiges zu klären: Die westlichen Straßenseiten von Nennhauser Damm und Finkenkruger Weg in Staaken, die bisher zum DDR-Gebiet gehört hatten, wurden jetzt dem Spandauer Gebiet zugeschlagen. Bekanntlich war die Grenze zuvor genau in der Straßenmitte verlaufen, was insbesondere in den Jahren nach 1961 immer wieder zu unerfreulichen Situationen geführt hatte. Die DDR hatte diese Grenzlinie auch außerhalb der Mauer als „ihre" Staatsgrenze betrachtet. Bei Gedenkveranstaltungen an den Kreuzen der Maueropfer waren schwer bewaffnete Grenzsoldaten mit Kameras über die Mauer gestiegen, um quasi auf Tuchfühlung zu uns die Vorgänge zu filmen – eine Provokation unschönster Art.
Das gesamte Terrain um die Wochenendkolonien Fichtewiese und Erlengrund im äußersten Norden Spandaus, 11,4 Hektar Land an der Havel, wurde ebenfalls Spandau zugeschlagen. Damit waren die letzten bewohnten DDR-Exklaven im Norden der Stadt beseitigt worden. Der Zugang zu den dortigen Gartenkolonien war den Eigentümern seit 1961 nur mit Sondergenehmigung möglich. Sie gelangten durch einen Korridor auf ihren Grund, den DDR-Grenzer kontrollierten und bewachten. Das war 27 Jahre lang Westberliner Realität gewesen.

Ich hatte am 15. Mai mit Sondergenehmigung letztmalig Gelegenheit, die Exklaven zu besuchen, um mir dieses Kuriosum vor Ort anzusehen. Übrigens hatte ich den Eindruck, dass die Gartenbesitzer in ihrer abgeschirmten Oase gar nicht so unglücklich waren – für ihre Sicherheit war gesorgt, und von Ausflüglern blieben sie unbehelligt.

Schließlich kam der „Große Kienhorst" zu Spandau, fast 30 Hektar Land, die bisher den berühmten „Eiskeller" vom nördlichen Teil des Spandauer Forstes trennten – auch hier gab es lange Zeit eine Korridor-Zugangssituation zu Spandau. Weitere Wald- und Wasserflächen wurden uns im südwestlichen Zipfel von Kladow, dem sog. „Luisenberg", zugeschlagen, und ein Gebiet nördlich der Schönwalder Allee fiel durch eine Grenzbegradigung an den Spandauer Forst. Insgesamt gewannen wir rund 70 Hektar Land, die insbesondere der Naherholung zugute kommen sollten.

Natürlich gab es derartige „Landgewinne" von der DDR nicht zum Nulltarif: Berlins und besonders Spandaus Landwirte mussten bluten: Rund 87 Hektar im Bereich der DDR-Kreise Nauen und Oranienburg sowie nicht unmittelbar im Grenzbereich zu Berlin gelegene Ländereien wurden abgegeben. Davon waren in erster Linie Gatower Bauern und andere Spandauer Eigentümer betroffen. Ob und in welcher Höhe dafür Entschädigungen vorgesehen sein sollten, war damals nicht erkennbar.

*

Ein weiteres Anzeichen für ein gewisses politisches Tauwetter zwischen den Blöcken war ein Besuch einer FDJ-Jugendgruppe aus dem DDR-Bezirk Halle im März in Spandau. Sie kam im Rahmen eines zwischen den Berliner Jungsozialisten und dem FDJ-Reisebüro „Jugendtourist" vereinbarten Austauschprogramms nach Westberlin. Ich empfing sie auf der Spandauer Zitadelle zu Mittagessen und Meinungsaustausch. Spandau bot sich in jenen Tagen an für derartige Kontakte.

– 40 Jahre Staat Israel –

Im März flogen Marion und ich mit einer größeren Berliner Delegation nach Israel zu den Feierlichkeiten anlässlich des 40-jährigen Bestehens des Staates Israel. Es war eine offizielle Reise, gepaart mit privatem Besichtigungsprogramm. In Jerusalem gab es eine Konferenz der Partnerstädte. Insgesamt nahmen rund 1100 Delegierte aus Deutschland, Großbritannien, Frankreich, Italien, Spanien, Argentinien und den USA teil, darunter allein etwa 300 Abgeordnete der zehn Berliner Bezirke, die partnerschaftliche Beziehungen zu israelischen Städten und Gemeinden unterhalten. Weiter ging es mit einer offiziellen Baumpflanzaktion in Bethlehem, einer Gedenkfeier in Yad Vashem, einem Empfang in der Knesset und einer Abschlusskundgebung mit dem israelischen Außenminister Shimon Peres.

Die 18 Spandauer Delegationsteilnehmer besuchten unsere Partnerstadt Ashdod mit umfangreichem Besichtigungsprogramm, und auch dort wurden Bäume gepflanzt im Berlin-Spandauer Palmenhain an den Sanddünen am Mittelmeer. Ich besprach mich mit Bürgermeister Arieh Azoulay und der Stadtverwaltung. Beiderseitig wurde der Wunsch und Wille bekundet, insbesondere den Schüler- und Jugendaustausch zu forcieren. Zusammen besuchten wir Spandauer einen Kibbuz und nahmen teil an Ashdods berühmter „Dancing Seaside": Hunderte von Jugendlichen tanzten in diesem Rahmen sonnabends vormittags am Strand, offenbar trotz Sabbat.

Ashdod ist circa 40 Kilometer von Tel Aviv entfernt. Die Stadt verfügt über den größten Handelshafen Israels, der in seiner damaligen Form erst 32 Jahre bestand, obwohl der Ursprung Ashdods eine alte Philisterstadt gewesen war. Inzwischen wurde sie vornehmlich von Emigranten aus Nordafrika bewohnt und hatte 80 000 Einwohner, unter ihnen nur sehr wenige Juden deutscher Abstammung.

Ein Besuch Israels ist, trotz des Reizes der Landschaft, der großartigen religiösen Stätten und natürlich des Klimas, immer bedrückend für mich gewesen. Die politische Lage hatte sich zunehmend zugespitzt. Bei diesem Besuch deprimierte mich besonders, dass Waffen auch im Privatleben Einzug gehalten hatten. Ich beobachtete mit eigenen Augen einen Familienvater, der beim Spiel mit Frau und Tochter die Maschinenpistole stets griffbereit neben sich liegen hatte.

– Post aus Nauen –

Kurz vor Ostern ging ein Brief des Bürgermeisters der Stadt Nauen ein, indem er einen Termin zur Aufnahme von Gesprächen über die Herstellung kommunaler Kontakte zwischen Nauen und Spandau in Spandau anregte: „Solche offiziellen Kontakte zwischen unserer Kreisstadt Nauen und dem Westberliner Stadtbezirk Spandau dienen – davon bin ich überzeugt – dem friedlichen, gutnachbarschaftlichen Miteinander zwischen der DDR und Westberlin. Indem wir den Dialog über die Lebensfragen unserer Zeit führen und auf der Basis des Vierseitigen Abkommens gemeinsam für sicheren Frieden und sachliche Zusammenarbeit eintreten, können wir für das friedliche europäische Haus unseren bescheidenen Beitrag leisten", so schrieb mein Amtskollege Kuhn. Einen etwa gleich lautenden Brief erhielt der Bezirksbürgermeister von Zehlendorf aus Königs-Wusterhausen, die Koordinierung auf östlicher Seite lief also bestens. Ich antwortete gleich nach Ostern, und wir verständigten uns auf einen Besuch der Nauener in der Havelstadt am 4. Mai.
Am 20. April unterrichteten Bezirksbürgermeister Kleemann (Zehlendorf) und ich zeitgleich unsere Bezirksverordnetenversammlungen über die bevorstehenden Besuche von Delegationen aus Königs-Wusterhausen und Nauen. „Damit konkretisiert sich eine Entwicklung, für die sich insbesondere Spandaus Bürgermeister seit längerer Zeit eingesetzt hat und die wohl auch deutschlandpolitisch von Bedeutung ist, weil West-Berlin in diesen Prozess der kommunalen Kontakte einbezogen ist. Das erste Mal seit vierzig Jahren treffen sich Kommunalpolitiker der benachbarten Gebietskörperschaften Spandau und Nauen, um ungeachtet unterschied-

licher Gesellschaftssysteme über gemeinsame Kontakte zu sprechen. Ich denke, diese Chance müssen Spandauer und Nauener Kommunalpolitiker nutzen, um unseren Beitrag zum friedlichen, gutnachbarlichen Miteinander zu leisten. Wir freuen uns auf den Besuch und grüßen von hier aus alle Nauener Bürgerinnen und Bürger", sagte ich vor der Spandauer BVV.
Natürlich gab es auch auf unserer Seite Vorgespräche und Absprachen mit der Senatskanzlei und mit Zehlendorf, ebenso im Bezirksamt selbst und mit den Fraktionen in der BVV. Auch die Medien wollten in Interviews und Berichten festhalten, was sich dort an Kontakten anbahnte. Für uns alle war das Neuland.
Weitaus interessanter war allerdings, was sich im Vor- und Umfeld der beabsichtigten Kontaktaufnahme in Nauen bei den Dienststellen der DDR tat. Darüber gibt ein Sachstandsbericht der Kreisdienststelle Nauen vom 24. April Aufschluss, der mir später zur Verfügung gestellt wurde. U.a. wurden allein vier „Inoffizielle Mitarbeiter" der Staatssicherheit „zur Kontrolle der Aktivitäten im Rahmen dieser Kontakte zwischen Spandau und Nauen beauftragt". Es gibt ein detailliertes, siebenseitiges Papier über eine „Beratung in der SED-Kreisleitung Nauen zu den kommunalpolitischen Kontakten zwischen Nauen und Spandau West" am 17. März mit dem Abteilungsleiter im Sekretariat des Zentralkomitees, Genosse Morgenstern, worin ein „gut abgestimmtes Vorgehen" für notwendig erachtet wurde: Das Sekretariat des Zentral-Komitees legte ein bis ins kleinste Detail ausgearbeitetes Vorgehen fest. Hieraus einige Zitate: „Ziel und Inhalt: Es sind Beziehungen zwischen der DDR und Westberlin, d. h., es wird ein Stückchen außenpolitische Arbeit geleistet. Damit fördert und verwirklicht auch die Stadt Nauen ein Stück Außenpolitik. Diese bilateralen Beziehungen sind voll für die Politik unserer Republik zu nutzen [...]." oder: „Kommunale Kontakte sind ein konkreter Beitrag zur Friedenssicherung und Entspannung. Die andere Seite sagt: Diese Aufgabe gehört nicht in die kommunalen Beziehungen, sie möchten die große Friedenspolitik aus dem kommunalen Bereich heraushalten, sie sind der Meinung, dass damit der kommunale Vertrag politisch überlastet wird. F r i e d e n ist aber eine Lebensfrage. Wird die Erhaltung des

Friedens nicht in den kommunalen Beziehungen berücksichtigt, sind diese für uns nicht tragbar [...]."

Das Papier war die konkrete Verhandlungsgrundlage für die Nauener Delegation, als sie uns am 4. Mai besuchte. Über diese erste Begegnung mit einer Nauener Delegation am 4. Mai in Spandau ließe sich sehr viel berichten. Wir hatten ein schwieriges Feld zu beackern. Es gab eine ganze Reihe sachlicher und politisch-ideologischer Meinungsunterschiede, aber der menschliche Kontakt stimmte, und das war nicht selbstverständlich. Es hatte keinerlei Misstöne zwischen uns gegeben.

Unser vorgesehenes Programm verlief reibungslos: Um 10 Uhr holten wir die Nauener Delegation am Grenzkontrollpunkt Staaken ab. Es folgten ein Empfang im Rathaus in Anwesenheit der Presse, eine Bus-Rundfahrt durch Spandau und ein Mittagessen in der Zitadellen-Schänke. Nachmittags führten wir unsere Sachgespräche in der Zitadelle. Mit einem Rundgang durch die Altstadt und einem Abendessen wurde der Besuchstag abgeschlossen.

Interessant ist auch die Zusammensetzung der Delegationen: Aus Nauen kamen Bürgermeister Alfred Kuhn (SED), Martina Zierold (CDU), die Vorsitzende der ständigen Kommission für Finanzen, Horst Lehmann (SED), Stadtverordneter und Sekretär der SED-Kreisleitung, Hartmut Knick (NDPD), Stadtrat für Handel und Versorgung sowie Leiter des Postamtes, Eberhard Koch (Bauernpartei), Vorsitzender der ständigen Kommission Landwirtschaft und Direktor für Agrotechnik, Wolfgang Fourmant (LDPD) als Stadtrat für Bauwesen und schließlich Eike Peters (FDGB) als LPG-Vorsitzender und Stadtrat für Landwirtschaft. Ein wichtiger Mann in der Nauener Delegation war der Sekretär der SED-Kreisleitung, Horst Lehmann, der zwar nicht offiziell Delegationsleiter war, aber doch wiederholt regulierend eingriff. Dass auch ein IM (Inoffizieller Mitarbeiter) der Staatssicherheit dabei war, verstand sich von selbst.

Von Spandauer Seite aus bildete der Bezirksbürgermeister gemeinsam mit Udo Hoffmann aus seinem Büro, Hans-Ulrich Hering (CDU), dem Stadtrat für Wirtschaft und Finanzen, Sigurd Hauff

(SPD), dem Stadtrat für Volksbildung, Klaus Jungclaus (SPD), dem Stadtrat für Bau- und Wohnungswesen, Rolf Rührmund (SPD) ,dem Vorsteher der Bezirksverordnetenversammlung sowie den Fraktionsvorsitzenden Dietrich Berndt (SPD), Egon Ixmeier (CDU) und Angelika Höhne (AL) die offizielle Delegation.
Natürlich waren wir zunächst im Meinungsaustausch politisch meilenweit entfernt, doch es ging uns in erster Linie um die Begegnung der Menschen im Rahmen der kommunalen Kontakte und nicht um einen Austausch von Funktionären. Kontakte waren denkbar in den Bereichen Sport, Jugend und Kultur. Übrigens sprachen wir von Anbeginn an nicht von einer „Städtepartnerschaft" (Spandau war ein Bezirk innerhalb der Stadt Berlin), sondern von einer „Vereinbarung über kommunale Kontakte".
Für Nauen bzw. für die DDR war Kommunalpolitik ein Bestandteil der Friedenspolitik. Mit anderen Worten: Kommunalpolitik zählte zur Außenpolitik, und zuständig war daher das DDR-Außenministerium. Nauen strebte gutnachbarliche Beziehungen an, die im Rahmen der beiden verschiedenen Gesellschaftssysteme friedenssichernd wirken sollten. Als Formulierungsvorbilder nahm man Vereinbarungen der bereits bestehenden 41 Städtepartnerschaften zwischen Städten der Bundesrepublik und der DDR, allerdings unter Beachtung des berlinspezifischen Statusrechts der Alliierten. Diese Vereinbarungen hatten drei Elemente: eine Präambel mit Zielsetzungen und Rahmenbedingungen, einen Protokollvermerk mit Finanzierungsregelungen sowie einen Abschnitt mit konkreten Inhalten wie dem Jahresbesuchsprogramm.
Zum Procedere, das uns bevorstand, muss man wissen, dass Spandau und Nauen zwar Vertragspartner waren, beide Seiten sich jedoch an überörtlichen Institutionen und politischen Gegebenheiten orientieren mussten. In unserem Fall mussten wir uns mit der Senatskanzlei und dem Regierenden Bürgermeister rückkoppeln, der sich seinerseits aus dem Bundeskanzleramt und von den westlichen Alliierten Rückendeckung holte. Die Drähte liefen bis Paris, London und Washington. Komplizierte statusrechtliche Fragen für West-Berlin spielten dabei eine Rolle. Die Nauener mussten sich mit dem DDR-Außenministerium

in Ost-Berlin und mit den SED-Parteigliederungen auf Kreis-, Bezirks- und ZK-Ebene abstimmen.

Am 4. Mai legten wir einen Zeitplan fest für unsere Vereinbarung, die am 28. Juli im Rahmen des Besuchs einer Spandauer Delegation in Nauen vor der Nauener Stadtverordnetenversammlung ratifiziert werden sollte. Zur Vorbereitung dieser Vereinbarung sollte in Nauen ein Text entworfen werden, den wir in Spandau dann zur Prüfung bekommen sollten. Für den 14. September wurde der Besuch einer Nauener Delegation in Spandau verabredet, um auch hier die Vereinbarung im Rahmen einer Sondersitzung der Bezirksverordnetenversammlung zu unterzeichnen. Anschließend sollte die Jahresplanung für 1989 festgelegt werden. Entsprechende Vorschläge galt es, vorab zu erarbeiten und gegenseitig auszutauschen.

Natürlich berichteten wir unserer Senatskanzlei über den Ablauf der Gespräche, und natürlich waren die Nauener rechenschaftspflichtig gegenüber ihren Gremien. Nach Rückkehr der Delegation in Nauen wurde noch mitten in der Nacht dem 1. Sekretär der SED-Kreisleitung, dem Genossen Kurt Moritz, Bericht erstattet, wie aus einem Bericht des IM „Nadine" hervorgeht.

Die Berliner Presse berichtete begierig von unserem Treffen und den vereinbarten Entwicklungen. Bereits am 28. April war eine Delegation aus Königs-Wusterhausen in Zehlendorf gewesen. Meinem Eindruck nach haben die dortigen Kontaktanbahnungen jedoch nie so richtig funktioniert. Offenbar gehörten die dortigen Protagonisten mehr zu den Hardlinern in ihren jeweiligen Lagern, und auch die menschliche Seite stimmte nicht so recht. Jedenfalls wurde uns auch von der Senatskanzlei die Vorreiterrolle eingeräumt, Spandau und Nauen hatten wohl die besseren Karten.

– Kulturhaus eröffnet –

Anfang Mai eröffneten wir das neue Kulturhaus in der Mauerstraße 6. Hier entstand für Spandau etwas völlig Neues: Das Gebäude an der Mauerstraße Ecke Breite Straße war ein früher von der Bewag genutztes Umspannwerk gewesen, kurz Bewag-Haus genannt. Der Bezirk hatte es für rund 700 000 DM gekauft und wollte es eigentlich in die Internationale Bauausstellung (IBA) 1987 als „kulturelle Begegnungsstätte für Hobby- und Freizeitkünstler jedweder Couleur" einbringen. Doch dann hatten sich die IBA-Leute aus Spandau zurückgezogen und den Bezirk mit einigen kostspieligen Sanierungsplänen sitzen lassen, so auch mit dem Kulturhaus. Die notwendigen Folgeausbaukosten von etwa 300 000 DM konnte der Bezirk nicht aufbringen. Auch Verhandlungen mit dem benachbarten Bekleidungshaus C&A zur Teilnutzung und -finanzierung waren gescheitert.

In der Zwischenzeit hatte sich der Verein „Kulturhaus Spandau" gegründet, der das Gebäude für seine Zwecke nutzen wollte. In diesem Verein ging es viel auf und ab. Namen wie Peter Matz sorgten später für einigen Wirbel, obwohl der Verein viel ehrenamtliche Arbeit leistete. Aber das „Kulturhaus" ging dennoch, trotz vieler Unkenrufe, seinen Weg.

– Siegreiche Fussballerinnen –

Nach Pfingsten standen die Damen-Fußballerinnen des TSV Siegen zum dritten Mal in Folge im Endspiel um den deutschen Fußballpokal. Natürlich waren wir in Spandau wieder Gastgeber für die Sportlerinnen aus unserer Partnerstadt. Auf der Spandauer Zitadelle gaben wir in Anwesenheit des Siegener Bürgermeisters Hans Reinhardt und des Präsidenten des Berliner Fußballverbandes, Uwe Hammer, zu Ehren der Siegener Damen einen Empfang. Die erfolgreichen Fußballerinnen trugen sich in das Goldene Buch der Stadt ein, und der Vorsitzende des TSV Siegen ernannte den Spandauer Bürgermeister mit der Verleihung der Goldenen Ehrennadel zum Ehrenmitglied des Vereins. Natürlich wurde die Damenmannschaft des TSV Siegen durch einen Sieg über den FC Bayern München im Berliner

Olympiastadion wieder Deutscher Pokalsieger. Es war nicht nur die dritte Teilnahme in Folge, es war auch der dritte Sieg für die Siegerländerinnen.

*

Am 9. Juni führten wir eine öffentliche Sitzung des Ausschusses für Allgemeine Verwaltung und Ausländerfragen der BVV mit umfassender Besichtigung der „Kleinraumsiedlung Haselhorst" durch. Die Kleinraumsiedlung am Pulvermühlenweg war 1953 als provisorische Wohnunterkunft in Schnellbauweise aus dem Boden gestampft worden, um Unterkunftsmöglichkeiten für Flüchtlinge und Umsiedler zu schaffen. Die Lebensdauer dieses Wohnprovisoriums war mit höchstens 20 Jahren angesetzt gewesen. 1988, nach 35 Jahren, hatte es immer noch Bestand. Die rund 730 damaligen Bewohner, etwa 40 Prozent von ihnen Türken und Kurden, lebten in feuchten Wohnungen ohne Gemeinschaftseinrichtungen. Im Volksmund hieß die Siedlung nur „Mau-Mau-Siedlung". Trotz unwürdiger Wohnverhältnisse konnten wir bei der bestehenden Wohnungsnot auf diesen Wohnraum nicht verzichten, waren jedoch aufgerufen, Abhilfe zu schaffen. Das war eine ganz wichtige Aufgabe für die Spandauer Kommunalpolitik.

– 40. Jahrestag der Luftbrücke –

Am 40. Jahrestag des Luftbrückenbeginns fand bei der Royal Air Force in Gatow im Rahmen eines „Tages der offenen Tür" ein großer Flugtag statt. Höhepunkt war die Landung eines Wasserflugzeuges, des ehemaligen militärischen Seeaufklärers „Catalina", auf der Havel in Höhe von Kladow. Es war ein riesiges Spektakel vor den Augen einer Vielzahl begeisterter Zuschauer. Diese Landung auf der Havel hatte auch historische Bedeutung: Vor 40 Jahren, während der Berliner Blockade, waren auf der Havel britische Flugboote vom Typ „Sunderland" gelandet, um Tausende Tonnen Kohle für das eingeschlossene Berlin einzufliegen, eine einmalige Leistung.

– Nauen-Verhandlungen knapp gescheitert –

Im Juli begannen aufregende Wochen in Spandau. Nach dem Besuch der Nauener Delegation im Mai in der Havelstadt und vor dem angesagten Rückbesuch am 28. Juli in Nauen gab es jede Menge Vorbereitungsgespräche, zumal ja bei diesem Besuch schon die „Vereinbarung über kommunale Kontakte" unterschrieben werden sollte. Daraus wurde eine sehr komplizierte, hoch politische Angelegenheit.

Bezeichnend für die Situation sind Auszüge aus einem Kommentar in der bundesweiten Ausgabe der „Welt am Sonntag" vom 19. Juni unter der Überschrift „Die Spandauer preschen vor": „[...] Kaum ein Tag, an dem es nicht in der Führungsetage des Spandauer Rathauses klingelt: ‚Die Senatskanzlei passt höllisch auf, dass der beabsichtigte Text der Partnerschafts-Urkunde mit Nauen keine falschen Töne enthält', heißt es in der Havelstadt. Am 28. Juli reist eine Spandauer Delegation mit Bürgermeister Werner Salomon (SPD) an der Spitze ins osthavelländische Städtchen Nauen. Von dort war Bürgermeister Alfred Kuhn mit seiner Truppe am 4. Mai in Spandau aufgetaucht – man verstand sich auf Anhieb. Nun geht es aber ans politisch ‚Eingemachte'. Kein Wunder, dass die Senatskanzlei fast argwöhnisch darauf sieht, ‚dass nicht in jedem zweiten Satz nur über den Weltfrieden palavert wird' (ein Experte aus Eberhard Diepgens Senatskanzlei) [...]."

Den angesprochenen „Experten" aus der Senatskanzlei kannte ich gut. Er gehörte zu den Bremsern, denen die ganze neue Richtung offenbar nicht passte.

Menschlich verstanden wir uns in der Tat gut, was sich schon früh herausgestellt hatte. Unser Briefwechsel war inzwischen fast freundschaftlich. Am 28. Juni fanden in der Senatskanzlei zur Vorbereitung der weiteren Kontakte Spandaus mit Nauen erste Besprechungen statt. Dabei waren wir uns weitgehend einig, auch was den Spandauer Vorschlag zur komplizierten Präambelfassung anging. Die Senatskanzlei stellte allerdings eine abschließende Entscheidung im Hinblick auf die Zehlendorfer Kontakte mit Königs-Wusterhausen noch zurück.

Aus ihrer Erfahrung mit DDR-Gesprächen gab mir die Senatskanzlei noch ein paar Tipps mit auf den Weg, z.B. immer einen ranghohen Beamten an der Seite zu haben, der genau protokolliert, und bei den protokollarisch üblichen Bewirtungen nicht auf den Pfennig zu gucken, auch im Hinblick auf die Auswahl eine Restaurants – das Beste ist gerade gut genug. Letzteres hatte ich bereits im Mai bedacht.

Am 12. Juli, während meines Urlaubs, ging der Nauener Vertragsentwurf ein – und der hatte es in sich. Zum Beispiel war darin von der „Vereinbarung [...] zwischen der Stadt Nauen *in der Deutschen Demokratischen Republik* und dem Stadtbezirk Spandau *in Berlin (West)*" die Rede – diese Beziehungsformulierung „Deutsche Demokratische Republik" und „Berlin (West)" setzte sich im ganzen Vereinbarungstext fort. Ein entscheidender Stolperstein für uns war auch dieser Absatz: „Auf der Grundlage der Gespräche und Festlegungen zwischen dem Generalsekretär des Zentralkomitees der Sozialistischen Einheitspartei Deutschlands und Vorsitzenden des Staatsrates der Deutschen Demokratischen Republik, Erich Honecker, und dem Regierenden Bürgermeister von Berlin (West), Eberhard Diepgen, vom 11. Februar und 13. März 1988 sowie der strikten Einhaltung und vollen Anwendung des Vierseitigen Abkommens vom 3. September 1971 ist es die übereinstimmende Absicht beider Seiten, den politischen Dialog zwischen den Bürgerinnen und Bürgern von Nauen und Spandau zu entwickeln und zu fördern, ungeachtet unterschiedlicher Standpunkte in politischen, ideologischen und juristischen Fragen, um mit allen Kräften der Vernunft und des Realismus für eine friedliche Zukunft und das Wohl der Menschen zu wirken." Diesen Präambeltext konnten wir in dieser Form keinesfalls akzeptieren. Auch den vorgesetzten Protokollvermerk und den Jahresplan 1989 konnten wir nicht kommentarlos hinnehmen, wenngleich diese Anlagen nicht so wesentlich waren, dafür gab es Verständigungsmöglichkeiten.

Nach telefonischer Abstimmung mit mir stellten wir am 19. Juli dem Bürgermeister von Nauen unseren Entwurf persönlich zu. Der Direktor beim Bezirksamt Spandau, Heiner Schwarz, der auch künftig meine rechte Hand bei den weiteren Gesprächen war, fuhr selbst im Dienstwagen offiziell nach Nauen. Ich selbst hatte Tage zuvor mit dem Nauener Bürgermeister Kuhn von Föhr aus telefoniert, was bisher jahrzehntelang undenkbar gewesen war. Wir schlugen folgenden Alternativtext für die Präambel einer „Vereinbarung über kommunale Kontakte zwischen der Stadt Nauen und dem Bezirk Spandau von Berlin" vor, schon dieser Titel ohne alles Beiwerk: „Einig in dem Bestreben, einen Beitrag zur Sicherung des Friedens und zur Entwicklung gutnachbarlicher Beziehungen zu leisten, vereinbaren die Stadt Nauen und der Bezirk Spandau von Berlin eine kommunale Partnerschaft. Unbeschadet der Unterschiede in den Auffassungen, die sich aus der Zugehörigkeit beider Kommunen zu verschiedenen Gesellschaftsordnungen ergeben, wollen beide Kommunen damit im Rahmen ihrer Möglichkeiten und Zuständigkeiten – *auf der Basis aller bestehenden Abkommen und Vereinbarungen* – einen eigenen Beitrag zu Begegnungen zwischen ihren Bürgern und damit zum Ausbau friedlicher Nachbarschaft leisten. Beide Seiten verstehen ihre Partnerschaft als Möglichkeit für Bürger und Kommunalpolitiker, gegenseitiges Vertrauen zu schaffen und durch umfassenden konstruktiven Dialog und vielfältige Begegnungen freundschaftliche Verbindung herzustellen."

In diesen verschiedenen Textentwürfen offenbaren sich unterschiedliche ideologische Welten, und so nahm es nicht wunder, dass die andere Seite schon im Gespräch am 19. Juli mit unserem Abgesandten Heiner Schwarz unseren Entwurf ablehnte. An diesem Gespräch nahm erstmalig auch die stellv. Bürgermeisterin Gisela Materok teil, die künftig eine unverzichtbare Gesprächspartnerin wurde. Sie war meines Erachtens die geistige Führungskraft, auch mit direkten und besten Kontakten zum DDR-Außenministerium. Auf drei Formulierungen wollte man unbedingt bestehen: In der Überschrift der Vereinbarung müssten die Worte „Nauen in der Deutschen Demokratischen Republik" und „Stadtbezirk Spandau in Berlin (West)" verankert bleiben. Unverzichtbar seien außerdem die Hinweise in der Präambel auf die Nachbarschaft zwischen der Deutschen Demokratischen Republik und Berlin

(West) sowie auf das Vierseitige Abkommen von 1971 und die Gespräche zwischen dem Staatsratsvorsitzenden Honecker und dem Regierenden Bürgermeister Diepgen. Dennoch sagte Bürgermeister Kuhn die Prüfung unseres Entwurfes zu, und es wurde ein neuer Gesprächstermin im kleinen Kreis am 26. Juli in Nauen vereinbart.

Die Tage nach meiner Urlaubsrückkehr waren geprägt von hektischer Betriebsamkeit in dieser Sache. Ich nahm Kontakt mit der Senatskanzlei auf, fuhr am 26. Juli selbst nach Nauen, um einen Konsens über die Vereinbarungstexte zu finden und stimmte mich anschließend noch einmal mit der Senatskanzlei ab. Die Grenzformalitäten in Staaken waren inzwischen reine Formsache. Unsere „DDR-Einreise" war von Nauen aus problemlos geregelt worden. Die Zeit drängte, denn am 28. Juli sollte ja in Nauen in Anwesenheit einer Spandauer Delegation die „Vereinbarung über kommunale Kontakte" von der dortigen Stadtverordnetenversammlung beschlossen werden. Es schien schwierig zu werden, obwohl die Nauener Seite Kompromissbereitschaft zeigte, aber natürlich waren alle von der Zustimmung höherer Stellen ihres Außenministeriums abhängig. Vertreter aus Ostberlin waren während unserer Verhandlungen meistens in einem Hinterzimmer des Nauener Rathauses anwesend und ansprechbar. Dabei führte der Draht des Bürgermeisters Kuhn und seiner Stellvertreterin Gisela Materok zu ihren Berliner Stellen nicht selten an den örtlichen Parteigliederungen vorbei, was denen überhaupt nicht behagte.

Trotz allem fuhren wir laut Fahrplan verabredungsgemäß mit einer zehnköpfigen Spandauer Delegation am 28. Juli nach Nauen, wo uns eine etwa ebenso große Verwaltungsdelegation der Gastgeber erwartete. Bürgermeister Alfred Kuhn begrüßte uns schon morgens an der Grenze. Im Rathaus gab es einen ersten Pressetermin, dann wurde verhandelt. Kurz vor der Kaffeepause wurde der wartenden Presse der Verhandlungsstand skizziert, bevor unser Besuch mit Stadtrundfahrt und Abendessen ausklang.

In Anbetracht der erheblichen politischen Bedeutung dieses Vorganges waren auch viele Vertreter der Berliner Presse-, Rundfunk- und Fernsehlandschaft in Nauen gewesen – Neuland für die DDR-Admi-

nistration und ihre Bürger. Allerdings war es an diesem Tage noch nicht zu dem von beiden Seiten begehrten Abschluss der Vereinbarung über kommunale Kontakte gekommen, und so war auch die vorgesehene Stadtverordnetenversammlung in Nauen ausgefallen.
Der Knackpunkt aus unserer Sicht war zunächst die Forderung Nauens, als Grundlage für das Zustandekommen dieser Vereinbarung nur das „Vierseitige Abkommen vom 3. September 1971" im Text zu fixieren – in westlicher Lesart das „Viermächteabkommen". Das konnten wir nicht akzeptieren, weil brisante statusrechtliche Fragen Berlins berührt wurden und wir Wert darauf legten, dass dann auch die übrigen Berlin betreffenden Abkommen und Vereinbarungen bis hin zum „Potsdamer Abkommen" von 1945 aufgeführt werden müssten.
Ich will betonen, dass die andere Seite erstaunlich kompromissbereit war. Man war wohl aus übergeordneten Gründen am Zustandekommen der Vereinbarung sehr interessiert. Schließlich hingen auch die Verbindungen von Königs-Wusterhausen und Zehlendorf vom Ausgang unserer Verhandlungen ab. Wir verhandelten übrigens ausschließlich über den Spandauer Entwurf. Die Nauener kamen uns schließlich entgegen, indem sie auf die besondere Nennung der gutnachbarlichen Beziehungen zwischen der DDR und Berlin (West) sowie auf den Hinweis auf die „Gespräche" zwischen dem Staatsratsvorsitzenden Erich Honecker und dem Regierenden Bürgermeister Eberhard Diepgen verzichteten. Nach internen Beratungen, auf Nauener Seite offenbar mit versteckten Vertretern des Ministeriums, verzichteten sie sogar auf die Lagebezeichnungen im Deckblatt, für die Stadt Nauen „Deutsche Demokratische Republik" und den Bezirk Spandau „Berlin (West)". Sie schlugen nun folgende Formulierung vor: „[...] Unbeschadet der Unterschiede in den Auffassungen, die sich aus der Zugehörigkeit beider Kommunen zu verschiedenen Gesellschaftsordnungen ergeben, wollen beide Kommunen damit im Rahmen ihrer Möglichkeiten und Zuständigkeiten auf der Basis aller bestehenden Abkommen und Vereinbarungen, insbesondere des Vierseitigen Abkommens vom 3. September 1971 ihren Beitrag zu Begegnungen zwischen ihren Bürgern und damit zum Ausbau

friedlicher Nachbarschaft leisten". Auch meinem Vorschlag, anstelle des Wortes „insbesondere" das Wort „einschließlich" zu verwenden, wurde nicht widersprochen.
Mit diesem Kompromissvorschlag nahm ich von Nauen aus telefonisch Kontakt mit der Senatskanzlei in Berlin auf. Der ernüchternde Rückruf ergab, dass die Erwähnung des „Vierseitigen/Viermächteabkommens" auch in Verbindung mit „allen bestehenden Abkommen und Vereinbarungen" zum jetzigen Zeitpunkt nicht akzeptiert werden könne, weil hierzu noch weitere Konsultationen erforderlich seien und eine Äußerung kurzfristig nicht erwartet werden könne. Diese starre Haltung der Senatskanzlei enttäuschte mich, und wir alle mussten am 28. Juli mit Bedauern feststellen, dass an diesem Tag kein Abschluss der Vereinbarung möglich war. In einer anschließenden Pressekonferenz teilten wir vor einer Vielzahl von Vertretern der Medien das enttäuschende Ergebnis mit. Natürlich wurde in den Westberliner und den bundesdeutschen Medien breit darüber berichtet und kommentiert. Die DDR-Presse erwähnte kein Wort davon. Die Berliner Morgenpost titelte „Partnerschaft soll nicht an Statusfragen scheitern", das Spandauer Volksblatt „Ein einziger Punkt ist offen – Kontaktvereinbarung mit Nauen im ersten Anlauf gescheitert", der Tagesspiegel schrieb „Noch keine Einigung über Vertrag zwischen Spandau und Nauen", während die Tageszeitung „Keine Statusfragen per Telefon" zur Überschrift nahm. Letztere Aussage machte sich auch die dem Senat nahe stehende Springer-Presse zu Eigen, während die SPD-Fraktion des Abgeordnetenhauses um Walter Momper die starre Haltung der Senatskanzlei für das Scheitern der Nauen-Vereinbarung verantwortlich machte. Interessant ist auch der Volksblatt-Kommentar von Manfred Volkmar vom 30. Juli 1988: „[...]Eberhard Diepgen und Erich Honecker (müssten) eigentlich hochzufrieden sein. Noch nicht einmal ein halbes Jahr ist es her, dass sie grünes Licht gaben für die Aufnahme kommunaler Kontakte zwischen West-Berliner Bezirken und Gemeinden in der DDR, und viel hat nicht gefehlt, da wäre die erste entsprechende Vereinbarung bereits am Donnerstag unterschrieben worden. [...] Nun aber hat man im Rathaus Schöneberg erhebliche

Mühe, Schritt zu halten mit dem vorgelegten Tempo, und also erst einmal auf die Bremse getreten. [...] Nochmalige sorgfältige Überprüfung der statusrechtlichen Lage und Rückversicherung bei Bundesregierung und Alliierten, das darf schon sein, zumal dann, wenn politisches Neuland betreten wird. Die Ungeduld von Spandauern und Nauenern ist gleichwohl sympathisch, ihr Ärger darüber, so knapp vor dem Erreichen des ersten Etappenziels noch einmal aufgehalten zu werden, unterstreicht nur, wie entschlossen sie dem Ziel entgegenstreben. [...]"

*

Jetzt trat in Sachen Nauen erst einmal eine kleine Atempause ein. Am 13. August gedachten wir mit Kranzniederlegungen wieder der Maueropfer. Auch in Zeiten der Annäherung an die DDR durften die Mauertoten nicht in Vergessenheit geraten.

– 40 Jahre unabhängige Gewerkschaft –

Am 14. August jährte sich zum vierzigsten Mal der Tag, an dem 1948 im westlichen Teil Berlins in Trennung vom kommunistischen „Freien Deutschen Gewerkschaftsbund" (FDGB) die UGO („Unabhängige Gewerkschaftsopposition") unter Ernst Scharnowski gegründet worden war. Aus der „Unabhängigen Gewerkschaftsopposition" war dann die „Unabhängige Gewerkschaftsorganisation" geworden, die 1950 als Landesbezirk Berlin in den Deutschen Gewerkschaftsbund (DGB) eingegangen und bekanntlich von 1957 bis 1974 meine berufliche Heimat geworden war. Dieses Jubiläum wurde in der Schulungs- und Bildungsstätte der Industriegewerkschaft Metall am Pichelssee, also in Spandau, begangen. Für mich war es eine besondere Freude, dort als Bürgermeister ein Grußwort sprechen zu können.

*

Einmal im Monat gab es das sog. „Monatsgespräch" mit dem Personalrat des Bezirksamtes Spandau, an dem ich regelmäßig mit den leitenden Mitarbeitern der Abteilung Personal und Verwaltung teilnahm, gelegentlich auch mit den Bezirksstadträten. Ich pflegte mit der Personalvertretung im Großen und Ganzen eine sehr gute kollegiale Zusammenarbeit, ganz im Gegensatz zu dem, was ich aus anderen Bezirken hörte. Sicher lag es auch an meiner gewerkschaftlichen Herkunft und Einstellung. Starke Kräfte im Personalrat waren die Kindergärtnerinnen und die Mitarbeiter des Gartenbauamtes. Sie waren auch die Wortführer in den jährlichen Personalversammlungen. Dass die Gewerkschaft ÖTV die dominierende Kraft im Personalrat war, verstand sich fast von selbst.

*

Wie erwähnt, hatten wir in Spandau den britischen Militäreinheiten viel zu verdanken. Ganz besonders halfen uns die britischen Pioniere im Sportbereich. So unterstützten sie uns im August mit ihrem schweren Gerät bei der Herrichtung eines Fußballfeldes auf den Freiheitswiesen in Ruhleben, was wir mangels finanzieller Mittel schon damals so schnell nicht hätten realisieren können.

– ZDF-Sonntagskonzert aus Spandau –

Im September übertrug das Zweite Deutsche Fernsehen (ZDF) ab 12 Uhr live vom Spandauer Markt sein Sonntagskonzert. Das war ein Riesenaufwand, besonders im Hinblick auf die technischen Vorbereitungen. Dass wir in den Genuss dieser Live-Übertragung kamen, hatte wesentlich damit zu tun, dass der ZDF-Chefredakteur Reinhard Appel Spandauer war. Die Arbeit hinter den Kulissen für diese Veranstaltung, die Verhandlungen mit dem Tiefbauamt – tonnenschwere Fahrzeuge durften eigentlich nicht auf den Markt – sowie Absprachen mit Polizei, Feuerwehr, Umweltamt, Kirche, AG Altstadt und den Verantwortlichen beim ZDF führte meine Leiterin der Pressestelle, Marion Riedel.
Es war eine Aufgabe, die eine normale Verwaltungstätigkeit bei weitem übertraf. Am Freitagnachmittag fiel beispielsweise dem Regisseur auf, dass bei den Aufnahmen eine gewisse Reklame

im Wege war. Sie musste abgedeckt werden. Ihm schwebte etwas mit Birken vor. Anruf im Rathaus. Marion Riedel überlegte. Es war weit nach 15 Uhr, das Gartenbauamt, das vielleicht helfen konnte, war nicht mehr erreichbar, ebenso wenig das Sportamt – am Rande der Sportanlagen gab es Birken. Was nun? Ihr fiel Förster Helmut Korn ein, zu dem das Bürgermeisteramt einen guten Kontakt hatte, also rief sie in der Revierförsterei Radeland an. Helmut Korn war da und gerade auch noch ein Forsthelfer, den er sofort von seinem Feierabend zurückhielt. Marion Riedel fuhr also mit dem riesigen Rüstwagen des ZDF zur Försterei am Rande des Spandauer Forstes. Helmut Korn gab den Beteiligten zu verstehen, dass Birken nicht zu haben waren. Grün seien diese im Wald nur an den Spitzen, also erst einige Meter über dem Boden. Ihm fiel aber eine Fläche ein, wo es junge Eichentriebe gab. Er fuhr in seinem Wagen voraus, der riesige Lkw hinterher – ein solches Fahrzeug hätte eigentlich nie und nimmer in den Wald gedurft. Man fand die Fläche, schlug das Eichengrün, und alle sahen dementsprechend aus. Gleich ging es zurück zum Drehort.

Auf dem Markt war am Sonntag viel Publikum an Tischen und Bänken, rund um und in der Dekoration. Die Generalprobe war für 9 Uhr angesetzt. Ein Mitarbeiter der Polizei hatte starke Bedenken wegen des Gottesdienstes in der benachbarten St.-Nikolai-Kirche. Ob wir denn hierfür eine Ausnahmegenehmigung hätten? An alle möglichen Genehmigungen war gedacht worden, doch dass auch eine solche notwendig sein könnte, wussten wir nicht. Der herbeigerufene Pfarrer von St. Nikolai, Winfried Augustat, erklärte dem Polizisten daraufhin, dass der Gottesdienst hinter den dicken Kirchenmauern auf keinen Fall gestört würde. Also konnte die Generalprobe stattfinden. Die Live-Ausstrahlung begann dann programmgemäß um 12 Uhr, nicht programmgemäß war das einsetzende Niesel-Wetter. Unser für solche Veranstaltungen typisches „Spandau-Wetter" ließ uns diesmal im Stich. Doch alles dauerte nur eine Dreiviertelstunde, die ohne Platzregen überstanden wurde. Es war wieder ein bundesweiter Ausstrahlungserfolg für Spandau.

Die Mitwirkenden an diesem Sonntagskonzert waren stark geprägt vom RIAS Berlin: Das RIAS-Tanzorchester unter Horst Jankowski spielte, Nero Brandenburg moderierte, und Künstler wie der Spandauer Friedrich Schönfelder oder Angelika Milster prägten die Sendung. Auch der Spandauer Bürgermeister wurde interviewt.

– 75 Jahre Rathaus Spandau –

Am 15. September feierten wir das 75-jährige Bestehen des Spandauer Rathauses. Am 27. Januar 1903 war durch Kaiserliche Kabinettsorder die Aufhebung der Festung Spandau erfolgt. In den Jahren 1910 bis 1913 war auf dem neu gewonnenen Gelände der aufgelassenen Festung vor dem alten Potsdamer Tor das von den Architekten Reinhardt und Süßenguth entworfene neue Spandauer Rathaus entstanden. Beide Architekten hatten auch das Rathaus Charlottenburg entworfen. Am 15. September 1913 war das Rathaus in der Havelstadt in Anwesenheit seiner Königlichen Hoheit Prinz August Wilhelm von Preußen als Vertreter seiner Majestät feierlich eingeweiht worden. Auswärtige Kritiker hatten es seinerzeit zum Teil wegen seiner Monumentalität gescholten, aber der Bau stattlicher und markanter Rathäuser war in der Zeit vor dem ersten Weltkrieg auch Ausdruck von Selbstbewusstsein und Eigenständigkeit der Bürger. Denn wie Spandau waren Städte wie Charlottenburg oder Schöneberg noch selbstständige, kreisfreie Städte außerhalb Berlins und wirtschaftlich im Aufschwung. Wesentlichen Anteil an dieser Entwicklung hatte der letzte Spandauer Oberbürgermeister Friedrich Koeltze.
Das Jubiläum des Rathauses feierten wir zünftig, auch mit einem „Tag der offenen Tür". Die einzelnen Abteilungen informierten die Bürger über ihre Tätigkeiten und Angebote. Großer Andrang herrschte in der „Chef-Etage". Das Amtszimmer des Bürgermeisters stand allen Interessenten offen, genauso wie das Sitzungszimmer des Bezirksamtes. Das Goldene Buch der Stadt – übrigens ein Geschenk des Spandauer Buchbindermeisters

Dreger zur Rathauseinweihung 1913 – lag zur Ansicht aus, ebenso die Amtskette des Bürgermeisters. Die Fotoapparate klickten unablässig.

Der Senat machte seine Aufwartung, vertreten durch den Senator für Stadtentwicklung, Starnick, und die Briten umrahmten das Geschehen musikalisch. Das Wichtigste aber war die teilweise historische Wiederherstellung der Jugendstilelemente im Erdgeschossbereich und die Renovierung der Eingangshalle. Einer der bekanntesten Berliner Architekten, Hans Kollhoff, restaurierte das Erdgeschoss mit seinen hohen Säulen nach den historischen Vorbildern. Für die Eingangshalle war das leider nicht mehr möglich, da dieser Bereich im zweiten Weltkrieg zerstört worden war und entsprechende Unterlagen fehlten. Restaurierung und Renovierung kosteten etwa 1,3 Mill. DM und waren damit ein teures Geburtstagsgeschenk, aber ich denke, es war den Aufwand wert.

In Zusammenarbeit mit der „Heimatkundlichen Vereinigung 1954 e.V." brachten wir zu diesem Ereignis eine sehr schöne Broschüre „75 Jahre Rathaus Spandau" heraus, in der die Geschichte des Rathauses und die Entwicklung der Havelstadt seit 1913 in anschaulicher Weise, mit vielen Fotos, geschildert wird.

*

Ebenfalls im September fand die Partnerschaft mit der türkischen Kleinstadt Iznik einen weiteren sichtbaren Ausdruck: Die Freiwillige Feuerwehr Staaken stiftete der Feuerwehr in Iznik einen ausgemusterten Rettungswagen. In Eigenarbeit brachten ihn die Freiwilligen auf den neuesten Stand und lieferten das Rettungsfahrzeug nach einer Fahrt von 2770 km persönlich mit vier Feuerwehrleuten und dem Wehrführer Frank Brose vor Ort an den Bürgermeister aus. Die BVV hatte für die Reparaturen und Ersatzbeschaffungen Sondermittel zur Verfügung gestellt. Hier zeigte sich, dass Partnerschaft die Menschen einander näher bringt: Parallel zur Übergabe flogen weitere 35 Staakener Feuerwehrleute mit Frauen über Istanbul nach Iznik und verbrachten dort ein paar schöne Tage. Sie waren nach ihrer Rückkehr voll des Lobes ob der türkischen Gastfreundschaft.

– Vereinbarung mit Nauen unterschriftsreif –

Politisches Thema Nr. 1 blieb in diesem Jahr die Kontaktanbahnung mit Nauen. Gleich nach dem gescheiterten Vereinbarungs-Versuch am 28. Juli hatte ich meine Gespräche mit der Senatskanzlei wieder aufgenommen. Am 5. August machte die Dienststelle des Regierenden Bürgermeisters einen Betriebsausflug nach Spandau. Die abschließende Zusammenkunft im Erholungsheim der Berliner Stadtreinigung in Kladow nutzte ich zu einem Vieraugengespräch mit Eberhard Diepgen über die eingetretene Situation. Eigenartigerweise erfuhr auch die Presse davon und fing zu spekulieren an. Über ein Gespräch am 9. August mit dem Chef der Senatskanzlei, Staatssekretär Dr. Stronk, gab es einen Vermerk meines Bezirksamtsdirektors Heiner Schwarz, in dem noch einmal die besondere politische Tragweite der angestrebten Vereinbarung zum Ausdruck gebracht wurde. Offensichtlich war auch für uns die kommunalpolitische Annäherung an Nauen fast Außenpolitik, denn die Senatskanzlei hatte unseren erreichten Kompromiss-Text zwar inzwischen akzeptiert, aber auch noch einmal die zuständigen Bundesdienststellen über die Berliner Vertretung in Bonn um eine Stellungnahme gebeten. Außerdem wurden die Alliierten über den Stand der Verhandlungen informiert. Diepgen hatte diesem Vermerk nach allerdings eingegriffen und Weisung gegeben, gegenüber den Bundesdienststellen auf eine schnelle Äußerung zu drängen und eine Frist zu setzen. Wenn nach Ablauf dieser Frist keine Stellungnahme aus Bonn vorliege, werde er nach eigenem Ermessen entscheiden, kündigte er an. Er legte nur Wert darauf, dass die Vereinbarungstexte zwischen Spandau und Nauen sowie Zehlendorf und Königs-Wusterhausen inhaltlich deckungsgleich sein müssten. Immer noch und erneut ging es außerdem um eine konsensfähige Umschreibung der besonderen Lage Berlins in der Präambel, die auch von der DDR akzeptiert würde.

Der September war noch einmal geprägt von einem regen diplomatischen Austausch. Innerhalb von zwei Wochen führte ich drei Gespräche in Nauen mit Bürgermeister Kuhn und ein weiteres mit der Senatskanzlei. Nach Nauen begleitete mich Bezirksamts-

direktor Schwarz, die Nauener Seite wurde von Kuhn und seiner Stellvertreterin Gisela Materok vertreten. Die Verhandlungen führten wir nach wie vor sachlich und stets in freundschaftlicher Atmosphäre. Zur „Auflockerung" trugen zwischendurch auch ein paar Schnäpse bei.
An der Grenzübergangsstelle Staaken war unser Dienstwagen schon bekannt – wir wurden mehr oder weniger durchgewinkt. Nach dem letzten Gespräch am 16. September hatten wir die Kuh vom Eis. Wir einigten uns auf die inzwischen von beiden Seiten akzeptierte Formulierung im vereinbarten Text. Die Unterzeichnung der Vereinbarung verabredeten beide Bürgermeister für Donnerstag, 22. September, im Rathaus Nauen während einer Stadtverordnetenversammlung. Während in Nauen die Stadtverordnetenversammlung diese Vereinbarung absegnen musste, konnte nach Spandauer Zuständigkeitsregeln das Bezirksamt darüber befinden. Wir sahen aber vor, dass sich die Bezirksverordnetenversammlung Spandau am 28. September mit der Vereinbarung über kommunale Kontakte im Rahmen einer „Bezirksamtsvorlage zur Kenntnisnahme" befassen werde, und zwar in Anwesenheit einer Delegation aus Nauen. Im Rahmen dieser Sitzung sollte auch das Jahresprogramm über den Besuchsaustausch für 1989 unterzeichnet werden.
Das Bezirksamt Spandau stimmte am 20. September dem Abschluss der Vereinbarung einstimmig zu, nachdem die Texte auch die Zustimmung des Senats von Berlin gefunden hatten. Auch Kanzleramtsminister Schäuble soll zugestimmt haben. Der genaue Wortlaut der Vereinbarung ist wegen seiner historischen Bedeutung in den damaligen deutsch-deutschen Beziehungen komplett im Anhang nachzulesen.[1]

Der entscheidende Punkt für uns war die Aufnahme folgender Formulierung in die Präambel: „[...] in Achtung aller bestehender Abkommen und Vereinbarungen, einschließlich des Viermächte-

---

[1] *Vereinbarung über kommunale Kontakte zwischen der Stadt Nauen und dem Bezirk Spandau*

abkommens vom 3. Sept. 1971 [...]", wobei der Nauener Text die DDR-Sprachregelung „Vierseitiges Abkommen" enthielt. Alles andere war damit nur noch protokollarische Formsache.
Die Spandauer Delegation setzte sich am 22. September in Richtung Nauen in Marsch – Begrüßung, nochmalige Abstimmung zwischen den Bürgermeistern. Um 14 Uhr begann die außerordentliche Stadtverordnetenversammlung. „[...] So war es im Sitzungssaal des Nauener Rathauses noch nie. Fernsehkameras aus Ost und West ließen ihre Scheinwerfer erstrahlen, alleine 25 Journalisten hatten den Weg nach Nauen gefunden [...]", so beschrieb die Berliner Morgenpost am nächsten Tag die Stimmung. Ich gestehe noch heute: Es war für mich ein stolzer Augenblick, als erster Westberliner Bezirksbürgermeister vor der Stadtverordnetenversammlung einer DDR-Kreisstadt eine Rede zu halten.
Natürlich wurde die Vereinbarung einstimmig, ohne Aussprache, unter großem Applaus von den 52 Stadtverordneten gebilligt. Wir unterschrieben im Blitzlichtgewitter, dann war es geschafft, was beim anschließenden Empfang im Rathauskeller auch gebührend gefeiert wurde. Die Medien berichteten und kommentierten ausführlich, auch überregional, aus unterschiedlichen politischen Blickwinkeln, aber überwiegend positiv. Selbst die Märkische Volksstimme aus Potsdam berichtete jetzt umfassend.
Das Spandauer Volksblatt beschrieb die angestrebte Partnerschaft so: „[...] Beide Kommunalpolitiker betonten in ihren Reden, dass die nun auszufüllenden gutnachbarlichen Beziehungen ‚nicht auf einen Funktionärsaustausch reduziert' (Salomon) werden dürften. Er könne sich vorstellen, erläuterte Kuhn, dass Werktätige aus den Betrieben, Mitarbeiter von Kindertagesstätten, aus dem Gesundheits- oder Sozialwesen und anderen Bereichen in die Partnerkommunen reisen würden, um sich über Arbeitsweise und -bedingungen der Kollegen zu informieren. Auch in dem Vereinbarungstext selbst ist davon die Rede, dass in den ‚Meinungsaustausch Bürger und die in den Kommunalvertretungen repräsentierten Parteien und gesellschaftlichen Organisationen und Gruppen einzubeziehen' sind. [...]" Und in einem Kommentar führte die Zeitung aus: „[...] Der Spandauer Bezirkschef Werner Salo-

mon hat bei früherer Gelegenheit selbstironisch davon gesprochen, zwei ‚kleine Bürgermeister' könnten nicht die Rahmenbedingungen sprengen, wie sie von der ‚großen Politik' gesetzt werden. Das ist die eine Seite der Medaille. Auf der anderen steht: Es kommt darauf an, die gegebenen Möglichkeiten auch mutig auszuschöpfen, sie mit konkreten Inhalten zu füllen. Diese Aufgabe stellt sich nun ‚Bürgern' und ‚gesellschaftlichen Organisationen und Gruppen', die in der Nauener Vereinbarung angesprochen werden und die in diesem Papier eine gute, weil erfreulich weit gefasste Grundlage für eigenes Engagement vorfinden."
Die Berliner Morgenpost kommentierte: „[...] Der Text der Vereinbarung [...] könnte gewissermaßen als Grundlage für Partnerschaften auch zwischen anderen Berliner Bezirken und Städten in der ‚DDR' gelten. Ob das aber tatsächlich so sein wird, muss sich erst zeigen. Schließlich wäre es nicht das erste Mal, dass von östlicher Seite versucht würde, immer wieder ganz neu zu verhandeln und dabei möglichst etwas herauszuschlagen. Hier wird es wichtig sein, dass kein Bezirk sich auf (aus Berliner Sicht) Verschlechterungen einlässt. Grundlage muss stets die Vereinbarung zwischen Spandau und Nauen sein. Diese Vereinbarung in ihrer gestern unterzeichneten Version ist von den drei Westalliierten, vom Berliner Senat und von der Bundesregierung zuvor gründlich geprüft und als immerhin akzeptabel bezeichnet worden. Gemessen an ihr sollte es bei künftigen Abschlüssen ein Weniger nicht geben. [...] Wie schwierig derartige Schritte zu wenigstens etwas mehr Normalität in Deutschland sind, zeigen *viele* Passagen der gestrigen Vereinbarung. Dazu nur *ein* Beispiel: Das Wort Berlin fehlt in der Abmachung völlig! Konsequenz aus den total unterschiedlichen Rechtsauffassungen beider Seiten über den Status Berlins. [...]"
Selbstverständlich wurde auch diese feierliche Unterzeichnung unserer Vereinbarung lückenlos überwacht. Die Stasi-Kreisdienststelle Nauen hatte einen sechsseitigen „Maßnahmeplan" vorbereitet, unterschrieben von Oberstleutnant Lange, „zur politisch-operativen Sicherung des Aufenthaltes der Delegation des Stadtbezirks Spandau – Berlin (West) zur Unterzeichnung der Vereinbarung über die Entwicklung kommunaler Kontakte zwischen der Stadt Nauen

in der Deutschen Demokratischen Republik und dem Stadtbezirk Spandau in Berlin (West) am 22.9.1988". Er ist geradezu ein Paradebeispiel für das Kontroll- und Sicherungssystem der DDR.
Dass die eingesetzten Inoffiziellen Mitarbeiter der Staatssicherheit (die IM „Nadine" und „Horst Franke") ihren Berichtsauftrag sehr ernst nahmen, davon zeugt ein Bericht, den man einfach gelesen haben muss: „[...] Er äußerte auch den Wunsch einer Zugverbindung von Spandau nach Nauen oder eine Golfanlage in Staaken zu errichten oder einen Flugplatz für Segelsportflugzeuge (ehem. Flugplatz Nauen?) zu bauen. Diese Wünsche stellte der Salomon zum jetzigen Zeitpunkt jedoch noch in Frage. Ferner wurde durch den Salomon die Frage gestellt, weshalb es eigentlich gestattet wurde, dass Falkensee zur heimlichen Kreisstadt wurde und Falkensee wesentlich lukrativer gestaltet und gestützt wird als Nauen.
Zur Anwesenheit des CDU-Abgeordneten Mischke, Bezirksstadtrat für Jugend und Sport, erklärte der Salomon, dass er absichtlich den M.

Feierliche Unterzeichnung der Vereinbarung über kommunale Kontakte zwischen Spandau und Nauen: Die beiden Bürgermeister im Kreise ihrer Delegationen.

mitgenommen hat, dass die CDU mal sieht, wie Entspannungspolitik aussehen kann und dass die letzten Zweifel durch diese Vereinbarung beseitigt wurden.

Gegen 20.15 Uhr verabschiedete sich die Spandauer Delegation. Die Verabschiedung zwischen den Nauener Abgeordneten vollzog sich in der HOG ‚Rathauskeller'. Die Verabschiedung zwischen den Bürgermeistern und stellvertretenden Bürgermeistern wurde vor dem Rathaus Nauen vorgenommen. Der Nauener Bürgermeister, Gen. Kuhn, wurde zu diesem Zweck durch die stellv. Bürgermeisterin, Genn. Materok, gestützt aus der HOG ‚Rathauskeller' begleitet, da er auf Grund des übermäßigen Alkoholgenusses nicht mehr in der Lage war, alleine zu gehen.

Während der Verabschiedung vor dem Rathaus kam es zu Umarmungen zwischen den beiden Bürgermeistern und Umarmungen zwischen dem Spandauer Bürgermeister Salomon und der stellv. Bürgermeisterin, Genn. Materok. Die Genn. Materok küsste dabei den Salomon innig auf die Wangen, was auch von dem Salomon erwidert wurde.

Diese Verabschiedungsszenen vor dem Nauener Rathaus wurden auch von Nauener Bürgern beobachtet, die über derartige Verhaltensweisen von Funktionären ihren Unmut äußerten.

Gegen 20.40 Uhr erscheinen in der HOG ‚Rathauskeller' der Gen. Moritz (1. Sekretär der SED-KL Nauen), der Gen. Lehmann (2. Sekretär der SED-KL Nauen) und der Gen. Rüdiger (Vorsitzender des Rates des Kreises Nauen). Der Bürgermeister, Gen. Kuhn, wollte sich beim 1. Sekretär der SED-KL Nauen für sein Verhalten entschuldigen. Durch den Gen. Moritz wurde dazu geäußert, dass er eine solche ‚Schlappe' von Seiten des Gen. Kuhn verzeiht, auf Grund des guten Ablaufes der Verhandlungen und des gezeigten Engagements des Gen. Kuhn.

Hierzu muss jedoch eingeschätzt werden, dass die gesamten Vorbereitungen für das Zustandekommen der Vereinbarung durch die Genn. Materok er- und bearbeitet wurden.

Durch den Gen. Moritz, 1. Sekretär der SED-Kreisleitung Nauen, wurde in der HOG ‚Rathaus-

keller' eine erste Auswertung vor den Mitgliedern der Stadtverordnetenversammlung vorgenommen. Er erklärte, dass er mit dem Programmablauf sehr zufrieden war und ihm die Rede des Gen. Kuhn besser gefiel als die des Spandauer Bürgermeisters Salomon. An die Adresse der Rede des Spandauer Bürgermeisters fand der Gen. Moritz in der Hinsicht anerkennende Worte, dass der Salomon in seiner Rede die Begriffe Abrüstung und Frieden verwendete. Gen. Moritz verwies gleichzeitig darauf, dass ‚wir' damit viel erreicht haben.
In diesem Zusammenhang wurde durch den Gen. Moritz erklärt, dass dieser jetzige Stand am 28.7.88 noch nicht bestand und es gut war, dass wir mit dem Abschluss der Vereinbarung so lange gewartet haben.
gez. ‚Nadine'"

Übrigens wurde der Nauener Bürgermeister Alfred Kuhn nach Abschluss der Vereinbarung mit dem „Vaterländischen Verdienstorden in Bronze" ausgezeichnet. Ich selbst rechne mir spätere anerkennende Wort des Regierenden Bürgermeisters Eberhard Diepgen zur Ehre an, der mehrfach öffentlich zum Ausdruck brachte: „[...] Die Westalliierten in Washington, London und Paris waren gegen eine derartige Westberliner bezirkliche (Sonder-)Vereinbarung, aber Salomon hat sich durchgesetzt."
Wir waren Vorreiter. Nach dem Vorbild Spandau/Nauen wurde am 27. Oktober eine entsprechende Vereinbarung zwischen dem Bezirk Zehlendorf und der Stadt Königs-Wusterhausen abgeschlossen.
Der zweite Teil der Vereinbarung Spandau/Nauen fand dann am 28. September 1988 in Spandau statt. Im Rahmen einer außerordentlichen Sitzung der Bezirksverordnetenversammlung nahmen die Spandauer Bezirksverordneten die Vorlage des Bezirksamtes über den „Abschluss einer Vereinbarung über kommunale Kontakte zwischen der Stadt Nauen und dem Bezirk Spandau", die vom Bezirksbürgermeister begründet wurde, ohne Aussprache zur Kenntnis. Auch der Nauener Bürgermeister Alfred Kuhn hielt vor der BVV Spandau eine Ansprache – wieder ein Novum. Im An-

schluss daran unterzeichneten wir den Jahresplan 1989 über die gegenseitigen Besuche. Dies war zwar alles starr festgelegt und reglementiert, wie der Protokollvermerk (Anlage 1) aussagt, aber es war ein Durchbruch, den man ein Jahr zuvor noch für unmöglich gehalten hatte.

Die Nauener waren mit einer 13-köpfigen Delegation nach Spandau gekommen, und wir boten ihnen über die offizielle Sitzung im Rathaus hinaus ein informatives und attraktives Besuchsprogramm mit Stadtrundfahrt durch Berlin, Altstadtbummel und abschließendem Abendessen im italienischen Restaurant „Arcino's" in der Wilhelmstraße. Fast überflüssig zu betonen, dass es über diesen Westberlin-Besuch der Nauener Ratsmitglieder wieder einen detaillierten Stasi-Bericht voller unbedeutender Einzelheiten gab.

Der Stimmungsbericht der IM über die BVV-Sitzung klang so:
„In der Zeit zwischen 16.30 und 17.00 Uhr fand im Spandauer Rathaus im Rahmen der Bezirksverordnetenversammlung die Gegenunterzeichnung der Vereinbarung statt, an dem alle Nauener Stadtverordneten anwesend waren. Es kann eingeschätzt werden, dass der Unterzeichnungsakt der Vereinbarung gegenüber der Paraphierung der Vereinbarung in Nauen recht stur, ernsthaft und unpersönlich sich vollzog. Es wurde kein Beifall geklatscht, nur mit den Händen auf den Tischen geklopft, was für die Nauener Abgeordneten befremdend war. Im Rahmen der Gegenunterzeichnung der Vereinbarung ergriffen lediglich die beiden Bürgermeister das Wort, alle anderen Fraktionsvertreter sprachen nicht."
In diesem Stil ging der Bericht über sechs Seiten weiter.

Nach dem erfolgreichen Abschluss der Verhandlungen fuhr ich am 24. November gemeinsam mit dem Bezirksamtsdirektor Schwarz noch einmal nach Nauen, um mit den dortigen Gesprächspartnern auf der Grundlage des vereinbarten Jahresplanes für 1989 erste konkrete Terminabsprachen zu treffen. Wir kamen außerdem überein, uns in der ersten Februarhälfte erneut in Nauen zu treffen, um Besuchstermine und Programmablauf detailliert festzulegen. Einvernehmen bestand bereits jetzt darüber, dass im Mittelpunkt der Besuche der offiziellen Delegationen jeweils Fachvorträge über die Aufgaben der kommunalen Organe stehen sollten. Außerdem sollte jeweils eine Stadtrundfahrt arrangiert werden. Bürgermeister Kuhn äußerte in diesem Zusammenhang außerdem den Wunsch nach einem Besuch der Firma BMW durch Betriebsangehörige der Nauener Betriebe. Das hatten wir also unter Dach und Fach.

Noch eine kleine Randbemerkung: Wir hatten Bürgermeister Kuhn gegenüber den Wunsch geäußert, anlässlich unseres November-Besuchs auch einmal die Zuckerfabrik zu besichtigen. Das klappte, setzte aber einen gesonderten Genehmigungsantrag des Betriebsdirektors des VEB („volkseigenen Betriebs") Zuckerfabrik Nauen, Bertram, an den Generaldirektor des VE Kombinats Zucker in Halle voraus: „[...] ich bitte um Ihre Zustimmung und um Ihre Information über evtl. zu beachtende Regelungen oder Maßnahmen", schrieb Bertram.

Die Zuckerfabrik in Nauen beging 1989 ihr 100-jähriges Bestehen. In der Festschrift, noch in tiefster DDR-Zeit entstanden, heißt es: „[...] Die Gründung von Zuckerfabriken, ursprünglich nur im Interesse von Junkern und anderen Rübenproduzenten liegend, wird im aufstrebenden Kapitalismus auch für den Industriellen und den Handelsunternehmer interessant [...]. Nach 1945 entstand in Nauen sehr bald die VEB Zuckerfabrik, jahrzehntelang der größte Arbeitgeber für die Stadt. Sie war bis 1989 die einzige Zuckerfabrik im Bezirk Potsdam, sie realisierte fast 5% der Gesamtzuckerproduktion der Republik und war somit ein wichtiger Produktionsfaktor für Nauen." Aber auch das prägte die Zuckerfabrik: „[...] Werktätige der Zuckerfabrik leisteten seit 1963 engagiert und erfolgreich ihren wehrpolitischen Beitrag in den Kampfgruppen der Arbeiterklasse."

Für die Lebensverhältnisse der Menschen in einer Kleinstadt wie Nauen waren allerdings die Beziehungen der Fabrik zur Kommune auch wichtig: In jährlichen Kommunalverträgen wurde die finanzielle und materielle Unterstützung des Rats der Stadt Nauen zur Verbesserung der Lebensbedingungen der Bürger und zur Durchführung von kulturellen Veranstaltungen festgeschrieben mit einem durchschnittlichen Wert von etwa 50 000 Mark. Außerdem versorgte die Fabrik ein Neubaugebiet mit 320 Wohneinheiten mit Wärme, richtete ein „Kinderkombinat" mit 250 Plätzen ein (eine Kombination von Krippe, Kindertagesstätte und Jugendbetreuung) sowie ein „Betriebsambulatorium" (ärztliche Versorgung). Vertraglich festgeschrieben wurden auch Patenschaftsbeziehungen zu einem Wohnbezirk und einer Polytechnischen Oberschule in Nauen sowie die Bereitstellung des Kulturraumes und der betriebseigenen Gaststätte für gesellschaftliche und kulturelle Veranstaltungen. So fanden z.B. die Karnevalsveranstaltungen des Nauener Karnevalsclubs stets in der Zuckerfabrik statt. Diese Beispiele zeigen, welche Bedeutung die Zuckerfabrik für Nauen hatte. Ähnliches galt auch für die landwirtschaftliche Produktionsgenossenschaft (LPG) Nauen: Der Direktor der Zuckerfabrik und der Vorsitzenden der LPG hatten fast mehr Einfluss als der Bürgermeister.

– DER WAHLKAMPF BEGINNT –

In den letzten Monaten des Jahres kündigte sich dann ein weiteres politisches Ereignis an: Am 29. Januar 1989 wurden das Berliner Abgeordnetenhaus und die Bezirksverordnetenversammlungen gewählt. Obwohl die Ausgangslage für die SPD, insbesondere in Spandau, als nicht schlecht galt, war Wahlkampf angesagt, bei dem ich als Spandauer Spitzenkandidat und amtierender Bezirksbürgermeister natürlich besonders gefragt war. Unzählige Studio-Fotos wurden von mir gemacht, und Fotografen begleiteten mich auch bei Außenterminen, um Wahlkampf-Broschüren zu bebildern. Ich besuchte massenhaft Veranstaltungen, z. T. mit dem Berliner Spitzenkandidaten Walter Momper. Presseecho über eine öffentliche Versammlung in Kladow: „Die Kladower SPD hatte zu einer öffentlichen Diskussion über kommunalpolitische Probleme mit Bürgermeister Salomon in den ‚Kladower Hof' eingeladen. Die Resonanz war groß, kein Stuhl blieb leer. Es gab doch viele Probleme, die die Kladower bewegten, zu erörtern. Um nur einige Themen zu nennen: Schule,

Kita, Golfplatz, Campingplatz, Glienicker See, Grundwasserverschmutzung usw. Werner Salomon beeindruckte durch seine Kompetenz, keine Frage konnten ihn überraschen, so genau kannte er die Probleme auch des Spandauer Südens. Die Anwesenden dankten für sein Engagement mit viel Beifall und wünschten ihm viel Erfolg für die nächsten vier Jahre."

Beliebt waren auch die sonntäglichen Frühschoppen in den verschiedenen Ortsteilen, von Staaken bis Haselhorst, von Hakenfelde bis zum Lokal „Buschhütte" im Falkenhagener Feld oder im „Stadtrandgarten". Die Teilnahme an Betriebsversammlungen, Rollende Sprechstunden oder mein schon traditioneller Behindertenempfang am 27. Oktober waren für mich Selbstverständlichkeiten über viele Jahre hinweg, dazu bedurfte es keines Wahlkampfes. So war ich eigentlich ganz zuversichtlich für den nächsten Wahlausgang. Mein Wahlspruch war stets: „Wer vier Jahre seine Schularbeiten macht, braucht sich um seine Versetzung normalerweise keine Sorge zu machen."

*

Am 28. Oktober verliehen wir dem „Corps of Royal Engineers" den Ehrentitel „Freedom of Spandau". Die in der Spandauer Wilhelmstadt stationierten britischen Pioniere hatten seit 1946 im Bezirk immer wieder technische Hilfe und Unterstützung geleistet. So leistete das „Corps of Engineers" beim Anlegen von Sportplätzen, beim Planieren von Straßen und Wegen, bei der Schneeräumung auf öffentlichen Plätzen und zu vielen anderen Anlässen technische Hilfe, für die der Bezirk keine Mittel hatte. Gemeinsam mit dem obersten britischen Pionierkommandeur, General Sir Georg Cooper, nahm ich vor dem Rathaus die Militärparade ab und vollzog die Ehrung.

*

Am 9. November jährte sich zum 50. Mal die Reichspogromnacht, als in Deutschland die Synagogen von Feuer zerstört wurden und die Judenverfolgung der Nationalsozialisten mit ganzer Brutalität hereinbrach. Bezirksverordnetenversammlung und Bezirksamt begingen diesen Tag mit Kranzniederlegungen an der Gedenktafel der zerstörten Spandauer Synagoge am Lindenufer.

Im Bürgersaal des Rathauses fand eine Gedenkveranstaltung statt, zu der der Historiker Prof. Dr. Wolfgang Wippermann von der Freien Universität die Rede hielt. Der Bezirk brachte dazu zwei Dokumentationen heraus: „Widerstand in Spandau" und „Juden in Spandau". Ich stellte mir die Frage, warum das erst jetzt geschah.
Die Kirchen unternahmen einen „Bußgang" durch Spandau mit Gedenkminuten an bestimmten Stätten jüdischen Wirkens, z.B. am Kaufhaus „Sternberg" am Markt. Die Aktion „Sühnezeichen/Friedensdienst" bot ökumenische Andachten in der St. Marien-Kirche am Behnitz und der St. Nikolaikirche an.

*

Zukunftsweisendes tat sich am 15. November auf dem Krankenhausgelände an der Lynarstraße, wodurch wohl ein Schlusspunkt in der Diskussion um die Sanierung der Krankenhäuser gesetzt wurde: Der erste Spatenstich für den Neubau des Technikgebäudes mit Blockheizwerk, Strom- und Hochdruckdampferzeugung, Kälteerzeugung und anderem wurde gesetzt – 38,6 Mill. DM sollte dieser Neubau kosten. Der Staatssekretär Hasinger und ich setzten zusammen den Spaten an, das war der symbolische Beginn für die Sanierung und den Ausbau des Krankenhauses. Damit war die Entscheidung gefallen für den traditionsreichen, fast hundert Jahre alten Standort in der Spandauer Neustadt, weil man auch im Senat einem Krankenhaus im Kerngebiet Spandaus, in unmittelbarer Nachbarschaft zu Arbeit und Wohnen, den Vorzug gab. Das entsprach auch meinen Vorstellungen. Eine Schalldämmung wurde jedoch notwendig, um den Fluglärm der Einflugschneise nach Tegel zu minimieren.

– JOHANNES RAU IN SPANDAU –

Weihnachten und Silvester verbrachten wir auf Föhr, dann begann das aufregende Jahr 1989. Bis zu den Wahlen am 29. Januar war noch einiges zu tun. Im Zuge des Wahlkampfes besuchte am

13. Januar der Ministerpräsident des Landes Nordrhein-Westfalen, Johannes Rau, die Havelstadt. Er trug sich in das Goldene Buch ein und sprach abends im Ratskeller vor 250 Zuhörern auf einer Wahlversammlung. „Wenn man seit 58 Jahren den biblischen Namen ‚Johannes' trägt, dann muss man doch zu ‚Salomon' kommen", sagte Rau. Die Havelstadt sei ihm keine Unbekannte. Seit Jahrzehnten komme er regelmäßig nach Spandau. Er habe eine Fülle von Erinnerungen, unter anderem an das Johannesstift oder an die Ladenkirche am Brunsbütteler Damm. Einige neigten dazu zu denken, es sei alles schon gelaufen. Doch das sei ein Irrtum. Die Spandauer SPD habe eine gute kommunalpolitische Bilanz vorzuweisen. Er habe Respekt vor dieser Leistung, die auch Werner Salomon zu verdanken sei. Und er riet den Politikern: „Sage, was du tust und tue, was du sagst und verspreche nie, was du nicht halten kannst". Soweit „Bruder Johannes", von dem man immer einiges lernen konnte. Er war ein eingefleischter Kommunalpolitiker, langjähriger Oberbürgermeister von Wuppertal, der sich auch um die Politik vor der Haustür kümmerte und

Werner Salomon und Johannes Rau (© Spandauer Volksblatt).

mir einmal riet: „Kümmere dich um die Vereine in deiner Stadt, um die Gesangsvereine, um die Sportvereine, auch um die Kleintierzüchtervereine. Sie bilden ein ganz wichtiges Rückgrat in der Bürgerschaft." Seine Erfolge gaben ihm Recht.
Ich nutzte den Besuch von Johannes Rau, um vor der Presse noch einmal meine Bereitschaft für eine weitere vierjährige Amtszeit zu unterstreichen. Spandauer Volksblatt vom 14. Januar 1989: „Allen im Wahlkampf ausgestreuten Gerüchten und Unkenrufen zum Trotz will Bezirksbürgermeister Werner Salomon noch eine komplette Legislaturperiode im Amt bleiben. Das erklärte der Spandauer Verwaltungschef gestern [...] im Ratskeller. Er gehe davon aus, dass seine Partei erneut die Mehrheit in der Havelstadt erlange und die Bezirksverordnetenversammlung wie vor zehn Jahren bei seinem Amtsvorgänger Dr. Herbert Kleusberg beschließen könne, dass der Bezirksbürgermeister bei Erreichen der Altersgrenze bis zum Ende der Legislaturperiode im Amt bleibe."
Unsere Parteifreunde aus Siegen-Wittgenstein und aus Plön leisteten ebenfalls aktive und praktische Wahlhilfe in Spandau, auch weitere Spitzenpolitiker unterstützten uns. Am 17. Januar war z.B. unser alter Freund Hans-Jochen Vogel in der Havelstadt. Auch ihn zitiere ich sehr gern. Spandauer Volksblatt vom 18. Januar 1989: – ‚Mach Dir keine Sorgen über dein Alter, Werner. Ich habe nichts gegen 63-jährige', scherzte Dr. Hans-Jochen Vogel gegenüber Werner Salomon. Der SPD-Parteivorsitzende steht keine drei Wochen vor seinem 63. Geburtstag. [...] Dem Bezirksbürgermeister versicherte er, es sei weit über die Grenzen der Stadt hinaus bekannt, dass ‚es in der Republik Spandau einen König Salomon gibt'." Schließlich kam auch der Oberbürgermeister von Hannover, Herbert Schmalstieg, zu Besuch, um gemeinsam mit Walter Momper und mir Stimmung zu machen.

– Schwierige Wirtschaftsförderung –

Ein schwieriges und kompliziertes Thema beschäftigte uns auch in diesen Monaten: Die Kran- und Baggerfirma Orenstein und Koppel am Brunsbütteler Damm, seit fast 100 Jahren in Spandau ansässig und damit ein ganz wichtiger Wirtschaftsfaktor in der Havelstadt, wollte sich erweitern und modernisieren. Das ließ sich in den alten Fabrikhallen aus der Kaiserzeit nicht verwirklichen. Sie waren Industriedenkmale, standen unter Denkmalschutz und durften keinerlei Veränderung erfahren. Die Firma Orenstein und Koppel gab nun zu verstehen, dass sie neue Fabrikhallen erwarte, oder sie werde sich aus Spandau zurückziehen und sich in Richtung Bundesgebiet orientieren.
Die Verwaltungen bis zum Berliner Senat begannen, fieberhaft nach einer Lösung zu suchen, denn ein derartiger Industrieabbau war wirtschaftlich und arbeitsmarktpolitisch nicht zu vertreten. Auch die Gewerkschaften standen dahinter. Und so suchten und fanden wir – der Senat, das Bezirksamt und die Firma mit Unterstützung der Industriegewerkschaft Metall – folgende Lösung: Auf einem unbebauten Gelände nördlich der alten O+K-Fabrik an der Staakener Straße, in Höhe des Prisdorfer Weges, sollte auf der grünen Wiese ein neues O+K-Werk entstehen, den modernen Produktionsanforderungen entsprechend. Das ins Auge gefasste Gelände war allerdings voller Kohlenhalden, die gemäß alliierten Vorschriften zur Kohlenbevorratung für den Ernstfall bestimmt waren. Wir mussten also, um Orenstein und Koppel in Spandau zu halten, diese riesigen Steinkohlenhalden an einen anderen Ort verlagern.
Als Möglichkeit dafür fand sich eine alte Kiesgrube in Kladow, am Eichelmatenweg. Der Senat entschied sich für diesen Platz am Rande des Flugplatzes Gatow zur Lagerung der Kohle-Vorräte. So standen wir in Spandau vor einer neuen und ungeheuren Herausforderung: 680 000 Tonnen Kohle mussten innerhalb kurzer Zeit von Staaken nach Kladow transportiert werden. Überflüssig zu betonen, dass es Bürgerproteste hagelte, besonders aus dem Kladower Raum – zum einen aus Umweltschutzgründen, zum anderen wegen der sich abzeichnenden Verkehrsbelastung, denn

die Kohletransporte per Lkw mussten aus Zeitgründen im anderthalb Minutentakt über Spandauer Straßen von Staaken nach Kladow fahren. Nun, die politischen Entscheidungen waren gefallen, und die Lage war nicht zu ändern. Das neue Kohlelager in der alten Kiesgrube wurde umweltschonend nach Sondermüllkriterien mit mineraler Abdichtung in die Erde eingelassen.

Zur besseren Verkehrssicherheit wurden für die Kladower eine Reihe von Maßnahmen getroffen, so gab es z.B. zusätzliche Ampelanlagen und eine neue provisorische Straße nur für die Kohletransporte. Allerdings vergaß man dabei die übrigen Teile der Stadt wie den Magistratsweg in Staaken, und hier verketteten sich die Ereignisse auf tragische Weise: Kurz bevor ich am 25. Januar zum Gespräch mit besorgten Eltern in der Kindertagesstätte am Magistratsweg erschien, war wenige Meter entfernt ein 42-jähriger Spandauer beim Überqueren des stark befahrenen Magistratsweges tödlich verunglückt. Vor diesem Hintergrund und mit dem Wissen um die sehr bald in kurzen Abständen über den Magistratsweg rollenden Kohletransporte erschien mir die Sorge der Anwohner wegen der vielen Kinder berechtigt. Ich wandte mich unverzüglich an den Regierenden Bürgermeister und an den Verkehrssenator, um unbürokratische Abhilfe – etwa wie in Kladow – zu verlangen. Später wurde am Magistratsweg, am Kita-Standort Ecke Rellstabweg, eine Ampel installiert.

Am 13. Oktober 1989 erfolgte die Grundsteinlegung für das neue Fabrikationsgebäude der Firma Orenstein und Koppel an der Staakener Straße. Die schwierige Umlagerung der Kohlehalden war gelungen, und O+K konnte ein neues Werk, sozusagen auf der grünen Wiese in unmittelbarer Nähe des alten, 100-jährigen Werkes, nach modernen Gesichtspunkten errichten. Ende gut, alles gut – meinten wir damals.

Am 21. Juni 1991 wurde das neue Baumaschinenwerk von Orenstein und Koppel in Staaken an neuer Stelle feierlich eröffnet. Der Regierende Bürgermeister, viel Prominenz aus Politik und Wirtschaft sowie 600 Gäste aus aller Welt, darunter 60 Journalisten aus ganz Europa, nahmen daran teil. Diese Einweihung war ein wichtiges wirtschaftspolitisches Ereignis, weit über Spandau hinaus.

– Wahltriumph und Rechtsruck –

Die Wahlvorbereitungen gingen weiter. In den Zeitungen wurde kräftig spekuliert und kommentiert. Unter dem Titel „Auf harten Schlagabtausch verzichtet – Die SPD baut auf Werner Salomon – Spandauer CDU tritt ohne Spitzenkandidaten an" schrieb das Spandauer Volksblatt am Vortag der Wahl: „Ohne große Spannung kann man in Spandau dem Wahltag entgegensehen. Da sie selbst nicht erwarten, dass es zu wesentlichen Änderungen der Machtverhältnisse im Rathaus an der Carl-Schurz-Straße kommen wird, haben Sozial- wie Christdemokraten in den vergangenen Wahlwochen in der Havelstadt auf einen harten Schlagabtausch verzichtet. Die SPD kann in Spandau noch einmal auf die Popularität ihres ‚Volksbürgermeisters' Werner Salomon bauen. Blieben in der auslaufenden Legislaturperiode auch so spektakuläre Ereignisse wie die 750-Jahrfeier aus, so kann er jedoch auf einige beachtliche Erfolge, wie das Bürgerbegehren gegen den Bau einer zweiten Schleusenkammer und den Abschluss des Baus der Fußgängerzone Altstadt verweisen [...] Versichert S. auch trotz des Erreichens der Altersgrenze im Jahre 1991 per erwartetem BVV-Beschluss noch einmal für volle vier Jahre antreten zu wollen, so werden die Spandauer Sozialdemokraten schon frühzeitig herangehen müssen, um einen Nachfolger aufzubauen. In den Startlöchern stehen die drei Stadträte Sigurd Hauff, Klaus Jungclaus, Renate Mende sowie der Abgeordnete und Kreisvorsitzende Wolfgang Behrendt, von denen jedoch keiner die ‚Salomonische Bürgernähe' aufweisen kann."
Ich denke, wir hatten in den letzten vier Jahren keine schlechte Kommunalpolitik für die Menschen gemacht. Wir hatten unsere Havelstadt gut in Szene gesetzt, auch weit über Spandau hinaus, und wir hatten einen guten, modernen Wahlkampf geführt.
Aber etwas anderes machte mir kurz vor den Wahlen Sorgen. Bei einigen Wahlveranstaltungen hatten mich durchaus wohlmeinende Sympathisanten (z. T. Polizisten) darauf aufmerksam gemacht, dass wir auch in Spandau mit einem Stimmengewinn der rechtsradikalen Republikaner rechnen müssten. Ich wollte das zunächst nicht wahr haben, aber sie behielten Recht.

Die Wahlen am 29. Januar wurden wieder zu einem Triumph für die SPD. Bei einer Wahlbeteiligung von fast 80 Prozent erreichte die CDU in Berlin nur noch 37,8 Prozent, die SPD legte fast 5 Prozent zu und kam auf 37,3 Prozent, die Alternative Liste auf 11,8 Prozent und die FDP nur noch auf 3,9 Prozent – sie verlor fast 5 Prozent und war im Abgeordnetenhaus nicht mehr vertreten. Aber nun die Kröte: Die Republikaner erhielten auf Anhieb 7,5 Prozent der Stimmen, in Neukölln sogar 9,6 Prozent und im Wedding fast 10 Prozent.

Spandau wurde auch bei den Wahlen zum Abgeordnetenhaus wieder einmal zum Aushängeschild für die SPD: Sieben von acht Direktmandaten gingen an die Sozialdemokraten. Noch triumphaler gingen die Wahlen zur Spandauer Bezirksverordnetenversammlung aus: die SPD gewann 55,2 Prozent, was einem Zugewinn von 9,15 Prozent und vier Sitzen entsprach. Wir hatten wieder die absolute Mehrheit in der BVV, übrigens die einzige in Berlin. Allerdings erreichten die Republikaner auch bei uns 6,7 Prozent und bekamen damit drei Sitze in der BVV, zwei der Kandidaten waren Polizisten. 8000 Spandauer hatten also die Republikaner gewählt, und das gab Anlass zur Sorge.

Die CDU musste auch in den anderen Bezirken erdrutschartige Verluste hinnehmen. In acht von zwölf Rathäusern gab es wieder sozialdemokratische Bezirksbürgermeister, zuletzt waren es nur zwei. Aber in allen Bezirksparlamenten außer in Zehlendorf saßen jetzt auch die Republikaner. Ihr Durchbruch, praktisch aus dem Stand erlangt, traf viele überraschend. Wir erklärten uns den Erfolg hauptsächlich damit, dass eine Reihe von Bürgern Vorbehalte gegen Aus- und Umsiedler hatten und sich z.B. als Berliner bei Wohnungsvergaben benachteiligt fühlten. So wurde uns aus Haselhorst bekannt, dass ganze Häuseraufgänge in der GEWO-BAG-Siedlung rechts gewählt hatten, weil frei gewordene Wohnungen an Aus- und Umsiedler vergeben worden waren und nicht an deutsche Angehörige. Hier entwickelte sich offensichtlich ein Protestpotenzial, das sich die Republikaner zu Nutze machten, insbesondere bei den unteren sozialen Schichten. Natürlich wurde über den Wahlabend und das Wahlergebnis breit und ausführlich in den Zeitungen berichtet und kommentiert. Auch im Bezirksamt hatten wir künftig eine satte Mehrheit mit fünf Mitgliedern für uns und zwei für die CDU.

Ich ging nach dem Wahlsieg wieder schnell zur Tagesordnung über, besuchte Feste und folgte Einladungen. Am Sonnabend nach der Wahl bedankten wir uns an Infoständen in Haselhorst, Siemensstadt, Neustadt und anderswo bei den Wählerinnen und Wählern. In diesen Tagen lebte außerdem ein alter Wunsch von mir wieder auf: Die Realisierung einer großen Veranstaltungshalle für Spandau, die sog. „Havellandhalle". Seit Jahren hatte ich die beiden großen Fabrikhallen der ehemaligen Geschützgießerei an der Spreemündung im Visier, die nur noch als Getreidespeicher dienten. Sie waren aber im Besitz der Familie Kampfmeyer, die sich einem Verkauf widersetzte. Jetzt hatte eine Arbeitsgruppe von Architekturstudenten Entwürfe für die Umgestaltung der Hallen für Veranstaltungen und kulturelle Zwecke erarbeitet und sie im Rathaus ausgestellt, was neue Hoffnungen auf eine Umsetzung weckte.

– Republikaner in Nauen nicht erwünscht –

Anfang Februar 1989 machten wir uns wieder auf den Weg nach Nauen. In den Gesprächen mit den Nauener Partnern ging es um die Konkretisierung der nächsten Schritte im Rahmen des vereinbarten Jahresplanes, und wir verabredeten uns so: Am 22. Februar sollten Fachleute aus dem Jugend- und Sozialbereich ganztags zu einem Erfahrungsaustausch in Nauen zusammenkommen. Der Gegenbesuch der Nauener Delegation wurde für den 1. März in Spandau vorgesehen. Ein nächstes Treffen der Bürgermeister planten wir für April, um die weiteren Besuche vorzubereiten.

Der erste Besuch der Spandauer Delegation mit den Bezirksstadträten Renate Mende (Sozialwesen) und Helmut Mischke (Jugend und Sport) sowie Mitarbeitern aus ihren Fachabteilungen in Nauen verlief reibungslos. Die Spandauer besuchten die Kinderkombinate („KiKo") in der Karl-Thon-Straße, die Kinderkrippe „Mischka" in der Ritterstraße sowie das Feierabend- und Pflegeheim „Clara Zetkin". Viele Probleme ähnelten sich, so unterschiedlich die Systeme auch waren. Die Begegnungen verliefen durchweg freundschaftlich, ja, sogar herzlich. Was will man nach 40 Jahren Kontaktsperre mehr?

Wie eng begrenzt die Eigenständigkeiten einer Kommune in der DDR waren, zeigt ein Brief von Bürgermeister Kuhn an das Ministerium für Volksbildung, an den Staatssekretär und Genossen Lorenz, in dem er um Zustimmung des Ministeriums gebeten hatte, dass die Spandauer Gäste auch eine Gruppe des Kindergartens im Kinderkombinat besuchen dürften. Oder der Nauener Ratsvorsitzende bat den Vorsitzenden des Bezirksrats Potsdam, einen bereits genehmigten Kleinbus für eine Fahrt nach Spandau am 1. März schon um 7.30 Uhr zur Verfügung zu stellen.

Aber auch das will ich erwähnen: Den Kommunalpolitikern in Nauen war natürlich nicht verborgen geblieben, dass inzwischen drei Republikaner in die Spandauer BVV gewählt worden waren. Schon am 22. Februar in Nauen hatte Bürgermeister Kuhn unseren Stadträten erklärt, dass sie keinerlei Kontakte zu den Republikanern wünschten und die Republikaner auch keine Einreisegenehmigungen nach Nauen erhalten würden.

Der Nauener Gegenbesuch von Fachleuten aus dem Jugend- und Seniorenbereich in Spandau erfolgte programmgemäß am 1. März. Leiterin der siebenköpfigen Nauener Delegation war die stellv. Bürgermeisterin Gisela Materok. Das Spandauer Volksblatt berichtete am Folgetag: „[...] Nach der Begrüßung morgens um neun durch den Bezirksbürgermeister startet die siebenköpfige Gruppe ihre Tour in der Integrationskindertagesstätte ‚Hoppetosse', ein wohl in ganz Berlin beispielhaftes Haus. Eine gute Stunde später geht es schon ins Jugendwerkheim für junge Behinderte. Kurz danach steht die neue Außenstelle der Jugendfürsorge in der Schönwalder Straße auf dem Programm. Und jedes Mal muss Jugendstadtrat Helmut Mischke, der die Gruppe am Vormittag begleitet, irgendwann zur Eile mahnen. Wie schon zuvor in Nauen sind die Kollegen von hier und dort – sind sie erst einmal ins Gespräch vertieft – kaum zu bremsen." Nach Mittagessen und Altstadtbummel ging es am Nachmittag um die Seniorenarbeit, wo sich die Gemeinsamkeiten als sehr groß herausstellten. Über den interessanten, fachlichen Austausch hinaus entwickelte sich auch wieder ein herzliches Klima, das beide Gruppen verband und auf eine Wiederholung der Begegnungen hoffen ließ.

– Erste BVV-Sitzung mit Republikanern –

Im Februar und März führten wir zwei Gespräche mit der Spitze der Spandauer CDU, um im Vorfeld der neuen Bezirksamtsbildung einige Fragen zu erörtern. Bei den jetzt herrschenden Mehrheitsverhältnissen brachte das keine ernsthaften Probleme.
Am 2. März konstituierte sich die Bezirksverordnetenversammlung für die neue Wahlperiode. Diese erste Sitzung war etwas Besonderes für mich, denn ich war der Älteste unter den gewählten Bezirksverordneten und hatte als Alterspräsident diese Sitzung zu eröffnen und zu leiten. Die Atmosphäre war aufgeheizt, weil erstmals drei Verordnete der Republikaner der BVV angehörten. Das führte zu erheblichen Protestaktionen außerhalb und innerhalb des Rathauses.
Das Spandauer Volksblatt berichtete am 3. März: „Es gab in der Spandauer Bezirksverordnetenversammlung (BVV) seit 1946 weder ausländerfeindlich noch nationalistisch geprägte Töne, und so wird es auch bleiben', erklärte Bezirksbürgermeister Werner Salomon als Alterspräsident während der konstituierenden Sitzung des Gremiums an die Adresse der neu in das Spandauer Rathaus eingezogenen Fraktion der Republikaner. Die Kommunalpolitik sei unmittelbar für den Menschen am Ort zu gestalten. Der Mensch habe im Mittelpunkt zu stehen, ‚und auch ausländische Mitbürger in der Neustadt sind Menschen, denen unsere Vor- und Fürsorge uneingeschränkt zu gelten hat', betonte Salomon in seiner Funktion als Alterspräsident. Zu einem

Zwischenfall kam es auf der Zuschauertribüne. Zuhörer hatten ein Transparent entrollt, auf dem zu lesen stand: ‚Wehret den Anfängen, Kampf den Faschisten'. Salomon unterbrach die Sitzung, zeigte Sympathie für die Forderung und bat, das Plakat innerhalb von zwei Minuten wieder einzupacken. Die Demonstranten folgten dieser Aufforderung."

26 SPD-, 14 CDU-, zwei AL-Verordnete und die drei Republikaner wählten anschließend quasi im Eilverfahren Rolf Rührmund (SPD) wieder zum Bezirksverordnetenvorsteher und Christel Zuchowski (CDU) zur Stellvertreterin. Ein Novum: Drei Bezirksverordnete betraten und verließen das Rathaus durch einen Nebeneingang – es waren die Republikaner.

Vierzehn Tage später wählte die BVV in nur zwanzig Minuten die Mitglieder des Bezirksamtes. Für Beobachter ungewöhnlich war die Einmütigkeit der 43 anwesenden BVV-Mitglieder von SPD, CDU, AL und Republikanern: Alle sieben Bezirksamtsmitglieder wurden ohne Gegenstimmen, bei einigen Enthaltungen, gewählt. Am Abend zuvor hatte es beim Kreisparteitag der CDU noch heftige Turbulenzen gegeben, insbesondere um die Kandidatur von Hans-Ulrich Hering, dem man die Wahlschlappe der CDU in Spandau anlastete.

*

Anfang März mussten wir uns erneut mit der Kampfstoffsuche auf der Zitadelle befassen. Zwischen dem Bezirk und der Polizeiführung bestanden bekanntlich unterschiedliche Auffassungen über die Notwendigkeit der Absperrungen im Zitadellenbereich, die aus Sicherheitsgründen während der Giftgassuche vorgenommen wurden.

Wir waren u.a. daran interessiert, so schnell wie möglich mit dem Ausbau des Hauses 13 voranzukommen, das einmal das Stadtgeschichtliche Museum beherbergen sollte und das innerhalb der Absperrungen lag. Vor allen Dingen drängten wir auf einen Zeitplan bei der Kampfstoffsuche. Das war Gegenstand eines erneuten Gespräches mit dem Leiter der polizeitechnischen Untersuchungsstelle (PTU), Dr. Wolfgang Spyra, der im Laufe der Zeit zugänglicher geworden war. Man wolle auf Wünsche des Bezirksamtes eingehen, hieß es jetzt. So könne in der bergungsfreien Zeit am Haus 13 gebaut werden. Auf meine Frage nach der Dauer der weiteren Suchmaßnahmen antwortete Dr. Spyra im Stil von „Radio Eriwan": „Ob ich während meiner allem menschlichem Ermessen nach noch vier Jahre dauernden Amtszeit das Ende der Bergungsmaßnahmen erleben werde – im Prinzip ja ..." Er glaube es aber nicht, denn man müsse sich an der Realität orientieren, und versprechen könne er nichts. Dennoch hoffte ich, dass er Unrecht haben möge.

*

Am 7. März 1989 war ich erstmalig zu einem Empfang des US-amerikanischen Stadtkommandanten in die Residenz nach Dahlem eingeladen worden. Sonst schotteten sich die jeweiligen Stadtkommandanten in ihren Bereichen gegenüber Bezirksbürgermeistern aus den anderen Sektoren weitgehend ab. Bei diesem Empfang ging es wesentlich lockerer und familiärer zu, als bei den stark protokollarisch ausgerichteten Empfängen der Britischen Stadtkommandanten. Vielleicht lag es auch daran, dass der amerikanische Stadtkommandant eine Berlinerin zur Frau hatte. Die musikalische Umrahmung des Empfangs bestand aus Swing und Jazz.

*

Etwas Unangenehmes zeichnete sich in den Märztagen in Spandau ab: Die Schultheissbrauerei wollte ihre Bierproduktion in der 100-jährigen Braustätte an der Havel im folgenden Jahr einstellen. Das trieb mich auf die Barrikaden. Sogar die BZ berichtete über meinen Ärger. „Berlinfeindlich und kurzsichtig" hätte ich die geplante Schließung gegenüber der Firmenleitung genannt. Dadurch werde ein Stück Spandau kaputtgemacht, würden etwa 250 Arbeitsplätze in Frage gestellt.

*

Am 16. März wählte die Mehrheit des Abgeordnetenhauses zum ersten Mal einen rot-grünen Senat mit Walter Momper (SPD) als Regierendem Bürgermeister. Dem Senat gehörten drei AL-Frauen als Senatorinnen an. Im gesamten Senat hatten acht Frauen gegenüber sechs Männern zumindest äußerlich die Oberhand.

– Trauer um Gerry Schuster –

Über Ostern ging es wieder nach Föhr. Zurück in Spandau, erhielt ich die traurige Nachricht, dass mein langjähriger Mitarbeiter und Weggenosse Gerry Schuster nach schwerer Krankheit verstorben war. Er war das Herzstück der Verbindung zu den britischen Militäreinheiten gewesen. Durch seine kontaktfreudige Art war er bei den Briten geachtet und beliebt. Dabei halfen ihm natürlich seine perfekten englischen Sprachkenntnisse, und er war auch Schottischem Whiskey gegenüber nicht abgeneigt. Das hatte sicher auch seiner Gesundheit geschadet. Er starb an Lungenkrebs im Alter von 58 Jahren.

Die Trauerfeier am 14. April 1989 auf dem Spandauer Friedhof „In den Kisseln" bekam auch einen britischen Touch: Eine schottische Militärkapelle und mehr als 200 Trauergäste erwiesen ihm die letzte Ehre. Brigadier Oliver und ich würdigten bei der Feierstunde noch einmal die außerordentlichen Verdienste Gerry Schusters für die deutsch-britische Freundschaft, die auch mit dem Bundesverdienstkreuz und dem Orden „Most Excellent Order of the British Empire" ihre Auszeichnung gefunden hatten. Auch die Zeitungen widmeten dem Tod des beliebten Rathaus-Mitarbeiters breite Aufmerksamkeit.

Unterdessen rückte der nächste Deutsch-Britische Freundschaftstag Anfang Mai näher. Dieser Tag war bisher immer ein Betätigungsfeld von Gerry Schuster gewesen. Er hatte in Zusammenarbeit mit der Verwaltung und den Briten alles, was an diesem Tage geboten wurde, organisiert. Einen Nachfolger fanden wir nicht so schnell. Nach seiner Beerdigung stellte ich meinen Mitarbeitern im Büro die Frage, wer für ihn einspringen könne. Die Resonanz war niederschmetternd. Marion Riedel, die engagierte Leiterin der Pressestelle, sprang schließlich in die Bresche, was ihr einmal die spöttische Bemerkung eines Mitarbeiters einbrachte: „Wer unangenehme Arbeit zu vergeben hat, wende sich an die Pressestelle."

Aber Marion Riedel organisierte nicht nur den Deutsch-Britischen Freundschaftstag, der dieses Mal einen sehr sympathischen zivilen Anstrich bekam, sie machte daraus gleich eine „Deutsch-Britische Woche" mit Schaufenster-Wettbewerb, einer Modenschau mit starker britischer Beteiligung im Kauhaus Hertie, einem anspruchsvollen Kulturabend im „Kulturhaus" mit britischer, klassischer Musik und einer Lesung aus britischer Literatur in der Stadtbibliothek. Leider regnete und stürmte es am Freundschaftstag: Petrus trauerte wohl um Gerry Schuster ...

– BETRIEBSAUSFLUG IN DIE DDR –

Am 7. April machten meine Büro-Mitarbeiter und ich einen Betriebsausflug nach Potsdam, Werder, Ketzin und Nauen – das war wieder etwas Neues. Als etwa 15-köpfige Gruppe passierten wir um 8 Uhr morgens individuell die Grenzübergangsstelle Staaken, mit Tagesvisum und Geldumtausch. Auf der Ostseite wartete auf uns bereits ein Bus vom VEB Kraftverkehr – den Fahrer Norbert S. aus Nauen kannten wir bereits – und brachte uns nach Potsdam, wo wir eine Führung durch das Schloss Sanssouci genossen. Die Führung war von der Potsdam-Information veranlasst worden, und unsere Führerin Helma Charlott Sage stellte ein großartiges Wissen unter Beweis. Leider wurde sie von einem Teil der Kolleginnen und Kollegen nicht sehr beachtet, was insbesondere meine Leiterin der Pressestelle, Marion Riedel, erboste. Nach der Führung wollte uns Frau Sage noch ein kurzes Stück durch den Park begleiten, doch meine Sekretärin drängte zum Mittagessen, und so ließen wir Frau Sage einfach stehen, immerhin bedankte ich mich per Handschlag bei ihr.

Wir machten noch einen kurzen Abstecher nach Werder und Ketzin, um als letzte Station in Nauen zu landen. Dort gab es eine kurze Begegnung mit Bürgermeister Alfred Kuhn und Gisela Materok. Gemeinsam mit Marion Riedel habe ich dann jedoch die Truppe früher verlassen. Wir wurden nach Staaken zur Grenze gebracht, weil abends die Arbeiterwohlfahrt in der Schulaula in der Jaczostraße ein großes Konzert mit Solisten aus der DDR veranstaltete. Was hatte sich nicht alles innerhalb eines Jahres verändert!

Auch über diesen kurzen Aufenthalt in Nauen gab es wieder einen Spitzel-Bericht. Ohne Beobachtung ging es offenbar nicht.

*

Das neu gewählte Bezirksamt stellte sich im April der Berliner Presse vor. Als Arbeitsschwerpunkte nannten wir die Vollendung der Altstadtsanierung, ein verstärktes Bemühen um die Sanierung anderer Ortsteile wie Neustadt, Wilhelmstadt und Stresow, den Ausbau der Naherholungsgebiete und der Uferwanderwege, die Verhinderung des Schleusenneubaues, die Verminderung des Fluglärmes sowie die Vertiefung der Kontakte zu Nauen.
Die Gespräche mit Kuhn fanden in Spandau ihre Fortsetzung. Mit von der Partie war die Sekretärin des Rates der Stadt Nauen, Ilona Moritz. Wir stimmten das weitere Jahresprogramm ab. Danach sollte im Juni eine Spandauer Delegation aus Bezirksamt und BVV in Nauen zu Gast sein, während für Juli der Gegenbesuch einer Nauener Delegation aus hauptamtlichen und ehrenamtlichen Ratsmitgliedern sowie den Vorsitzenden der ständigen Kommissionen in Spandau geplant wurde. Die Gruppen sollten nicht größer als jeweils etwa 25 Personen sein. Kuhn gab wiederum unmissverständlich zu verstehen, dass die Nauener Seite keine Spandauer Republikaner als Besucher wünsche. Wir vereinbarten, dass sich beide Delegationen im Wesentlichen über den Aufbau, die Organisation und die gesetzlichen Zuständigkeiten der jeweiligen Beschlussorgane informieren sollten. Auch die Berichterstattung von Presse, Funk und Fernsehen wurde vereinbart; für die Akkreditierung der Journalisten war das zuständige Ministerium der DDR anzusprechen.
Sportliches planten wir für den Herbst: Im September sollte eine Nauener Fußball-Auswahlmannschaft in Spandau spielen, im Oktober eine Spandauer Fußball-Auswahlmannschaft in Nauen. Kuhn kündigte an, die Fußballmannschaft der Betriebssport-Gemeinschaft (BSG) „Einheit" Nauen als Stadtauswahl zu entsenden. Wir planten, die Sportfreunde Kladow als Auswahlmannschaft nach Nauen zu schicken. Einzelheiten beider Begegnungen sollten in einem Expertengespräch mit den Vorständen beider Vereine vorab in Nauen geklärt werden. Im Rahmen der beiden

Sportlerbegegnungen sollte jeweils eine Stadtrundfahrt angeboten werden, im Anschluss an die Spiele ein gemeinsames Essen, an dem auch die politischen Repräsentanten beider Kommunen teilnehmen sollten.

Über das Zustandekommen dieser beiden Fußballbegegnungen war ich besonders froh, denn der notwendige Abstimmungsvorgang war außerordentlich kompliziert: Nach unserer Vereinbarung vom 22. September 1988 erfolgte der Austausch von Sportlergruppen auf der Grundlage des Sportprotokolls des Deutschen Turn- und Sportbundes der Deutschen Demokratischen Republik (DTSB) mit dem Deutschen Sportbund der Bundesrepublik Deutschland (DSB) und war als Ergänzung zum jährlich vereinbarten Sportkalender beider Sportorganisationen aufzunehmen. Bereits im November/Dezember 1988 hatte ich mich an den Landessportbund Berlin gewandt, um beim Deutschen Sportbund darauf hinzuwirken, dass eine entsprechende Aufnahme der zwei Fußballbegegnungen Spandau/Nauen in den deutsch-deutschen Sportkalender für das Jahr 1989 erfolgte. Aus einer Zeitungsmeldung im Dezember hatte ich jedoch erfahren, dass im Sportkalender nur ein Spiel Spandau/Nauen vorgesehen war. Das trieb mich auf die Barrikaden, und im Februar 1989 wandte ich mich direkt an den Generalsekretär des DSB, Herrn Gieseler, mit der Bitte, diesen Missstand zu korrigieren: „Es dient nicht dem Klima von kommunalen Kontakten mit der DDR, wenn bereits im ersten Jahr der Vereinbarungen diese nicht eingehalten werden", so argumentierte ich. Auch hatte ich den Präsidenten des Landessportbundes Berlin, Manfred von Richthofen, eingeschaltet. Es bedurfte eines längeren und energischen Schriftwechsels meinerseits in Richtung des Deutschen Sportbunds, auch unter Einschaltung der Senatskanzlei, bis endlich am 28. März nachgebessert wurde: „Gratuliere: Ihre Hartnäckigkeit hat doch Erfolg gehabt", schrieb mir DSB-Generalsekretär Gieseler: „Für 1989 stehen jetzt zwei Fußballbegegnungen zwischen Nauen und Spandau an." Mein Einsatz hatte sich gelohnt.

Aber auch die „kleine Politik" vor der Haustür kam nicht zu kurz. Am 23. April besuchte ich ein Pferderennen auf der Trabrennbahn Mariendorf. Das Spandauer Volksblatt hatte den „Ersten Spandauer Renntag" ausgeschrieben. Die siebte Rennfahrt im Sulky war der „Große Preis von Spandau", den ich auszurichten hatte. Michael Hönemann mit „Matchlover" siegte, und der Spandauer Bürgermeister überreichte den Pokal. Was viele nicht mehr wissen: Auch Spandau hatte bis in die fünfziger Jahre in Ruhleben eine Trabrennbahn, auf dem jetzigen Gelände der Klärwerke und der Müllverbrennungsanlage, zwischen der Straße „Freiheit" und der Spree.

*

Auch die Teilnahme am gesellschaftlichen Leben Spandaus sah ich nach wie vor als eine Pflicht an. So führte der Wirtschaftshof im „Gotischen Saal" der Zitadelle im April zum ersten Mal mit großem Pomp eine „Tafelrunde" durch, bei der Marion und ich Ehrengäste waren.
Der Wirtschafts- und Verkehrsausschuss des Deutschen Städtetages, dessen Mitglied ich war, tagte im April in Berlin, und ich lud die Ausschussmitglieder abends zum berühmten Spießbraten in die Zitadellenschänke ein. Schließlich hatten wir mit unserer Zitadelle ein Vorzeigeobjekt.
Am 26. April machte der neue Britische Stadtkommandant, Generalmajor Robert Corbett, seinen Antrittsbesuch im Spandauer Rathaus und trug sich ins Goldene Buch der Stadt ein.

– „Bauskandal" sorgte für Wirbel –

Am 30. April 1989, es war ein wunderschöner Frühlingstag mit Ausmarsch der Schützengilde, machte das Spandauer Volksblatt mit der Überschrift „Bauskandal erschüttert Spandauer Bezirksamt" auf. Bis dahin waren uns die Vorgänge, die zu diesem Aufmacher geführt hatten, noch unbekannt: Offenbar hatte der Rechnungshof bei einer Prüfung Unregelmäßigkeiten festgestellt. Eine Firmengruppe, deren Unternehmer z.T. in Spandau ansässig waren, sollte über einen längeren Zeitraum bei einer Vielzahl von

Bauprojekten im Bezirk nicht erbrachte Leistungen abgerechnet haben. Baustadtrat Klaus Jungclaus schaltete sofort die Staatsanwaltschaft ein, die bereits ermittelte. „Wenn die noch laufenden Ermittlungen nur die Spur von Unzulänglichkeiten oder Unregelmäßigkeiten in seiner Verwaltung ergeben, kündigte Bezirksbürgermeister Salomon scharfes Durchgreifen an", so zitierte mich das Volksblatt.

Am nächsten Tag – es war der 1. Mai und Feiertag – bemühten wir uns um Schadensbegrenzung. Bezirksstadtrat Jungclaus, Marion Riedel und ich gaben Stellungnahmen zu diesem Vorgang an die Berliner Medien heraus. Das ging damals noch über Fernschreiber, davon gab es genau ein Gerät im Rathaus, Telefax war noch ein Fremdwort in der Spandauer Verwaltung.

*

Der neue Regierende Bürgermeister von Berlin, Walter Momper, besuchte Anfang Mai das „Friedensfest" in Spandau, das schon seit Jahren von vielen Friedensgruppen und Friedensaktivisten auf dem Markt gefeiert wurde. Dabei sprach er sich für einen Beitritt Berlins zum Städtebündnis Hiroshima – Nagasaki aus: „Berlin lernt von Spandau", sagte er dazu.

– Freundschaftliche Kontakte nach Riga –

Am 17. Mai flog ich mit Baustadtrat Klaus Jungclaus über Moskau nach Riga, der Hauptstadt Lettlands, das damals noch nicht wieder unabhängig war. Bereits im Jahr zuvor hatte es lose Kontakte gegeben, u.a. zwischen dem Spandauer Wirtschaftshof und den baltischen Staaten Estland und Lettland. Der rührige und umtriebige Bürgermeister der Stadt Riga, Alfred Rubiks, natürlich ein Kommunist – Lettland war ja seit 1945 eine Sowjetrepublik –, war an offiziellen Kontakten zu Berlin und offenbar besonders zu Spandau interessiert. Er war 1988 in Berlin gewesen und sowohl vom Regierenden Bürgermeister als auch von mir empfangen worden. Er hatte sein Interesse an engen kulturellen, sportlichen und wirtschaftlichen Beziehungen zu Spandau offiziell bekundet, und auch der Senat war an solchen Verbindungen interessiert gewesen. Aber es hatte wieder einmal Vorbehalte gegeben: Die Städtedachorganisation der UdSSR akzeptierte Berlin-West nicht als Mitglied des Deutschen Städtetages der Bundesrepublik Deutschland, eine Auswirkung der berühmten sowjetischen „Drei-Staaten-Theorie", wonach die Bindung Berlins an den Bund nicht anerkannt wurde. Diesen Vorbehalten mussten wir uns fügen.

Allerdings hatten sich dennoch, auch ohne amtliches Zutun, freundschaftliche Kontakte zwischen Spandau und Riga entwickelt. Ein Spandauer Künstler hatte in Riga ausgestellt, Privatleute aus Spandau waren in die lettische Hauptstadt gereist, und der Leiter der Denkmalpflege der Stadt Riga, Andreas Holzmann, hatte im September 1988 an einem Spandauer Altstadt-Symposium teilgenommen. Und in der Tat: In diesem Rahmen hatte sich dann auch unsere Reise nach Riga entwickelt, denn dort wurde eine Ausstellung „Altstadtsanierung in Spandau" eröffnet, an der Holzmann Interesse bekundet hatte. Die zugrunde liegende Dokumentation des Bezirksamts war zehn Jahre nach Abschluss der Sanierung in Spandau gezeigt worden.

Die Hauptstadt Lettlands mit rund 900 000 Einwohnern liegt 15 km oberhalb der Dünamündung in den Rigaschen Meerbusen. Die mittelalterliche Altstadt, die im Krieg sehr schweren Schaden nahm, steht unter Denkmalschutz und war 1989 erst teilweise restauriert. Diese Reise nach Riga, noch zu tiefsten Sowjetzeiten, noch vor dem ersten Besuch von Gorbatschow in der Bundesrepublik, hatte für uns eine besondere Bedeutung und war beeindruckend. Das Spandauer Volksblatt hatte extra seinen Moskau-Korrespondenten Ulrich Paul nach Riga beordert, um in drei ausführlichen Beiträgen über den Besuch zu berichten. „Salomon in Riga wie der Regierende Bürgermeister empfangen", so lautete die erste Headline am 20. Mai. Ich wurde in einer luxuriösen Dreizimmer-Nobelsuite untergebracht und in einer Stretch-Limousine chauffiert. Rubiks und ich einigten uns nach Gesprächen im Haus des Exekutivkomitees (der Stadtverwaltung) auf eine Kooperation in den Bereichen Kultur, Sport und Städtebau. „Die sich anbahnende Städtepartnerschaft wäre eine neue Dimension in den Beziehungen zur Sowjetunion, weil bisher keiner der zwölf West-Berliner Bezirke partnerschaftliche Kontakte zu einer Stadt in der UdSSR unterhält", schrieb das Volksblatt. Wir vereinbarten bereits konkrete Begegnungen bei einem Tennisturnier, einer Kunstausstellung und einem Chor-Konzert in Riga. Lettische Straßenbau-Fachkräfte wollten außerdem nach Spandau kommen, um angesichts wachsender Verkehrsprobleme in ihrer Heimat Neues über den Straßenausbau zu erfahren. Handwerker aus Riga wollten ihre Künste im Rahmen des Spandauer Weihnachtsmarktes vorführen.

„Salomon offerierte seinem sowjetischen Kollegen bei dem Treffen auch das Angebot des Berliner Wirtschaftssenators, der lettischen Hauptstadt ‚in bestimmten Dingen' Unterstützung zu gewähren. Rubiks solle, so Salomon, ‚die Punkte auflisten, bei denen West-Berlin Hilfe leisten kann'", so berichtete das Volksblatt weiter, und: „Salomon hofft jedoch, dass im Zuge des bevorstehenden Gorbatschow-Besuchs die Status-Probleme beseitigt werden. Er denke, dass die Entwicklung zwischen beiden Städten unter einem guten Stern stehe."

In der Sankt-Peter-Kirche in Riga eröffnete ich dann gemeinsam mit Jungclaus unsere Ausstellung zur Sanierung der Spandauer Altstadt. Die Dokumentation vermittelte neben der Sanierungsplanung, den Formen der Bürgerbeteiligung, der Ausführung und Kontrolle sowie den Ergebnissen und Perspektiven der Sanierung auch Spandauer Stadtgeschichte. In Riga unternahm man seit 1982 enorme Anstrengungen, um die eigene Altstadt zu sanieren. Viele Probleme ähnelten einander, und man erhoffte sich, auf schwierige Fragen durch den gemeinsamen Erfahrungsaustausch leichter Antworten zu finden. Das Spandauer Volksblatt berichtete von Klaus Jungclaus, diese Ausstellungseröffnung in Riga sei in seiner Amtszeit als Baustadtrat ein Höhepunkt. „In Spandau sei man besonders stolz auf die Altstadt, aber seit den letzten zwei Tagen sei er etwas bescheidener geworden. Bei der Besichtigung des alten Stadtkerns von Riga hatte er die Sanierung der lettischen

Altstadt bewundern können und einen Einblick in die Technik der Restaurierungsarbeiten erhalten. Architekten und Baumeister, so Jungclaus, zeigten durch ihre Aufbauarbeit exemplarisch, wie man in Frieden zusammen arbeiten und leben könne. [...]", hieß es in dem Bericht weiter.

Der eindrücklichste Teil unserer fünftägigen Reise war für mich ein Besuch in der Gedenkstätte Salaspils, wo die Nazis von 1941 bis 1944 ein Konzentrationslager geführt hatten. In Begleitung des Rigaer Ressortleiters für kulturelle Fragen legten wir dort einen Kranz nieder. „[...] 100 000 Menschen brachten die Nazis in Salaspils um, darunter 7000 Kinder. Die Erinnerung daran bleibt wach, gerade bei den beiden Berliner Politikern", so das Volksblatt in seinem dritten Beitrag: „Auf dem Weg zu einer Städtepartnerschaft mit Riga wollten sie bewusst nicht an den Gräueltaten der deutschen Vergangenheit vorbeigehen. Auf Wunsch der Spandauer war der Gang in das ehemalige Konzentrationslager in das offizielle Programm aufgenommen worden. Die Stadtverwaltung von Riga hätte vor dem Hintergrund der sich anbahnenden Städtefreundschaft diplomatisch auf die Konfrontation mit dem dunklen Kapitel deutscher Geschichte verzichtet. ‚Das ist doch alles Vergangenheit, haben sie mir gesagt', berichtet Werner Salomon. [...]"

Da in der Sowjetunion sämtliche Auslandsflüge zentral über Moskau geleitet wurden, nutzten wir auf dem Rückflug den fünfstündigen Umsteige-Stop in Moskau, um per Taxi in die Stadt hineinzufahren und einen Blick auf den Roten Platz und den Kreml zu werfen. Ich konnte noch nicht ahnen, dass ich später öfter dort sein würde, obwohl sich auch schon 1988/1989 Spandauer Verbindungen zu Wolgograd (dem ehemaligen Stalingrad), insbesondere auf der Jugendebene, anbahnten.

*

Ende Mai 1989 tat sich etwas auf dem Berliner Zeitungsmarkt, das sich später insbesondere auch in Spandau auswirken sollte: Der Springer-Verlag stieg beim Spandauer Volksblatt ein und erwarb 24,9 Prozent der Gesellschafteranteile. Wenn auch die redaktionelle Unabhängigkeit von dieser Beteiligung nicht berührt werden sollte, so schrillten in Verlag und Redaktion – und nicht nur dort – die

Alarmglocken. Der Betriebsrat befürchtete, das Volksblatt laufe Gefahr, zum liberalen Feigenblatt für den Springer-Konzern zu werden, der immerhin mit Morgenpost, BZ und Bild 80 Prozent in der Stadt kontrollierte. Chefredakteur Hans Höppner nannte den Einstieg Springers in den Verlag „keine Sternstunde meines Lebens". Aber die Verlagsleitung meinte, diesen Schritt gehen zu müssen, weil der Konkurrenzkampf auf dem Berliner Medienmarkt immer schärfer werde. Zuletzt war die Volksblatt-Auflage auf unter 28 000 Exemplare täglich gefallen. Uns irritierte und verblüffte das, denn das Spandauer Volksblatt war ein traditionell linksliberales Blatt. Nicht wenige sahen in diesem Vorgang den Anfang vom Ende der alten, unabhängigen Tageszeitung für Spandau.

*

Im Juni lockte das dritte Spandauer Havelfest wieder tausende Besucher aus nah und fern an. Das Konzept der Veranstalter, das Havelfest in diesem Jahr zu dezentralisieren, hatte sich voll bewährt. So wurde an der Havel, vom Kolk bis zum Schifffahrtsufer, und in der Altstadt gefeiert. Stars des Festes waren in diesem Jahr die Artisten der Hochseiltruppe „Geschwister Weisheit" aus Gotha in Thüringen, also DDR-Artisten.

– Politischer Austausch mit Nauen –

Im Juni fuhr eine 27-köpfige politisch-parlamentarische Delegation aus Spandau nach Nauen, im Juli traten Nauener Politfunktionäre ihren Gegenbesuch an. Zweifellos waren das wichtige Begegnungen nicht ohne Brisanz, denn erstmalig trafen politische Repräsentanten aus unterschiedlichen Gesellschaftssystemen zur gegenseitigen Information und Diskussion aufeinander. Entsprechend intensiv waren die Vorbereitungen, insbesondere auf DDR-Seite: Für den Spandauer Besuch gab es wiederum einen minutiösen, fünfseitigen „Maßnahmeplan der Volkspolizei zur politisch-operativen Sicherung" mit dem Ziel „der Gewährleistung eines ungestörten Ablaufs der Begegnung und vorbeugenden Verhinderung von feindlichen Aktivitäten bzw. Provokationen" sowie der „Durchsetzung einer hohen staatlichen Ordnung und Sicherheit in und an den Veranstaltungsobjekten". Verantwortlich zeichneten drei Stasi-Offiziere, außerdem wurden vier „Inoffizielle Mitarbeiter" eingesetzt. Zum Ablauf der Begegnung war nachträglich ein analytischer Bericht zu erarbeiten und vorzulegen.

Sei es, wie es war, wir führten unseren Besuch wie geplant durch: Nach gemeinsamem Frühstück erläuterte uns die Nauener Verwaltungsspitze Aufbau und Arbeitsweise der Stadtverordnetenversammlung und wie sie ihrer Verantwortung zur Durchsetzung einer bürgernahen Kommunalpolitik nachkamen. Anschließend wurde bis zum Mittagessen diskutiert.

Nachmittags fuhren wir nach Ketzin, wurden im Rathaus begrüßt und erlebten eine dreistündige Dampferfahrt auf der Havel, auf der die Gespräche in individuellem Kreis weitergeführt werden konnten. Nach einem gemeinsamen Abendessen verabschiedeten wir uns wieder.

1989 mit dem Nauener Bürgermeister Alfred Kuhn im Rathaus Ketzin.

Rückschauend war dieser Besuch sehr informativ und die menschliche Atmosphäre nach Meinung aller Teilnehmer gut. Dieser Eindruck wird auch nicht durch den obligatorischen Stasi-Bericht geschmälert, für den die vier IM das Futter lieferten. Auch aus dieser besonderen Sicht soll unser Besuch hier auszugsweise dargestellt werden: „Insgesamt reisten 27 Personen ein. Kurz nach 9.00 Uhr trafen sie in Nauen ein. Die Delegation wurde geleitet vom Bezirksbürgermeister, der zwar in Urlaub ist, aber diesen Austausch für so wichtig hielt, dass er sich aus dem Urlaub hatte einfliegen lassen. (Vermutlicher Aufenthaltsbesuch soll Bayern sein.)", hieß es, und hier irrten sich die Spitzel: Ich kam von der Nordseeinsel Föhr.

„Nach der Begrüßung durch den Bürgermeister von Nauen, Herrn Kuhn, und den grundlegenden Ausführungen nahm der Bezirksbürgermeister das Wort. In seinen Ausführungen brachte er zum Ausdruck, dass es nicht um den Vergleich der besseren Systeme ginge, sondern um die Organisation, den Aufbau anschaulich und in der Praxis kennen zu lernen. Grund der Ausführungen war, den Delegationsteilnehmern die Richtung und Inhalt (seiner Delegation) der Diskussion anzugeben. Er hatte vermutlich negative Fragestellungen und Äußerungen aus den Reihen der Spandauer Delegation erwartet. Ich bin immer wieder erstaunt, welche progressive Rolle Herr Salomon spielt. Herr Salomon kannte sich mit den Grundsätzen des M/L [Marxismus/Leninismus, Anm. d. Verf.] aus. Aus der Diskussion konnte man entnehmen, dass die Teilnehmer sich auf diesen Austausch intensiv vorbereitet hatten, dieses hatte [man] mir in einem Pausengespräch auch bestätigt. [...]
Gegen 13.15 Uhr wurde dann in der HOG ‚Rathauskeller' das Mittagessen eingenommen, anschließend wurde mit zwei DDR-Bussen nach Ketzin gefahren. Während des Essens und der Fahrt gab es eine zwanglose Mischung. Positiv wurde aufgenommen, dass es jetzt auch in unserer Stadtverordnetenversammlung eine Kommission Umweltschutz gibt. [...]

Während des Essens und der Fahrt wurde die Zeit genutzt, um bestehende Nachfragen der Delegationsteilnehmer von Spandau zu klären. Von der Nauener Seite fehlte Herr ... [Namen jeweils geschwärzt], er war zum Arzt in Brandenburg, war jedoch zum Essen wieder anwesend. Von diesem Zeitpunkt wich er Frau ... aus Spandau nicht von der Seite. Frau ... ist eine sehr gut aussehende Frau, und offensichtlich hatte sie es ihm angetan. Sie ist Beamtin in Spandau und hat einen Sitz im Finanzausschuss. [...]
Während des Essens gab mir Herr ... zwei Ersttagsbriefe mit Sonderstempel der Bundespost. Für Herrn Dr. ... hatte er eine Zeitschrift über Modelleisenbahner. Weitere Austausche hatte ich nicht bemerkt. In Ketzin wurden wir kurz mit einem Glas Sekt oder Saft, je nach Bedarf, durch den Bürgermeister von Ketzin begrüßt. Kurze Erläuterungen durch Herrn ... (Ketzin) und Herrn Salomon folgten. Anschließend war eine Rundfahrt mit der ‚Hoffnung' unternommen worden. Diese Rundfahrt lockerte die Situation auf. Hier wurden (auf der ‚Hoffnung') weitere Gespräche individuell geführt. [...]
Die Fahrt mit der ‚Hoffnung' wurde mehrmals positiv eingeschätzt, von den Umweltschützern ganz besonders, die waren begeistert. Der vorhandene Schilfgürtel und Vogelwelt waren für sie einmalig. Spontan wurde nach Möglichkeiten der Mietung des Schiffes gefragt. Von dem Eigentümer wurde ein alter Fahrplan dem Bezirksbürgermeister gezeigt (Ketzin – Spandau), noch von vor 1945. Bemerkung war, man solle ihn gut aufheben. Auf der ‚Hoffnung' habe ich außer ... keine Paarbildung festgestellt. [...]
Im Ablauf konnte ich keine Mängel feststellen. Nur die Gruppen sind zu groß. Als Schlussfolgerung soll in Spandau der Erfahrungsaustausch in kleineren Gruppen erfolgen. Bei der Verabschiedung hatte sich Herr Salomon auch beim Bürgermeister aus Ketzin für den Teil in Ketzin bedankt, und wenn es gehen würde, eine Einladung für ihn ausgesprochen, aber er wusste es, dass es nicht geht. Gegen 21.00 Uhr habe ich auf dem Heimweg den Gen. Rüdiger getrof-

fen, und er erkundigte sich nach dem Ablauf und dabei insbesondere nach dem Teil in Ketzin. Ich habe ihm von den Dankesworten von Salomon erzählt und der indirekten Einladung, seinen Kommentar habe ich mir gedacht, wollen wir mal sein lassen. So war es auch nicht gemeint. gez. ‚H. Franke'"

Ja, so war das Leben in der DDR, noch im Sommer 1989. Anfang Juli statteten uns die politischen Repräsentanten aus Nauen ihren Gegenbesuch ab: zwölf Mitglieder des Rates der Stadt und elf Vorsitzende der ständigen Kommissionen. Natürlich war wieder festzustellen, wie unterschiedlich die Selbstverwaltungsorgane in den Rathäusern funktionierten. In fünf fachlich orientierten Arbeitsgruppen besprachen die Delegationen Probleme des Verwaltungsalltages. Am Nachmittag zeigten wir den Nauener Gästen bei einer Rundfahrt u.a. die Ortsteile Staaken, Neustadt und Siemensstadt. Nach einem Altstadtbummel stand die Besichtigung der Zitadelle auf dem Programm. Der Besuch endete mit einem gemeinsamen Abendessen in der „Zitadellenschänke".
Diese vierte Begegnung war ein weiterer Schritt nach vorn. Man informierte sich gegenseitig sachlich, ohne provokative Fragen, und man kam sich – das war mir am wichtigsten – menschlich näher. Das sahen auch die Nauener so, wie in einem Bericht von Bürgermeister Kuhn zum Ausdruck kam. Nach 40-jähriger Stagnation hatten wir den Fuß in der Tür, und das war fürs Erste wichtig. Die Städte und Gemeinden in der Bundesrepublik machten die gleichen positiven Erfahrungen mit ihren Partnerstädten in der DDR. Immerhin waren bis Ende 1988 über 50 Partnerschaften fest vereinbart oder zumindest zugesagt worden, und mehr als 700 Gemeinden in der Bundesrepublik strebten Partnerschaften mit Gemeinden in der DDR an.

*

Ende Juni weilten wieder unsere Fußballdamen aus Siegen zum Pokalendspiel in Berlin. Ehrensache, dass wir sie wieder in Spandau betreuten, im Wassersportheim Gatow. Ich war inzwischen neben der Siegener Bürgermeisterin Hilde Fiedler offizielles Mitglied der Siegener Delegation im Olympiastadion und hatte als solches einen reservierten Platz in der Ehrenloge. Natürlich siegten die Damen des TSV Siegen mit 5:1 über die Damen vom FSV Frankfurt und wurden zum vierten Mal in Folge Deutscher Pokalsieger der Damen.

– Mit der Royal Air Force in England –

Die Royal Air Force (RAF) hatte mich im Sommer zu einem Rundflug über Berlin mit einer einmotorigen „Chipmunk" (Eichhörnchen) eingeladen, einem Trainingsflugzeug der RAF. Die Briten hatten zwei dieser Flugzeuge in Gatow stationiert und übten damit eine Art „Luftaufsicht" aus. Normalerweise durften die alliierten Flugzeuge, ob Zivil- oder Militärmaschinen,

Der Bürgermeister strebt hoch hinaus: Aufnahme in einem Chipmunk-Flugzeug der Briten.

Berlin nur über die drei Luftkorridore direkt anfliegen, aber es gab auch eine Berliner Luftkontrollzone für ganz Berlin, bis hinein in den Raum Potsdam, und so flog man mit mir eine Stunde lang über Ostberlin mit Fernsehturm am Alexanderplatz, nach Potsdam und bis kurz vor Nauen. Das war ein tolles Erlebnis. Über Spandau begleitete uns ein Hubschrauber, der uns aus der Luft mit dem Rathaus im Hintergrund fotografierte. Der Flug musste der alliierten Flugsicherheitsbehörde, in der auch die Sowjetunion vertreten war, gemeldet werden. Ich wurde als „VIP" klassifiziert.

Britisch ging es in den nächsten Tagen weiter: Mit einer Militärmaschine der RAF flog ich am 30. Juni von Gatow aus für drei Tage nach Finningley bei Doncaster in Mittelengland. Wie berichtet, war die Royal Air Force Gatow partnerschaftlich mit der Royal Air Force in Finningley verbunden. Der Bürgermeister von Doncaster besuchte regelmäßig einmal jährlich die RAF Gatow und wurde auch von mir im Rathaus empfangen. Nun schien es den Briten an der Zeit zu sein, den Spandauer Bürgermeister auch einmal in Doncaster zu empfangen. Sicher wurde das eingefädelt durch den (deutschen) Pressesprecher der RAF Gatow, Werner Muths, der mit uns mitflog, was im Nachhinein eine peinliche Note bekam: Wenige Wochen später wurde er wegen seiner Spitzeldienste für den Osten enttarnt – ein Schock für die Engländer, und nicht nur für sie. Das Militärflugzeug, mit dem wir flogen, war gespickt mit geheimen Radaranlagen. Von all dem ahnten die Briten und ich Anfang Juli allerdings noch nichts.

Wir hatten schöne, interessante Tage in Doncaster und sprachen mit den dortigen Repräsentanten. Wir hatten auch unseren Spaß, z.B. besuchten wir die berühmte Pferderennbahn in Doncaster. Ein Höhepunkt für mich war der Besuch in York, einer alten englischen Stadt mit phantastischen Baudenkmälern. Dort habe ich eines der besten Steaks meines Lebens (mit Yorkshirepudding) gegessen, in England ist das nicht unbedingt eine Selbstverständlichkeit. Übrigens fand diese Reise besondere Erwähnung im „Berlin Bulletin", der Zeitschrift der Britischen Militärregierung in Berlin.

– Zehn Jahre Bürgermeister –

Diese Reise nach England fiel zusammen mit meinem zehnjährigen Dienstjubiläum als Spandaus Bezirksbürgermeister am 1. Juli. Dass die Zeitungen darum einen Wirbel machten, überraschte mich. Gefreut hat mich allerdings der Kommentar vom 4. Juli, den Hans Höppner, Chefredakteur des Volksblattes, mit der Überschrift „Ein Glücksfall für den Bezirk" verfasste: „Es war schon immer etwas Besonderes, flachsen die Spandauer über sich selbst, ein Spandauer zu sein. Gänzlich unironisch ist die Feststellung gemeint, dass sie jedenfalls einen besonderen Bürgermeister haben, und das seit nunmehr zehn Jahren. Kommunalpolitiker vom Schlage Werner Salomons bräuchte die Stadt im Dutzend. Partner des Bürgers, nicht Vormund. Kooperativ über die Gartenzäune der Parteipolitik hinweg, und doch unverwechselbar in seinem sozialdemokratischen Verständnis von Bürgersinn. Es waren keine einfachen Jahre. Die Probleme der Altstadtsanierung und die jahrelangen Baugruben für den U-Bahn-Bau hätten auch tiefe Furchen zwischen Verwaltung und Wählerschaft ziehen können. Salomon hat zwei Wahlgänge glänzend bestanden, als die eigene Partei berlinweit mit bescheidenen Ergebnissen zufrieden sein musste. Werner Salomon ist ein Glücksfall für seine Partei, aber – wichtiger – auch für den Bezirk, für die Stadt Spandau, mit der er ihr 750-jähriges Jubiläum festlich-fröhlich feiern konnte. Die Wiederbelebung einer anderen traditionellen Rolle Spandaus, Brücke zum Osthavelland zu sein, liegt nicht in seiner Macht. Mit der Begründung einer Partnerschaft zu Nauen hat Salomon die vermauerte Tür einen Spalt breit zu öffnen vermocht. Die Glückwünsche zu seinem Jubiläum werden quer aus der Bevölkerung kommen. Wir schließen uns ihnen herzlich an."

*

Politisch interessant war: Westberlin trat jetzt dem Solidaritätsbündnis Hiroshima/Nagasaki bei. Damit erlosch die damals umstrittene separate Mitgliedschaft Spandaus.

*

Anfang August bereiteten wir in Nauen die beiden vereinbarten Fußballbegegnungen vor. Sie sollten am 23. September in Spandau und am 14. Oktober in Nauen stattfinden. Wir einigten uns, bei der öffentlichen Ankündigung der Spiele nur die Ortsbezeichnungen „Spandau" und „Nauen" zu verwenden. In einer Presse-Information wurden mitreisende Spandauer Fans darauf hingewiesen, dass sie sich individuell um ein Einreise-Visum für den Spieltag bemühen müssten. Interessierte Journalisten waren aufgefordert, sich beim Außenministerium der DDR zu akkreditieren. Wir führten auch schon erste Gespräche über das gemeinsame Jahresprogramm für 1990 – so, wie es die politische Lage in diesem Sommer noch gebot.

*

Eine Delegation von Verwaltungsfachleuten des Sultanats Oman besuchte das Spandauer Rathaus. Die Gruppe wurde geleitet vom Oberbürgermeister der Stadt Muscat, Ahmet Bin Sutan Al Hosni, der in Oman zugleich Staatssekretär war. Ihr Interesse galt insbesondere Problemen des Umweltschutzes: Wie kommt Spandau mit der Ballung der Industrie und der Ver- und Entsorgungsbetriebe zurecht? Und mit dem Spannungsfeld zwischen Senat, Bezirk und der Bürgerberatungsstelle als Beispiel bürgernaher Verwaltung?
Der Senat schickte in letzter Zeit vermehrt ausländische Kommunalpolitiker und Verwaltungsfachleute nach Spandau, wenn es um das Studium von Verwaltungsstrukturen ging, u.a. die Zweistufigkeit der Verwaltung. Darauf waren wir ein bisschen stolz, denn offensichtlich galten wir als gute Vorzeigeverwaltung, und nicht etwa Wilmersdorf oder Zehlendorf.

– Neuer Senat schützt Gärten und Grün –

Am 16. August wurde es kommunalpolitisch ernst: Die neue Senatorin für Stadtentwicklung und Umweltschutz, Michaela Schreyer von der Grünen-Alternativen Liste (GAL), besuchte

Spandau, und wir zeigten ihr unsere „Knackpunkte". Wir nahmen das sehr wichtig, weil wir mit dem vom alten CDU-Senat verabschiedeten Flächennutzungsplan in entscheidenden Bereichen überhaupt nicht einverstanden gewesen waren. Vor allen Dingen ging es uns um den Erhalt von Grünflächen und Kleingartenkolonien in Spandau.

Wichtigstes Signal des neuen Senats war der Erhalt der sog. Staakener Felder als Naherholungsgebiet. Auch die Pächter der Kleingartenkolonie Ernst-Ludwig-Heim konnten aufatmen: Nach Zusage der Senatorin sollten die Parzellen bei der nächsten Änderung des Flächennutzungsplanes als Dauerkleingartengelände ausgewiesen werden. Auch in Hakenfelde und an der Krienicke konnten einige Klärungen herbeigeführt werden für die Kolonie Sparverein Aalemann und für die Wohnsiedlung Hakenfelde. So wurde diese Rundfahrt für uns zum Erfolg. Man muss eben neuralgische Stellen vor Ort selbst in Augenschein genommen haben, um sich ein Bild zu machen. Nur Schreibtischentscheidungen waren noch nie hilfreich.

– NOTDÜRFTIGE UNTERKUNFT FÜR FLÜCHTLINGE –

In den Sommermonaten stieg die Zahl der Flüchtlinge, Aus- und Übersiedler und der Asylbewerber in Berlin beträchtlich, was uns zum Problem wurde. Es mussten Notunterkünfte gefunden werden, und zunächst boten sich wegen der Ferien die Schulturnhallen an. Aber diese Notunterkünfte mussten zum Schulbeginn wieder geräumt sein: Wohin mit den Menschen? Wir versuchten in Spandau mit aller Kraft, Ausweichquartiere zu schaffen, insbesondere im DRK-Wohnheim in der Streitstraße. Auf einer Freifläche des ehemaligen Hospitals Streitstraße stellten wir Wohncontainer auf und beschafften mit Hilfe des DRK zusätzlich 30 Mietwohnwagen. Vorübergehend konnten wir auch das Jugendfreizeitheim „Quader" für Flüchtlinge nutzen, und so gelang es soeben, die Turnhallen in der Remscheider

Straße sowie in der Carl-Schurz-Grundschule zum Schulbeginn pünktlich zu räumen.

Auch solche menschlichen Probleme können plötzlich auf die Kommunalpolitik zukommen. Allein auf dem Gelände des DRK-Wohnheimes in Hakenfelde lebten 413 Aus- und Übersiedler sowie 814 Asylbewerber aus 33 verschiedenen Ländern. Das Heim war die zentrale Anlaufstelle für alle in Berlin ankommenden Asylbewerber. Sie lebten dort auf engstem Raum miteinander. Natürlich traten Spannungen auf, auch zur deutschen Wohnbevölkerung in der Nachbarschaft. Längerfristig konnte dieses Problem nur mit Neubauten für Asylbewerber gelöst werden. Inzwischen lagen auch schon die ersten Baugenehmigungen für verschiedene Privatunterkünfte vor. Wir mussten entsprechend unserer Einwohnerzahl 2443 Unterkünfte für diesen Personenkreis anbieten. Das bereitete uns damals einiges Kopfzerbrechen.

– „Spandauer Woche" in Iznik –

Am 2. September feierten wir auf dem Markt bereits zum fünften Mal ein Fest der Nationen – das „Internationale Spandau". Am gleichen Abend flog ich nach Istanbul zum Besuch unserer Partnerstadt Iznik, wo eine „Spandauer Woche" veranstaltet werden sollte. Das war schon etwas Besonderes: Die Spandauer Delegation bestand aus 90 Personen, die ihre Reise überwiegend privat finanzierten. Neben den Offiziellen aus Verwaltung und Politik war auch das 50-köpfige Spandauer Jugend-Sinfonie-Orchester unter der Leitung von Otto Ruthenberg mitgekommen, das insgesamt sechs Konzerte, meistens unter freiem Himmel, in Iznik, Bursa und Istanbul gab und viel Beifall erhielt. Außerdem war eine Volkstanzgruppe der Volkshochschule Spandau mit von der Partie, und wir präsentierten im Zentrum der Stadt Iznik eine Fotoausstellung, die Eindrücke vom Leben in Spandau vermitteln sollte. Auf einer dreistündigen Open-Air-Diskussion unter dem Motto „Izniker fragen – Spandauer antworten" standen wir bei mitunter kritischen Fragen Rede und Antwort. Die Gastgeber revanchierten sich und benannten die schönste Uferpromenade am Iznik-See in „Spandau-Bulvari" um.

Wir wohnten dieses Mal etwas außerhalb von Iznik in einem Ausbildungs- und Schulungszentrum. Zu unserem umfangreichen Besuchsprogramm gehörten Empfänge beim Izniker Bürgermeister, beim Landrat, beim Provinzgouverneur und beim Oberbürgermeister der Provinzhauptstadt Bursa. Es war eine gelungene Partnerschaftsreise, mit guten Kontakten und immer wieder überstrahlt von der Gastfreundschaft und der Herzlichkeit der türkischen Menschen. Auch bei den politischen Repräsentanten wusste man zu würdigen, dass Spandau der erste und einzige Berliner Bezirk war, der eine Partnerschaft zu einer türkischen Stadt unterhielt. Wir waren inzwischen beliebte Freunde geworden. Wo wir uns auf der Straße sehen ließen, wurden wir – auch privat – zum Tee eingeladen. Es gab auch mal ein Schnäpschen in diesem islamischen Land. Die Flasche war dann in Zeitungspapier eingewickelt, damit „Allah es nicht sieht".

– Bürgermeister Momper zu Gast in Spandau –

Am 15. September machte der Regierende Bürgermeister Walter Momper der Havelstadt ganztägig seine Aufwartung: großer Bahnhof mit viel Medienrummel und umfangreiches Besichtigungsprogramm. Für den Vormittag hatten wir eine Havelrundfahrt arrangiert. Die Schleusenproblematik kam zur Sprache. Momper sagte, an der Schleuse müsse etwas gemacht werden, aber der Senat wolle mit der DDR über das Verfahren neu verhandeln. Wir besuchten anschließend die DIW-Werft (Deutsche Industrie Werke) an der Spreemündung und machten nachmittags eine Bezirksrundfahrt per Bus. Unser Hauptproblem dabei war die Sorge über die Verschandelung der Landschaft durch die geplante Hochspannungsleitung. Auch hierüber, so Momper, müsse noch einmal gesprochen werden. Weiterhin bestimmten die Kampfstoffsuche auf der Zitadelle, aber auch soziale Probleme den Nachmittag. Wir besuchten „Eulalia", den Treffpunkt für benachteiligte Frauen, und den „Regenbogen", eine Einrichtung der ev. Luthergemeinde in der Neustadt für Arbeitslose.

Nach dem obligatorischen Altstadt-Rundgang gab es dann noch den protokollarischen Empfang im Rathaus für Spandauer Repräsentanten aus Politik, Wirtschaft und Sport sowie für Vertreter der Behindertenverbände, der Briten und so weiter. Auch ins Goldene Buch der Stadt trug sich Momper ein – schließlich wussten wir, was wir einem Regierungschef schuldig waren. Walter Momper würdigte besonders die Sanierung der Altstadt und nannte dabei besonders den Geigenbauerhof, den Goldschmiedehof Korn und die Nikolai-Kirche.

*

Am 20. September gab es eine große Militärparade aller sechs permanent in Spandau stationierten und mit dem Ehrentitel „Freedom of Spandau" ausgezeichneten Einheiten, das waren die 62. Transport and Movements Squadron, die Ordnance Services Berlin, der 14. Berlin Field Workshop REME, die Royal Engineers 38. Field Squadron, die Royal Air Force und das 7th Flight Army Air Corps. Vor dem Rathaus durfte ich mit Colonel Frank Steer die Parade abnehmen. Angehörige der siebten Heeresfliegerstaffel überflogen die Szene mit ihren Hubschraubern. Für den musikalischen Rahmen sorgte die Stabskapelle des Royal Corps of Transport, die nur zu diesem Zweck aus England eingeflogen wurde. Natürlich nahmen auch wieder hunderte Spandauer an diesem Ereignis teil.

– Wirbel um „kapitalistische Abwerbung" –

Am 23. September kam der Tag des „großen Fußballspiels" der Spandauer Auswahl gegen Nauen auf dem SSV-Platz an der Neuendorfer Straße. Für dass Spandauer Spiel hatte die Arbeitsgemeinschaft Spandauer Fußballvereine in bewährter Weise die

Organisation übernommen, und auch der nun gastgebende Verein Spandauer SV unterstützte diese bedeutungsvolle Veranstaltung beträchtlich. Um das Fußballspiel herum war ein buntes Programm arrangiert worden mit einem Prominenten-Vorspiel, dem Spielmannszug des TSV Staaken und anderem. Pressevorschauen und Plakate im Stadtbild kündigten das große Spiel an.

Pünktlich um 10 Uhr traf die Nauener Delegation in Spandau ein: Begrüßung durch den Gastgeber, Altstadtbummel, Mittagessen und Fahrt mit einem Oldtimerbus der BVG zum Sportplatz des SSV. Um 15 Uhr war Anpfiff. Mit circa 700 Zuschauern hatten wir eine gute Resonanz erreicht, darunter der Präsident des Landessportbundes, Manfred von Richthofen, und der Präsident des Berliner Fußballverbandes, Uwe Hammer.

Es war ein gutes Spiel. Die Spandauer aus acht verschiedenen Vereinen bestimmten trotz fehlender spielerischer Harmonie das Geschehen und siegten schließlich mit 4:1 Toren, wobei das Ergebnis nur eine untergeordnete Rolle spielte. Das Bedeutende dieses Fußballspiels war, dass die Begegnung überhaupt zustande gekommen war.

Presseecho und Kommentare zu diesem Spiel beschäftigten sich danach jedoch mit einem anderen Vorgang: Zwei Nauener Spieler waren abends nicht zur Abfahrt des Busses zurückgekehrt. Sie zogen es vor, in (West-) Berlin zu bleiben. Natürlich war die Aufregung beträchtlich. Trotz zweistündigen Wartens blieben die beiden Spieler verschwunden. Über Pressekanäle verdichtete sich die Vermutung und auch Befürchtung, sie seien in Berlin untergetaucht und wollten nicht zurück nach Nauen. Das war ein Schock, der uns alle durcheinander brachte. Sollten die ganzen komplizierten Bemühungen der Kontaktaufnahme mit Nauen nunmehr zunichte gemacht worden sein? Ich kann mich noch ganz genau an jene Abendstunden erinnern. Viel hatte nicht gefehlt, und das klapprige Gefährt des VEB-Kraftverkehrs Nauen wäre mit noch weniger Passagieren in die DDR-Kreisstadt zurückgefahren. „Fahrt bloß los, sonst bleiben noch weitere Spieler hier", riet ich dem damaligen Delegationsleiter Waldemar Schorr.

Natürlich war während des abendlichen Zusammenseins im SSV-Casino auch getrunken worden. Die Jungens waren mehr oder weniger angeschickert gewesen. Gegenüber dem SSV-Platz an der Neuendorfer Straße lagen zwei Rotlicht-Bars mit attraktiven jungen Damen, die Eindruck auf einige Nauener gemacht hatten. Zwischen Bus und Bar gab es ein ständiges Hin und Her. Gegen 22.30 Uhr ist der Bus dann endlich abgezogen. Bis auf die beiden abtrünnigen Spieler Holger Friedrich und Volker Tiede waren alle an Bord gegangen. Bis nach Mitternacht versuchten meine Pressesprecherin Marion Riedel und ich, uns über verschiedene Informationskanäle einschließlich der Polizei Klarheit zu verschaffen, aber vergebens. Die beiden Spieler blieben verschwunden. Auch das war deutsch-deutsche Realität, sechs Wochen vor dem beginnenden Untergang der DDR am 9. November 1989.

Natürlich war auch in Nauen helle Aufregung. Unmittelbar nach der Rückkehr der Delegation fanden die ganze Nacht Befragungen und Verhöre statt. Wie konnte das nur passieren? Alle Spieler waren doch vorher auf ihre „Zuverlässigkeit" geprüft worden! „Kapitalistische Abwerbung" war dann die offizielle Lesart. Ein sechsseitiger Bericht von inoffiziellen Stasimitarbeitern der Kreisdienststelle Neubrandenburg gab im Nachhinein detailliert Auskunft über den Ablauf des Tages in Spandau – Berlin (West) vom 25. September. Insbesondere wurde darin kritisch angemerkt, dass seitens der Delegationsleitung „kein Durchsetzungsvermögen gegenüber den Fußballspielern gezeigt wurde" und „keine Einweisung zum Aufenthalt und während des Aufenthaltes in Spandau vorgenommen wurde. Jeder Spieler konnte das machen, was er gerne wollte", hieß es. „Der einzige, der hier wirklich Überblick, Engagement und Organisation während des Abtransportes zeigte, war der KOM-Fahrer" (der Busfahrer), so die Beobachtung der Staatssicherheit.

Alles in allem herrschte Bestürzung und Ratlosigkeit auf beiden Seiten, zumal ein Teil der Berliner Springer-Presse mit dem Vorgang groß aufmachte. Am 14. Oktober sollte das Rückspiel in Nauen stattfinden – das stand nun auf der Kippe. Der Zufall wollte es, dass ich bereits am 25. September mit einer Delegation nach Nauen fuhr, um das Jahresprogramm 1990 abzustimmen.

Wie dachte man dort über unsere weiteren Kontakte? Zunächst die Stimmungslage aus Sicht der Staatssicherheit nach einem Bericht des IM „H. Franke" vom 28. September: „Die Delegation unter Leitung des Bezirksbürgermeisters Salomon traf pünktlich in Nauen ein (gegen 10.00 Uhr). Bei der Ankunft war doch eine gewisse Spannung und Zurückhaltung bei allen Delegationsteilnehmern feststellbar. Grund dafür war, dass zwei Fußballspieler der BSG Einheit Nauen am 23.9.1989 die Rückreise in die DDR nicht mehr antraten. Vor Abfahrt der Delegation nach Nauen hatte sich die Delegation getroffen und die Situation eingeschätzt, auch in Abstimmung mit dem Senat, denn das Mitglied der Delegation Stach brachte zum Ausdruck im Gespräch, dass auch sie vorgesetzte Dienststellen hätten. Sie waren sich nicht sicher, ob es zum Vertragsabschluss für 1990 kommen würde. Nach dem Eintreffen der Delegation führte der Bürgermeister Kuhn ein Gespräch unter vier Augen mit dem Bezirksbürgermeister Salomon (ca. 20 Minuten). Hier wurde sicherlich die entstandene Situation eingeschätzt."

Alfred Kuhn und ich waren inzwischen schon so gut wie befreundet, wir duzten uns auch. In diesem Vier-Augen-Gespräch setzte er mich davon in Kenntnis, dass er gehalten sei, mir wegen der „Abwerbung" der beiden Spieler eine Protestnote zu überreichen. Ich sagte ihm, er solle mir die Protestnote vorher zur Kenntnis geben, damit ich wisse, worauf ich zu reagieren habe, was er auch tat. Ich hatte sowieso den Eindruck, dass Alfred Kuhn diesen Vorgang nicht besonders ernst nahm. In der anschließenden offiziellen Delegationsversammlung wurde mir dann die Protestnote überreicht, in der es im Namen des Bürgermeisters hieß: „Ich möchte mit Nachdruck erklären, dass sich die kommunalen Kontakte mit Spandau nur dann gedeihlich weiter entwickeln können, wenn die Spandauer Seite beim Empfang von Delegationen die Sicherheit ihrer Gäste aus der DDR strikt gewährleistet. Das erfordert den Schutz vor jeglicher Aktion der Abwerbung, der Missachtung der Staatsbürgerschaft der DDR und der Anma-

ßung einer Obhutspflicht für alle Deutschen. Die Nauener Bevölkerung betrachtet das als Voraussetzung für die weitere Verwirklichung der beiderseitigen Vereinbarung."
In meiner Erwiderung habe ich die Erklärung zur Kenntnis genommen, aber auch deutlich gemacht, dass mir von Abwerbungsaktionen nichts bekannt sei. Niemand könne derzeit sagen, wie sich das Verschwinden abgespielt habe, ich sei allerdings an einer Klärung weiter interessiert. Danach sind wir ohne weitere Erörterungen zur Tagesordnung übergegangen.
Im September/Oktober 1989 rumorte es bereits überall in der DDR, auch im Havelland. Schon im Sommer waren allerorts – zumeist in den Kirchen – Menschen zusammen gekommen, die mit der Lage im Lande unzufrieden gewesen waren und eine Änderung der Politik gefordert hatten. Natürlich spielte dabei auch die starke Fluchtbewegung über Ungarn eine Rolle. Im Havelland hatte sich um den Staakener Pfarrer Radziwill eine oppositionelle Gruppe gebildet, der „Staakener Kreis". Auch im Pfarrhaus in Berge organisierte sich Unmut und Widerstand. Ebenso erschallten in Falkensee bei einem offiziellen Fackelzug aus Anlass des 40. Jahrestages der DDR „Gorbi-Gorbi"-Rufe, insbesondere von Jugendlichen.
Dies alles war auch den Machthabern im Rat des Kreises und der Stadt nicht verborgen geblieben. Es bestand eine gewisse Unsicherheit um die weitere politische Entwicklung, und ich hatte den Eindruck, dass man in dieser Situation so schnell wie möglich unangenehme Begleiterscheinungen wie die Flucht der Nauener Fußballspieler vergessen machen wollte, um rasch zum in diesem Fall erfreulichen politischen Tagesgeschehen überzugehen. Dazu gehörte der Abschluss unseres Jahresplanes 1990 mit der Unterzeichnung beider Bürgermeister, was dann auch problemlos und in Harmonie geschah. Uns konnte es nur Recht sein. Die Zeitungen titelten dann auch: „Nauener Gespräche schließlich doch noch erfolgreich" (Berliner Morgenpost), „Ungetrübte Partnerschaft mit Nauen" (Spandauer Volksblatt) und „Die Politik des Dialoges soll fortgesetzt werden" (Die Wahrheit).
Wir vereinbarten gegenseitige Delegationsbesuche von Landwirten und Gartenbauern, von Fachleuten aus dem Bereich der Kul-

tur- und Jugendarbeit sowie von Fachleuten der Stadtplanung und des kommunalen Wohnungsbaues. Aus Nauen sollten ferner Kegler zu uns kommen, und nach Nauen sollte eine Gruppe von Radwanderern fahren. Darüber hinaus erklärten beide Bürgermeister ihr Bestreben, weitere Begegnungsmöglichkeiten im Sinne unserer Vereinbarung zu schaffen. Wohlgemerkt: Wir schrieben den 25. September 1989!

Zur damaligen Stimmungslage selbst zitiere ich aus einem Bericht des mitgereisten Redakteurs Rainer Schön vom Spandauer Volksblatt, der die Atmosphäre am 26. September treffend wiedergab: „Die Spandauer Delegation, bestehend aus den Mitgliedern des Bezirksamtes und Vertretern der Bezirksverordnetenversammlung, wurde mit großer Herzlichkeit empfangen. Beim Mittagessen im ‚Rathauskeller', dem Besuch des Heimatmuseums – einem restaurierten Fachwerkhaus aus dem 19. Jahrhundert –, beim anschließenden Rundgang durch Stadt und Stadtpark und beim gemütlichen Beisammensein im Eiscafé Tropic war nichts von den Belastungen zu spüren, die derzeit das politische Tagesgeschäft zwischen den beiden deutschen Staaten bestimmen. Im Gegenteil, freundschaftliche, deutsch-deutsche Normalität war angesagt." Dass auch dieser Besuch von detaillierten Stasi-Berichten dokumentiert wurde, verstand sich nun schon von selbst.

– Gut gesichertes Rückspiel in Nauen –

Am 14. Oktober kam das Fußball-Rückspiel in Nauen. Das Spiel fand im „Friedrich-Ludwig-Jahn-Stadion" statt, und die Gastgeber gewannen mit 1:0. Die Zeitungen titelten: „Die Spandauer Auswahl zeigte sich als höflicher Gast". Aber das Ergebnis war wieder Nebensache. Viel wichtiger war das Zustandekommen des Fußballspiels als solches. Über 2000 Zuschauer waren ins Stadion gekommen, darunter auch ca. 100 Schlachtenbummler aus Spandau, die per „Tagesvisum" eingereist waren.

Für die „Spandauer Prominenz" wurde eine extra abgeschirmte Ehrenloge (Bänke mit Wolldecken) bereitgehalten. Es herrschte echte Volksfeststimmung. Das Spiel war auf Plakaten als „Internationaler Fußballvergleich" angekündigt worden, und es herrschte offenbar „Alarmstufe 1". Das geht z.B. aus einem Schreiben des Volkspolizeikreises Nauen an den Rat der Stadt hervor, in dem die Veranstalter des Spiels „zur Gewährleistung einer hohen Ordnung und Sicherheit" angewiesen werden, keine angetrunkenen Personen ins Stadion zu lassen und den Ausschank von alkoholischen Getränken zu unterbinden. Des Weiteren sollten die Ordner darauf achten, „dass keine Gegenstände, Symbole oder andere Zeichen in einer den staatlichen oder gesellschaftlichen Interessen widersprechenden Weise verwendet werden".
Aber damit nicht genug. In einem minutiösen Lagebericht zur „Absicherung einer Sportdelegation aus Spandau" hielt die Volkspolizei alle Einzelheiten der Begegnung fest, von 9.35 Uhr (Eintreffen der Spandauer Delegation) bis 20.50 Uhr (Abreise aus Nauen), darunter auch die Aufenthalte der Spandauer Schlachtenbummler. Natürlich gab es auch wieder IM-Berichte von „Nadine" und „H. Franke" über Beobachtungen, Gespräche und negative Verhaltensweisen bestimmter Personen, auch der eigenen Fußballspieler. Wie mir später berichtet wurde, gab es unter den Nauener Zuschauern hunderte von Stasi-Angehörigen, und Einsatzkräfte in Mannschaftswagen hätten im Havelland in Bereitschaft gestanden. Das kam auch in den Stasi-Berichten zum Ausdruck. „H. Franke" schrieb z.B. am 24. Oktober: „Im Nachtrag des Fußballspieles zwischen Einheit Nauen und der Stadtauswahl von Spandau hatte ich verschiedene Gespräche. Negativ wurde eingeschätzt, dass sehr viele Sicherungskräfte auf dem Sportplatz waren, da dies auch schon vorher bekannt war, sind viele nicht zum diesem Spiel gegangen. Angeblich sollen zwischen ... [Name geschwärzt] und Ebereschenhof Kampfgruppen gelegen haben. Am Weinberg sollen Bereitschaftseinheiten der VP gelegen haben. Von kritischen Stimmen wurde eingeschätzt, dass auf zwei Zuschauer eine Sicherungskraft kam. Man sprach davon, dass damit Provokationen heraufbeschworen wurden. Diese

Diskussion habe ich von verschiedenen Seiten
gehört, da ich nun kein Fußballanhänger bzw.
Besucher des Fußballplatzes bin, ist mir dies
nicht aufgefallen. Derartige negative Einschätzung habe ich von Herrn ..., ehemaliger Angehöriger der VP, der mir auch sagte, dass er den
Personenkreis teilweise noch aus seiner Zeit
kannte, gehört. Auch Herr ... hatte sich in
dieser Richtung mir gegenüber geäußert."

Zum Abschluss dieses Tages gab es ein Bankett im HO-Restaurant „Freundschaft", und – „nomen est omen" – man schloss Freundschaft unter den Spielern, man kannte sich und verstand sich. Aber auch dort machte sich die brisante politische Lage in der DDR bemerkbar, vorwiegend in vorgerückter Stunde und unter Alkoholeinfluss. Im Stasi-Bericht hörte sich das so an: „Die
Nauener Fußballspieler fielen in der Gaststätte
‚Freundschaft' durch negatives Auftreten auf,
z.B. Singen von Liedern in Bezug einer ‚Wiedervereinigung'."

Es knisterte in der DDR in diesen Oktobertagen. Dass hier bald etwas passieren würde, war förmlich greifbar. Am 18. Oktober führte das zunächst dazu, dass Erich Honecker als Vorsitzender des Staatsrates der DDR abgewählt wurde.

– „Briefmarkenstadt" Spandau –

Im Spandauer Tagesgeschäft gab es verschiedene Jubiläen zu feiern, u.a. das 85-jährige Bestehen des Spandauer Briefmarkenklubs 1904. Dazu gab es eine große Briefmarkenausstellung im Rathaus. Dieser Briefmarkenklub spielte im kommunalen Leben der Havelstadt eine besondere Rolle, was nicht zuletzt an dem rührigen Vorsitzenden Günter Dröscher lag, der selbst im Rathaus beschäftigt war. Als langjähriger Briefmarkensammler weiß ich um die weltweite Werbewirksamkeit von Briefmarken. Günter Dröscher gelang es, mehr Sonderbriefmarken mit Spandauer

Motiven durchzusetzen als irgendeine andere deutsche Stadt. West-Berlin hatte ja von 1948 an seine eigenen Briefmarken. Mehrmals erschien die Zitadelle als Motiv, das historische Stadtbild oder die Nikolaikirche. Und bei einer Auflage von über 8 Mio. Marken wurde ein beträchtlicher Bekanntheitseffekt erzielt. Von den unzähligen Sonderstempeln gar nicht zu reden. Bei der Landespostdirektion Berlin war Günter Dröscher Stammgast, um nicht zu sagen „Quälgeist", und es hieß: „Wenn man ihn vorne heraus wirft, kommt er durch den Hintereingang wieder rein". Mit seiner Art hat er viel für Spandau getan und war auch lange Jahre ein verdienstvoller Geschäftsführer des Spandauer Heimatvereins.

*

Am 26. Oktober flog ich kurz nach Hamburg, um an der Urnenbeisetzung meiner mit 95 Jahren verstorbenen Tante Lotte in Hamburg-Altona teilzunehmen. Sie war die vorletzte der Winkler'schen Geschwister meiner Mutter, die starb. Nur Elisabeth (Lieschen) lebte noch. Mir lag daran, Tante Lotte die letzte Ehre zu erweisen. Sie hatte mich ja lange Zeit als Kind die Woche über betreut, weil meine Mutter noch arbeitete.

– Streit um neue Stromtrassenführung –

Bereits im Februar 1988 hatten Gespräche zwischen dem Bewag-Vorstand und dem Bezirksamt begonnen. Es war um einen geplanten Stromverbund gegangen, in dessen Rahmen eine Freileitungstrasse von Helmstedt aus quer durch die DDR bis zum Kraftwerk Reuter in Spandau gebaut werden sollte. Bis 1991 sollten diese Arbeiten fertiggestellt werden. Den Übergangspunkt hinein nach Westberlin hatten die DDR-Behörden auf den Bereich westlich des Endes der Niederneuendorfer Allee festgelegt. Von dort aus sollte die Freileitungstrasse auf 26 Masten in einer Höhe von 70 Metern über Spandauer Gebiet, über die Havel und über Haselhorst bis zum Kraftwerk Reuter geführt werden. Wir hatten starke Bedenken gegen diese Pläne erhoben, wobei wir den Stromverbund als solches politisch unterstützten. Das „Wie" allerdings gefiel uns nicht: Mit moderner Technik müsse es doch möglich sein, das Kabel unterirdisch zu verlegen, machten wir geltend. Das bestätigte uns die Bewag auch, allerdings sei eine solche Erdverlegung fünfmal so teuer wie die favorisierte Freilufttrasse. Wir pochten dennoch auf unser Mitspracherecht im Rahmen des Genehmigungsverfahrens.

Am 24. Oktober 1989 rückte der Berliner Senat komplett zur Besichtigung der vorgesehenen Stromtrassenführung durch den Spandauer Forst an. Es waren auch jede Menge Protestler mit von der Partie: „Bündnis gegen die Stromtrasse" nannten sie sich. Wieder einmal war Pfarrer Kranz von der Luthergemeinde in der Neustadt ihr Wortführer. Der Protest war ganz in unserem Sinne, und ich hatte nach der Ortsbesichtigung auch den Eindruck, dass die geplante 380-Kilowatt-Freileitung durch Spandau wohl in einem erheblich reduzierten Umfang realisiert werden sollte, als ursprünglich vorgesehen, und man vermutlich überwiegend zur Erdverkabelung übergehen wollte. Ich war guter Hoffnung.

*

Am 24. Oktober beging der „Spandauer Wirtschaftshof" im Bürgersaal des Rathauses mit einem Festakt sein 40-jähriges Bestehen. Er war eine Institution in Spandau. Nach der Berliner Blockade 1949 hatten Spandauer Betriebe eine Leistungsschau durchgeführt, um ihre Tatkraft unter Beweis zu stellen. Man hatte damals die Idee, die Betriebe einem sich neu entwickelnden Markt zu präsentieren. Das hatte man zum Anlass genommen, den Wirtschaftshof zu gründen. Von 1951 bis 1969 war Martin Scholz Vorsitzender und Motor dieses Zusammenschlusses gewesen, Inhaber der früheren bekannten Eisenwarenhandlung am Markt. Seit 1976 war Klaus Rödiger, Inhaber der Konditorei „Fester", der Vorsitzende. Später wurde auch die Stiftung Wirtschaftshof gegründet, die viele gesellschaftliche Gruppen im kulturellen, sportlichen und sozialen Bereich finanziell unterstützte.

Meines Wissens gibt es in der Berliner Landschaft keine gleichartige wirtschaftliche Institution. Ich habe den Wirtschaftshof immer scherzhaft die „Spandauer Industrie- und Handelskammer" genannt. Ein besonderes Anliegen war ihm in seinen Gründerjahren der Aufbau und die Neugestaltung der im Krieg stark zerstörten Spandauer Altstadt gewesen.

– 450. Jahrestag der Reformation –

Am 1. November gab es einen kirchlichen Höhepunkt in Spandau. Mit einem Empfang im Rathaus, einem festlichen Gottesdienst mit Abendmahl und einem anschließenden Festakt begingen die Protestanten Berlins in unserer St. Nikolai-Kirche den 450. Jahrestag der Reformation in Brandenburg.
Am 1. November 1539 hatte Kurfürst Joachim II. in eben diesem Gotteshaus das Abendmahl nach lutherischer Art in „beiderlei Gestalt", mit Brot und Wein für die Gemeinde, zu sich genommen. Danach war er nach langem Sträuben dem Wunsche des Volkes gefolgt und konvertiert.
Ganz Deutschland nahm über die Fernsehübertragungen an diesem Jubiläum teil. Zum Auftakt hatte das Bezirksamt zu einem Empfang in den Bürgersaal des Rathauses eingeladen. Kirchliche Würdenträger aus verschiedenen Ländern, bis hin zu Südafrika, waren unserer Einladung gefolgt, dazu der Ratsvorsitzende der Ev. Kirche in Deutschland, Bischof Dr. Martin Kruse, genauso wie Bischof Dr. Gottfried Forck aus der DDR. Auch der Britische Stadtkommandant Generalmajor Corbett war anwesend und auch der Superintendent aus dem benachbarten Nauen in der DDR, Helmut Klatt.
Ich nutzte die Gelegenheit und dankte der Evangelischen Kirche für ihr soziales Engagement, besonders auch bei der Unterbringung und Betreuung der vielen Aus- und Umsiedler, die wir zu dieser Zeit hatten. Ohne Unterstützung der Kirche seien wir überhaupt nicht in der Lage, die sozialpolitischen Schwierigkeiten der Gegenwart zu meistern. Ich dankte auch für die großartige Restaurierung der Turmhaube der Nikolaikirche – eine Krönung der wieder aufgebauten Altstadt.

Am Festgottesdienst und dem anschließenden Festakt nahmen neben dem Bundespräsidenten Richard von Weizsäcker auch der Regierende Bürgermeister Walter Momper sowie alle kirchlichen Würdenträger aus West und Ost teil, auch der in Ostberlin residierende katholische Bischof Georg Sterzinsky und der griechisch-orthodoxe Metropolit Augoustinos aus Bonn. Nach dem Gottesdienst enthüllten Bischof Kruse und ich neben dem Kirchenportal eine in die Wand eingelassene bronzene Texttafel. Darauf wird kurz auf die Geschichte von St. Nikolai und die soeben beendete Restaurierung des Kirchturms hingewiesen. Auf dem Reformationsplatz um die Kirche herum waren Imbissstände, Büchertische und ein Speisezelt aufgebaut. Für diejenigen, die in die überfüllte Kirche nicht mehr hineinpassten, wurde die Feier über Lautsprecher auf den Reformationsplatz übertragen.

Dieser Festtag war ein denkwürdiges Ereignis für die Havelstadt, auch weit über den kirchlichen Rahmen hinaus. Winfried Augustat, Pfarrer der Nikolai-Gemeinde, hatte das Fest gemeinsam mit seiner Mitpfarrerin Lona Kutzer-Laurien (Schwester der kath. Ex-Schulsenatorin Hanna-Renate Laurien) mustergültig organisiert.

Hanna-Renate Laurien, damals eine der engagiertesten, führenden CDU-Politikerinnen Deutschlands, erzählt noch heute folgende Episode: „Wenn ich mit meiner Schwester aus Spandau politisch diskutierte und wir auf Personen zu sprechen kamen, sagte sie stets zu mir: ‚Du sei ruhig, in Spandau wird Salomon gewählt ...'"

*

Am 3. November weihten wir das neue jüdische Mahnmal am Lindenufer ein, das von den israelischen Künstlern Ruth Golan und Kay Zareh geschaffen worden war. Es erinnert seither an die jüdische Synagoge, die gegenüber am 9. November 1938 geschändet und niedergebrannt worden war. Ihre Reste wurden vermutlich 1942 abgerissen. Das Mahnmal steht auch für die gesamte nationalsozialistische Schreckenszeit und ihre jüdischen Opfer aus Spandau. Wenige Tage später eröffneten wir die Ausstellung „Juden in Spandau".

*

Anfang November gab es endlich einen Lichtblick bei der Kampfstoffsuche auf der Zitadelle. Die Polizei teilte mit, dass die Sanierung des Erdreiches auf der Bastion Kronprinz abgeschlossen war. So wurde es möglich, die Restaurierungsarbeiten an einzelnen Gebäuden wieder aufzunehmen. Auch die Beschränkung der Besucherzahlen, bisher bei 250 Personen, wurde wesentlich gelockert auf 2000 und bei Festlichkeiten sogar auf 5000. Wir waren erleichtert. Damit konnte die ursprünglich auf vier Jahre veranschlagte Bergung von Kampfstoffen dank neuer Techniken in jetzt eineinhalb Jahren erledigt werden. Wenn auch weiterhin „Sicherheitsvorbehalte" galten, war doch weitgehend Entwarnung gegeben. Die Situation um die Zitadelle normalisierte sich nach und nach.

*

Mit einigen Sätzen möchte ich den „Spandauer Stenografenverein von 1875" würdigen, dessen Erfolge beispielhaft waren. 1989 gewann er mehrere Einzel- und Mannschaftstitel bei den Weltmeisterschaften sowie den Deutschen Meisterschaften. Bereits zum fünften Mal in Folge hatte z.B. Gabriele Mohnhaupt bei den Weltmeisterschaften in Dresden im Maschineschreiben ohne Korrektureinrichtung gesiegt. Der Verein wurde von den Brüdern Weber hervorragend geführt.

Selbstverständlich gab ich diesem Aushängeschild des Spandauer Vereinslebens jährlich einen würdigen Empfang, so auch am 7. November 1989.

– DRAMATISCHE WENDEZEIT –

Dramatisches geschah in jenen letzten Wochen im Jahre 1989: Seit Monaten hatte es im osteuropäischen Raum gebrodelt, und nun auch im letzten „linientreuen sozialistischen Bollwerk des Ostblocks", der DDR. Das, was sich in den kommenden Tagen und Wochen auch vor unserer Haustür im Havelland und in Ostberlin tat, ist einzuordnen in diese Gesamtentwicklung, eine politische Entwicklung, die wir alle wenige Wochen zuvor noch für völlig undenkbar

gehalten hatten. Diese Zeit im November und Dezember 1989 gehört zu den spannendsten, interessantesten und auch glücklichsten Erlebnissen meines politischen Lebens, und ich bin froh und stolz, auch ein bisschen daran mitgestaltet zu haben.
Der demokratische Aufbruch hatte in einigen Ostblockstaaten seinen Anfang genommen. Schon im Februar hatten in Polen Gespräche am Runden Tisch zwischen Regierung und Opposition begonnen, zu einer Zeit, als an der Berliner Mauer noch ein 20-jähriger Schlosser auf der Flucht in den Westteil der Stadt von DDR-Grenzsoldaten erschossen worden war – das 78. Maueropfer und glücklicherweise auch das letzte.
Im Mai hatte Ungarn an der Grenze zu Österreich mit der Beseitigung seiner Grenzsperren Richtung Westen begonnen. Immer mehr DDR-Bürger hatten seither Zuflucht in den Bonner Botschaften in Budapest, später auch in Prag und Warschau gesucht, um auf diesem Weg als Flüchtlinge in den Westen zu gelangen. Und es gelang ihnen, insbesondere aus Ungarn über Österreich in die Bundesrepublik auszureisen, nachdem die Ungarische Regierung Teile ihres bilateralen Reiseabkommens mit der DDR außer Kraft gesetzt hatte. Bis Ende September waren auf diese Weise schon 25 000 Menschen geflohen. Polen hatte Anfang Oktober erklärt, keine DDR-Bürger mehr zurückzuschicken, wenn sie ausreisen wollten.
Am 4. September demonstrierten erstmals mehr als 1000 Menschen auch in Leipzig unter dem Motto „Reisefreiheit statt Massenflucht". Zu dieser Zeit gründeten sich in der DDR erste oppositionelle Gruppierungen wie „Demokratie jetzt", „Neues Forum" – noch von der DDR als „staatsfeindlich" verfolgt –, und schließlich gründete sich auch in Schwante im Havelland eine sozialdemokratische Partei, die „SDP". Leipzig wurde mit den berühmten Montagsdemonstrationen zum Sinnbild des demokratischen Aufbruchs in der DDR. Am 16. Oktober nahmen 120 000 Menschen daran teil, eine Woche später sogar 300 000 Demonstranten.
Großkundgebungen gab es inzwischen auch in Halle, Magdeburg und Dresden sowie in anderen Städten – selbst in Nauen. „Wir

sind das Volk!", skandierten die Mengen überall im Land. Die Machthaber der Staats- und Parteiführung in Ostberlin gerieten ins Wanken und konnten die Situation nicht mehr unter ihre Kontrolle bekommen. Erich Honecker wurde abgesetzt, Egon Krenz wurde vom Zentralkomitee der SED zum Nachfolger gewählt. Eine ganze Reihe von Vertretern aus dem früheren Kader im Politbüro verloren ihre Ämter. Krenz kündigte eine Wende in der Politik an und räumte Fehler der Parteiführung ein. Führende Funktionäre, so u.a. der Ostberliner SED-Chef Schabowski, suchten plötzlich verstärkt das Gespräch mit Vertretern des „Neuen Forums" und anderer oppositioneller Gruppierungen, doch es war offensichtlich schon zu spät. Auch die Blockparteien LDPD, CDU und NDPD gingen zur SED auf Distanz und forderten freie Wahlen.
Meiner Ansicht nach war ein ganz entscheidendes Signal für die Wende in der DDR neben den Leipziger Vorgängen auch eine vierstündige Protestversammlung auf dem Alexanderplatz am 4. November, die das DDR-Fernsehen live übertrug. Es war ein Sonnabend, ich verfolgte sie zu Hause wie gebannt vor dem Fernseher und war tief beeindruckt. Weit über ein halbe Million Menschen demonstrierten dort.
Diese Freiheitskundgebung war vom Künstlerverband der DDR organisiert worden. Begeisterten Beifall ernteten die Schriftsteller Christa Wolff und Stefan Heym, der Pastor Friedrich Schorlemer und viele andere. Christa Wolf sprach von einer „unglaublichen Wandlung. Das Staatsvolk der DDR geht auf die Straße, um sich als Volk zu erkennen. Und dies ist für mich der wichtigste Satz dieser letzten Wochen: der tausendfache Ruf ‚Wir sind das Volk!' Eine schlichte Feststellung, und die wollen wir nicht vergessen."
Stefan Heym sagte: „Es ist, als habe einer die Fenster aufgestoßen nach den Jahren der Stagnation, der geistigen, wirtschaftlichen, politischen, den Jahren von Dumpfheit und Mief und bürokratischer Willkür, von amtlicher Blindheit und Taubheit. Welche Wandlung!" Gellende Pfeifkonzerte wurden für die DDR-Redner Egon Krenz und Günter Schabowski angestimmt.
Ich hatte am späten Nachmittag eine Veranstaltung der Arbeiterwohlfahrt im Bürgersaal des Rathauses und stand noch ganz unter

dem Eindruck dieser Veranstaltung. Nun ging es Schlag auf Schlag, getreu dem Gorbatschow-Zitat „Wer zu spät kommt, den bestraft das Leben": Am 7. November trat die DDR-Regierung geschlossen zurück; weitere 12 000 DDR-Bürger waren in den beiden vergangenen Tagen über die CSSR ausgereist. Am 8. November trat auch das Politbüro als Führungsgremium der SED zurück, und das Zentralkomitee wurde umorganisiert. Krenz wurde zwar bestätigt, aber der Reformer Hans Modrow aus Dresden wurde ebenfalls gewählt.

Am 8. November war ich vormittags kurz in Nauen, um im dortigen Rathaus noch einiges zu den künftigen Besuchen zu regeln. Ich spürte die Nervosität dort. Insbesondere nach der Entmachtung Honeckers am 18. Oktober war zunehmend Bewegung auch in die politische Landschaft des Kreises Nauen gekommen, initiiert von kirchlichen Oppositionsgruppen in Staaken und Berge, aber auch darüber hinaus. In einer Erklärung der „Freunde des Neuen Forums Falkensee" vom 1. November waren Forderungen an den Rat der Stadt formuliert worden. Am 7. November hatten sich zu einem sog. „Rathausgespräch" in der Falkenseer Stadthalle 2000 Einwohner versammelt. „Immer wieder gab es Schärfe, Pfiffe, Buhrufe", so beschrieb die „Märkische Volksstimme" die Stimmung. In diese Versammlung platzte die Nachricht vom Rücktritt der Regierung – tosender Beifall. Auch das Nauener „Theater der Freundschaft" hatte noch nie eine solche Menschenansammlung gesehen wie am Abend des 7. Novembers. Im Rahmen des „Dialoges" gab es heftige Diskussionen; die Versammlung dauerte bis 23.25 Uhr.

– Der 9. November 1989 – ein Wahnsinn –

Am 9. November um 18.58 Uhr platzte dann die Bombe. Die Berliner Morgenpost berichtete von der entscheidenden Pressekonferenz, in der Günter Schabowski als engster Vertrauter von Egon Krenz die Ergebnisse der 10. Tagung des Zentralkomitees

bekannt gab: „Eher gelangweilt hören vor allem die ausländischen Medienvertreter dem hohen Parteifunktionär zu. Sensationelles ist an diesem Abend kaum zu erwarten. Die Mitteilung, dass die SED für den 15. Dezember eine außerordentliche Parteikonferenz einberufen wird, findet nur bei den Vertretern der DDR-Presse größere Aufmerksamkeit. Am nächsten Tag wird dieser ZK-Beschluss Aufmacher in allen ostdeutschen Tageszeitungen sein. Was Schabowski noch zu sagen hat, wird entweder gar nicht oder nur als belanglose Mitteilung in den Freitag-Ausgaben der DDR-Blätter erscheinen. Ab und zu unterbricht Schabowski seine mit deutlichem Berliner Tonfall vorgetragenen Ausführungen und blättert sichtlich nervös in den Unterlagen, die er am Ende der ZK-Sitzung eilig mit Egon Krenz zusammengestellt hatte. Gegen Ende der Pressekonferenz, es ist inzwischen 18.58 Uhr, kramt Schabowski noch eine Mitteilung aus seinem Aktendeckel hervor, die bei den Anwesenden sichtliche Verwirrung auslöst. Gleichgültig und flüchtig liest er die folgenden Sätze: ‚Privatreisen nach dem Ausland können ohne Vorliegen von Voraussetzungen, Anlässen und Verwandtschaftsverhältnissen beantragt werden. Die Genehmigungen werden kurzfristig erteilt. Versagensgründe werden nur in besonderen Ausnahmefällen angewandt ...' Es dauert einen Augenblick, bevor sich eine Journalistin meldet und mit ihrer Nachfrage endgültig Klarheit schafft. Schabowski bestätigt, dass die DDR ihre Grenzen für Reisen in den Westen ab sofort öffnet. Die Korrespondenten und Reporter stürzen sofort an die wenigen Telefone im Foyer des Presseraumes, versuchen verzweifelt, über das Fernamt ihre Redaktionen zu erreichen."
Ich selbst habe die berühmten, den Niedergang der DDR auslösenden Worte von Günter Schabowski am Abend des 9. November 1989 gar nicht mitbekommen. Ich war bei einer Jubilarehrung und wurde auch nicht unterrichtet, sondern fiel zu Hause todmüde ins Bett und schlief, bis morgens mein Telefon Sturm klingelte und ich von den Ereignissen erfuhr. Ich stürmte natürlich sofort ins Rathaus, um mit meinen Mitarbeitern zu checken, was zu tun ist, denn ohne Frage hatten die überraschenden Ereignisse gerade für einen Außenbezirk wie Spandau mit der längsten

Grenze zur DDR erhebliche Auswirkungen. Ich informierte mich am Grenzübergang Staaken, dem damals einzigen Schlupfloch in die DDR an der Transitstrecke in den Westen, aber dort war es in der Nacht noch verhältnismäßig ruhig geblieben. Es hatte keine spontanen Mauerstürmer wie am Brandenburger Tor gegeben. Der Besucherstrom aus dem umliegenden Havelland nach Spandau setzte hier erst mit Verzögerung in den Morgen- und Vormittagsstunden des 10. November ein, übrigens relativ wohl geordnet. Auf Ausweiskontrollen verzichteten die DDR-Grenzorgane in Staaken auch in den ersten Tagen nach dem 9. November nicht, aber es gab keine Probleme.

Größere Begrüßungszeremonien in Staaken setzten auf westlicher Seite erst nach 9 bis 10 Uhr ein. Dann jedoch wurden auch hier die ankommenden „Trabis" am Kontrollpunkt mit Blumen empfangen. Schulklassen setzten den Unterricht aus und jubelten jedem Wagen zu. Plötzlich war auch in Spandau die Hölle los, der Damm war gebrochen. Zehntausende Menschen aus Nauen, Potsdam und auch Menschen aus weiter entlegenen Orten der DDR

Der Bürgermeister bändigt mit Hilfe eines Megaphons die Massen, die nach dem 9. November 1989 plötzlich in die Havelstadt strömten (© Brigitte Baecker).

wie Stendal oder Wittenberg nutzten die Reisefreiheit, um das früher so ferne Spandau wieder zu sehen oder kennen zu lernen – und natürlich auch ihr Begrüßungsgeld in Höhe von 100 DM in Empfang zu nehmen. Es waren Großkampftage für uns. Fast rund um die Uhr gab es permanente Beratungen und Sitzungen. Mit einer Flüstertüte versuchte ich vor dem Rathaus, den Massenansturm zu lenken. Trotz der hektischen Improvisationen, die nötig wurden, funktionierte die Organisation eigentlich reibungslos. Allein am Wochenende nach dem 9. November 1989 „stürmten" mehr als 25 000 Besucher aus der DDR das Spandauer Rathaus, um ihr Begrüßungsgeld zu erhalten. In einer beispiellosen Aktion hatten sich Hunderte von Mitarbeiterinnen und Mitarbeitern der Bezirksverwaltung freiwillig zum Schichtdienst zur Verfügung gestellt, um die notwendigen Arbeiten unbürokratisch zu bewältigen. Auch bei Banken und Sparkassen und anderen öffentlichen Einrichtungen wie Post oder Finanzamt wurde tausendfach Begrüßungsgeld ausgezahlt.
Die Stadt war in jenen Tagen total überfüllt von Menschen aus dem Umland. Es herrschte überall ein fröhlicher Ausnahmezustand. Malteser Hilfsdienst und Technisches Hilfswerk sorgten für Erbsensuppe aus der Gulaschkanone, Arbeiter-Samariter-Bund und Rotes Kreuz leisteten Erste Hilfe. Spandauer Geschäftsleute spendierten Pfannkuchen und Sekt. Spontan wurde Bargeld gespendet.
Natürlich klingelten auch die Kassen der Geschäftsleute in der Spandauer Altstadt. Es gab ja für viele Besucher einen riesigen Nachholbedarf. Für alle war es ein einmaliges Glücksgefühl. „Das ist der reinste Wahnsinn", hörte man überall. Wir hatten vorsorglich sechs Schulturnhallen für die Aufnahme von möglichen Übersiedlern aus der DDR bereitgestellt. Keiner wusste ja zu diesem Zeitpunkt, wie es weitergehen würde. Aber die DDR-Bewohner kamen als Besucher, um dann wieder nach Hause zu fahren: „Wir wollen nur mal gucken, was den Westen eigentlich ausmacht", sagten sie. Das Gemeinschaftsgefühl nach so langer Zeit der Trennung beglückte uns alle.
Und es gab bewegende Ereignisse: Ich werde nie vergessen, wie junge Arbeiter der Stahlwerke Brandenburg bei mir im Amtszim-

mer erschienen und stolz ihre Hundertmarkscheine in die Höhe hielten, um sich mit Tränen in den Augen bei mir zu bedanken. Oder wie Rentner aus Städten und Gemeinden uns mit kleinen selbstgebastelten oder gestrickten Aufmerksamkeiten bedachten. Kurz nach der Wende erschien bei mir ein soeben getrautes Ehepaar aus Falkensee. Aus Dankbarkeit überreichte mir die junge Frau ihren Brautstrauß. Feiern taten sie dann natürlich in Spandau. Diese Erlebnisse, die man als Politiker nicht allzu häufig erfährt, gingen mir sehr ans Herz.

Das Spandauer Kunstamt, der Wirtschaftshof, die Spandauer Schützengilde u.a. organisierten spontan ein „Wiedersehensfest" am 11. November auf dem Spandauer Markt. Die Zeitschrift des Wirtschaftshofes berichtete von den Tränen in den Augen der glücklichen Menschen, vom „Rathaussturm", den diesmal nicht die Karnevalisten, sondern die Besucher aus der DDR veranstalteten und von der Welle der Hilfsbereitschaft, die von den Geschäftsleuten und anderen Spandauern ausging.

Eine parteiinterne Kontroverse gab es am Morgen dieses Tages: Die SPD-Fraktion hatte an diesem Wochenende in Travemünde eine Klausurtagung vorgesehen, und auch die Mitglieder aus dem Bezirksamt sollten dabei mit von der Partie sein. Denen hatte ich allerdings untersagt mitzufahren, weil sie in Spandau gebraucht wurden: Hier passierte Weltpolitik, und die Fraktion kümmerte sich in Travemünde um Hausgemachtes! Es blieb mir unverständlich, dass die Übrigen auf Geheiß ihres Vorsitzenden dennoch abfuhren, allerdings ohne die Mitglieder aus unserem Bezirksamt. Offenbar überwog dann aber doch das schlechte Gewissen: Nach heftigen Diskussionen wurde die Klausurtagung abgebrochen, und noch in der Nacht zum Sonntag kam die Fraktion zurück, um z.B. doch noch bei der Auszahlung des Begrüßungsgeldes zu helfen.

Bisher Unvorstellbares gelang buchstäblich in wenigen Stunden: Über Nacht gab es wieder eine direkte Buslinie Spandau – Nauen, gemeinsam betrieben von der BVG und dem Potsdamer Verkehrsbetrieb. Im Stundentakt fuhr man jetzt vom Rathaus Spandau in die Partnerstadt, knapp 45 Minuten Fahrtzeit einschließlich

Grenzkontrolle. „Wahnsinn" war ohne Frage die treffendste Bezeichnung für das, was wir erlebten. Natürlich verblassten alle anderen Aufgaben und Termine hinter diesen Ereignissen. Sie wurden überwiegend kurzerhand abgesagt.
Städte und Gemeinden in der DDR im Umkreis von Berlin waren leergefegt. Alle zog es nach Berlin, in den Westen. Der Direktor der Zuckerfabrik in Nauen empörte sich: „Mitten in der Zuckerrübenkampagne laufen mir die Arbeiter weg!" Alle drängten in die nahe Partnerstadt. Keiner wollte etwas verpassen.
Für viele meiner bisherigen Nauener Gesprächspartner brach sicher eine Welt zusammen. Am 9. November wurde im „Theater der Freundschaft" in Nauen ein Aussprache-Abend veranstaltet. Auf dem Podium saßen der erste Sekretär des Kreises Nauen, Kurt Moritz, der Vorsitzende des Rates des Kreises Nauen, Kurt Rüdiger sowie der Vorsitzende des Rates der Stadt Nauen, Bürgermeister Alfred Kuhn. Insbesondere diese drei mussten den Zorn vieler anwesender Nauener auf sich herabprasseln lassen.
Alfred Kuhn erzählte mir später: „Ich erinnere mich an Korruptionsvorwürfe. Kritik an der Straßenbeleuchtung, Klagen über Wohnungsmangel, aber auch an das Problem von Frau Schibil, die wegen ihres behinderten Kindes eine andere Wohnung brauchte. Das Problem konnte sogar noch gelöst werden. Aber schon Monate vorher hatten wir die Stadt finanziell auf Null gefahren. Von den übergeordneten Gremien bekamen wir keine Informationen und schon gar kein Geld mehr. So konnte es nicht weitergehen, aber keiner konnte sagen, wie sonst."
Mitten in diese Versammlung platzte die Nachricht vom „Fall der Mauer". Pfarrer Tuschke aus Berge saß auch auf dem Podium und hörte die Nachricht aus einem kleinen Radio. Nachdem er die Nachricht von der Grenzöffnung den Menschen im Saal verkündet hatte, war die Versammlung schlagartig beendet. Man strömte an die häuslichen Fernsehapparate. Bürgermeister Kuhn sagte viele Jahre später in einem Interview: „Ich ging nach Hause und konnte, was da so über uns zusammenbrach, nicht verarbeiten. Wie geht es denn nun für dich weiter, Kuhn? Und was ist mit der DDR?" Sicher muss man auch für solche quälenden Gedankengänge Verständnis aufbringen.

Ohne Frage waren vierzig Jahre sozialistische Erziehung, Schulung und Bildung nicht spurlos an den Menschen vorübergegangen. Es hatte sich doch bei vielen eine Überzeugung für die Ideologie herausgebildet. Auch der Nationalsozialismus hatte von 1933 bis 1945 Menschen – auch junge Leute – geprägt und für sich eingenommen, und diese Diktatur hatte nur zwölf Jahre gedauert.

Alfred Kuhn war sicher von der guten Sache des Kommunismus überzeugt gewesen und musste nun feststellen, dass er sich die ganzen Jahre geirrt hatte; er wurde enttäuscht, wie er mir einmal sagte. Für mich war er ein „braver und treuer Parteisoldat" gewesen, der sich der Parteiraison untergeordnet hatte. Und ich bin eigentlich davon überzeugt, dass er keinem etwas Böses angetan hatte. Nie hatte ich ihn für hinterhältig oder gefährlich gehalten. Diese Einschätzung ist mir später auch von demokratisch gewählten Volksvertretern bestätigt worden. Da hatte es in Nauen in seiner Umgebung ganz andere und gefährlichere Leute gegeben. Als Vorsitzender des Rates der Stadt war er jedoch der kommunalpolitische Repräsentant der SED und war in jener Zeit dem Zorn der Bevölkerung besonders ausgesetzt. Und die Ereignisse überschlugen sich weiter.

– Grenzöffnung nach Falkensee –

Am 13. November öffneten wir einen neuen Grenzübergang an der Falkenseer Chaussee. Als wäre es selbstverständlich gewesen, rückten in Falkensee auf der Max-Reimann-Straße, der späteren Spandauer Straße, schwere Baumaschinen der VEB-Bezirksdirektion für Straßenwesen Potsdam an und auf Spandauer Seite auf der Falkenseer Chaussee Maschinen unseres Tiefbauamtes. Gemeinsam wurden die Mauern der Grenze abgetragen, die Fahrbahn durchgängig neu geteert und eine Grenzübergangsstelle eingerichtet. Die alte, klassische Verbindung von Spandau nach Falkensee war wieder hergestellt.

Offiziell wurde der neue Grenzübergang um 18 Uhr eröffnet, im Beisein des Regierenden Bürgermeisters Walter Momper, des

Spandauer Bürgermeisters und auch der Bürgermeister von Falkensee, Sowinski, und Nauen, Alfred Kuhn. Zum östlichen „Empfangskomitee" gehörte außerdem der Vorsitzende des Rates des Kreises Nauen, Rüdiger. Er tat mir gegenüber so, als seien wir alte Freunde gewesen. Ich war ja mindestens schon ein Dutzend Mal in Nauen gewesen, und Herr Rüdiger, der auch in Nauen „residierte", hatte es stets vermieden, mir zu begegnen. Kuhn erzählte später einmal, Rüdiger habe es abgelehnt, dem „Klassenfeind" die Hand zu geben. Jetzt jedoch hätte er mich am liebsten umarmt! Viel entscheidender aber waren der Jubel, die Freude und die riesige Anteilnahme der Bevölkerung auf beiden Seiten. 5000 Menschen waren mindestens zur Grenzöffnung gekommen. In der einstigen Tabuzone des Grenzstreifens herrschte ein einziges, fröhliches Chaos. Zu Eröffnungsreden kam es erst gar nicht, und der Asphalt unter den Füßen war noch ganz warm. Von überall her strömten die Menschen herbei und fielen sich um den Hals. „Brieselang grüßt Spandau" stand auf einem Plakat.
Meine Pressesprecherin, Marion Riedel, lotste mich durch Menschenmassen zum RIAS-Mikrofon. In diesem Chaos nutzte niemand die aufgestellten, frisch gestrichenen VISA-Baracken, alles pendelte hinüber und herüber. Bloß auf DDR-Seite gab es kein Bier – es war Montag, und die Kneipen waren wie immer geschlossen. Diese wichtigste Nachricht für das Havelland im vergangenen halben Jahrhundert wurde in der „Märkischen Volksstimme" mit dürren Worten abgehandelt.
In Spandau beherrschten die Ereignisse sämtliche Sitzungen, und der Besucherstrom hielt unvermindert an. In einer Erklärung vor der Bezirksverordnetenversammlung am 15. November dankte ich allen Beteiligten für das, was sich in großartiger Weise in Spandau, aber nicht nur dort, in diesen Tagen an Hilfsbereitschaft und Solidarität gegenüber den Menschen aus der DDR gezeigt hatte. Gleichzeitig schlug ich der BVV die Einrichtung weiterer Übergänge nach Schönwalde und Glienicke vor – und sei es nur für Fußgänger und Radfahrer.
In jenen Tagen und Wochen nach dem 9. November kamen zusätzlich auch viele Gruppen aus dem Ausland und dem Bundesge-

biet nach Berlin. So lag es nahe, dass auch unsere Siegener Freunde uns verstärkt besuchten, um sich über die neue Lage in und um ihre Partnerstadt Spandau zu informieren. Die Siegener Zeitung berichtete aus der Sicht von fünf Maschinenbaustudenten, die ihre Eindrücke vom offenen Grenzverkehr in Berlin schilderten. Auch sie zeigten sich überwältigt vom Freudentaumel und Gemeinschaftsgefühl der Menschen auf den Straßen. Auf die Frage nach dem Thema Wiedervereinigung reagierten ihrem Bericht nach die DDR-Bürger mit Zurückhaltung: „Wir möchten eigentlich kein zwölftes Bundesland werden", sagten sie den Studenten. Sie wünschten sich vielmehr einen sozialistischen Staat, der teilweise die Elemente der sozialen Marktwirtschaft übernimmt. „Wir haben schließlich 40 Jahre dafür gearbeitet. Sollte das alles umsonst gewesen sein?", sagten sie.

– Stimmungswandel stärkt Nauen-Kontakte –

Eine Woche nach Öffnung der DDR-Grenzen waren wir wieder mit einer Spandauer Delegation in Nauen. Auf der Grundlage unserer „Vereinbarung über kommunale Kontakte" vom September 1988 war ein Erfahrungsaustausch mit Betriebsräten und Betriebsgewerkschaftsleitungen aus Nauen und Spandau vorgesehen. Im Vorfeld bat Bürgermeister Kuhn den „Rat des Bezirks" in Potsdam ausdrücklich um Unterstützung für die Durchführung dieser Begegnung und den Gegenbesuch von Nauener „Werktätigen" im Dezember in Spandau. „Wir möchten damit eine mögliche Konfrontation zu der augenblicklichen politischen Innensituation unserer Republik vermeiden. Wir sind auch der Meinung, dass ein Ausfallen des vereinbarten Gegenbesuches ebenfalls falsche politische Akzente setzen könnte", so begründete Kuhn sein Anliegen.

Der Besuch lief dann völlig störungsfrei und in gewohnter Freundschaft ab. Aber sicher lag in diesem ersten Zusammentreffen nach dem 9. November eine gewisse Spannung, und natürlich war auch die Presse neugierig auf die Stimmungslage in Nauen. Wir Bürgermeister nahmen die Begegnung zum Anlass, angesichts der politischen Umbrüche eine wesentliche Ausweitung unserer Kontakte ins Auge zu fassen. Die Zeit schien uns das jetzt zuzulassen. In neuer Offenheit wurde auch über die Probleme in der DDR diskutiert. Kuhn war an einer sachlichen Auseinandersetzung interessiert und gab seiner Hoffnung Ausdruck, dass diese bald wieder in normale Bahnen gelenkt werden könne. Eine berechtigte Forderung seien Wahlen auf Ebene der Gemeindeverwaltung und bis hin zur Volkskammer, sagte er dem Spandauer Volksblatt. An einen grundlegenden Wandel hin zur Demokratie, auch an personelle Veränderungen wurde an diesem 16. November noch keinesfalls gedacht. Man stellte sich eine andere, aber weiterhin sozialistische DDR vor.

Für unsere Spandauer Betriebsräte war die Besichtigung der Zuckerfabrik Nauen interessant, dem größten und wichtigsten Produktionsbetrieb in der Stadt mit etwa 400 Beschäftigten. Die Spandauer Kollegen aus den Betrieben von Siemens, BAT, Orenstein & Koppel, BMW, BVG und aus dem Personalrat des Bezirksamtes waren schockiert über die zum Teil vorsintflutlichen Produktionsmethoden, mit denen dort gearbeitet werden musste. Manche aus dem westlichen Ausland importierten Maschinen konnten nur mit viel Einfallsreichtum der Mitarbeiter am Laufen gehalten werden, weil das Geld für Ersatzteile schon lange fehlte. Zuckersäcke für mehr als 1 kg Zucker wurden von Frauen manuell abgefüllt und gewogen. Arbeitsschutz und Lärmschutz – bei uns ein hohes Gut in der Arbeitswelt – wurde dort so gut wie vernachlässigt. Hier klafften Welten zwischen den Arbeitsmethoden in West und Ost auseinander. Es wurde offen darüber diskutiert, und beide Seiten nahmen kein Blatt vor den Mund. Nach dem Austausch von Gastgeschenken und einem Umtrunk verabschiedete man sich am Abend mit vielen neuen Eindrücken, auf ein baldiges Wiedersehen: Am 13. Dezember sollte der Gegenbesuch in Spandau mit Besuch der BMW-Motorenwerke stattfinden.

*

Einige Tage später veranstaltete die SPD Kladow unter dem Motto „Hallo Nachbarn" eine öffentliche Versammlung mit Vertretern von Oppositionsgruppen aus der DDR wie „Neues Forum", „Demokratie jetzt" und „SDP". Es nahmen immerhin 200 Menschen daran teil. Im Mittelpunkt der Diskussion stand die Frage, ob die Reformbewegung in der DDR genügend Kraft habe, mit den auftauchenden Problemen fertig zu werden. Die Gäste zeigten sich zuversichtlich, und sie waren sich einig, dass eine Diskussion um eine Wiedervereinigung zum jetzigen Zeitpunkt mehr schade als nütze. Das war in diesen Tagen auch die Grundstimmung bei vielen DDR-Bewohnern.

*

Einen Tag später kamen wir in Spandau erneut mit Vertretern aus Nauen zusammen. Inzwischen hatten die Verwaltungen dort wie hier alle Mühe, die Begegnungswünsche in geordnete Bahnen zu lenken. Ziel war eine größtmögliche Öffnung in beide Richtungen, aber die Rathäuser sollten den Überblick behalten. Ob das immer gelingen würde, war fraglich, denn schon jetzt gab es zwischen Spandau und dem Osthavelland viele spontane Aktivitäten – es war eine Unmenge in Bewegung geraten. Eine weitere offene Frage galt es, auf Kreisebene zu regeln: Immer noch mussten Westbesucher in der DDR den ärgerlichen „Zwangsumtausch" von 25 DM pro Tag nachweisen. Das konnte man beispielsweise einer Gruppe Sportler auf Partnerschaftsbesuch in meinen Augen nicht mehr zumuten.

Wir fassten eine ganze Reihe von Aktivitäten ins Auge, unter anderem Auftritte des Jugendorchesters der Nauener Zuckerfabrik sowie des Frauenchors aus Senske am ersten Sonntag des Weihnachtsmarktes in Spandau. Eine Mannschaft von uns sollte außerdem beim Hallenhandball-Turnier in Falkensee Ende Dezember vertreten sein. Gegenseitige Chorbesuche in Altersheimen wurden ebenfalls angedacht. Als längerfristig angelegte gemeinsame Großveranstaltungen fassten wir eine Volkswanderung durch das Osthavelland im Frühjahr sowie den Marathonlauf des VfV (Verein für Volkssport) ins Auge – zum ersten Mal grenzüberschreitend.

*

Ende November empfing ich ungarische Frauen, die während der Zeit des Nationalsozialismus verfolgt und deportiert worden waren. Von Dezember 1944 bis April 1945 hatten sie in Spandau in der Pichelswerder Straße für die Deutschen Industriewerke Zwangsarbeit leisten müssen. Zum Andenken an diese Frauen hatten wir an ihrer alten Wirkungs- und Leidensstätte – heute befindet sich dort der Technische Überwachungsverein (TÜV) – eine Gedenktafel errichtet. Wegen einer Krankheit konnte ich an der Enthüllung nicht teilnehmen, aber Udo Hoffmann verlas als Leiter meines Büros meine vorbereitete Rede. „Natürlich waren damals Konzentrationslager keine geheimen Stätten des Terrors", hatte ich geschrieben. „Und ebenso wenig waren es die Außenstellen der KZ, allein vier solcher Außenstellen befanden sich in Spandau. Neben den Konzentrationslagern gab es in Spandau, das damals ein Zentrum der Rüstungsindustrie war, allein 49 Fremdarbeiterlager. Hier wurde Ausbeutung des Menschen in der exzessivsten Form betrieben. Das Stichwort hieß ‚Vernichtung durch Arbeit'." Das Lager in der Pichelswerder Straße, in dem auch die ungarischen Frauen eingesessen hatten, galt als eine Außenstelle des Frauen-KZ Ravensbrück, das wiederum zum Konzentrationslager Sachsenhausen gehört hatte. Etwa 1200 Frauen und Mädchen aus Ungarn, Jugoslawien, Polen und der Sowjetunion hatten dort Zwangsarbeit verrichten müssen. Bei einer Lagerkost mit höchstens 800 Kalorien täglich waren sie unter anderem gezwungen worden, die Metallkörper für die Granaten und Bomben zu bearbeiten, schwerste Gussstücke zu schleppen und unter härtesten Bedingungen die Maschinen zu säubern.

– Rufe nach Wiedervereinigung werden lauter –

Werfen wir noch einen Blick auf die sich überstürzenden Ereignisse in Nauen und Umgebung: Die Genossen Kuhn und Gisela Materok aus Nauen besprachen Ende November mit Vertretern des

Rates des Bezirks Potsdam ihre weitere Verhaltensweise für die Zusammenarbeit mit dem Bezirk Spandau. In der Arbeit mit Westberlin änderte die DDR-Führung ihre Sichtweise: „Genosse Prosch, Potsdam, informierte darüber, dass evtl. Angebote für einen kostenlosen Wochenendaufenthalt im Bezirk Spandau angenommen werden können. Bei einer Beratung, wer dann fahren solle, sind die Blockparteien und auch Vertreter der kirchlichen Kreise mit einzubeziehen", hieß es in einem Vermerk zu dieser Besprechung.
Doch alle „Lockerungen" kamen zu spät. Die öffentlichen Aussprachen im Kreis Nauen gingen weiter. In der Stadt kam es zu einem Gespräch mit Angehörigen der örtlichen Kreisdienststelle des Ministeriums für Staatssicherheit (MfS), in dem die Unterstellung des Geheimdienstes unter öffentliche Kontrolle gefordert wurde. Es entstanden auch immer mehr Kontakte zwischen Sportlern, Feuerwehrleuten und Künstlern in Ost und West. In Falkensee wurde am 24. November Bürgermeister Gerhard Sowinski abgewählt, und mit ihm der Stadtbaudirektor. Seither amtierte der stellv. Bürgermeister Carsten Schulz.
Nachdem Bundeskanzler Kohl Ende November seine Thesen zur deutschen Einheit verkündet hatte, traten am 30. November Intellektuelle und Künstler der DDR mit dem Aufruf „Für unser Land" an die Öffentlichkeit, in dem die staatliche Selbstständigkeit der DDR gefordert wurde. Dieser Aufruf fand auch bei kirchlichen Gruppen seine Fortsetzung, dem „Neuen Forum" und anderen Bürgerinitiativen. Sie bildeten ein Gegengewicht zu den sich mehrenden Rufen nach Wiedervereinigung, auch im Havelland.
Die Volkskammer der DDR strich am 1. Dezember den Führungsanspruch der SED aus der Verfassung. Und es ging Schlag auf Schlag weiter: Am 3. Dezember trat Egon Krenz als Parteichef und ZK-Vorsitzender zurück, und mit ihm das gesamte Politbüro sowie das Zentralkomitee der SED. Stoph, Honecker, Mielke, Sindermann, Tisch u.a. wurden aus der Partei ausgeschlossen. Drei Tage später trat Krenz auch als Staatsratsvorsitzender zurück, er war nur 44 Tage im Amt gewesen. Einen Tag zuvor hatten Kanzleramtsminister Seiters und DDR-Regierungschef Modrow vereinbart, dass ab 1. Januar 1990 für alle Bürger der Bundesrepublik

und Westberlin die Visumpflicht und der Mindestumtausch entfallen sollten. Durch Einrichtung eines Devisenfonds sollte das Reisen für DDR-Bürger in den Westen erleichtert werden. Man bedenke: Seit dem denkwürdigen 9. November waren noch keine vier Wochen vergangen – welch eine historische Veränderung!
In Spandau steigerte sich der Kunden- und Käuferstrom für die Geschäftsleute in der Vorweihnachtszeit gewaltig. Der Besucherstrom aus dem Umland hielt weiter an, und das Kaufhaus Hertie in der Altstadt verdreifachte seinen Umsatz. In meine Bürgersprechstunde am 1. Dezember kamen auch Besucher aus dem Havelland mit Fragen und Anliegen oder nur, um sich zu bedanken. Am 2. Dezember eröffnete ich traditionsgemäß den beliebten Spandauer Weihnachtsmarkt, der dieses Jahr auch einen anderen Touch hatte: Zum ersten Mal herrschte Weihnachtsstimmung an fast allen Tagen in der Altstadt. Erstmalig waren auch die baltischen Staaten Estland, Lettland und Litauen sowie die badische Gemeinde Sasbach mit Verkaufsständen auf dem Markt vertreten. Natürlich gab es einen Riesentrubel zum Auftakt des Weihnachtsmarktes am Wochenende des 1. Advents: Geschätzte 200 000 Besucher strömten auf den Markt, darunter rund 50 000 DDR-Bürger. Sonderzüge der Deutschen Reichsbahn karrten Besucher aus Magdeburg, Genthin und anderen Orten heran. Der Bürgermeister des Schwarzwaldortes Kappelrodeck überreichte mir einen Gutschein, der zwei Personen aus der Partnerstadt Nauen einen kostenlosen zweiwöchigen Urlaub im Schwarzwald bescheren sollte, Fahrtkosten und Überraschungsprogramm inbegriffen. Darüber, wer in diesen Genuss kommt, sollte das Los entscheiden.
Am 4. Dezember kam Bürgermeister Alfred Kuhn nach Spandau, und die Märkische Volksstimme berichtete ausführlich – das war etwas völlig Neues und sehr erfreulich. Wir sprachen auch über Probleme des Gesundheitswesens in Nauen. Kuhn bat für das Nauener Krankenhaus um Hilfe. Wie ich später erfuhr, war durch die Ausreise von sechs Ärzten und drei Zahnärzten eine komplizierte Situation in der Versorgung entstanden. Für die chirurgische Station im Kreiskrankenhaus Staaken standen nur noch zwei Fachärzte und ein Anästhesist zur Verfügung, ebenso war die Ar-

beitsfähigkeit der Kinderabteilung stark eingeschränkt. In den Apotheken kam es zu verkürzten Öffnungszeiten, offenbar sah es im Nauener Krankenhaus ähnlich besorgniserregend aus.

*

Der Dezember war, wie jedes Jahr, angefüllt mit Weihnachtsfeiern überall. Darüber hinaus besuchte mich die Bürgermeisterin von Schönwalde, eine Frau Paul, um auszuloten, ob Spandau nicht auch zu Schönwalde schnelle Kontakte aufnehmen wolle.

Bis Anfang der fünfziger Jahre war Schönwalde quasi ein Stück Spandauer Vorland gewesen. Durch den Spandauer Forst, über die Schönwalder Allee und die „Steinerne Brücke" war man mit Bus, Fahrrad oder Auto schnell zum „Schwanenkrug" gelangt, einem beliebten Ausflugslokal der Spandauer, oder auch weiter zum Dorf Schönwalde. „Schönwalde Siedlung" war eine große Wochenendkolonie der Berliner gewesen. Ende der 20er / Anfang der 30er Jahre hatten dort viele Hauptstädter eine Gartenparzelle erworben. Das führte später, nach der Wende, zu Problemen zwischen jetzt dort wohnenden DDR-Bürgern und den Westberliner Alteigentümern.

Aber all dies war natürlich bei einem Kurzbesuch der Schönwalder Bürgermeisterin nicht zu klären. Wichtig war, dass auch wir an einem baldigen direkten Zuweg über die „Steinerne Brücke" interessiert waren.

*

Am Sonntag, 10. Dezember, klingelte mich die Polizei morgens um 5 Uhr aus dem Bett: In einem Wohnheim des Johannesstiftes war ein Brand ausgebrochen, und Fragen einer Evakuierung der alten und hilfsbedürftigen Menschen tauchten auf. Ich hatte mit Polizei und Feuerwehr eine Absprache getroffen, mich zu informieren, wenn größere Schadensereignisse auftreten, auch mitten in der Nacht. Das gehörte zu meinem Selbstverständnis als Bürgermeister.

*

Am 13. Dezember kamen 21 Beschäftigte aus Nauener Betrieben, vom Betriebsleiter bis zu Mitgliedern der Betriebsgewerkschaftsleitungen (BGL), zum Gegenbesuch nach Spandau. Wahrscheinlich hatte sich die Zusammensetzung der Besuchergruppe

nach den Ereignissen der letzten Wochen auch personell verändert, denn es waren offensichtlich nicht mehr nur linientreue BGLer dabei. Kuhn leitete die Delegation.
Im Mittelpunkt stand die Besichtigung des BMW-Motorradwerkes in Haselhorst, einem der modernsten Motorradfertigungsanlagen der Welt. Alle drei Minuten verlasse eine fertige Maschine das Werk, so hieß es. Welten lagen zwischen diesem Werk mit seinen hoch technisierten Fertigungsmethoden und dem veralteten Zuckerwerk in Nauen. Am Nachmittag fachsimpelten die Vertreter aus vier Nauener Betrieben, des FDGB und des Rats der Stadt Nauen mit Spandauer Betriebsräten im Schulungsheim der IG Metall am Pichelssee. Genau so hatte ich mir derartige Begegnungen vorgestellt.
Später erfuhr ich von der BMW-Betriebsleitung, dass man Anfang der 90er Jahre aus Arbeitskräftemangel auch gerne Bewerber aus dem Umland einstellte, um sie in den Produktionsprozess zu integrieren. Häufig war jedoch eine Beschäftigung nur von kurzer Dauer, weil die (ehemaligen) DDR-Arbeiter dem Leistungsdruck moderner Fertigungsmethoden nicht gewachsen waren. Wer die Arbeitsmethoden z.B. in der Nauener Zuckerfabrik kennen gelernt hatte – verkürztes Arbeitspensum wegen fehlender Ersatzteile oder Ähnliches –, der konnte das sogar verstehen. In der DDR hatte es kaum Arbeitslose gegeben.

*

Die traditionelle Weihnachtsrundfahrt bei Polizei, Feuerwehr und Zoll hatte in diesem Jahr einen besonderen Anstrich: Sie wurde auch auf die DDR-Grenztruppen ausgeweitet – was für eine verrückte Entwicklung!

– TRADITIONELLE OST-VERBINDUNGEN LEBEN AUF –

Wir waren uns in Spandau Ende des Jahres einig, dass die bereits bestehenden engen Kontakte zur Stadt Nauen jetzt auch auf den Kreis und auf die umliegenden Gemeinden wie Schönwalde,

Wustermark, Dallgow, Glienicke und auf die Stadt Falkensee ausgeweitet werden sollten. Die alten Verbindungen Spandaus zum Osthavelland sollten wieder aufleben. Diesen Wunsch spürten wir auch bei den Menschen in jenen Gebieten. Immer häufiger kamen Anfragen von einzelnen Städten und Gemeinden des Kreises Nauen, die engere Beziehungen zu Spandau wünschten.

So schwebte mir Anfang 1990 vor, eine Konferenz zu veranstalten mit den politischen Gremien aus Spandau und aus dem Rat des Kreises Nauen sowie mit den Bürgermeistern der umliegenden Städte und Gemeinden, um die gemeinsamen Problemfelder zu besprechen. Der Senat begrüßte diese Absicht. Mir war bewusst, dass die Gesprächspartner teilweise vor Ort bereits umstritten waren und man nie wusste, wie lange sie sich noch in ihren Ämtern hielten. Aber mit irgendwem mussten wir ja reden, und das konnten nur die sein, die um die Jahreswende noch Verantwortung trugen. Ein erstes Gespräch wurde für den 5. Januar in Spandau vereinbart.

Bis dahin war auch im Kreis Nauen vieles in Bewegung geraten: Am 7. Dezember hatte sich ein „Runder Tisch" in Nauen konstituiert. Vertreter aller Parteien riefen zu Fairness und Gewaltlosigkeit auf. In Falkensee wurde am gleichen Tag der stellv. Bürgermeister Carsten Schulz mit der Übernahme der Funktion des Bürgermeisters betraut. Zum Stadtbaudirektor wurde der parteilose Jürgen Bigalke gewählt. Bigalke war bereits in der Vergangenheit Stadtbaudirektor für die SED in Falkensee gewesen und war dann 1987 zurückgetreten wegen eines Streits mit der damaligen Planungsbehörde. Kurt Rüdiger (SED) erklärte am gleichen Tag seinen Rücktritt als Vorsitzender des Rates des Kreises Nauen.

Am 8. Dezember gründete sich in Nauen die sozialdemokratische SDP. Gleiches geschah in diesen Tagen auch in Falkensee und in anderen Gemeinden. Sehr schnell knüpfte die Spandauer SPD Kontakte zu diesen neuen sozialdemokratischen Ortsvereinen im Kreis Nauen. Viele Spandauer SPD-Funktionäre halfen beim Aufbau der neuen Organisationsformen und Parteistrukturen. Wir traten auch als Redner in vielen Parteiversammlungen und Wahlveranstaltungen auf, ob in Nauen, Schönwalde, Falkensee, Priort oder anderswo. Es entwickelten sich sehr schnell Parteipartnerschaften zwischen Spandauer SPD-Abteilungen und den neu gegründeten SDP-Ortsvereinen. Bahnbrechend war übrigens das Engagement der Spandauer Arbeiterwohlfahrt (AWO) sowie des Arbeiter-Samariter-Bunds – beides alte, sozialdemokratische Organisationen –, die tatkräftig beim Aufbau der AWO und des ASB in Nauen und Ketzin geholfen hatten.

Alle Entwicklungen wurden bestimmt und überlagert von der „großen Politik". Es gab auch Warnungen: So warnte der amerikanische Außenminister Baker bei einem Besuch am 12. Dezember in Berlin davor, „den Weg der deutschen Einheit überstürzt zu gehen". Die Entwicklung müsse friedlich, demokratisch und unter Berücksichtigung der legitimen Interessen aller am Aufbau Europas Beteiligter verlaufen. Es gab auch Kritiker eines neuen, vereinten Deutschlands. So legten Bürgerbewegungen in der DDR einen Drei-Stufen-Plan vor, der nach einer mehrjährigen Vorbereitungszeit einen Volksentscheid über die politische Einheit in einem „Bund deutscher Länder" vorsah. So schnell und ohne weiteres wollte man sich nicht die Bundesrepublik überstülpen lassen.

Auch Kohl und Modrow gingen noch am 19. Dezember 1989 bei einem Zusammentreffen in Dresden von einer „Vertragsgemeinschaft und gutnachbarlichem Verhältnis" aus.

Als am Nachmittag des 22. Dezember das Brandenburger Tor geöffnet wurde, war das ein Symbol von unheimlicher Kraft und Bedeutung. Ich konnte es nur von Ferne, aus dem Urlaub auf Föhr, über den Fernsehschirm verfolgen. Jetzt wurde auch das Reisen ohne Visum und ohne Zwangsumtausch zwischen beiden deutschen Staaten möglich. In den Tagen um Weihnachten zogen weit über 100 000 Menschen durch das Brandenburger Tor. Die alte Flanierstraße Unter den Linden bekam ihre alte Funktion zurück.

Über Weihnachten erlebte Berlin außerdem das größte Besucherfest aller Zeiten. Während der Feiertage kamen fast 1,2 Millionen DDR-Bürger nach Westberlin, und rund 765 000 Westberliner fuhren in den Osten, um Verwandte, Bekannte und Freunde zu besuchen oder einfach nur zu bummeln.

Am Neujahrstag – ich war immer noch auf Föhr – wurde zwischen Falkensee und Spandau eine „Brücke der Sympathie" gespannt: Ein Neujahrsspaziergang vom Rathaus Spandau zum Rathaus Falkensee sollte diese Brücke bilden, und den Spandauern sollte ein herzlicher Empfang bereitet werden. Die Idee stieß auf überwältigende Resonanz: Mehr als 100 000 Menschen waren Zeitungsberichten nach auf dieser „Brücke" unterwegs. „Ab 10 Uhr wälzte sich eine unübersehbare Menschenmenge vom Grenzübergang Falkenseer Chaussee zum Rathaus", schilderte die Märkische Volksstimme. Auf zwei Hauptbühnen am Grenzübergang sowie am Rathaus wurde ein kulturelles Programm geboten. Die vier Kilometer dazwischen waren gesäumt von Ständen, die Bürger aus Falkensee, Ketzin, Pausin, Elstal, Nauen sowie aus vielen anderen grenznahen Gemeinden aufgebaut hatten. Sie boten Selbstgebackenes, Gekochtes, Gebratenes, Geschenke und vieles andere zum Verkauf an. Außerdem wurden beträchtliche Spenden gesammelt zugunsten der DDR-Krankenhäuser. Mir zeigte dieses Ereignis, dass der Funke zwischen den Menschen aus dem Osthavelland und Spandau trotz vierzigjähriger Trennung sofort wieder übergesprungen war. Ich war begeistert und beteiligte mich zumindest mit einer Grußbotschaft aus der Ferne, die im Spandauer Volksblatt abgedruckt wurde.

Meine Stimmung am Ende dieses bedeutungsvollen Jahres habe ich in einem weiteren Grußwort zum Jahreswechsel festgehalten, das traditionell im Spandauer Volksblatt erschien.

– Eine Fülle neuer Aufgaben –

Anfang 1990 gab es eine Fülle von gemeinsamen Aktionen und Aktivitäten zwischen Berlin und dem benachbarten Umland. Bereits am 5. Januar trafen erstmals Spandauer Kommunalpolitiker mit den Bürgermeistern von Nauen, Falkensee, Staaken, Schönwalde und Ketzin sowie mit Ratsvertretern aus dem gesamten Nauener Kreisgebiet zusammen, weit über die bisher nur zur Stadt Nauen bestehenden Kontakte hinaus.

Ich nahm das als Startschuss für die künftige Zusammenarbeit zwischen Spandau und seinem Umland. Mir schwebte etwas wie ein havelländischer Regionalausschuss vor. An der Spitze des Rates des Kreises Nauen stand jetzt ein früherer LPG-Vorsitzender aus Ketzin, Hans Joachim Schmidt. Er hatte den langjährigen SED-„Scharfmacher" Rüdiger abgelöst, nachdem dieser im Dezember 1989 zurückgetreten war. Schmidt war zwar auch ein SED-Funktionär, aber ein vernünftiger, ruhiger Mann, mit dem man reden konnte. Auch in den Städten traten an die Stelle der alten Kader jetzt junge Leute. Nauen wurde in den ersten Monaten 1990 nur noch von der stellv. Bürgermeisterin Gisela Materok vertreten. Alfred Kuhn hatte sich aus gesundheitlichen Gründen zurückgezogen. In Nauen wie auch in Falkensee räumten die „Runden Tische" mit den alten Machthabern auf.
In der Tat bildeten wir schon während unserer siebenstündigen Sitzung am 5. Januar in Nauen einen Regionalausschuss, der sich in erster Linie einer grenzübergreifenden Regionalplanung widmen wollte, so schwierig das auch noch sein mochte. Weiterhin forderten wir die Schaffung weiterer Grenzübergänge, z.B. nach Schönwalde, wobei ich grundsätzlich die Auffassung vertrat, dass alle ehemaligen Straßenverbindungen in das Spandauer Umland früher oder später wieder geöffnet werden sollten. Damit stieß ich nicht auf ungeteilte Zustimmung bei meinen umweltengagierten Parteifreunden und schon gar nicht bei den Grünen/Alternativen. Wir unterstützten auch den dringenden Wunsch der Havelländer nach Aufrechterhaltung der Buslinien von Spandau nach Falkensee und Nauen sowie die Schaffung einer Eisenbahnverbindung in das Havelland. Spandau versprach auch seine Hilfe zur Behebung von Versorgungsengpässen, insbesondere im Gesundheitswesen – eine Fülle neuer Aufgaben.
Noch waren wir ja in Spandau Stationierungsgebiet der britischen Truppen in Berlin. Niemand wusste damals, wie und in welcher Form die deutsche Frage gelöst werden würde, und so nahm der Kontakt zu den britischen Einheiten in Spandau immer noch einen breiten Raum in meinem Terminkalender ein. Unsere Kontakte waren gut. So spendeten die Ehefrauen der

britischen Offiziere den Erlös ihres vergangenen Weihnachtsmarktes im Europa-Center wieder deutschen wohltätigen Zwecken, und zwar diesmal ganz bewusst Projekten, die Bürger in der DDR unterstützten.

Schon bald nach dem Fall der Mauer verabredete der Berliner Senat mit dem DDR-Ministerpräsidenten Modrow seinerseits die Bildung eines provisorischen Regionalausschusses, der die Koordination aller grenzüberschreitenden Fragen im Großraum Berlin vornehmen sollte. Zum ersten Mal gab es damit ein deutsch-deutsches Gremium, das im Sinne der von Bundeskanzler Kohl angekündigten konföderativen Strukturen gemeinsame Verantwortung übernahm. Dem Regionalausschuss, der sich am 22. Dezember 1989 konstituiert hatte, gehörten Vertreter beider Teile Berlins, der Bezirke Frankfurt/Oder, Potsdam und Cottbus sowie je ein Repräsentant der DDR-Regierung und der Bundesregierung an. Das Gremium sollte Empfehlungen für die beteiligten Regierungen und Verwaltungen erarbeiten. Zu den sieben Mitgliedern auf Westberliner Seite wurde Anfang Januar ich als Vertreter des Rates der Bürgermeister berufen, was mich mit Stolz erfüllte.

Der Ausschuss nannte sich noch „provisorisch", weil ein entsprechender Staatsvertrag zwischen der Bundesrepublik und der DDR fehlte, wohl auch von der Bundesregierung nicht unbedingt sofort angestrebt wurde. Aber gerade in Berlin und dem angrenzenden Umland gab es inzwischen unendlich viele praktische Fragen, die mit der DDR zu regeln waren: Verkehrsverbindungen, Wasserwege, Müllbeseitigung, Smog-Verordnung, Nahverkehrstarife, Ausbau der touristischen Infrastruktur im Umland, Gewerbeansiedlung, Sicherheitsfragen, gemeinsame Flächenplanung und vieles mehr. Berlin war wieder eingebettet in sein natürliches Umland. Der Regionalausschuss tagte abwechselnd in West- und Ostberlin, aber auch in Frankfurt/Oder und Potsdam. Er wechselte im Laufe des Jahres mehrfach seine Funktion: In der ersten Phase regelte er zunächst die einfachsten Koordinierungsfragen, die durch die Grenzöffnung aufgeworfen waren. Dann wandte er sich der langfristigen Entwicklung der Region Berlin zu, von den Fragen der Müllentsorgung und des Umweltschutzes über die Entwicklung der räumlichen Struktur bis hin zur Zusammenarbeit im Luftverkehr. Vom Frühjahr an half er, die Wiedervereinigung der beiden Stadthälften, insbesondere die Angleichung des Verwaltungssystems und des Rechtssystems vorzubereiten (teilweise dem Buch „Grenzfall" von Walter Momper entnommen)[2].

Dieser Regionalausschuss war im Rückblick eine gute Einrichtung, die später jedoch nicht weitergeführt wurde und deren Empfehlungen in der Politik leider nur wenig Beachtung fanden. Ich erwähne nur die eindeutige Empfehlung des Ausschusses von Anfang 1990, „nur nach erfolgter Gesamtplanung Gewerbeflächen zu vergeben". Dafür hatte der Regionalausschuss das Berliner Umfeld in 50 Planungsgebiete eingeteilt. Leider konnte der spätere Wildwuchs im angrenzenden Umland dennoch nicht verhindert werden. Allerdings hatten wir damals auch das Problem, dass wir zunächst mit Leuten verhandelten, die nach den ersten demokratischen Wahlen in der DDR im Mai zum größten Teil nicht mehr politische Repräsentanten waren.

*

Die Bürgermeisterin von Groß-Glienicke besuchte mich im Rathaus und forschte nach Kontaktmöglichkeiten. Bald darauf ergaben sich welche: Am 13. Januar spielten die Alten Herren der Sportfreunde Kladow gegen Groß-Glienicke Fußball, mit kräftigem Umtrunk nach dem Spiel. Die Feste mussten schließlich gefeiert werden.

Auch Vertreter des „Neuen Forums" und der SPD Nauen besuchten uns. Auf allen Ebenen gab es Kontaktwünsche und Bitten um Unterstützung.

---

[2] *Walter Momper, Grenzfall, München, 1991*

– GANS verbindet Spandau mit dem Osthavelland –

Am 19. Januar trafen wir uns bereits wieder mit den Vertretern aus dem Osthavelland im Spandauer Rathaus und bildeten ganz offiziell ein Gremium, das wir GANS nannten (Gemeinsamer Arbeitsausschuss Nauen – Spandau). Wir bildeten sechs Arbeitsgruppen mit den Schwerpunkten Bereichsentwicklungs- und Grünplanung / Verkehr / Naturschutz / Stadtplanung, Kultur / Volksbildung / Schule, Sport / Jugend / Freizeit / Tourismus, Soziales, Wirtschaft / Handel / Versorgung sowie Gesundheit / Umweltschutz. An jedem letzten Freitag im Monat trafen wir zusammen und entwickelten schließlich im GANS Empfehlungen, die wir an die Regionalausschüsse weiterleiteten. Jede Arbeitsgruppe war mit je fünf Mitgliedern aus Ost und West besetzt. Zu einzelnen Punkten wollten wir Experten einbinden und Wünsche aus der Bevölkerung aufnehmen. Wir träumten von einer baldigen Fernbahnverbindung von Spandau über Staaken und Wustermark nach Nauen sowie davon, dass LPG-Bauern aus der DDR mit ihren Produkten auf den Spandauer Markt kommen. Was auf gesamtberliner Ebene durch den provisorischen Regionalausschuss in Szene gesetzt wurde, wollten wir auch auf Spandauer Seite mit dem Osthavelland umsetzen.

– Deutsch-deutsches Zusammenwachsen –

Ende Januar traten der noch relativ junge Spandauer Karnevalsklub und der KC Nauen zu gemeinsamen öffentlichen Karnevalssitzungen in Spandau zusammen. Der Karneval hatte in der DDR eine ganz wesentliche Rolle gespielt. Die Parteiführung hatte das als Ventil zugelassen, mit dem sich die Bürger in der Faschingszeit auch mal auf humorvolle Weise kritisch äußern konnten. Mehrdeutige Büttenreden spielten dabei eine Rolle. Man ließ die Karnevalisten als eine Sektion im sozialistischen Kulturbund gewissermaßen an der „langen Leine". Im Laufe der Jahre entwickelten sich karnevalistische Hochburgen, so z.B. in Friesack im Havelland, aber auch in Nauen. Man entwickelte dort teilweise eine Perfektion der Vorträge, die schon bühnenreif war. Das rettete sich über die Wende hinweg, und so gab es ein erstes gemeinsames Auftreten zur Karnevalssaison 1990 mit den Spandauern. Die Nauener waren den Spandauer Narren in der Darstellung haushoch überlegen.

Leider riss unser karnevalistischer Kontakt später ab. Wie immer steht und fällt das mit den Menschen, die sich dafür einsetzen: Der langjährige Karnevalspräsident in Nauen, Manfred von Feilitzsch (der „Alte Fritz"), hatte sich schon zu DDR-Zeiten um einen Kontakt mit Spandau bemüht. Während meiner vielfachen Besuche im Nauener Rathaus im Sommer 1988 hatte er einmal plötzlich den Kopf durch die Tür gesteckt und spontan gerufen: „Vergesst mir bei eurem gegenseitigen Besuchsprogramm die Karnevalisten nicht!" Manfred von Feilitzsch wurde kurz nach der Wende Vorsitzender der Arbeiterwohlfahrt (AWO) in Nauen, und Hans Hill war Vorsitzender der AWO in Spandau, außerdem gemeinsam mit seiner Frau Ingrid dem Spandauer Karnevalsverein verbunden. So lag es nahe, dass Karnevalsveranstaltungen von 1990 an gemeinsam mit der Arbeiterwohlfahrt in Nauen durchgeführt wurden.

Einen weiteren Anknüpfungspunkt zu Nauen bildete die „Grüne Woche". Diese berühmte Landwirtschafts- und Verbraucherschau kannten unsere Freunde im DDR-Umland bisher nur aus dem West-Fernsehen. Es war interessant, dass viele DDR-Bürger insbesondere zwei Wünsche an einen Besuch in Westberlin hatten: Einmal die „Grüne Woche" unter dem Funkturm besuchen und einmal durch die Lebensmittelabteilung im KaDeWe bummeln.

Der Besuch der „Grünen Woche" war noch Bestandteil des alten Besuchsprogramms, das wir im September 1989 vereinbart hatten. Landwirte und Gartenbaufachleute aus Nauen kamen nach Spandau, und was lag näher, als diesen Besuch in die Zeit der „Grünen Woche" zu legen? Unsere Besucher unter Leitung des LPG-Vorsitzenden Eike Peters genossen das sichtlich.

Das nächste deutsch-deutsche Highlight Ende Januar war eine weitere Grenzöffnung an der Potsdamer Chaussee nach Groß-Glienicke. Schon zu Weihnachten und Neujahr hatte es ein provisorisches „Loch im Zaun" gegeben. Aber der offizielle Übergang von und nach Groß-Glienicke (der Ort war seit 1945 geteilt) wurde erst jetzt von der stellv. Vorsitzenden des Rates des Kreises Potsdam-Land, Sieglinde Junge, und mir freigegeben. Er galt zunächst nur für Fußgänger und Radfahrer. Einen regelmäßigen Autoverkehr ließen die Straßenverhältnisse noch nicht zu. Ab dem 1. Juli sollte aber auch das möglich werden.

Obwohl wir keine großen Feierlichkeiten geplant hatten, waren auch hier tausende Menschen Zeugen des Geschehens, insbesondere auf DDR-Seite. Sie hießen die Spandauer herzlich willkommen. In der Gaststätte „Zum Hechtsprung" gab es für die Nachbarn Freibier, und die Presse berichtete ausführlich.

Auch ein weiteres Ereignis, das wenige Wochen zuvor noch undenkbar erschienen wäre, bewegte nicht nur die Medien: eine Ausstellung von Spandauer Schülern zum Thema „Jüdische Bürger Spandaus" im Falkenseer Rathaus. Der Jüdischen Gemeinde in Spandau waren früher auch Dallgow, Schönwalde und Falkensee angeschlossen. Die mit der Ausstellung unvermeidliche direkte Auseinandersetzung mit den Verbrechen der Nazis in der DDR war etwas ganz Neues. „Wir wollen nicht mit der Lüge leben, dass auf dem Territorium der DDR immer ein antifaschistisches Volk gelebt habe", mahnte zur Eröffnung der Vorsitzende der Jüdischen Gemeinde Ost-Berlins, Dr. Peter Kirchner. Mein Bürgermeister-Kollege in Falkensee, Carsten Schulz, entdeckte viele Lücken in der bisherigen Vergangenheitsbewältigung. Schulrätin Susanne Pape mit der Carl-Diem-Oberschule (später Heinrich-Böll-Oberschule), die diese Ausstellung erarbeitet hatte, sah das gemeinsame Aufarbeiten deutscher Geschichte als unerlässlich für das Zusammenwachsen an.

In meinem Kalender aus jener Zeit beeindruckt mich immer wieder die Fülle und Vielfalt der Termine, die sich aus den blühenden Umlandkontakten ergeben hatten. Immer wieder tauchten neue Aktivitäten auf – eine erfreuliche Entwicklung.

Schon Ende 1989 hatte ich mich darum bemüht, so schnell wie möglich wieder eine Eisenbahnverbindung von Spandau nach Nauen, vielleicht zunächst im Pendelverkehr, zu erhalten. Diese Initiative griff Anfang Februar Verkehrssenator Horst Wagner auf.

– Sozialistische Internationale in Spandau –

Einen politischen Höhepunkt gab es am 8. Februar auf der Spandauer Zitadelle: Die Sozialistische Internationale, der weltweite Zusammenschluss von sozialistischen, sozialdemokratischen und Arbeiterparteien, tagte in Berlin. Auf Initiative von Hans-Jochen Vogel, dem SPD-Vorsitzenden, fand eine abendliche gesellschaftliche Veranstaltung im „Palas" der Zitadelle statt, bei der auch der Spandauer Bürgermeister vorgestellt wurde. Es waren fast

Die Sozialistische Internationale zu Gast auf der Spandauer Zitadelle. Bettino Craxi bekommt vom Bürgermeister eine Flasche Met verehrt, und Willy Brandt schaut interessiert zu (© Waltraud Heidak).

alle sozialistischen Persönlichkeiten der ganzen Welt anwesend, von Willy Brandt als dem Vorsitzenden der „Internationalen" über den früheren italienischen Ministerpräsidenten Bettino Craxi bis zur beliebten Norwegischen Ministerpräsidentin Gro Harlem Brundtland.

Dazu eine nette Episode am Rande: Zur Begrüßung servierten die Wirte der Spandauer Zitadellenschänke im Rahmen ihres „Rittermahls" immer Met, was bekanntlich im germanischen Mythos den Göttern und Helden in Walhall kredenzt wird. Der italienische Ministerpräsident kannte diese Art des süßen Honigweins nicht und war begeistert. Daraufhin habe ich ihm eine Flasche süßen Weins als Gastgeschenk überreicht. Einige Wochen später kam bei mir eine Kiste mit italienischen Weinen von einem der Weingüter Bettino Craxis an, als „Gegengabe" für die Flasche Met. Dass Craxi später wegen Korruption verurteilt wurde, konnte ich 1990 schließlich noch nicht wissen.

*

Zwischendurch tagte ständig der provisorische Regionalausschuss. Der Innenausschuss des Rates der Bürgermeister, dessen Vorsitzender ich war, tagte in Spandau. Am 10. Februar flog ich für ein paar Stunden über Köln nach Siegen, denn unsere alte Freundin, die langjährige Bundestagsabgeordnete Waltraud Steinhauer, wurde 65 Jahre alt, und es war auch für mich mehr als eine Pflichtübung, an ihrem Geburtstagsempfang teilzunehmen. Der nordrhein-westfälische Ministerpräsident Johannes Rau hielt die Laudatio – wie immer bei „Bruder Johannes" eine sehr zu Herzen gehende Rede. Waltraud Steinhauer war eine der Säulen der Freundschaft zwischen Siegen und Spandau seit Anfang der 60er Jahre.

*

Ärger gab es Mitte Februar, als es Überlegungen in der Senatswirtschaftsverwaltung gab, Sondermüllabfälle, die nicht mehr auf die DDR-Deponie in Vorketzin gebracht werden durften, in Kladow zwischenzulagern, und zwar überwiegend in der inzwischen als Kohlelager dienenden Kiesgrube. Auf der Sandabdeckung sollte eine Betonplatte installiert werden, um darauf den Giftmüll zu lagern. Das stieß auf unseren energischen Widerstand, den ich bei einer Ortsbesichtigung am 16. Februar deutlich zum Ausdruck brachte, und es kam auch nicht dazu.

*

Am 19. Februar fuhren BVV-Vorsteher Rolf Rührmund und ich auf Einladung des neuen Ratsvorsitzenden des Kreises Nauen, Hans-Joachim Schmidt, zur Besichtigung der landwirtschaftlichen Produktionsgenossenschaften (LPG). Schmidt war Landwirtschaftsfachmann. Wir besuchten die damals relativ reichen und gut florierenden LPG in Pessin, Wagenitz, Friesack und Nauen. Über den besonderen Stellenwert der LPG in der DDR hatte ich schon berichtet. Natürlich war für uns Großstädter dieser Einblick in das ländliche Leben im Havelland hochinteressant. Überflüssig zu betonen, dass die jeweiligen LPG-Vorsitzenden auch parteipolitisch ihren besonderen Status und Stellenwert hatten.

*

Natürlich schwärmte auch die Geschäftswelt in ihr altes „Stammland", das Havelland, aus. So unternahm z.B. das Spandauer Volksblatt große Anstrengungen, alte Leserkreise wiederzugewinnen, denn zum Spandauer Verlag hatte einmal auch die „Havelländische Zeitung" gehört. Mit mehreren Talkshows machte der Verlag in Nauen und Falkensee seine (Werbe-) Aufwartung. Verlegerfamilie, Redakteure und der im Havelland populäre Spandauer Bürgermeister mussten mit „in die Bütt". Damals existierte noch der große Festsaal in der Nauener Zuckerfabrik, und dort zog man am 22. Februar vor 300 Besuchern eine Show ab, um in eigener Sache zu werben. Aber es nutzte wenig: Das Spandauer Volksblatt wurde nie mehr zur Heimatzeitung der Havelländer, aus welchen Gründen auch immer. Die Havelländer blieben „ihrer" Heimatzeitung treu, der sich wandelnden Märkischen Volksstimme, die später zur Märkischen Allgemeinen (MAZ) mit eigenem Lokalteil wurde.

*

Am 23. Februar führten wir in Falkensee eine weitere GANS-Sitzung durch. Diese Sitzung hatte grundsätzliche Bedeutung, denn es ging um die erkannte Notwendigkeit eines Planungsverbundes zwischen Spandau und seinem Umland. Das Spandauer Volksblatt sprach von der „Angst vor ‚Las-Vegas-Städten' in grenznahen

Bereichen", denn zunehmend drängten West-Berliner Unternehmer darauf, Gelände und Gewerberäume im Umland zu pachten. Videoläden, Spielsalons und Lagerhallen sollten genehmigt werden. Wie die Berliner Morgenpost berichtete, waren aus Sicht des Kreises Nauen jedoch Bäcker und Fleischer, Schulen und Kaufhallen zunächst wichtiger. Erhöhten Regelungsbedarf gab es auch in den Bereichen Umweltschutz und Tourismus. So entschieden wir uns, die Arbeitsgemeinschaften öfter tagen zu lassen. Selbst die Märkische Volksstimme führte in diesem Zusammenhang ein Interview mit mir.

Während der Sitzung im Falkenseer Rathaus verabschiedeten wir eine Schüler-Reisegruppe der Gottlob-Münsinger-Oberschule aus Spandau und der Kommunalen Berufsschule aus Falkensee, die gemeinsam in das Spandauer Schullandheim im Oberfränkischen Weißenstadt fuhren. Es waren erst drei Monate seit der Wende vergangen!

– Rufe nach politischer Einheit –

Der Wunsch nach dem Zusammenwachsen wurde immer stärker. Am 29. Januar nahmen in Nauen 2500 Menschen an einer Montagsdemonstration teil. Sie forderten die Einheit Deutschlands („Ein Volk – ein Bundeskanzler"). Das strebte bekanntlich auch die Bundesregierung unter Helmut Kohl an. Diese Politik sollte in der DDR durch die „Allianz für Deutschland" bestehend aus CDU, DSU (Ableger der CSU) und „Demokratischem Aufbruch" umgesetzt werden.

Die Märkische Volksstimme berichtete im Februar über die Formierung von politischen Gruppen und Wahlkampfveranstaltungen. Das „Neue Forum" lud zur Gründungsversammlung der Ortsgruppe Falkensee ein. Basisgruppen in Falkensee und Friesack wurden neu gebildet, eine SPD-Wahlversammlung wurde in Dallgow veranstaltet. Auch die Berichterstattung über die Runden Tische im Kreis und in den Städten und Gemeinden nahm in der Volksstimme weiter einen breiten Raum ein: „... entschuldigten sich" war die Schlagzeile zum 9. Runden Tisch im Kreis, dem der Nauener Ex-Stasi-Chef zu berichten hatte. Sein Haus in der Dammstraße hatte 48 Mitarbeiter gehabt, davon waren 25 bis 28 operativ tätig gewesen. Durch die Regeln der Konspiration habe man nicht gewusst, was der andere nebenan gerade machte. Der ehemalige Chef der Kreisdienststelle und sein Stellvertreter baten nun in aller Form um Entschuldigung für ihren Anteil an der Machterhaltung des ehemaligen Politbüros, welches dadurch in unbeschreiblicher Arroganz und parasitär leben konnte. Von den ehemaligen Stasi-Mitarbeitern arbeiteten 19 in der Landwirtschaft, elf beim Zoll, neun in Kommunen, zwei im Handel und drei bei der Feuerwehr. Die Produktion hatte viele Beschäftigungszusagen wieder zurückgezogen. Pfarrer Harald Gräber vom Neuen Forum appellierte: „Lassen wir sie in Frieden unter uns leben, keine Gewalt oder Rache!"

– Demokratische Volkskammer-Wahl –

Der Termin der Wahlen am 18. März rückte näher. Die Parteien boten Bundesprominenz auf. Bundesbildungsminister Jürgen Möllemann (FDP) kam nach Falkensee, SPD-Bundesgeschäftsführerin Anke Fuchs nach Nauen. Die CDU warb per Anzeige „Meine Stimme der CDU".
Für die kommunalen Parlamente wurde die Arbeit in jenen Tagen schwierig. 19 Abgeordnete blieben einfach weg, sodass in Nauen kein Haushalt für das laufende Jahr mehr beschlossen werden konnte. Auch Ängste machten sich breit: „Kann ich bleiben, wenn der Westler kommt?", fragten verängstigte Bewohner von Häusern, die enteignet worden waren. Das betraf in Falkensee 1481 durch die Gebäudewirtschaft verwaltete Objekte mit Westeigentümern und 2133 Parzellen, von denen viele bebaut waren. Schlagzeilen in der Märkischen Volksstimme und dem Volksblatt sind Ausdruck von Verunsicherung der DDR-Bürger: „DDR darf kein Billiglohnland werden", „Wird unser Landkreis von der Groß-

stadt aufgesogen?", „Greift die Währungsunion nach dem Sparstrumpf?", „Müssen wir um Wohn- und Nutzungsrecht fürchten?" – diese Sorgen machten sich breit.

Die Wahl zur Volkskammer am 18. März brachte bei einer DDR-weiten Wahlbeteiligung von 93,22 Prozent dann folgende Ergebnisse: Die CDU wurde mit 40,9 Prozent stärkste Partei, gefolgt von der SPD (21,8 Prozent), der PDS (16,3 Prozent), der DSU (6,3 Prozent) und Bündnis 90 (2,9 Prozent). Im Kreis Nauen dagegen schnitt die SPD mit 37,5 Prozent der Stimmen am besten ab, die CDU kam hier nur auf 35,5 Prozent. Der parteipolitische Zweckoptimismus Helmut Kohls („Wir machen die DDR zu blühenden Landschaften") hatte sich offensichtlich ausgezahlt und auch entsprechende Erwartungen geweckt. Die SPD war von ihrem Ergebnis enttäuscht.

*

Die Internationale Tourismusbörse (ITB) unter dem Funkturm war für die DDR Bürger ein neuer Anziehungspunkt. Am Stand des Siegerlandes wurden erste Kontakte geknüpft, und auf Einladung des Kreises Siegen-Wittgenstein fuhren im August 30 Kinder aus Nauen zu einem zweiwöchigen Erholungsaufenthalt in das Siegener Bergland. Zustande kam diese erste Aktion – und viele weitere sollten folgen – durch unsere Vermittlung als Partnerstadt von Siegen. Wie 1952 erstmals Spandauer Kinder im Rahmen einer „Kinderlandverschickung" ins Siegerland gekommen waren, wurde diese großartige Aktion jetzt auch auf den Kreis Nauen in der DDR ausgedehnt.

Das machten wir Anfang März bei einem Pressegespräch im Nauener Rathaus bekannt, und bei gleicher Gelegenheit erhielt Nauen noch eine weitere Hilfe aus „dem Westen": einen VW-Pritschenwagen aus den Beständen des Naturschutz- und Grünflächenamtes Spandau, eine Dauerleihgabe für den Transport von Essen für Nauener Schulen und Kindergärten. Das eigene Fahrzeug, schon lange störanfällig, war nicht mehr zu reparieren gewesen, und der Hilferuf nach Spandau hatte Erfolg. Jetzt konnten wieder täglich über 2000 Essen ausgefahren werden.

*

Daneben wartete auf mich natürlich immer wieder die Alltagsarbeit in Spandau – Sitzungen, Referate, Sprechstunden, Besuche und vieles mehr. Ein „Lokal-Thema" fand große Beachtung in der Presse unter der Überschrift: „Salomon für stille Örtchen". Hintergrund der Angelegenheit war, dass der Hauptausschuss des Abgeordnetenhauses 2 Mill. DM für die Berliner Stadtreinigung (BSR) gestrichen hatte. Dadurch sah sich die BSR veranlasst, in dem Bereich „öffentliche Toiletten" Mittel einzusparen. In einem Brief an den zuständigen Senator schrieb ich: „Gerade zu einem Zeitpunkt, in dem durch die Öffnung der Grenzen ein Mehrbedarf besteht, ist es völlig unverständlich, wenn hier am verkehrten Objekt gespart werden sollte ..." Selbst die BZ nahm sich dieses Themas an („Ein Skandal!"). Zurückschauend denke ich, dass darin meine Stärken als Bürgermeister lagen, mich auch um kleine, aber im Leben der Menschen notwendige Dinge zu kümmern. Übrigens sind in der Tat etliche öffentliche Toiletten in Spandau später geschlossen worden, da sie auch der Verwahrlosung zum Opfer gefallen waren. Durch Privatisierung wurde manche Lücke später wieder geschlossen, indem superfeine Münztoiletten mit Musik entstanden.

– Immer mehr Löcher in der Grenze –

Immer drängender wurden die Forderungen nach Öffnung weiterer Übergänge in das Umland, wenn auch zunächst nur für Fußgänger und Radfahrer: Die Kladower und Sacrower wünschten sich eine Öffnung der Grenze an der Sacrower Landstraße, die Staakener in beiden Ortsteilen die Öffnung des Torweges, der Magistrale der Staakener Siedlung, die Schönwalder wollten die Schönwalder Allee geöffnet wissen. Ständig wurden mir Unterschriftslisten aus der Bürgerschaft vorgelegt, zumal inzwischen auch die „Grenzkontrollen" wesentlich erleichtert worden waren.
Die Öffnung der Schönwalder Alle über die „Steinerne Brücke" war allerdings nicht ganz problemlos. Hier machten die Natur-

schützer erhebliche Bedenken geltend. Natürlich war es richtig, dass hier seit 40 Jahren kaum Straßenverkehr geherrscht und sich ein „ökologisch wertvolles Feuchtgebiet" entwickelt hatte. Durch die beabsichtigte Grenzöffnung zum Umland nach Schönwalde entstand nun ein Interessenkonflikt – gibt man dem Naturschutz oder der Herstellung früherer Verkehrswege den Vorrang? Ich machte nie ein Hehl daraus, dass mir im Interesse der betroffenen Menschen die Wiederherstellung früherer Verhältnisse, wie sie bis 1948 bestanden hatten, wichtiger war. Selbst die Förster hielten die Auffassung der Umweltschützer für übertrieben. Natürlich brachte mir das auch Kritik ein.

Wir waren uns darin einig, dass die Straßen- und Wegeöffnung in Richtung „Steinerne Brücke" zunächst nur für Fußgänger und Radfahrer erfolgen sollte, aber ich wollte auch eine Busanbindung bis zum Übergang. Bekanntlich war hier früher der Autobus der Osthavelländischen Eisenbahngesellschaft (OHE) vom Johannesstift nach Schönwalde gefahren. Die ins Auge gefasste Buskehre vor der Grenze stieß allerdings zunächst auf heftigen Widerstand. Während einer GANS-Sitzung auf der Spandauer Zitadelle Ende März legten wir noch einmal fest, dass der Übergang Schönwalder Allee spätestens Anfang Juni geöffnet werden solle. Die Havelländer übernahmen die Kosten und die Arbeit zur Wiederherstellung der „Steinernen Brücke", wir die Kosten zum Ausbau der Schönwalder Allee. Die Linie des 54er BVG-Busses sollte um vier Kilometer bis zur Grenze verlängert werden.

Weiterhin beschlossen wir, uns gegenseitig bei einer vernünftigen Regionalplanung zu unterstützen, um planerischem Wildwuchs vorzubeugen.

– LAUF DER SYMPATHIE –

Anfang Februar war die Idee aufgekommen, einen „Lauf der Sympathie" von Falkensee nach Spandau zu veranstalten. Nach dem Neujahrslauf durch das Brandenburger Tor und der „Brücke der

Sympathie" zwischen Falkensee und Spandau am Neujahrstag sollte es damit den ersten grenzüberschreitenden Volkslauf zwischen den beiden Gemeinden geben, den die Sportverbände in Ost und West gemeinsam organisierten. Die Schirmherrschaft lag bei den beiden Bürgermeistern Carsten Schulz und Werner Salomon. Am 25. März sollte vor der Stadthalle Falkensee der Startschuss an der etwa 10 km langen Laufstrecke fallen.

Schon unsere Pressekonferenz vor dem Lauf stieß auf erhebliches Echo. Der Lauf sollte uns als Symbol dienen für alles, was sich an Gemeinsamkeiten bereits entwickelt hatte. Die Grenztruppen der DDR hatten sich bereit erklärt, alle Läufer mit einer Startnummer am Übergang Falkenseer Chaussee ohne Kontrolle passieren zu lassen. Anmeldungen kamen schon frühzeitig aus unterschiedlichen Landesteilen. Nur britische Soldaten durften an diesem Ereignis in „Ostdeutschland" nicht teilnehmen. Auf dem Spandauer Markt sollten die Läufer mit einem kleinen Volksfest empfangen werden.

Der „Lauf der Sympathie" wurde zu einem großen Erfolg. Entlang der Strecke diesseits und jenseits der Grenze feuerten zahlreiche begeisterte Zuschauer die 1007 gemeldeten Läuferinnen und Läufer an. „Tolle Stimmung zwischen Falkensee und Spandau" titelte die Märkische Volksstimme daraufhin, „Erster Lauf der Sympathie war ein Riesenerfolg!" lautete die Schlagzeile des Spandauer Volksblattes. Auch überregional berichtete man über dieses Ereignis.

Auf dem Markt in Spandau wurde ein großes Rahmenprogramm geboten. So war der Fanfarenzug aus Potsdam mit 120 Bläsern das erste Mal in Westberlin, Hochschulsportgruppen der PH Potsdam und viele andere sorgten für Unterhaltung. Beim Start in Falkensee hatte eine sowjetische Militärkapelle den musikalischen Rahmen gesetzt. Unbeschreiblich, was wenige Monate nach der Wende alles völlig problemlos möglich geworden war. Sieger dieses ersten Laufes der Sympathie waren – fast wie selbstverständlich – die Sportlerinnen und Sportler des ASK „Vorwärts" Potsdam, darunter auch einige Olympia-Medaillengewinner.

Für die Veranstalter „Verein für Volkssport Spandau" (VfV) und „BSG Pädagogik Falkensee" war es ein stolzer Erfolg. Den Initiator auf Falkenseer Seite, Waldemar Schorr, kannte ich übrigens schon gut von den Vorbereitungen der Fußballspiele 1989. Er war Sekretär des Deutschen Turn- und Sportbundes (DTSB) im Kreis Nauen.

– Das Schicksal Weststaakens –

Ende März veranstaltete der RIAS von 21.30 bis 0.30 Uhr eine „Lange Nacht" zum Thema „Berlin-Politik", zu der auch der Ratsvorsitzende des Kreises Nauen und ich als Bürgermeister Spandaus als Interviewpartner eingeladen wurden. Den Berliner Senat vertrat der Chef der Senatskanzlei, Prof. Dr. Dieter Schröder. Bei einem beiläufigen Gespräch abseits der Mikrofone kamen wir beide auf das Thema „Weststaaken" zu sprechen, und mir kam die spontane Idee: Wäre jetzt nicht der Zeitpunkt gekommen, nachdrücklich an die Ereignisse vom 1. Februar 1951 zu erinnern, an die widerrechtliche Abtrennung Weststaakens von Spandau? Und sollte man nicht darüber nachdenken, ob sich im Zuge der politischen Veränderungen die Möglichkeit böte, das begangene Unrecht an den Weststaakenern wieder gut zu machen und die Rückgliederung Weststaakens nach Spandau zu betreiben? Ich versuchte, diesen Gedanken in den nächsten Tagen umzusetzen und setzte damit eine politische Welle in Bewegung, die weit über den örtlichen Rahmen hinaus schwappte.
Zum Problem Weststaaken und zur Entwicklung dieses Ortsteils in den vorangegangenen 45 Jahren zunächst eine Rückschau. Am Beispiel dieses kleinen Berliner Vorortes wird die ganze damalige Zerrissenheit unseres Landes wie durch ein Brennglas sichtbar.
Das letzte Kapitel Staakener Geschichte hatte kurz nach dem Krieg begonnen. Bei der Aufteilung der Berliner Flughäfen unter den Besatzungsmächten waren im August 1945 einige Änderungen im Grenzverlauf vereinbart worden. Der Alliierte Kontrollrat hatte am 30. August 1945 den westlichen Teil des Ortsteils Staaken („Weststaaken") mit seinem Flugplatz zum sowjetischen Interes-

sengebiet erklärt, während im Gegenzug im Bereich des Flugplatzes Gatow die außerhalb der Berliner Stadtgrenzen gelegenen Ortsteile Groß-Glienicke-Ost und Weinmeisterhöhe (Seeburger Zipfel) britisches Interessengebiet geworden waren.

In der Folgezeit führte Weststaaken ein kurioses Zwitterdasein: Mit Einverständnis der sowjetischen Besatzungsmacht hatten sowohl Behörden der sowjetischen Besatzungszone in Brandenburg als auch der Ostberliner Magistrat und das Bezirksamt Spandau (im Britischen Sektor von Berlin) Verwaltungskompetenzen, denn Staaken war seit 1920 Teil des Bezirks Spandau. Insbesondere die Verwaltung mit einer (West-)Staakener Ortsamtsstelle unterlag dem Bezirksamt Spandau, einschließlich der Kartenstelle, der Schule, des Kindergartens und anderem. Außerdem war ein eigenständiges Postamt vorhanden. Beispielsweise wurden den Bewohnern von Weststaaken gegen Vorlage der Ostausweise bei der Britischen Kommandantur in Berlin problemlos Reisepässe ausgestellt. Auch mit Lebensmitteln wurde Staaken von Spandau aus versorgt. Die Weststaakener erhielten sogar während der Berlin-Blockade ihre Lebensmittelkarten aus Spandau.

Nach der Währungsreform 1948 wurde neben der Ostmark stillschweigend auch die neue Deutsche Mark des Westens als Zahlungsmittel akzeptiert. 1946, 1948 und auch noch 1950 nahmen die Weststaakener außerdem an den Westberliner Wahlen teil. Allerdings wurden von Anbeginn an die Polizeiaufgaben von der „Zonenpolizei" wahrgenommen.

Als in den Westsektoren Berlins 1948 die Währungsreform umgesetzt wurde, nahmen die Sowjets das vordergründig zum Anlass für die Blockade Berlins, und für die SED war es offenbar ein willkommener Grund, die Trennung der verwaltungsmäßigen Bindungen Weststaakens an Spandau einzuleiten: In einer gezielten Aktion Anfang 1949 wurden die Weststaakener aufgefordert, per Unterschrift die Loslösung von Spandau zu fordern und sich zum sowjetischen Einflussbereich zu bekennen. Man wurde auch nicht müde, immer wieder zu betonen, der Ortsteil werde von der Bezirksverwaltung Berlin-Spandau „vollständig vernachlässigt", und man nannte Schule, Kindergarten, Straßen und Beleuchtung als Beispiele.

Bei der Bindung des westlichen Staakens an die Verwaltung im sowjetischen Einflussbereich stand man allerdings vor einem Problem: Sollte dieses Gebiet nun der Sowjetzone oder dem Sowjetsektor von Berlin angegliedert werden? Auch dieser Teil Staakens gehörte eigentlich nach dem „Gesetz über die Bildung einer neuen Stadtgemeinde von Berlin" vom 27. April 1920 zu Berlin und nicht zu Brandenburg.

Der Druck der Sowjets und der SED wuchs. Die sowjetische Besatzungsmacht entzog schon in den Jahren 1948 und 1949 dem Bezirksamt Spandau einzelne Zuständigkeiten und ordnete sie Stellen im sowjetischen Einflussbereich zu. Das in Weststaaken liegende Postamt wurde von Polizisten der Ostzone besetzt, und die Angestellten der Berliner Magistratspost wurden durch Beschäftigte des Zonenpostamtes Falkensee ersetzt.

Am Morgen des 1. Februar 1951 war es dann so weit: In der Nacht waren die bisher schon in Weststaaken stationierten Volkspolizisten überraschend durch Sonderbereitschaften und eine größere Zahl von Kriminalbeamten verstärkt worden. Die Schule und alle anderen öffentlichen Gebäude wurden besetzt. In einer Nacht-und-Nebel-Aktion hatte die bereits befürchtete Besetzung Weststaakens ihren Lauf genommen. Mit einer entsprechenden Bekanntmachung des Magistrats von Groß-Berlin wussten fünftausend Weststaakener, was die Stunde geschlagen hatte: Obwohl die Besetzung abzusehen gewesen war, wähnten sie sich in einem bösen Traum, und auch in Spandau war die Empörung über dieses Unrecht groß. Dennoch fielen die offiziellen Proteste angesichts der bestehenden Vereinbarung im Alliierten Kontrollrat nur gedämpft aus.

Der Regierende Bürgermeister von Berlin, Ernst Reuter, stellte in einer Erklärung vom 15. Februar 1951 vor dem Abgeordnetenhaus fest, dass Berlin (West) keine Einflussmöglichkeit auf die Verhältnisse in Weststaaken habe. Auch der Britische Stadtkommandant, Generalmajor Bourne, konnte den Vertreter der sowjetischen Kontrollkommission in Berlin, Dengin, nur bitten, die Behörden des Sowjetsektors zu ersuchen, die deutsche Verwaltung Weststaakens dem Berliner Bezirk Spandau zu überlassen.

Er sei sich bewusst, dass Weststaaken besatzungsmäßig unter sowjetischer Kontrolle stehe. Die Bevölkerung sei jedoch in allen ihren Bedürfnissen geografisch vom Bezirk Spandau abhängig, und als Bewohner von Groß-Berlin betrachteten sich die Weststaakener als Mitglieder der Gemeinde Spandau. Der rechtswidrige Handstreich wurde in der Note moderat und diplomatisch verhüllt, und so blieben die Bemühungen auch wirkungslos. Den Spandauer Behörden blieb nur die Organisation von Hilfsmaßnahmen für die betroffenen Staakener Bürger übrig.
„Wer nicht bleiben will, kann ja gehen" hieß es lakonisch von den neuen Machthabern, und viele wählten den Weg in die Freiheit. Mehr und mehr Familien – von etwa dreitausend Menschen war die Rede – gaben mit Tränen in den Augen ihre Häuser und Wohnungen auf, um nach Berlin, vielfach nach Spandau überzusiedeln. DDR-Bürger, überwiegend Grenzer und Soldaten, zogen in die Häuser ein, denn Staaken wurde jetzt mehr und mehr zu einem ideologischen Vorposten der DDR vor den Toren Westberlins, nicht zuletzt auch wegen der späteren Grenzkontrollstelle. Weststaaken war nunmehr eine sowjetische Enklave im Westen Berlins, unter der Dienstaufsicht des Magistrats von Ostberlin, Bezirksamt Mitte.
Diese Konstruktion hielt jedoch nicht lange. Schon im Sommer 1952 wurde die Verwaltung, ohne Rücksicht auf früher beachtete Verfassungsgrundlagen zu nehmen, durch eine Vereinbarung zwischen dem Magistrat von Groß-Berlin (Ost) und der Regierung des Landes Brandenburg vom Rat des Kreises Osthavelland in Nauen übernommen. Später wurde der Ort dann zur „Gemeinde Staaken, Kreis Nauen, Bezirk Potsdam in der Deutschen Demokratischen Republik" umdefiniert, und aus dem ruhigen Spandauer Ortsteil wurde ein DDR-Grenzdorf mit hohem ideologischen Symbolwert. Es muss daran erinnert werden, dass es an dieser Grenze auch Tote bei Fluchtversuchen gab.
Vor diesem Hintergrund und angesichts der Tatsache, dass seinerzeit 93 Prozent der Menschen gegen eine Abtrennung ihres Ortsteils von Spandau gestimmt hatten, schrieb ich am 2. April 1990 an den Regierenden Bürgermeister Walter Momper, forder-

te schlichtweg die Rückgabe von Weststaaken an Spandau und bat ihn, die notwendigen Schritte bei der Bundesregierung dafür einzuleiten.

Diese Forderung schlug in der Öffentlichkeit ein wie eine Bombe, breit in der Presse kommentiert („Spandau stellt Gebietsansprüche auf den Ortsteil Weststaaken"), befremdete natürlich die DDR-Gesprächspartner und löste auch Irritationen im eigenen Lager aus. Aber die öffentliche Reaktion der Bevölkerung war durchweg positiv: „Staakener sind für die Wiedervereinigung" hieß es im Spandauer Volksblatt und „Weststaakener hoffen auf Anschluss an Spandau" in der Berliner Morgenpost.

Auch beim Berliner Senat wurde der Vorstoß positiv aufgenommen. Bei den Kommunalwahlen in der DDR am 6. Mai wurde später mein Anliegen aufgegriffen.

Es waren aufregende Tage. Meine eigenen Genossen zweifelten: „Das kannst du doch nicht machen, DDR-Territorium zu annektieren!" Nachdem bei den Volkskammerwahlen am 18. März jedoch die „Allianz für Deutschland" gesiegt hatte und sich eine Koalitionsregierung aus CDU, SPD, Demokratischem Aufbruch und DSU gebildet hatte, war offenbar der Weg zu einer schnellen Wiedervereinigung der beiden deutschen Staaten vorgezeichnet.

*

Der April war für mich ansonsten angefüllt mit Wahlkampfveranstaltungen für die SPD im Havelland im Vorfeld der Kommunalwahlen in der DDR am 6. Mai. Ich betonte die Bedeutung von Kommunalpolitik als „Hoher Schule" für Politiker sowie die Notwendigkeit einer gemeinsamen Regionalplanung. Natürlich spielte auch meine Initiative in Sachen Weststaaken eine Rolle in den Diskussionen. Die VEB-Betriebe in Weststaaken (VEB Polygraph und VEB Quarzschmelze) meldeten sich öffentlichkeitswirksam und versuchten, sich bei einer möglichen Rückgliederung Weststaakens nach Spandau in Position zu bringen.

*

Ende April tagte der gemeinsame Arbeitsausschuss Nauen/Spandau in Ketzin. Dieses grenzübergreifende Gremium hatte sich in den vier Monaten seiner Existenz bestens bewährt und musste auch nach den Wahlen am 6. Mai unbedingt erhalten bleiben. Wir verbanden diese Sitzung mit einer gemeinsamen Dampferfahrt zwischen Ketzin und Spandau, um auch der Presse von unserer erfolgreichen Zusammenarbeit zu berichten. Die menschliche Atmosphäre, das Arbeitstempo und die konstruktiven Ergebnisse – all das hatte uns bisher sehr überzeugt. Der GANS hatte inzwischen viermal getagt, die Arbeitsgruppen waren nach Bedarf zusammengetreten. Wo noch nichts Konkretes realisiert worden war, hatte man zumindest erreicht, dass einige Projekte *nicht* zum Zuge kamen, z.B. ein umstrittener Schlachthof-Bau für den Kreis Nauen am Landschaftsschutzgebiet oder ein Gewerbegebiet am ehemaligen Staakener Flughafen. Wir versuchten, auf eine behutsame Entwicklung der Region hinzuwirken. Die dreistündige Rückfahrt nach Spandau per Dampfer von Ketzin zum Spandauer Lindenufer mit dem Ketziner Motorschiff „Hoffnung" war übrigens die erste derartige Fahrt nach dem Kriege.

*

Am 5. Mai wurde im Rahmen einer Spandauer Friedenswoche bereits zum achten Mal ein Friedensfest auf dem Markt gefeiert, das vom Spandauer Friedensplenum in Zusammenarbeit mit dem Kunstamt zum friedlichen Miteinander der Menschen aller Nationen aufrief. Als Ehrengäste begrüßte ich die Vorsitzende der Sozialdemokratischen Partei Japans, Takako Doi, und den russischen Parlamentär Wladimir Gall.

– Freie Kommunalwahlen in der DDR –

Die ersten freien Kommunalwahlen in der DDR waren auch für uns von großer Bedeutung. Landesweit hatte die CDU mit 34,4 Prozent der Stimmen wieder die Nase vorn, gefolgt von der SPD mit 21,3 Prozent und der PDS mit 14,6 Prozent. Im Bezirk Potsdam aber tickten die Uhren offensichtlich anders: Hier wurde die SPD mit 33,4 Prozent zur stärksten Kraft gewählt, die CDU erhielt 25,3 Prozent und die PDS 15,6 Prozent der Stimmen. Im

Kreis Nauen erreichte die SPD bei einer Wahlbeteiligung von 76,9 Prozent sogar knapp 38 Prozent der Stimmen. Das war das drittbeste SPD-Ergebnis im Bezirk Potsdam. In den Städten Nauen und Falkensee dominierte ebenfalls die SPD, und in Staaken errang sie mit ihrem Spitzenkandidaten Pfarrer Peter Radziwill mit rund 59 Prozent ein geradezu sensationelles Ergebnis.
Dem Spandauer Volksblatt gegenüber drückte ich meine Freude über den Wahlausgang unserer Nachbarkommunen aus, zu dem die Spandauer SPD durch ihre Wahlkampf-Unterstützung vielleicht ein bisschen hatte beitragen können. Es erleichterte die weitere Zusammenarbeit, denn Spandau und sein Umland würden künftig ineinander übergehen und richtige Regionalplanung könne nur gemeinsam gemacht werden. Ich war rundum zufrieden.

*

Als einen Höhepunkt im kommunalen Leben empfand ich immer die Ehrung der verdienten Sportlerinnen und Sportler des Bezirks Spandau im Rathaus. Am 11. Mai ehrte ich im Bürgersaal insgesamt 154 Sportler, von Berliner Meistern bis zu Weltmeistern. Das Aufgebot der zu Ehrenden führten die zweimaligen Weltmeisterinnen im Segeln, Kathrin Adlkofer und Susanne Meyer vom Spandauer Yachtclub, an. In der 470er Klasse hatten sie auch die traditionsreiche Kieler Woche gewonnen. Weiter ging es mit Jörg Lipinski vom Motor-Rennboot-Club Berlin als Vizeweltmeister in der 700 ccm-Klasse, Sven Ottke vom Spandauer Box-Club 26 als Bronzemedaillengewinner im Mittelgewicht bei den Weltmeisterschaften im Boxen und natürlich mit den „Meistermachern" im Wasserball von den Wasserfreunden Spandau 04 unter Erfolgstrainer Uwe Gaßmann. Eine Woche zuvor hatte ich bereits 129 Nachwuchssportler und -sportlerinnen aus der Havelstadt ausgezeichnet. Dabei führte die Spandauerin Kim Raisner vom TSV Spandau 1860 mit ihrer Platzierung im Modernen Fünfkampf die Liste der Herausragenden an.

*

Mein neuer Planungsbeauftragter Axel Hedergott hatte auch die Aufgabe als Kontaktmann zu den britischen Militäreinheiten übernommen. Mit ihm bereitete ich den anstehenden „Deutsch-Britischen Freundschaftstag" vor. Termine mit den britischen Truppeneinheiten waren nach wie vor an der Tagesordnung.

*

Am 17. Mai ging der „Rat der Bürgermeister" (RdB) in seiner turnusgemäßen Sitzung auf die Barrikaden: Die zwölf Bezirksbürgermeister verwehrten sich gegen einen Beschluss des Berliner Senats, die Bezirke müssten im kommenden Jahr 0,55 Prozent ihres Personals einsparen. Dabei ging es uns in erster Linie um die Vorgehensweise des Innensenators Pätzold, der sich einem Wunsch der Bezirksbürgermeister, mit ihm im RdB zu diskutieren, widersetzt und stattdessen seinen Staatssekretär in die Sitzung geschickt hatte. Daraufhin griff die Berliner Morgenpost unsere Forderung auf, innerhalb der nächsten acht Tage eine Sondersitzung einzuberufen, bei der in Anwesenheit des Innensenators über die Kürzungen beraten werden könnte. Nachdem Pätzold uns gedroht hatte, selbst einen Einstellungsstopp in den Bezirken zu verfügen, wollten wir ihn jetzt nicht so einfach davonkommen lassen. Er sollte mit uns einen Kompromiss erarbeiten, der beiden Seiten gerecht wird. Damit stand der Rat der Bürgermeister – immerhin ein Verfassungsorgan – wieder einmal geschlossen gegen den Senat, unabhängig von parteipolitischen Gegebenheiten. Am 25. Mai kam es zu der geforderten Sondersitzung zum Personalhaushalt mit Erich Pätzold persönlich, nachdem ich vorher ein Gespräch mit ihm geführt hatte. Der Grunddissens blieb freilich bestehen.

*

In den kommenden Wochen wurden weitere historische Verbindungswege in das Osthavelland geöffnet, worüber wir uns sehr freuten: Zunächst wurde der Torweg nach Staaken für Fußgänger, Radfahrer und Pferdegespanne geöffnet. Viele Staakener waren nach 29 Jahren Trennung zu Tränen gerührt. Das Ereignis wurde im Rahmen des traditionellen Kinder- und Volksfestes der Gartenstadt Staaken gebührend gefeiert. Leider gelang es nicht, den großen Festumzug über die Grenze zu führen. Berliner Morgenpost (West) und Märkische Volksstimme (Ost) berichteten ausführlich, aber auch Bild und BZ in der ihnen eigenen Art.

Als nächstes wurde am Ende der Schönwalder Allee die neu errichtete „Steinerne Brücke" ebenfalls zunächst für Fußgänger und Radfahrer geöffnet. Ende Juni wurde dann die Erweiterung des Überganges nach Groß-Glienicke für Kraftfahrzeuge freigegeben.

– Wirbel um Frauenfragen –

Mit einer nicht sehr vergnüglichen Angelegenheit hatten wir uns im Rathaus zu befassen: Seit 1987 gehörte der Bezirksverwaltung eine Frauenbeauftragte an, die Pädagogin und Familientherapeutin Hannelore Fock-Smith. Unter den Bewerberinnen hatte ich mich seinerzeit für sie entschieden, weil sie nicht verwaltungsverhaftet und eine Seiteneinsteigerin war. Wir wollten ja Neuland betreten.
Als sie jetzt ihren aktuellen Arbeits- und Erfahrungsbericht vorlegte, konnte ich ihre Auffassung nicht unwidersprochen lassen. Ihre Forderung, sich jederzeit bei Frauenfragen, unter Umgehung der geltenden Geschäftsordnung, einschalten und zu Worte melden zu können, Rede- und Antragsrecht in der BVV und ihren Ausschüssen zu bekommen und einen eigenen Etat für Frauenfragen zu beanspruchen, war auf der Grundlage der geltenden Gesetze nicht umzusetzen. Das enttäuschte sie, und sie fühlte sich „wie ein Anhängsel" in der Verwaltung. In der Tat war sie dem Bürgermeister zugeordnet, der auch die politische Verantwortung trug. In meinen Augen aber waren ihre Feststellungen überwiegend unreflektiert und für das Bezirksamt so nicht akzeptabel.
Trotz der Kritik, die das Bezirksamt am Bericht der Frauenbeauftragten übte, gaben wir das Papier in die Öffentlichkeit, allerdings mit Anmerkungen des Bürgermeisters. Wir wollten damit auf einen Zwiespalt hinweisen und zeigen, dass auch wir uns für ein eigenständiges Öffentlichkeitsrecht der Frauenbeauftragten einsetzten. Außerdem wollten wir dem Vorwurf einer Beeinflussung begegnen. Es war nicht ganz einfach.

Übrigens war auch ich der Auffassung, dass Frauen im öffentlichen Dienst insbesondere in leitenden Funktionen bislang zu wenig vertreten waren. Hier musste in der Tat einiges verändert werden. Es war eine Frage des Vorgehens.

– ÜBERLASTETE ALTSTADT –

Der sehr engagierte Betroffenenrat Spandau Altstadt unter seinem Vorsitzenden Dr. Heinz-Jürgen Axt hatte sich in einem Schreiben an den Bezirksbürgermeister gewandt und „gegen eine regelmäßige Belastung der Spandauer Altstadt durch Straßenfeste" ausgesprochen. Man möge über Art und Anzahl der Veranstaltungen unter Beteiligung der Betroffenen eine strengere Auswahl treffen, lautete die Bitte. Bestimmte kommerzielle Veranstaltungen wie der „Unterwasser-Preisskat" einer Lebensmittelkette oder eine sich über die gesamte Fußgängerzone erstreckende Autoschau könnten auch außerhalb der historischen Altstadt ihr Publikum finden, sagte diese Bürgerinitiative.
Ich war der Ansicht, man solle künftig mehr Sensibilität bei den Altstadtveranstaltungen und ihrer Genehmigung walten lassen. Damit zeichnete sich allerdings ein genereller Zielkonflikt ab zwischen den Interessen der Geschäftsleute auf der einen Seite und den Interessen der Bewohner auf der anderen, die dem Lärm, dem Dreck und dem erhöhten Verkehrsaufkommen ausgesetzt wurden und besonders an Wochenenden eine Blockierung der Altstadt durch eine Fülle von Veranstaltungen in Kauf nehmen mussten. Die Arbeitsgemeinschaft Altstadt als Veranstalter konnte zwar die Sorgen des Betroffenenrates verstehen, hielt aber dagegen: „Wenn die Altstadt jetzt nicht die neu gewonnene Attraktivität und die Chance nutzt, Käufer aus dem Umland anzuziehen, kann sie nur in Schönheit sterben." Wie häufig in der Kommunalpolitik lag die Wahrheit sicher in der Mitte.

– Volksfeste im Umland –

Am 26. Mai wurde das Havelländische Volksfest in Falkensee gefeiert, verbunden mit dem Jubiläumsfest 725 Jahre Seegefeld. Die beiden Ortsteile Seegefeld und Falkensee waren 1923 zur Gemeinde Falkensee zusammengeschlossen worden, und 1961 hatte Falkensee seine Stadtrechte erhalten.
Dass Spandau insbesondere mit seinem rührigen Kunstamtsleiter Gerd Steinmöller und vielen Spandauer Vereinen beim Fest beste Organisationsarbeit leistete, verstand sich von selbst. Es sollte auch die Freundschaft zwischen Falkensee und Spandau („Brücke der Sympathie") zum Ausdruck kommen. Gemeinsam mit dem Falkenseer Amtskollegen eröffnete ich auf der Bühne Am Anger an der Seegefelder Straße das Volksfest.
„Großartige Stimmung in Falkensee" und „Wogen der Sympathie schlugen hoch" titelten die Zeitungen mit großen Text- und Bildseiten, „Antenne Brandenburg" sendete live, und Zehntausende erfreuten sich am kulturellen und gastronomischen Angebot. An der Vielfalt des kulturellen Programms war unschwer die Handschrift des Spandauer „Altmeisters" Gerd Steinmöller zu erkennen. „Wer hat dich, du schöner Wald, aufgebaut so hoch da droben" sang der Falkenseer Männerchor, als wir, der amtierende Bürgermeister Carsten Schulz und ich, vor dem Rathaus in Falkensee die „Linde der Sympathie" pflanzten. An der Pflanzaktion beteiligt war auch Stadtbaurat Jürgen Bigalke aus Falkensee, der voraussichtliche künftige Bürgermeister der Stadt.

*

Auf meine Initiative zur Rückgliederung Weststaakens nach Spandau hatte mir der Regierende Bürgermeister am 23. April mitgeteilt, dass er mein Anliegen, für das Gebiet Weststaaken eine befriedigende Regelung zu finden, für verständlich halte: „Der Senat wird sich dieser Frage annehmen und prüfen, wie das Problem im Prozess des Zusammenwachsens beider Teil der Stadt gelöst werden kann." Offenbar war mein Anliegen auf gutem Wege. Bis auf einen kritischen Brief hatte ich sonst ausnahmslos nur zustimmende Bekundungen dazu erhalten. Der kritische Brief kam aus dem südlichen Kladow. Der Briefschreiber argwöhnte, wenn Weststaaken wieder zu Berlin-Spandau käme, müsse der sog. „Seeburger Zipfel" (Gebietsaustausch 1945) wieder zurück an die DDR, und das hätte ich mit meiner Initiative fahrlässig riskiert. Meine ausführliche Antwort an ihn war eindeutig – hier lagen zwei verschiedene Verfassungstatbestände zugrunde, die unterschiedlich zu werten waren. Es bestand meiner Überzeugung nach kein Anlass zur Sorge.

– Verwaltungsaufbau in der DDR –

Nach den Wahlen ging man in den Kommunalparlamenten nun daran, die neue demokratische Verwaltung mit Landräten, Bürgermeistern und Dezernenten zu installieren, so auch im Kreis Nauen. In Falkensee, der größten Stadt in dieser Region, wählte die Stadtverordnetenversammlung am 31. Mai den parteilosen Stadtbaurat Jürgen Bigalke mit 31 von 48 Stimmen zum Bürgermeister. Bigalke war von der SPD vorgeschlagen worden, die bei den Wahlen in der Stadt 46 Prozent der Stimmen erhalten hatte; er war aber auch alleiniger Kandidat für dieses Amt. Wegen seiner stets offen geübten Kritik war er früher mehrfach seiner Ämter enthoben und aus der SED ausgeschlossen worden. Deren Nachfolgepartei PDS hatte er verlassen und war am 1. Januar als Parteiloser von der Bauakademie in den Rat der Stadt zurückgekehrt. Seine frühere SED-Zugehörigkeit brachte ihm allerdings Kritik ein, speziell innerhalb der SPD, als er sich später um die Aufnahme in die Sozialdemokratische Partei bemühte.
Auf der konstituierenden Stadtverordnetenversammlung in der Kreisstadt Nauen wurde am 5. Juni Wolfgang Seeger (SPD) mit 32 von 37 Stimmen zum neuen Bürgermeister nach Alfred Kuhn gewählt. Er war Ingenieur für Betriebsorganisation im VEB Landtechnische Industrieanlagen (LIA Nauen) gewesen. Vorsteher der Stadtverordnetenversammlung wurde Manfred von Feilitzsch (SPD). Die SPD erhielt in Nauen 17 Mandate, die CDU zwölf, die PDS fünf, die Liberalen vier und das Alternative Bündnis zwei. Die

Koalition von SPD, Liberalen und Alternativen konnte mit 23 von 40 Sitzen „regieren". Dezernent für Wirtschaft und Verkehr wurde übrigens der Sozialdemokrat Werner Appel mit 36 von 37 Stimmen. Mich hatte man bei den Wahlversammlungen in Falkensee und Nauen hinzugebeten, sozusagen als „guter Geist" aus Spandau. Gisela Materok, die bisherige stellv. Bürgermeisterin von Nauen, sah diese Entwicklung mit gemischten Gefühlen. Ich kannte sie gut. Sie verstand als engagierte und geschulte Kommunistin die Welt nicht mehr. „Ich habe durchgehalten, manchmal allein auf weiter Flur", sagte sie dem Spandauer Volksblatt, denn Alfred Kuhn war ab Mitte Januar bereits ausgefallen: „Wie ich mich fühle, möchte ich lieber nicht sagen." Wir haben uns später nur noch selten gesehen.

Der Kreistag in Nauen hatte sich mit 70 Abgeordneten konstituiert und den Diplom-Mathematiker Dr. Burkhard Schröder zum Landrat gewählt. Die Wahl der Dezernenten erfolgte erst Ende Juni, und ich muss sagen, dass der Landrat bei einigen Personalentscheidungen meines Erachtens keine glückliche Hand hatte. Es fehlte an allen Ecken und Enden an Erfahrung. Verwaltungsunterstützung und Aufbauhilfe waren dringend erforderlich.

*

Am 6. Juni machten wir mit dem Vorsitzenden des Kanuclubs Charlottenburg, Volker Cordes, einen interessanten und aufschlussreichen Besuch beim ASK (Armeesportklub) „Vorwärts" Potsdam. Wir besichtigten Trainingsstätten der Kanuten und Ruderer am Luftschiffhafen. Die Wind- und Gegenstromkanäle waren vom Feinsten und Modernsten, ausgestattet mit Riesenkadern von hauptberuflichen Trainern. Es war die „Medaillenschmiede" des DDR-Sports, und wir konnten begreifen, warum die DDR-Kanuten und Ruderer führend in der Welt waren.

– BERLINER VERWALTUNGEN BEREITEN UNION VOR –

Auch in Ostberlin war gewählt worden, und zwar eine neue Stadtverordnetenversammlung sowie neue Stadtbezirksversammlungen

in den östlichen Stadtbezirken. Damit erhielten Senat und Abgeordnetenhaus von West-Berlin, die bisher noch auf die Kooperation mit der DDR-Regierung angewiesen waren, endlich einen legitimierten Partner, um die Einheit Berlins, hier insbesondere eine Verwaltungsunion, vorzubereiten.
Die Westberliner Parteien hatten sich mit großem Einsatz im Ostberliner Wahlkampf engagiert, denn die Kommunalwahl in Ostberlin wirkte sich indirekt auch auf die Machtverhältnisse im Rathaus Schöneberg aus. Außerdem befürchteten alle demokratischen Parteien in Westberlin, dass die PDS im Osten der Stadt so gut abschneiden könnte, dass gegen sie keine Regierungsbildung möglich wäre. Das Ergebnis der Volkskammerwahl am 18. März, bei der die PDS in Ostberlin fast 30 Prozent der Stimmen erhalten hatte, war eine Warnung. Besonders in den Neubaubezirken Marzahn, Hellersdorf und Hohenschönhausen hatte die SED-Nachfolgepartei Spitzenwerte von teilweise 40 Prozent erzielt. Dort wohnten viele Mitarbeiter der Ministerien und Behörden, Stasi-Leute und ehemalige SED-Mitglieder.
Für das Amt des Oberbürgermeisters von Ostberlin nominierte die SPD den 62-jährigen Tino Schwierzina, einen ehemaligen Wirtschaftsjuristen, der seit einer Herzattacke als Frührentner lebte. Er hatte sich, wie viele andere DDR-Bürger auch, in seine private Nische zurückgezogen, hatte Rosen auf seiner Datscha im Berliner Umland gezüchtet und sich jeder politischen Betätigung enthalten. Nach der Wende war er sofort in die SPD eingetreten. Ich habe Tino Schwierzina sehr früh kennen gelernt und fand ihn auf Anhieb sehr sympathisch.
Die Kommunalwahl im Mai hatte gezeigt, dass das Stimmverhalten der DDR-Bürger erstaunlich stabil war. Die Abweichungen gegenüber der Volkskammerwahl waren gering ausgefallen. Die SPD war in Ostberlin mit 34 Prozent stärkste Partei geworden, gefolgt von der PDS mit knapp 30 Prozent. Die CDU war auf 17,7 Prozent gekommen und das Bündnis 90 auf 9,9 Prozent. Da für die SPD damals eine Zusammenarbeit mit der PDS nicht in Frage kam, blieb nur die Möglichkeit eines Regierungsbündnisses mit der alten Blockpartei CDU, um eine tragfähige Mehrheit

in der Stadtverordnetenversammlung bilden zu können. Versuche von Tino Schwierzina, das Bündnis 90 mit ins Boot zu bekommen, waren gescheitert. Am 30. Mai hatte die Stadtverordnetenversammlung den neuen Magistrat mit Schwierzina als Oberbürgermeister gewählt.

Wichtig für die zwölf Westberliner Bezirke war natürlich auch, was sich in den Ostberliner Bezirken entwickelte. Schließlich wurden deren Bezirksbürgermeister bei einer weiteren Verwaltungsannäherung auch Mitglieder des Rates der Bürgermeister und enge Gesprächspartner. Am 18. Juni kam es auf Einladung des Schöneberger Bürgermeisters Michael Barthel zum „gegenseitigen Kennenlernen ohne Tagesordnung" im Rathaus Schöneberg zu einer ersten, hochinteressanten und erfreulichen Begegnung mit den neu gewählten Bezirksbürgermeisterinnen und -bürgermeistern aus den Ostbezirken. Neun von elf der Ost-Kolleginnen und -kollegen waren gekommen, und auch die Westbezirke waren parteiübergreifend gut vertreten. Alle freuten sich auf diese erste Begegnung.

*

Ähnlich wie die Stadtverordnetenversammlung von Ostberlin hatten sich nach den Kommunalwahlen auch die Stadtbezirksversammlungen der östlichen Stadtbezirke konstituiert und ihre Bürgermeister gewählt. Die kommunalpolitische Landschaft stellte sich im Osten der Stadt so dar: 1920 war aufgrund eines preußischen Gesetzes die Stadtgemeinde „Groß-Berlin" entstanden, die in zwanzig Verwaltungsbezirke unterteilt gewesen war. Das hatte auch nach 1945 und nach der Teilung Berlins drei Jahre später weiter Bestand. Zwölf Verwaltungsbezirke lagen damals in West- und acht in Ostberlin. Zu DDR-Zeiten hatte man auch die Einrichtung von Bezirksverordnetenversammlungen und Bezirksämtern im Prinzip beibehalten, aber die Zahl der Bezirke hatte man erhöht: 1979 waren die drei neuen Bezirke Hellersdorf, Marzahn und Hohenschönhausen gebildet worden. In diesen Bezirken war enorm gebaut worden, und entsprechend war die Bevölkerung gewachsen. Man sprach nach 1979 in Ostberlin auch nur noch von Stadtbezirken und nicht mehr von Verwaltungsbezirken wie in Westberlin. Zur Wende gab es also in Ostberlin elf Stadtbezirke mit elf Bezirksbürgermeistern. Zur Erinnerung seien hier die Namen der ersten Ostberliner Bezirksbürgermeister nach den freien Wahlen 1990 genannt: Rudolf Buschkow (Hohenschönhausen), Helios Mendiburu (Friedrichshain), Christian Kind (Lichtenberg), Michael Brückner (Treptow), Benno Hasse (Mitte), Monika Höppner (Köpenick), Andreas Röhl (Marzahn), Marlitt Köhnke (Hellersdorf), Gert Schilling (Weißensee), Harald Lüderitz (Pankow) und Manfred Dennert (Prenzlauer Berg).

Dass bis auf Benno Hasse (Bündnis 90) in Mitte alle übrigen Ostbürgermeister der SPD angehörten, hatte wie bei der Magistratsbildung damit zu tun, dass die SPD auch auf Bezirksebene nicht mit der PDS koalieren wollte. So kam als Bündnispartner auch dort nur die (kleinere) CDU in Betracht, und die SPD stellte als stärkste Kraft in zehn von elf Bezirken den Bürgermeister. Leider hat sich später einiges verändert.

Diese neuen Kontakte und Verbindungen zu den Ostberliner Bezirken und den Kolleginnen und Kollegen spielten für mich eine bedeutende Rolle, da wir in den kommenden Jahren im Rat der Bürgermeister wie auch darüber hinaus viele Berührungspunkte hatten. Wir arbeiteten eng zusammen, und ich blieb Sprecher aller SPD-Bürgermeister.

In der ersten Phase des Zusammenwachsens übernahmen auf Wunsch des Senats Westberliner Bezirke Patenschaften für Ostberliner Stadtbezirke, um bei der Verwaltung und beim Aufbau Hilfe zu leisten. Wir Spandauer sollten uns um den Bezirk Hohenschönhausen kümmern. Das hat wohl nur halbherzig geklappt, weil unsere vorrangige Partnerschaft nach wie vor dem Osthavelland galt.

– DIE MAUER BRÖCKELT WEITER –

Bislang Unvorstellbares vollzog sich am 19. Juni an der Grenze in Staaken, am Finkenkruger Weg, Ecke Möthlower Straße: Mit einem symbolischen Akt öffneten dort Vertreter des Bezirksamtes

Spandau, des Bezirks Potsdam, des Kreises Nauen, der Volkspolizei, der Westberliner Polizei sowie der Grenztruppen der DDR gemeinsam die Mauer, um eine weitere Straßenverbindung zwischen Spandau und dem Havelland freizugeben, wenn auch zunächst nur provisorisch. Man muss sich das auf der Zunge zergehen lassen: Technische Einheiten der Westberliner sowie der östlichen Volkspolizei reißen den Mauerabschnitt gemeinsam ab, um ihren Willen zur Zusammenarbeit zu symbolisieren! Die Betonteile der Mauer wurden gleich zur Befestigung des Übergangs wieder eingesetzt.

*

Das Öffnen der Mauer, um neue Übergänge in das Havelland zu schaffen, schritt munter voran. Folgende Straßen- und Wegeverbindungen sollten bis zum 1. Juli nach Angaben der Grenztruppen zumindest provisorisch wieder von Fußgängern und Radfahrern benutzt werden können: Spandauer Straße / Sacrower Landstraße nach Sacrow; Braumannsweg / Krampnitzer Weg und Straße am Park / Gutsstraße nach Groß-Glienicke; Engelsfelder Straße / Straße 270, Nennhauser Damm / Brunsbütteler Damm, Feldstraße / Spandauer Straße, Seegefelder Weg sowie Möthlower Straße / Finkenkruger Weg nach Staaken; Martin-Luther-Straße / Radelandstraße und Pestalozzistraße / Maikäferweg nach Falkensee sowie in die Siedlung Falkenhöh; schließlich Berliner Allee / Schönwalder Allee nach Schönwalde. „Dabei hoffen wir auf Verständnis und bitten bis zur völligen Beseitigung der Sperranlagen um etwas Geduld", so äußerte sich der Sprecher der DDR-Grenztruppen, Oberstleutnant Tietz, dem Spandauer Volksblatt gegenüber: „Wir werden unsererseits alles Notwendige tun, um die Aufgabenstellung der Regierung der DDR schnellstmöglich zu realisieren, alle Verbindungen wieder herzustellen sowie die Sperranlagen restlos zu beseitigen."

*

Spektakulär war die Öffnung der Schönwalder Allee über die „Steinerne Brücke" nach Schönwalde. Die Wiederherstellung dieser alten, traditionellen Verbindung durch den Spandauer Forst war nicht ganz unproblematisch. Auf DDR-Gebiet über den Neuendorfer Kanal war die „Steinerne Brücke" kaputt und musste durch eine

Stahlträgerkonstruktion ersetzt werden. Auch auf Spandauer Gebiet wurde wochenlang kräftig gebaut: Auf der alten Trasse der Schönwalder Allee mussten wir einen 250 m langen Anschlussweg anlegen. Insgesamt entstanden uns Kosten in Höhe von 350 000 DM dafür. Auch auf Schönwalder Seite musste die Gemeinde eine entsprechende Anschlussstrecke bauen. Der Übergang galt damals nur für Fußgänger, Radfahrer und „Pferdegespanne". Das Problem einer Wendeschleife für Busse hatten wir auch wegen der Proteste zurückgestellt und warteten die weitere Entwicklung ab.
Die Umweltschützer hätten auf diesen Übergang ohnehin gerne verzichtet, aber die Öffnung nach Schönwalde hatte für Spandau – ähnlich wie für Falkensee – schon eine historische Bedeutung: Schönwalde war so etwas wie ein Vorort von Spandau gewesen, und viele Spandauer besaßen seit Ende der 20er Jahre Parzellen in Schönwalde. So gab es dann am 23. Juni eine regelrechte Völkerwanderung von Spandau nach Schönwalde und umgekehrt. Autos durften nur bis Oberjägerweg fahren, bis dorthin gab es auch einen Bustransfer, dann übernahmen Pferdewagen und Kutschen den Transport bis zum Ort des Geschehens. Gemeinsam mit meinem Schönwalder Amtsbruder Wolfgang Leißner durchschnitt ich das rote Band auf der wieder aufgebauten Brücke. Spandauer Volksblatt und Märkische Volksstimme berichteten über diesen weiteren historischen Anlass, den hunderte von Bürgern zu Fuß und per Rad nicht verpassen wollten. Im ehemaligen Todesstreifen spielten Bläser des Ev. Johannisstifts „Die Berliner Luft" und anderes. Das eigentliche Volksfest spielte sich dann im Garten der historischen Gaststätte „Schwanenkrug" in Schönwalde ab – einem Lokal, das 1784 mit Genehmigung Friedrichs des Großen in der Heide an der großen Landstraße gebaut worden war. Künstler aus Ost und West hatten dort zu einem Kunstmarkt eingeladen.
Der „Schwanenkrug" hatte auch für die Spandauer als Ausflugslokal vor den Toren der Stadt Bedeutung. Zu Pfingsten oder für die Herrenpartie am Vatertag fuhr man gerne mit dem Kremser hinaus. Meine Erinnerungen an den „Schwanenkrug" sind durch meine Zeit als Luftwaffenhelfer in der Flakstellung am Fliegerhorst Schönwalde geprägt. Bis hierher fuhren wir immer mit dem

Bus der Osthavelländischen Eisenbahn, um von dort aus zu unserer Flakbatterie zu gelangen.

*

Nach den Kommunalwahlen pflegten wir immer mehr Kontakte mit den demokratisch gewählten Repräsentanten in der DDR, insbesondere mit Landrat Dr. Burkhard Schröder sowie den Bürgermeistern der Städte Nauen und Falkensee. Die im GANS mit den alten DDR-Vertretern angebahnten Gespräche, Abmachungen und Vereinbarungen sollten und mussten nunmehr intensiviert und weitergeführt werden, zumal wir es jetzt mit unseren Parteifreunden zu tun hatten. Auch diese suchten den Kontakt mit uns.

Am 26. Juni skizzierte Landrat Dr. Burkhard Schröder vor der ersten Kreistagssitzung in Nauen die enormen Schwierigkeiten bei der Schaffung der neuen Verwaltungsstrukturen. Die gewählten Landräte und Bürgermeister waren zwar vielfach Akademiker, aber keine Verwaltungsfachleute. Bei der Qualifizierung der Mitarbeiterinnen und Mitarbeiter für die völlig neuen Verwaltungsformen strebte Schröder eine enge Zusammenarbeit mit Berlin und besonders mit dem Bezirksamt Spandau an. Natürlich wollten wir helfen, wo wir nur konnten. Was jedoch die Entwicklungshilfe bei den neuen Organisations-, Verwaltungs- und Personalstrukturen betraf, waren wir als Westberliner Verwaltungsbezirk überfordert. Die (West-)Berliner Bezirke waren (und sind) bekanntlich unselbstständige Verwaltungseinheiten unterhalb der Schwelle des Senats im Rahmen des Stadtstaates Berlin, also keine selbstständigen Kommunen. Zweckmäßige Hilfe musste also aus Landkreisen der Bundesrepublik kommen, das wurde schnell und unbürokratisch in Angriff genommen.

Die westlichen Bundesländer übernahmen „Patenschaften" bei der Verwaltungsentwicklung für die neu entstandenen östlichen Bundesländer. So wurde Nordrhein-Westfalen zuständig für Brandenburg. Daraufhin bat ich sofort Oberkreisdirektor Karl-Heinz Forster aus dem uns partnerschaftlich verbundenen Kreis Siegen-Wittgenstein, die Verwaltungspatenschaft für den Kreis Nauen zu übernehmen. Innerhalb von 24 Stunden kam seine Zusage, und so leisteten im Laufe der nächsten Wochen, Monate und Jahre unsere Siegener Partner eine hervorragende organisatorische und personelle Aufbauhilfe. Ein perfektes „Dreiecksverhältnis" zwischen Spandau, Siegen-Wittgenstein und Nauen war entstanden – so sollte Städtepartnerschaft in der Praxis funktionieren!

*

In Spandau konnten wir uns immer noch nicht mit den Senatsbeschlüssen zum Stellenabbau abfinden. „Salomon wirft dem rot-grünen Senat Kompromisslosigkeit und Rückfall in die Unarten des alten Senats vor", so zitierte mich das Spandauer Volksblatt am 21. Juni. Grund waren die erzwungenen Stelleneinsparungen, die den Berliner Bezirken von oben verordnet wurden. Auch die Mitarbeiterinnen und Mitarbeiter machten auf einer außerordentlichen Personalversammlung gegen den Senat mobil und unterstützten meinen Protest. Allein in Spandau sollten wir 22 Vollzeit- und 18 Teilzeitstellen einsparen. Das sollte sich besonders auf den Bereich der Kindertagesstätten auswirken. Ich forderte den Senat erneut auf, zu sagen, welche Aufgaben die Bezirke im Gegenzug reduzieren sollten.

– MIT GROSSEN SCHRITTEN RICHTUNG EINHEIT –

Schon am 13. Juni hatte man mit dem Abriss der Mauer zwischen den beiden Stadthälften begonnen, symbolisch an der Bernauer Straße im Wedding, die durch spektakuläre Fluchtversuche berühmt geworden war. Am 28. Juni tagte der Rat der Bürgermeister erstmalig im Roten Rathaus in Ostberlin, zusammen mit den neuen Kolleginnen und Kollegen aus den Ostbezirken. Die Stadt wuchs zusammen. Auch wenn es statusrechtlich und formell noch zwei Gebilde waren, wollten Senat (Westberlin) und Magistrat (Ostberlin) alles in ihren Kräften stehende tun, damit die Einheit Berlins so schnell wie möglich hergestellt werde.
Senat und Magistrat hatten sich im Roten Rathaus zur ersten gemeinsamen Sitzung getroffen. In seinem Buch „Grenzfall" be-

schreibt der damalige Regierende Bürgermeister Walter Momper es so: „Dieses Gremium, das sich wöchentlich traf, war wohl die seltsamste Stadtregierung, die es je in Deutschland gegeben hat. Vorne saßen zwei sozialdemokratische Bürgermeister sowie zwei Chefs der Kanzleien und an jeder Seite je 13 Ressortleiterinnen und -leiter, fünf von der CDU (Ost), acht von der SPD (Ost), drei von der AL (West) und zehn von der SPD (West). Dazu zwei SPD-Fraktionsvorsitzende (Ost und West), ein CDU-Fraktionschef (Ost), eine AL-Fraktionsvorsitzende (West) und drei Pressesprecher, zwei aus dem Westen, einer aus dem Osten." Sehr schnell wurde der Spitzname „Magisenat" dafür gefunden. Die Arbeit des „Magisenats" verlief übrigens erstaunlich harmonisch und sachorientiert, ebenso erging es der Arbeit im vergrößerten Rat der Bürgermeister.

*

Mein Kalender aus diesen Tagen weist teilweise eine Terminabfolge im Ein- bis Zweistunden-Takt aus. Vorträge und Feste, Grenzöffnungen und Sitzungen – nichts wollte ich vernachlässigen. Am 1. Juli wurde die Autobusverbindung zwischen Spandau und Potsdam offiziell eröffnet. In 43 Minuten fuhr der BVG-Bus der Linie 38 nun stündlich vom Rathaus über die Potsdamer Chaussee und Krampnitz zum Bassinplatz in Potsdam. Natürlich war ich bei der „Jungfernfahrt" dabei, und der Potsdamer Oberbürgermeister Horst Gramlich empfing uns in der alten preußischen Residenzstadt feierlich. Schon früher hatte es einmal eine Direktverbindung per Bus von der Havelstadt nach Potsdam gegeben. Damals war der Linienbus über Sacrow gefahren, aber die Straßenverhältnisse ließen eine solche Streckenführung jetzt nicht zu.

Die Buslinie 38 nach Potsdam erwies sich schnell als Renner. Es herrschte ein ungewöhnlich großer Zuspruch, die BVG musste Verstärkungen einsetzen – eine tolle Sache. Auch Weststaaken erhielt eine Buslinie nach Spandau: Der 63er Bus wurde bis zum Bahnhof Albrechtshof verlängert.

— Weiterer Vorstoss für Weststaaken —

Mit meinem Vorstoß in Richtung Weststaaken wollte ich nicht locker lassen: In einem Schreiben an den Regierenden Bürgermeister Walter Momper griff ich Anfang Juli mit Hinweis auf die Kommunalwahlen in der DDR im Mai die Frage erneut auf: „Die mir bekannt gewordenen Reaktionen aus den demokratisch gewählten Gremien der Gemeinde Staaken, vor allem aber die aus Kreisen der Staakener Mitbürgerinnen und Mitbürger auch an mich bei verschiedenen Gelegenheiten herangetragenen Wünsche und konkreten Vorstellungen geben mir erneut Anlass, Sie, sehr geehrter Herr Regierender Bürgermeister, zu bitten, die zur Wiedergutmachung geschehenen Unrechts erforderlichen Schritte umgehend einzuleiten", schrieb ich. Auch der Bürgermeister der Gemeinde Staaken, Peter Radziwill, hatte sich in Briefen an den Regierenden Bürgermeister von Berlin (West) und den Oberbürgermeister von Berlin (Ost) im Namen der Gemeindevertretung eindeutig für den Wiederanschluss Weststaakens an Berlin-Spandau ausgesprochen. „Mit meinem Brief möchte ich im Namen der Gemeindevertretung zum Ausdruck bringen, was wir anstreben: Staaken muss wieder werden, was es ist: Ein Teil Spandaus und Berlins. Jetzt wird in ganz Berlin das Zusammenwachsen der beiden Stadthälften gestaltet – Staaken darf dabei nicht vergessen werden", hieß es darin.

Nach wie vor unterstützte der Berliner Senat unser Anliegen voll und ganz. In einem Schreiben des Regierenden Bürgermeisters vom 6. Juli an den Minister für regionale und kommunale Angelegenheiten der DDR, Preiß, heißt es etwa: „Unbeschadet dessen setzt sich der Senat von Berlin derzeit nachdrücklich dafür ein, dass bei der Beschreibung des Landes Berlin in dem zurzeit verhandelten Einigungsvertrag (2. Staatsvertrag) auch das Gebiet von Weststaaken als zu Berlin gehörig behandelt wird."

Nachdem sich die Anzeichen mehrten, dass im zweiten Staatsvertrag auch die Rückgliederung Weststaakens nach Spandau geregelt werden sollte, was dem Wunsch der etwa 5 000 Weststaakener entsprach, rumorte es im Kreistag in Nauen: Man verlangte

Verhandlungen zwischen den Ländern Berlin und Brandenburg über einen Finanzausgleich. Der Landkreis Nauen wollte zwar grundsätzlich die Willensbildung der Staakener Bürger akzeptieren, doch müssten die Auswirkungen vorher diskutiert werden. Wichtige Bereiche des Landkreises seien von der Grenzänderung betroffen. So befände sich z.B. das Kreiskrankenhaus in Staaken, dazu handele es sich um einen wichtigen Industriebezirk, dessen Steuereinnahmen dann dem Kreis verloren gingen.

Anfang August sprach Landrat Schröder (SPD) noch einmal dezidiert die „ökonomischen" Gründe gegen eine Wiedereingliederung Weststaakens nach Spandau an und verlangte einen Diskussionsprozess mit den Bürgern über das Für und Wider dieser Rückgliederung. Das rief mich nun wieder auf den Plan. Unter dem Titel „Abtrennung Staakens war Verfassungsbruch" berichtete das Spandauer Volksblatt am 4. August von der „bemerkenswerten Schärfe", mit der ich erneut Stellung bezogen hätte: „Der Wille der betroffenen Bürger sollte auch für die politisch Verantwortlichen in Nauen Richtschnur sein", sagte ich: „Der Bürgermeister der Gemeinde Staaken, Peter Radziwill (SPD), hat sich diesen Willen zu Eigen gemacht und ist im Sinne seiner Bürger tätig geworden."

*

Zu einer ersten Sitzung nach den Konstituierungen der Gremien des Kreises Nauen traf sich am 6. Juli der Gemeinsame Arbeitsausschuss GANS im Spandauer Rathaus. Dort wurden vor allem erste Kontakte geknüpft, bestehende Verbindungen vertieft und verfahrensrechtliche Fragen besprochen. So sollten die bestehenden Arbeitsgruppen weiter arbeiten, während der Ausschuss selbst nur noch in einem zweimonatlichen Rhythmus zusammentreten wollte. Erneut wurde die „unverzügliche Einrichtung" einer Eisenbahnverbindung zwischen Spandau und der Kreisstadt Nauen gefordert. Mit großer Genugtuung nahmen die Spandauer Mitglieder in diesem Rahmen auch zur Kenntnis, dass ihr Partnerkreis Siegen-Wittgenstein nunmehr offiziell die Verwaltungshilfe für den Landkreis Nauen übernommen hatte und es in Kürze zu ersten Besprechungen kommen werde.

*

Am 7. Juli feierten wir auf dem Spandauer Markt nun schon zum achten Mal den „Deutsch-Britischen Freundschaftstag". Dabei klang auch etwas Wehmut durch, denn mit dem Abzug der britischen Streitkräfte war nun bald zu rechnen. „Die in Jahren gewachsenen Beziehungen müssen aufrechterhalten bleiben, und dafür werden wir auch Mittel und Wege finden", versprach Stadtkommandant Robert Corbett den Spandauern.

– DEFA-Dokumentation über Spandau –

Nach einem erneuten Gespräch mit Landrat Dr. Burkhard Schröder aus Nauen – der enge Informationsaustausch war erfreulich bezeichnend für die neue Lage – fuhr ich mit meiner Pressesprecherin Marion Riedel sowie mit Vertretern des Wirtschafshofes nach Potsdam. Im dortigen Filmmuseum hatten wir ein Gespräch mit DEFA-Regisseuren, die eine neue Dokumentation über Spandau drehen wollten. Die DEFA-Leute machten handwerklich ausgezeichnete Dokumentarfilme. Der Wirtschaftshof wollte das Projekt finanzieren.
Am 19. November führten wir der Öffentlichkeit das neue Spandau-Video vor: „Vier Türme einer Stadt". Die Dokumentarfilm-Abteilung der DEFA in Babelsberg hatte diesen Film produziert. Mit der Regisseurin Heide Gauert aus Falkensee und dem Drehbuchautor Kurt Erfurt hatten Marion Riedel und ich gemeinsam mit dem Wirtschaftshof Spandau bis dahin eine Reihe von Vorgesprächen geführt. Der 35 Minuten lange Film war ein gelungenes Beispiel allerbester DEFA-Filmkunst und zeigte das damalige Spandau mit seinen vier markanten Türmen: dem Juliusturm der Zitadelle, dem Rathausturm, dem Siemens-Uhrturm und dem Nikolai-Kirchturm.
Aus der Übernahme der Produktionskosten in Höhe von 110 000 DM durch den Wirtschaftshof war allerdings nichts geworden: Die Kosten mussten über den Verkauf des Videos wieder hereingebracht werden.

– Verbindungsprobleme in den Norden –

Ein weiteres kompliziertes Umlandproblem tauchte auf, dieses Mal im Norden Spandaus, in Richtung Hennigsdorf. Nach Öffnung vieler anderer Übergänge beschwerten sich die Bewohner aus Hennigsdorf, Niederneuendorf und Papenberge, besonders mit Kraftfahrzeugen müssten sie große Umwege in Kauf nehmen, um nach Spandau zu gelangen, dabei seien nur 500 m Luftlinie für eine Straßenverbindung zur Berliner Stadtgrenze zu überwinden. Natürlich hatten die Beschwerdeführer Recht: Die Niederneuendorfer Allee am Rande des Spandauer Forstes mündete früher direkt in die Spandauer Landstraße auf jetzigem DDR-Gebiet ein, die dann nach Hennigsdorf weiterführte. Außerdem ging der Oberjägerweg als Abzweig von der Schönwalder Allee auch direkt nach Niederneuendorf und Papenberge, wobei Papenberge an der Havel vor dem Krieg auch so ein typisches Wochenendparzellengebiet am Rande Spandaus gewesen war.

An diesem Fall aber zeigte sich die ganze Verrücktheit der entgegengesetzten Entwicklungen in Deutschland nach seiner Spaltung – ein juristisches Problem tauchte auf: Der Oberjägerweg war 1983 als Straßenland „entwidmet" und dem Forstgebiet zugeschlagen worden. Er war inzwischen zu einer durch den Wald führenden Sackgasse geworden, die an der Mauer endete. Das bedeutete für uns 1990, dass er als Straße nicht mehr existierte und es rechtlich höchst kompliziert war, ihn als ehemalige Straße für den öffentlichen Verkehr wieder nutzbar zu machen, obwohl der Weg dort faktisch sogar noch gepflastert vorhanden war. Dass Baum- und Umweltschützer sich mit allen rechtlichen Schritten gegen eine derartige Forst-Umwidmung und Reaktivierung wehrten, sei nur am Rande erwähnt. Ein Rechtsstreit hätte Jahre in Anspruch genommen. Dieser Konflikt war nur politisch zu lösen.

Grundsätzlich hatte ich von Anfang an die Auffassung vertreten, dass alle historischen Verbindungen von Spandau in sein Umland, dem Havelland, wieder hergestellt werden sollten. Anderseits musste auch uns daran gelegen sein, die wertvollen Waldgebiete mit inzwischen seltenen Arten zu schützen. Als der Oberjägerweg 1983 zugunsten des Forstes „entwidmet" worden war, konnte kaum jemand ahnen, welche politischen Entwicklungen wenige Jahre später auf uns zukamen.

Nun musste eine Lösung zur Öffnung der Straße in Richtung Norden gefunden werden. Derzeit bot sich dazu nur die Verlängerung der Niederneuendorfer Allee in Richtung Papenberge an. Hier fehlten nur etwa 300 m Anbindung an die Spandauer Landstraße auf der Ostseite. Sie war die kürzeste Verbindung und würde den Forst nicht allzu stark belasten. Aber auch hier traf uns die Ironie des Schicksals, denn das Waldgebiet um die Niederneuendorfer Allee war kurz vor der Wende zum Landschaftsschutzgebiet erklärt worden. Damit waren die letzten 300 m der Allee auf Berliner Gebiet auch kein öffentliches Straßenland mehr.

Was blieb uns zu tun? Baustadtrat Klaus Jungclaus und ich trafen uns mit dem Oranienburger Landrat Karl-Heinz Schröter und dem Hennigsdorfer Bürgermeister Andreas Schulz zunächst zu einer Ortsbesichtigung in dieser „Grenzgegend". In zwei Geländewagen der Volksarmee fuhren wir mit einem Oberst der DDR-Grenztruppen durch das Areal, das größtenteils noch Sperranlage war. Wir mussten feststellen, dass von der ehemaligen Straße auch auf östlicher Seite so gut wie nichts mehr vorhanden war. Die letzten dreißig Jahre hatten ihre Spuren hinterlassen: Aus der Landstraße waren Waldwege geworden, über die nur noch Grenzfahrzeuge rollten. Hinzu kam, dass auch auf DDR-Seite einige Landstriche unter Naturschutz gestellt worden waren. So sollten nördlich der Exklaven von Fichtewiese und Erlengrund die Graureiher-Kolonien und Vogelbrutgebiete geschützt bleiben. Im Resultat erwies sich die gewünschte Rückwidmung der Straßen als außerordentlich kompliziert und kostenaufwändig. Offensichtlich war es einfacher, die Stadt zu teilen, als sie jetzt wieder zusammenzuführen, war meine nüchterne Erkenntnis. In der Tat dauerte es noch Jahre, ehe die Straßenöffnung nach Hennigsdorf erfolgen konnte, aber sie erfolgte.

*

Am 20. Juli verabschiedeten sich die „Wasserzöllner" aus Spandau, nach über 40-jährigem Dienst an der Havel als Wassergrenze zur DDR. Die Stationen am Teufelseekanal in Hakenfelde und in Kladow wurden aufgegeben. Es gab keine Abfertigungsbefugnisse mehr, z.B. für polnische Transit-Schiffe. Auch dieses Stück „Tradition" nach der Teilung des Landes gehörte damit der Vergangenheit an. Wir hatten stets einen hervorragenden Kontakt zu den Wasserzöllnern, die mit Leib und Seele „Seeleute" waren und nicht selten früher über die Meere gefahren waren.

– IC-Anbindung an den Westen –

Am 27. Juli waren BVV-Vorsteher Rolf Rührmund und ich Ehrengäste bei einer Eröffnungsfahrt mit dem legendären Intercity-Triebwagenzug VT 601 „Max Liebermann" von Berlin-Ostbahnhof nach Hamburg Altona und zurück. Am 1. August um 6.49 Uhr schickte ich dann von Spandaus Hauptbahnhof an der „Freiheit" aus den ersten fahrplanmäßigen Intercity-Zug der Deutschen Bundesbahn nach Hamburg – welche Entwicklung! Die Dudelsack-Pfeifer der Irish Guards und ihr riesiger Regimentshund Connor standen mir zur Seite. Die Zeitungen, auch das „Berlin-Bulletin" der Briten, berichteten ausführlich über den ersten Anschluss ans bundesdeutsche Intercity-Netz.

Wenn von der Verbindung Berlin – Hamburg die Rede ist, drängt sich mir der Begriff vom „Fliegenden Hamburger" auf, der 1933 seinen regelmäßigen Dienst zwischen den beiden Städten aufgenommen und die 287 km lange Strecke in 137 Minuten zurückgelegt hatte. Seine Reisegeschwindigkeit hatte damals 125,6 km/h betragen, damit war der legendäre „Fliegende Hamburger" der schnellste Reisezug der Welt. Der IC „Max Liebermann" brauchte 1990 für die Strecke nach Hamburg noch 226 Minuten.

– Zug zur Einheit nimmt Fahrt auf –

An dieser Stelle einmal ein Blick auf die „hohe" Politik: Diese rasante Entwicklung in unserem Umfeld war natürlich nur möglich, weil auf höchsten Ebenen etwas in Bewegung geriet, was nicht mehr aufzuhalten war. Schon die Wahlentscheidung bei der Volkskammerwahl am 18. März war praktisch eine Abstimmung über das Ende der DDR. Die Menschen wollten ihr Schicksal in die Hände der Bundesregierung legen. Die DDR-Bürger wollten Bundesbürger werden. Sie wollten „richtiges Geld" haben und ähnliche Lebensmöglichkeiten wie im Westen. So kam der Einführung der D-Mark als offiziellem Zahlungsmittel durch den „Staatsvertrag über die Schaffung einer Währungs-, Wirtschafts- und Sozialunion" zum 1. Juli hin eine entscheidende psychologische Bedeutung für die Stabilisierung des Landes zu. Volkswirtschaftlich war das Verfahren zwar sehr umstritten, vor allem der Wechselkurs 1:1, aber politisch und psychologisch führte wohl bei dieser Gefühlslage der Menschen kein Weg daran vorbei.
Bundeskanzler Helmut Kohl peitschte den Staatsvertrag über die Währungsunion trotz vieler Mahnungen durch, ohne Steuererhöhungen in Form eines Lastenausgleiches durch die Bundesbürger – „finanzielle Engpässe zahlen wir aus der Portokasse" sagte er damals. Sein größter Kritiker, Oskar Lafontaine als Kanzlerkandidat der SPD, wurde als Bremser und Störenfried der Deutschen Einheit beschimpft, auch von Sozialdemokraten in der DDR. Etwas mehr Geschick und Feingefühl seinerseits wäre damals wohl angebracht gewesen. Jedenfalls lief das Experiment „Währungsunion" durch den erwähnten Staatsvertrag zwischen der Bundesrepublik und der DDR zum 1. Juli an. Die staatliche Einheit war jetzt nur noch eine Frage der Zeit.
Der Berliner Senat und das Abgeordnetenhaus hatten sich bereits im Vorfeld der Währungsunion um die längerfristige Beibehaltung der Berlin-Förderung bemüht: Am 31. Mai hatte man sich gemeinsam für die Beibehaltung der Berlin-Förderung in Form von Arbeitnehmerzulagen, Steuererleichterungen und Investitionszulagen sowie die Beibehaltung der Berlin-Hilfe als Bundes-Zu-

schuss zum Berliner Landeshaushalt in den kommenden Jahren ausgesprochen. Zur Begründung wiesen Senat und Abgeordnetenhaus zu Recht darauf hin, dass auf die gesamte Stadt im Zuge der „Währungs-, Wirtschafts- und Sozialunion" erhebliche Probleme zukommen würden – aber vergeblich: Schon am 15. Mai hatten sich Bundesfinanzminister Waigel und die Länderfinanzminister darauf geeinigt, dass der Bund schnellstmöglich einen Gesetzentwurf einbringen werde, wonach die bisherigen Kosten der deutschen Teilung, darunter auch die Finanzhilfen für West-Berlin und die Zonenrandförderung, bis spätestens 1997 abgebaut werden sollten. Das war eine fatale Fehlentscheidung, wie sich später herausstellen sollte.

Der Zug zur staatlichen Einheit nahm mehr und mehr Fahrt auf: Am 22. Juni begannen die sog. „Zwei plus Vier"-Verhandlungen der beiden deutschen Außenminister mit den Außenministern der vier Siegermächte; am 6. Juli begannen die Verhandlungen über den sog. „Einigungsvertrag" zwischen der Bundesrepublik und der DDR; am 15./16. Juli verständigten sich Bundeskanzler Kohl sowie der sowjetische Staats- und Parteichef Gorbatschow im Kaukasus in einer Acht-Punkte-Erklärung bereits auf die Deutsche Einheit, und schließlich beschloss die Volkskammer am 23. August den Beitritt der DDR zum Geltungsbereich des Grundgesetzes der Bundesrepublik Deutschland zum 3. Oktober 1990.

*

In diesem großpolitischen Rahmen bewegten sich auch die Entwicklungen vor Ort. In Spandau schreckte uns Anfang August eine Äußerung des Berliner Wirtschaftssenators Mitzscherling auf, der meinte, angesichts des steigenden Luftverkehrsbedarfs dürfe der Flugplatz Gatow, seit 1945 Militärflughafen der Royal Air Force, künftig auch für Geschäftsreisen nicht länger tabu bleiben. Von einem großen Presse-Echo in allen Berliner Zeitungen begleitet, meldete ich mich sofort zu Wort, um mich entschieden gegen eine zivile Nutzung des Flughafens auszusprechen. Ich bat den Wirtschaftssenator eindringlich, entsprechende Pläne nicht weiter zu verfolgen. Schon damals wurde Spandau von mehr als 60 Prozent der Starts und Landungen auf dem Tegeler Flughafen mit belastet. Ein Mehr an Luftverkehr über unserem Bezirk kam meiner Ansicht nach daher nicht in Frage.

*

In diesem Jahr hielten Obst und Gemüse aus dem Havelland ihren Einzug auf den Märkten in Westberlin. Am 8. August warb ich selbst für die Früchte aus unserer Nachbarschaft, indem ich mich eine Stunde lang an einem Hertie-Marktstand als Verkäufer versuchte. In der Erntezeit kam die Ware jetzt täglich frisch aus dem Havelland nach Spandau.

*

Ärger bekamen wir im August mit der Umweltsenatorin im Zusammenhang mit einem beabsichtigten Neubau für die Freiwillige Feuerwehr in Gatow. Die alte Feuerwache in Alt-Gatow platzte aus allen Nähten, und der für die 90er Jahre ins Auge gefasste Neubau wurde durch die ergebnislose Standortsuche in Frage gestellt. Am favorisierten Standort an der Buchwaldzeile standen Umweltschutzinteressen den Einsatzbedürfnissen der Feuerwehr entgegen. Gemeinsam mit der Berliner Feuerwehr forderte ich den Senat auf, umgehend eine Standortentscheidung zugunsten des Grundstücks an der Buchwaldzeile zu treffen – das Anliegen des Brandschutzes sei vordringlicher als der Erhalt der Grünflächen, argumentierte ich. Doch die Buchwaldzeile und ein weiteres ins Auge gefasstes Grundstück blieben aus Sicht der Umweltsenatorin tabu. Eine neue Wache gibt es bis heute nicht – jetzt geben wohl finanzielle Gründe den Ausschlag.

– GRUNDSTÜCK IN FALKENSEE –

Die Familien Salomon und Winkler besaßen, wie erwähnt, in der Ernst-Abbe-Straße (früher Halskestraße) ein unbebautes Grundstück, das wir seit 1951 nicht mehr hatten nutzen dürfen, da West-Berlinern der Zutritt zum DDR-Umland untersagt gewesen war. Das Grundstück soll in der Zwischenzeit verpachtet worden sein. Mit Schreiben vom 20. August meldete ich nun beim Landratsamt Nauen unsere Ansprüche auf das Grundstück an, was ich bestätigt bekam. Damit begann eine „unendliche Geschichte", die sich mit vielen Komplikationen über die nächsten Jahre hinziehen sollte. Vor allen Dingen musste ich die Erbfolge klären, denn die damaligen Eigentümer, mein Vater Willi Salomon und mein Großvater Paul Winkler, lebten beide nicht mehr. Außerdem hatte sich in den 80er Jahren ein Pächter ins Grundbuch ein Nutzungsrecht für dieses Grundstück eintragen lassen – nach den geltenden Übergangsbestimmungen konnte dieser Eintrag erst nach Jahrzehnten gelöscht werden, wenn wir das Grundstück nicht bebauten. Nach zähen Verhandlungen über Anwälte mit dem Nutzer des Grundstücks kam es Ende 1998 schließlich zum Verkauf, und ich war froh, dieses Kapitel beendet zu haben.

*

Am 18. August wurde Hans („Hanne") Rudek achtzig Jahre alt und lud zu einem Geburtstagsempfang auf den Raddampfer „Havel Queen" ein. Als Bürgermeister war es mir eine angenehme Pflicht, ihm zu diesem hohen Geburtstag zu gratulieren. Rudeks Firma Haru gehörte zu den bekanntesten Berliner Reise- und Omnibusunternehmen. Schon 1945/46, lange bevor es die BVG gab, hatte er mit alten, über den Krieg geretteten Fahrzeugen einen Linienverkehr innerhalb Spandaus eingerichtet. 1947 hatte er mit der ersten Interzonenlinie vom Stuttgarter Platz aus nach Hannover begonnen und 1950 das erste Reisebüro in Spandau eröffnet – ein wahrer „Buspionier" unserer Stadt.

– Fort Hahneberg neu entdeckt –

Südlich der Heerstraße, in der Nähe des ehemaligen Grenzkontrollpunktes, lag auf DDR-Gebiet das Fort Hahneberg. Kaiser Wilhelm I. hatte es im 19. Jahrhundert als vorgelagertes Sperr-Fort zum Schutz der Spandauer Zitadelle erbaut. Im Dritten Reich wurde Fort Hahneberg als Ausbildungsstätte für die Infanterie genutzt, im Krieg entstanden dort auch Flakstellungen, und im

Mai 1945 übergab man es ohne großen Widerstand der Roten Armee, die es selbst nur kurz nutzte. 40 Jahre wurde das Areal dann weitgehend in Ruhe gelassen, bis die Wende kam.

Wir beobachteten, dass das Fort fast zu einer Wallfahrtsstätte geworden war. Tausende besuchten das alte Gemäuer, an dessen frühere Nutzung noch Hakenkreuze an den Ziegeln erinnerten – harmlose Interessierte fühlten sich ebenso angezogen wie Militär-Vernarrte oder Polittouristen mit Stahlhelm und Kampfanzug. Ganze Mauerstücke wurden herausgebrochen und als Beute mitgenommen. Als es unter den Abenteuerlustigen auch zu Unfällen kam, war für uns Handlungsbedarf gegeben.

In vorbildlicher Zusammenarbeit mit der Gemeinde Staaken sicherten wir zunächst das Gelände. Spandauer Firmen zogen kostenlos einen 1600 m langen Zaun und sicherten die Schächte mit hölzernen Absperrungen. Trotz dieser Sperren ging die „Invasion" jedoch teilweise weiter, und so verständigten wir uns auf das Prinzip „Sicherung durch Nutzung": Wir boten öffentliche Führungen unter kundiger Leitung an. Triebfeder dafür war wieder einmal Spandaus Kunstamtsleiter Gerd Steinmöller, der mit nie erlahmender Energie die Öffentlichkeitsarbeit für das Fort vorantrieb und später auch als „Retter des Fort Hahneberg" galt.

Am 23. August führten wir gemeinsam mit dem Staakener Bürgermeister Peter Radziwill das so gesicherte Fort in einer Pressekonferenz vor Ort der Öffentlichkeit vor. Die Zeitungen berichteten ausführlich über das neu entdeckte Festungswerk und warben für die Führungen.

– EINGLIEDERUNG WESTSTAAKENS WIRD AMTLICH –

Inzwischen sickerte mehr und mehr durch, dass Weststaaken künftig wieder zu Spandau gehören werde. Im Entwurf des Einigungsvertrags zwischen der Bundesrepublik und der DDR war diese Absicht festgeschrieben. Gleich im ersten Kapitel heißt es darin: „Die 23 Bezirke von Berlin bilden nach dem Gebietsstand vom

Tag der Unterzeichnung (einschließlich des zum Bezirk Spandau gehörenden Gebiets Weststaaken) das Land Berlin." Die für die Staakener wichtige Protokollnotiz bezieht sich auf das Gesetz über die Bildung einer neuen Stadtgemeinde vom 27. April 1920. Damals war die Landgemeinde Staaken Spandau zugeordnet worden und damit in Groß-Berlin eingemeindet.

Am 29. August abends gab es im Staakener Volkshaus eine Bürgerversammlung, auf der der Nauener Landrat Dr. Schröder, der Staakener Bürgermeister Radziwill und ich eigentlich über das Für und Wider einer Wiedereingliederung nach Spandau mit den Bürgern diskutieren wollten – fast überflüssig, denn die Ereignisse hatten uns mit dem Entwurf des Einigungsvertrages wieder einmal überholt. Dennoch fand ich es richtig, den Staakenern eine Möglichkeit zur Diskussion zu geben. Der Saal des Staakener Volkshauses war an diesem Abend entsprechend überfüllt.

Die Stimmung der Bürger war eindeutig: Beinahe einhellig fieberte man der Eingliederung nach Spandau und damit nach Groß-Berlin entgegen. Entsprechend stellte das Spandauer Volksblatt „tosenden Applaus für Bürgermeister Salomon" fest und nur einen „reservierten Empfang für den Landrat aus Nauen": Burkhard Schröder hielt das Verfahren für „unmöglich", den betroffenen Landkreis bei der Entscheidung außen vor zu lassen: „Man hätte zumindest mit uns reden müssen", sagte er der Zeitung und sprach noch einmal seine Forderung nach Ausgleich und Entschädigung dafür an, dass der Landkreis einen „wichtigen Wirtschaftsfaktor" verliere sowie ein unverzichtbares Krankenhaus. „Verführerische Argumente kamen aus Spandau", titelte auch – leicht polemisch – die Märkische Volksstimme. Aber der Staakener Bürgermeister Peter Radziwill sowie seine gesamte Gemeindevertretung einschließlich der PDS standen hinter der Wiedervereinigung von Staaken-West und Staaken-Ost. Für mich ging es um die Wiedergutmachung alten Unrechts, und ich meinte, den Staakenern werde mit einer gut funktionierenden Verwaltung, Infrastruktur und Sozialabsicherung auch einiges geboten. Viele Fragen blieben offen, einige Sorgen wurden angesprochen, und am Schluss überwog deutlich das Zusammengehörigkeitsgefühl.

Am 23. August unterzeichneten im Palais Unter den Linden Bundesinnenminister Schäuble und DDR-Staatssekretär Krause den deutsch-deutschen Einigungsvertrag. Darin wurde die Rückgliederung Weststaakens nach Berlin-Spandau endgültig abgesegnet. Ab dem 3. Oktober 1990 sollten die Staakener wieder vereint sein, wie es schon 1920 war und auch, weil die Weststaakener auch noch 1950 an Wahlen zum Abgeordnetenhaus Westberlins teilgenommen hatten. Eine entsprechende Protokollnotiz im Einigungsvertrag stellte außerdem klar, dass das Land Brandenburg keinen Gebietsanspruch auf das Austauschgebiet von 1945, Groß-Glienicke-Ost und Weinmeisterhöhe, den sog. „Seeburger Zipfel", stellen konnte, denn auch die Bewohner dieses Zipfels hatten stets an Berliner Abgeordnetenhauswahlen teilgenommen und gehörten damit eindeutig zum Bezirk Spandau. Unser politisches Ziel war erreicht.

Man kann diese Protokollnotiz im Einigungsvertrag als ein „Lex Staaken" interpretieren. Die „Re-Integration" dieses Ortsteiles nach Berlin-Spandau war ein absoluter Sonderfall; nirgends sonst wurde ein Teil der früheren DDR, wie die Gemeinde Staaken es war, zum integralen Bestandteil der Bundesrepublik Deutschland erklärt. Die gesamte übrige DDR wurde als „Beitrittsgebiet" bezeichnet.

Aus meiner Sicht sage ich im Rückblick: Meine spontane Eingebung vom 31. März in der „Langen Nacht" des RIAS, jetzt die Rückgliederung von Weststaaken nach Spandau schnellstmöglich in Angriff zu nehmen, ist neben der Kontaktaufnahme zu Nauen in tiefster DDR-Zeit wohl die politische Tat, auf die ich am meisten stolz bin! Sie hatte eine historische Dimension. Es lag noch die Regelung von vielen schwierigen Einzelproblemen vor uns, aber zunächst einmal freuten wir uns sehr.

– Sorge um das Kreiskrankenhaus in Staaken –

Am 29. August tagte die BVV Spandau außerhalb der Stadt und informierte sich während einer Busrundfahrt durch den Landkreis Nauen bis nach Ketzin über die Probleme im Nachbarkreis. Ob Pessin oder Friesack mit ihren meist gut funktionierenden LPG-Betrieben oder die ehemalige Fischer- und Leineweberstadt Ketzin – aus den Gesprächen mit den dortigen Politikern gewannen wir einen düsteren Eindruck, was ihre Zukunftsaussichten betraf. Den meisten der Spandauer Bezirkspolitiker wurde wohl vor Ort erst klar, welche Probleme sich auftürmten, und dass die enormen Kosten der Wiedervereinigung sicher nicht aus der Kohl'schen „Portokasse" zu bezahlen sein würden.

In den ersten Wochen der Wirtschafts- und Währungsunion verdoppelte sich die Zahl der Arbeitslosen nahezu. Das Personal der Falkenseer Poliklinik zog aus Sorge um die Arbeitsplätze vor das örtliche Rathaus. Die Zukunft der Klinik sei durch die Kosteneinsparungen und die Einführung des westdeutschen Gesundheitssystems bedroht, hieß es. Auch die Mitarbeiterinnen und Mitarbeiter des Kreiskrankenhauses Staaken sahen die Existenz ihres Hauses mit der Eingliederung von Weststaaken nach Berlin-Spandau gefährdet, und das machten sie vor unserem Rathaus deutlich. In der Tat war das ein Problem!

Mir war immer unverständlich gewesen, warum das offizielle Kreiskrankenhaus von Nauen so an der Peripherie, bereits in Sichtweite zu Westberlin, angesiedelt worden war. Nach Friesack war es von dort aus z.B. 60 km weit. Es hing wohl damit zusammen, dass hier zusammenhängende Gebäudeteile der ehemaligen DDR-Hochschule für Außenhandel (früher Luftwaffenkaserne) vorhanden waren, die man dafür nutzte. Die Klinik war übrigens auf ausdrücklichen Wunsch der DDR-Justizministerin Hilde Benjamin nach ihrem im KZ Mauthausen umgekommenen Ehemann und Arzt Dr. Georg Benjamin benannt worden.

Das Krankenhaus war recht gut ausgestattet, seine Mitarbeiter waren tariflich besser gestellt, und sein Schicksal hatte bereits im Wahlkampf eine herausgehobene Rolle gespielt. Nun beschäftigte es uns sehr schnell im GANS, denn für die medizinische Versorgung des Kreises Nauen war das Krankenhaus in Staaken unverzichtbar. Mittelfristig musste eine Lösung gefunden werden, die nur in einem Neubau in der Kreisstadt Nauen liegen konnte. Bis

zu diesem Zeitpunkt musste die Klinik quasi als „Enklave" in Spandau weiter betrieben werden, so kurios das auch war.
Je näher der 3. Oktober, der „Tag der Deutschen Einheit" rückte, zeigten sich viele Bürger des Kreises Nauen bereits ernüchtert: Arbeitslosigkeit und Resignation machten sich breit, und auch wir ahnten, was an Problemen in Bezug auf Weststaaken auf uns zukommen würde.

– EIN FREUND DER LAUBENPIEPER –

Mitte September wurde in Spandau das traditionelle „Laubenpieperfest" gefeiert. Veranstalter war der Landesverband der Berliner Kleingärtner in Verbindung mit der Wilhelm-Naulin-Stiftung. Naulin war langjähriger Vorsitzender der Kleingärtner gewesen und ein legendärer Kämpfer für den Erhalt der Kleingartenvereine. Der rührige und verdienstvolle Spandauer Bezirksverband der Kleingärtner richtete das Fest in diesem Jahr aus, die Schirmherrschaft war mir übertragen worden. Die „Wilhelm-Naulin-Plakette" für besondere Verdienste um das Kleingartenwesen in Berlin erhielt in diesem Jahr Berlins „oberster Laubenpieper", der frühere Bausenator Harry Ristock.
Von Freitag bis Sonntag wurde an der Egelpfuhlstraße kräftig gefeiert, mit Alt-Berliner Abend, Festumzug, Platzkonzert, Kinderfest und vielem mehr. In den 90er Jahren ging es den Laubenpiepern längst nicht mehr nur um die Rasen- und Rosenpflege, sondern es ging um den Erhalt der Kleingärten in Berlin. Von den Politikern erwartete man eine klare Aussage zur Sicherung der 45 000 Westberliner Lauben. Auch der Regierende Bürgermeister Walter Momper musste auf den Prüfstand und sich kritische Fragen gefallen lassen. Stets argwöhnten die Laubenpieper, dass Kleingärten für Wohnungsbau oder Industrieanlagen geopfert werden müssten. In diesem Jahr waren erstmals viele Kleingärtner aus Ostberlin am Fest beteiligt. In der gesamten Stadt gab es damals 95 000 Kleingärten.

Meine Erfahrung aus vielen Jahren mit dieser Klientel: Die Berliner Laubenpieper waren eine gut und straff geführte Organisation mit einflussreichen Männern an der Spitze. Politiker taten gut daran, sich nicht ohne Not mit Kleingartenverbänden anzulegen, das konnte sich sehr nachteilig auswirken. Ich hatte in den vielen Jahren meiner Amtszeit nie Probleme mit den Spandauer Kleingärtnern, auch weil ich immer der Meinung war, Laubengärten seien ein unverzichtbarer bunter Tupfer in einer Großstadt – speziell in der Zeit, als Westberlin noch eine Insel war. In einigen Spandauer Laubenkolonien war und bin ich Ehrenmitglied.

– Spätfolgen der Partnerschaft –

Im Dezember sollte es die ersten Wahlen für Gesamtberlin geben. Die Berliner SPD lud im Vorfeld zu sog. „Stadtgesprächen" mit Walter Momper als Regierendem Bürgermeister und den SPD-Senatoren ein. Am 6. September fand ein derartiges Stadtgespräch auf dem Spandauer Markt statt, und natürlich beteiligte ich mich daran. Moderator dieser SPD-Veranstaltung war übrigens ein junger SFB-Journalist namens Johannes B. Kerner, der später noch Berühmtheit erlangte. Auch Bundesinnenminister Wolfgang Schäuble suchte im Wahlkampf der CDU die Havelstadt auf – Spandau war eben begehrt.

*

Eine kleine Episode aus Nauen spießte das Spandauer Volksblatt am 2. September auf: Unter der Überschrift „Verbrüderung mit Spätfolgen" berichtete das Blatt von einem haarsträubenden Verwaltungsvorgang. „Damals, als die Verhältnisse noch unverrückbar schienen, der Begriff dank sparsamer Verwendung noch eine Bedeutung hatte, war es schon so etwas wie ein ‚historischer Augenblick', zumindest für den Bezirk Spandau, für die DDR-Kreisstadt Nauen, wohl auch für West-Berlin: Am 28. Juli 1988 brach eine Spandauer Delegation auf, um mit den Nauenern einen Partnerschaftsvertrag zu schließen. Heute beanstandet ein Untersuchungsausschuss des Kreises die nicht abgedeckten und für damalige Verhältnisse horrenden Bewirtungskosten für den West-Besuch."

In der Tat sah man an dieser Episode, dass sich die Zeiten nicht nur zum Guten gewandelt hatten: Unsere frühe Partnerschaft war inzwischen zur Selbstverständlichkeit geworden, und für die Kosten, die die neue Einheit mit sich brachte, wurde man immer sensibler. So beschäftigte sich tatsächlich der „Ausschuss zur Untersuchung von Korruption, Amtsmissbrauch und Betrug" nun mit dem Sachverhalt, dass die Nauener Stadtväter damals weit über 8000 Mark für die Bewirtung unserer Delegation verprasst hätten. Unter Hinzurechnung weiterer Nebenkosten kamen die Kontrolleure auf einen Betrag von exakt 270,81 Mark pro Teilnehmer, von denen es 83 gegeben haben soll. „Weder gab es einen Haushaltstitel für diese Ausgaben, noch existieren ordentliche Rechnungen des Ratskellers, es wurde per Handschlag quittiert", so gibt das Volksblatt die Bedenken wider, und Redakteurin Andrea Beyerlein kommentiert: „So wird im Nachhinein auch der Versuch, mit den Empfängen der Spandauer mitzuhalten, zum Beweis für die Selbstherrlichkeit des alten Apparats. Und aus der Sicht der Betroffenen ist es ‚ein Unding' wenn anlässlich eines Besuchs der Partner weit über 20 000 Mark ausgegeben wurden, der Jahresetat für Straßenausbesserungen aber nur gut das Doppelte enthielt."

— Weststaaken erneut umkämpft —

Im Vorfeld des 3. Oktobers als Stichtag wurde aus Potsdam noch einmal kräftig polemisiert: Bei Durchsetzung des Anschlusses von Weststaaken an Spandau habe sich der Westberliner Senat über die mit dem Bezirk Potsdam getroffenen Absprachen hinweggesetzt, so der Potsdamer Regierungsbevollmächtigte Wolf (SPD). Man sei sich einig gewesen, dass die Wiedereingliederung von Weststaaken erst nach der Bildung des Landes Brandenburg verhandelt werden sollte, und jetzt habe man auf unfaire Art und Weise vorzeitig vollendete Tatsachen geschaffen. Wolf vertrat die Auffassung, die Frage Weststaaken könne nicht losgelöst vom sog. „Seeburger Zipfel" und dem Berliner Teil von Groß-Glienicke gesehen werden, die früher zu Brandenburg gehört hatten. Er wollte eine „verfassungsmäßige Überprüfung" des Vorganges nicht ausschließen.

Und man legte nach: Der Landkreis Potsdam forderte die Rückgabe des „Seeburger Zipfels". Insbesondere die Gemeindevertretungen von Seeburg und Groß-Glienicke stellten den Antrag auf Wiederherstellung der ehemaligen Gemeindegrenzen aus dem Jahre 1939. Die Rechtsabteilung des Potsdamer Landratsamtes leitete entsprechende Vorstöße in die Wege; man wollte alle rechtlichen Instanzen ausschöpfen.

Der Tagesspiegel zitierte mich in einem Bericht am 19. September, ich sähe „relativ gelassen" der vom Kreis Potsdam-Land geforderten Rückgabe des „Seeburger Zipfels" entgegen. Meiner Einschätzung nach konnten die Potsdamer keine Ansprüche auf das westlich der Havel gelegene Gebiet herleiten. Entsprechendes war in der Protokollnotiz zum Staatsvertrag bereits geregelt. Ich verwies darauf, dass die strittige Fläche bereits 1945 von den Sowjets als Teil ihres Sektors an die Briten abgetreten worden war. Seitdem hatte sich die dortige Bevölkerung an Westberliner Wahlen beteiligt, und damit waren die im Einigungsvertrag genannten Voraussetzungen für die Zugehörigkeit zu Berlin erfüllt.

*

Am 9. September konstituierten wir eine „Arbeitsgruppe für die Integration von Weststaaken" (AGSt), da immer deutlicher wurde, dass hier eine Fülle von Problemen auf uns zukommen würde, die wir noch nicht überschauen konnten – mehr als 4000 bisherige DDR-Bürger sollten am 3. Oktober Spandauer werden. Dieser Arbeitsgruppe gehörten Mitarbeiter aller Abteilungen des Spandauer Bezirksamtes an sowie der Bürgermeister der Gemeinde Staaken, Peter Radziwill. Die Federführung lag bei mir, die Leitung der Gruppe wurde dem Planungsbeauftragten Axel Hedergott übertragen. Als Ziel der AG legten wir die „Ausarbeitung eines Integrationskonzeptes für Weststaaken mit der Maßgabe, die administrativen Maßnahmen so schnell wie möglich umzusetzen" fest. Das sollte sich als sehr schwierige Aufgabe für die „AGSt" erweisen, wie die Gruppe bald genannt wurde.

– „Britannia Center" eröffnet –

Am 18. September wurde das „Britannia Center" in der Wilhelmstraße eröffnet, auf dem Gelände des ehemaligen Kriegsverbrechergefängnisses. Der alte, wuchtige Backsteinbau war dazu abgerissen worden, und in zweieinhalbjähriger Bauzeit war nach Entwürfen des Spandauer Architektenehepaars Helga und Günter Grasme ein modernes einstöckiges Gebäude mit glasüberdachten Mittelgängen entstanden. Kostenpunkt: 40 Mill. DM, finanziert aus dem deutschen Besatzungskosten-Etat. Es war das neue Shopping-Center für die 15 000 Angehörigen der britischen Garnison sowie die in Berlin stationierten Franzosen und Amerikaner. Und es enthielt das erste „Burger-King"-Restaurant in Spandau. Natürlich entbehrte dieser Millionenbau nicht einer gewissen politischen Skurrilität: Wir schrieben den 18. September 1990. Wenige Tage später wurde die Deutsche Einheit vollzogen, und die westalliierten Stadtkommandanten beendeten am 3. Oktober ihre Tätigkeit nach dem Besatzungsrecht in Berlin. Zwar blieben reduzierte Streitkräfte der Briten, Amerikaner und Franzosen noch einige Zeit in Westberlin, bis die sowjetischen Truppen sich aus der DDR würden zurückgezogen haben, aber es war inzwischen klar, dass dies bis spätestens 1994 erfolgen sollte. Danach würde die rein britische Einkaufsoase an der Wilhelmstraße ihre eigentliche Funktion verlieren, für die sie 1988 geplant und errichtet worden war. Aber ein großzügiges Einkaufszentrum würde Spandau später gut gebrauchen können, sagten wir uns pragmatisch: „Das könnte ein KaDeWe Spandaus werden", so wurde ich in der Presse zitiert. Leider war das Gelände jedoch im Bundesbesitz. In Erinnerung an die stets engen Kontakte zwischen den Briten und den Deutschen in der Havelstadt sollte auf dem Gelände in einem hervorragend restaurierten alten Backsteingebäude am Rande des Britannia Centers auch ein deutsch-britischer Jugendclub eingerichtet werden. Mit dem noch amtierenden Britischen Stadtkommandanten Generalmajor Robert Corbett verabredete ich, dass dieser Jugendclub im Gedenken an den verstorbenen Planungsbeauftragten des Bürgermeisteramtes den Namen „Gerry-Schuster-Club" erhalten sollte.

Die Einweihung des Centers wurde am 18. September mit viel „Pomp und Circumstances" in Anwesenheit des obersten Quartiermeisters der britischen Armee, Sir Edward Jones, und des Britischen Stadtkommandanten begangen, ungeachtet der ungewissen Zukunft des Gebäudes. Ich durfte als Ehrengast daran teilnehmen wie auch an einem festlichen Dinner am Abend im britischen Offiziersclub.

Für diesen Anlass hatte ich meinen Urlaub unterbrochen. Manchmal frage ich mich noch heute: War das nötig? Es war nicht das erste Mal gewesen, dass ich meinem Amt den Vorrang gab auf Kosten meines Privatlebens. Und dort ging auch einiges in die Brüche.

– Abschied von den Briten –

Die letzten Septembertage waren im Vorfeld der offiziellen Wiedervereinigung reichlich turbulent. Zum einen machte uns die Überleitung der Weststaakener nach Spandau am 3. Oktober einiges Kopfzerbrechen. Natürlich waren wir bemüht, eine reibungslose Integration zu gewährleisten, aber vierzig Jahre unterschiedlicher Lebensformen ließen sich nicht von heute auf morgen ausradieren, und es gab ein grundsätzliches Problem: Die Bundesregierung und der Senat von Berlin waren der Spandauer Auffassung nicht gefolgt, den Sonderfall Weststaaken auch als Sonderfall zu bewerten. Man hatte Weststaaken so behandelt wie die Ostberliner Bezirke, nämlich als „Beitrittsgebiet". Daraus ergab sich zwangsläufig eine Ungleichbehandlung von „Spandauern in

Spandau" mit vielen Unzulänglichkeiten und Benachteiligungen. Darauf werde ich im einzelnen noch eingehen.

Zunächst standen wir vor der Frage, ob und wie wir die rund 150 Beschäftigten aus dem öffentlichen Dienst der DDR in Weststaaken in unseren öffentlichen Dienst übernehmen könnten. Wir hatten uns grundsätzlich bereit erklärt, die öffentlichen Einrichtungen bis auf wenige Ausnahmen zu überführen. Es sollte keine Kinderkrippe, kein Kindergarten und kein Hort geschlossen werden. Die bisherigen Arbeitsverträge sollten weiter gelten, soweit keine Stasi-Belastungen vorlagen.

Die letzten Septembertage standen auch unter dem Eindruck der Verabschiedung des letzten Britischen Stadtkommandanten, des Generalmajors Robert Corbett, einem sehr sympathischen und freundlichen britischen Offizier. Die alliierten Stadtkommandanten waren seit 1945 in Westberlin die oberste staatliche Autorität. Mit der Wiedervereinigung am 3. Oktober erlosch nach 45 Jahren die Kompetenz dieser militärischen Institution. Die Alliierten verzichteten zu diesem Stichtag auf ihre Vorbehaltsrechte, die in mehr als 4000 Sondererlassen für West-Berlin definiert worden waren. Auch ich musste mich umstellen, denn die guten Kontakte zu den Briten in Spandau hatten der Havelstadt besonders in den vergangenen zehn Jahren viel Gutes beschert, und die Briten hatten Spandau als ihre „Residenzstadt" gesehen.

„My job is done", auf diese kurze Formel brachte Corbett seinen Abschied in einem Artikel der Berliner Morgenpost vom 23. September. Er sei in Spandau herzlich aufgenommen worden und habe sich in der Stadt sehr wohl gefühlt. Kopfzerbrechen bereitete dem Briten das Schicksal der 3800 deutschen Zivilangestellten und Mitarbeiter, die mit dem Abzug der Streitkräfte quasi über Nacht ihre Jobs verlören. „So viele hoch qualifizierte Leute haben uns über Jahrzehnte hinweg treue Dienste geleistet. Ich fühle mich persönlich verantwortlich und habe bereits mit Behörden und verantwortlichen Stellen gesprochen", so Corbett zur Berliner Morgenpost. Der Generalmajor war selbst nur circa 21 Monate in der Stadt und hat in dieser Zeit eine unglaubliche Entwicklung miterlebt.

*

Das traditionelle Sportlertreffen Spandau – Siegen wurde Ende September wieder in der Havelstadt ausgetragen. Wir hatten es extra von Mai auf September verlegt, um den Siegener Sportlerinnen und Sportlern einiges von der Stimmung in Berlin im Vorfeld der Wiedervereinigung zu vermitteln. Mit ihren Spandauer Partnern zusammen lieferten sich die Gäste bei herrlichem Wetter Wettkämpfe in zwölf verschiedenen Sportarten. Und die Wende machte es möglich: Erstmals konnten Siegerländer Läuferinnen und Läufer einen Staffelstab quer durch ehemaliges DDR-Gebiet tragen. 531 Kilometer wurden in 22 Etappen bewältigt, bevor ich die Läufer am 28. September nachmittags am ehemaligen Grenzübergang Falkenseer Chaussee begrüßte.

*

Am 30. September fuhr ich frühmorgens von Spandau aus mit dem ersten Triebwagen der Deutschen Reichsbahn, der sog. „Ferkeltaxe" aus dem Baujahr 1974, auf der Schiene in 27 Minuten Fahrtzeit nach Nauen. Kurz hinter der Stadtgrenze rollte der Zug langsam durch das „Affengitter", das bis November 1989 Flüchtlinge am Aufsprung auf fahrende Züge aus West-Berlin oder der Bundesrepublik hatte hindern sollen – auch ein Relikt aus längst vergangen wirkender Zeit. Wir waren froh, dass mit dieser Fahrt der Zugverkehr nach Nauen nun endlich aufgenommen wurde.

*

Gerade rechtzeitig zum Tag der Deutschen Einheit bekam die St. Nikolai-Kirche eine neue Glocke zur Komplettierung ihres Dreier-Geläutes. Das Geläut klang zum ersten Mal in der Nacht auf den 3. Oktober, wie überhaupt alle Spandauer Kirchenglocken um Mitternacht die Deutsche Einheit einläuteten.

– Tag der Deutschen Einheit –

Das große Ereignis am 3. Oktober war natürlich für das ganze Land die Wiedervereinigung, und für uns in Spandau war die Einheit Staakens das zentrale Thema. Der 3. Oktober war der Tag der Freude, obwohl wir inzwischen wussten, welche Probleme für uns damit verbunden waren. Und ich will nicht abstreiten, dass zu diesem Zeitpunkt den Weststaakenern bereits gar nicht mehr so zum Feiern zumute war.

Dennoch, fernab vom Brandenburger Tor, wo national und international das Jahrhundertereignis gefeiert wurde, machten wir in der Nacht auf den 3. Oktober unsere eigene Vereinigungsfete am Staakener Torweg, Ecke Finkenkruger Weg. Am Nachmittag des 2. Oktober hatten wir bereits den Nennhauser Damm geöffnet. Damit gab es nach Abschluss der Straßenbauarbeiten nun nach der Heerstraße, dem Torweg und der Seegefelder Straße die vierte Direktverbindung zwischen den ab heute wieder zusammengefügten Hälften des Ortsteils Staaken.

In der Nacht zum 3. Oktober kam das Spandauer Volksblatt mit einem Sonderdruck heraus, in dem ich einen Leitartikel geschrieben hatte. Abends bis nach Mitternacht feierten wir mit etwa 35 000 Menschen aus Staaken, Spandau und der weiteren Umgebung die Wiedereingliederung Weststaakens in das Gebiet von Berlin-Spandau, mit Bühnenprogramm und vielen Imbissständen. Es herrschte Volksfeststimmung, natürlich floss Sekt, und die Freiwillige Feuerwehr Staaken schenkte den „Friedens-Cocktail Gorbi" – Wodka mit Orangensaft – aus.

Um Mitternacht trat neben der Freude auch die Besinnlichkeit ein; Stille und teilweise Ergriffenheit waren zu spüren, als ein farbenprächtiges Feuerwerk den Himmel über dem ehemaligen Todesstreifen erleuchtete und jemand die Nationalhymne anstimmte. Nicht wenige Tränen flossen dabei.

Der Staakener Bürgermeister Peter Radziwill und ich tauschten die Schilder „Gemeinde Staaken, Kreis Nauen, Bezirk Potsdam" gegen das Schild „Berlin" aus. Natürlich war das Fernsehen mit Live-Berichten präsent, und einen besonderen Akzent erhielt das Einigungsfest durch den stellv. Sprecher des Außenministeriums der UdSSR, Sowwa, der mit dem Spandau schon lange freundschaftlich verbundenen Generalkonsul Rudolf Alexejew zusammen in bestem Deutsch mit den Besuchern plauderte. Unverkennbar war bei allem die Handschrift unseres Kunstamtsleiters Gerd Steinmöller, die auch dieses Festprogramm prägte.

Am 3. Oktober gingen die Feierlichkeiten weiter: Um 10 Uhr hatten wir zur offiziellen Feierstunde in den Bürgersaal des Spandauer Rathauses geladen. Ich nannte in meiner Ansprache die Wiedervereinigung Staakens eine „historische Herausforderung", die wir meistern wollten. Dazu bräuchten wir allerdings die finanzielle Unterstützung des Senats sowie der Bundesregierung. Ich erinnerte auch an die Todesopfer, die die Mauer gefordert hatte – immerhin war ein Jahr früher an der Staakener Grenze noch geschossen worden. Bezirksverordnetenvorsteher Rolf Rührmund mahnte zu Besonnenheit und Toleranz.
Nachmittags brachen Politiker und Bürger zu einem gemeinsamen Rundgang auf, um den wiedererlangten Stadtteil Spandaus zu erkunden. Eine Messe in der Nikolaikirche bildete schließlich den Abschluss unserer Feiern zum Tag der Deutschen Einheit.

3.10.1990: Rückgliederung Weststaakens nach Berlin-Spandau, vorne von links: Waltraud Steinhauer (Siegen), Werner Salomon, Peter Radziwill (ehem. Bürgermeister Staakens), Baustadtrat Klaus Jungclaus und stellv. BVV-Vorsteherin Christel Zuchowsky (© Brigitte Baecker).

– Alt-NVA und Alliierte reissen Mauer ab –

Mit Sitzungen und Abschiedsveranstaltungen der Briten waren die kommenden Tage angefüllt. Die britischen Pioniere hatte ich gebeten, uns mit ihrem schweren Gerät in altbewährter Weise beim Mauerabriss in Staaken behilflich zu sein. Das Echo war positiv. Eigenartigerweise hatte ich aber in dieser Frage mit der „neuen Bundeswehr" zunächst meine Probleme: Am 19. Oktober hatte ich ein erstes Zusammentreffen mit der Bundeswehr in dieser Angelegenheit. Insbesondere störte mich die Mauer zwischen Spandau und Weststaaken, die seit dem 3. Oktober innerhalb Spandaus lag. Von meinem Hilfeersuchen an die Briten hatte offensichtlich auch das „neue" Bundeswehrkommando Ost, das aus der früheren Nationalen Volksarmee hervorgegangen war, Kenntnis erhalten. Im Rathaus erschien ein Bundeswehroberst und erklärte mir, derartige Angelegenheiten hätte ich jetzt mit der Bundeswehr und nicht mehr mit dem britischen Militär zu regeln. Es hätte nicht viel gefehlt, und ich hätte diesen Bundeswehroberst rausgeschmissen, so empört war ich über dessen Arroganz.
Ich erklärte ihm, er solle sich zunächst einmal über die freundschaftlichen Verbindungen der Spandauer Verwaltung zu den britischen Militäreinheiten unterrichten lassen (sämtliche britischen Einheiten waren ja in Spandau stationiert) und über die vielfältigen Hilfen, die wir in den vergangenen Jahrzehnten von ihnen erhalten hatten. Ich erinnerte ihn auch daran, dass die Westalliierten Truppen fast 50 Jahre die Freiheit West-Berlins garantiert hatten. Ich drohte ihm sogar an, sofort in seiner Anwesenheit mit dem Regierenden Bürgermeister zu telefonieren, um mich über dieses eigenartige Verhalten der Bundeswehr zu beschweren. Offenbar verfehlte diese Drohung nicht ihre Wirkung, und der Oberst lenkte ein. Mein Planungsbeauftragter Axel Hedergott war Zeuge dieses Zusammentreffens. Übrigens haben wir uns später ganz gut verstanden, und die von mir angestrebten Mauerabrissarbeiten mit alliierter Hilfe kamen zustande.
Am 29. Oktober pünktlich um 8 Uhr begannen britische Pioniere am ehemaligen Grenzübergang Staaken mit dem Mauerabriss. Ei-

nen Kilometer weiter nördlich begann das Bundeswehrkommando Ost (Ex-NVA) seinerseits mit dem Abriss der dortigen Mauerteile, und man arbeitete sich aufeinander zu. Man muss sich diese spektakulären Vorgänge auf der Zunge zergehen lassen: In einer Gemeinschaftsaktion rissen britische Pioniere, Angehörige der NVA-Grenztruppen und Pioniere des Bundeswehrkommandos Ost die ehemaligen Befestigungsanlagen und Wachtürme ein, die seit einigen Tagen – seit der Wiedervereinigung – mitten in Spandau lagen. Wir wollten, dass sie so schnell wie möglich verschwinden. Jetzt durften auch die Briten ehemaliges DDR-Gebiet betreten, was ih-

Mauerabriss in Staaken.

nen bisher verboten war, und besonders pikant war außerdem die Mitwirkung der ehemaligen DDR-Grenztruppen.

Die Presse berichtete ausführlich über diese historische Aktion. So beschrieb das Spandauer Volksblatt als „Pointe des Tages" eine Beschwerde von Anwohnern auf der westlichen Seite dieses Mauerstücks: Der jetzt „unbegrenzte Westwind" verwüste ihre Vorgärten, klagten sie.

Am 7. Dezember luden wir zu einem „Dankeschön-Empfang" für die britischen Pioniere in Anwesenheit von Vertretern des Bundeswehrkommandos Ost und ehemaligen NVA-Offizieren ein. Die britische Schutzmacht – obwohl ihrer alten Rechte bereits enthoben – hatte sich mit ihren Pionieren beim Abbau der Mauer für uns sehr verdient gemacht. „Diese Hilfe hat wieder einmal die freundschaftliche Verbundenheit zwischen den Bürgern Spandaus und den hier stationierten Briten gezeigt, die nicht nur auf dem Papier besteht", brachte ich vor den Soldaten der 34. Field Squadron und der 62. Transport Squadron zum Ausdruck. Auch sei erfreulich, dass es keinerlei Berührungsängste zwischen den britischen Soldaten und den ehemaligen NVA-Soldaten gegeben habe, als sie gemeinsam die Reste des „antifaschistischen Schutzwalls" beseitigten. Das Bollwerk, das 40 Jahre lang Spandau von Staaken getrennt hatte, war nun vollständig abgebaut. Kurz nach Beendigung dieses friedlichen Auftrages wurde die 62. Transport Squadron übrigens in die Krisenregion am Golf abkommandiert.

– Staaken-Integration wird teuer und schwierig –

Am 14. Oktober fanden neben Landtagswahlen in Bayern auch die ersten Landtagswahlen in den „neuen" ostdeutschen Ländern statt. Der positive CDU-Trend, der sich bei den Volkskammerwahlen ergeben hatte, hielt noch an. In Sachsen als einem früheren Stammland der SPD erreichten die Christdemokraten sogar die absolute Mehrheit. Lediglich im Land Brandenburg siegte mit

38,3 Prozent der Stimmen die SPD. Der Wahlkreis Nauen I brachte der SPD mit rund 46 Prozent der Stimmen das beste Wahlergebnis des Landes ein.

*

Wieder einmal machte uns der Fluglärm Ärger: Der Winterflugplan 1990/1991 sah eine starke Zunahme der Flugbewegungen in Tegel vor, was mich im Interesse der Spandauer Betroffenen sofort auf den Plan rief. Die Berliner Presse berichtete über meine Empörung und Verbitterung, die ich in einer Protestnote zum Ausdruck brachte. Die stärkere Flugbelastung war über unsere Köpfe hinweg entschieden worden; ich hatte davon zufällig aus einer Radiosendung erfahren. Hinzu kam, dass wir in Spandau auch die Hauptlast der Ver- und Entsorgung für die Großstadt Berlin trugen. Später, am 24. November, beteiligte ich mich an einer Demonstration in Reinickendorf: Die Bürgerinitiative „Bürger und Bürgerinnen gegen das Luftkreuz" hatte unter dem Motto „Fluglärm und Dreck raus aus der Stadt" zum Protest aufgerufen. Die Bürgermeister von Reinickendorf, Wedding, Spandau und Pankow hatten die Schirmherrschaft übernommen und führten den Demonstrationszug mit 1500 Teilnehmern an. Am Kurt-Schumacher-Platz fand die Abschlusskundgebung statt, auf der ich stellvertretend für meine Amtskollegen die Ansprache hielt. „Keine Hauptstadt der Welt leistet sich den Luxus eines Großflughafens in ihrer Mitte. Grenzenlos heißt nicht schrankenlos und vor allem nicht rücksichtslos", rief ich den Demonstranten zu.

*

Besondere Sorgen machte uns im Oktober jedoch die Integration Weststaakens. Vor der Bezirksverordnetenversammlung am 17. Oktober zog ich eine erste nüchterne Zwischenbilanz, in der ich die neuen Erkenntnisse der Auswirkungen des Einigungsvertrages darlegte. Da Weststaaken als „Beitrittsgebiet" – wie jeder Ostberliner Stadtbezirk – betrachtet wurde und nicht als Sonderfall einer Rückübertragung in einen vorhandenen Berliner Stadtbezirk, waren hier auf bestimmte Zeit Bundesrecht, Landesrecht und ehemaliges DDR-Recht anzuwenden. Das bedeutete für Staaken: Einnahmen gab es nur aus dem DDR-Haushalt, also nur aus Mieten, Friedhofs- und Verwaltungsgebühren. Zwar hatte der Senat uns eine „Liquidationsbeihilfe" in Höhe von 900 000 DM zur Überbrückung der noch ausstehenden Finanzzuweisungen des Kreises Nauen zugesagt, die reichte aber bei weitem nicht aus.

Erneut erhob ich die Forderung, Staaken voll in den Bezirk zu integrieren, damit in Spandau einheitliches Recht gelten könne. Mindestens brauchten wir weitere Mittel, um die rund 150 Beschäftigten der ehemaligen DDR-Gemeinde Staaken bis zum Jahreswechsel bezahlen zu können; mindestens 3 Mill. DM für eine schnelle Schadensbehebung, um Unfällen in Schulen und Kindergärten vorzubeugen, Straßen zu beschildern und abzusichern, desolate Einrichtungen zu erneuern, Schulspeisungen weiter zu subventionieren und so weiter. In der Schule z.B. stand das 55 Jahre alte Heizungssystem vor dem Kollaps, Dächer und Fenster waren undicht.

Zur Zeit der Übernahme gab es in Weststaaken jeweils zwei Kinderkrippen und -tagesstätten, einen Hort, einen Jugendclub, ein Sport- und Erholungszentrum mit Sportplatz und Schwimmbad, eine Polytechnische Oberschule, eine Bücherei-Zweigstelle, eine Freilichtbühne und das Fort Hahneberg. Sogar eine öffentliche Toilette samt Wärterin (öffentlicher Dienst!) war in diesem kleinen Ort am Ende der DDR-Welt zu finden.

Bekanntlich hatten wir schon vor dem Vereinigungstag am 3. Oktober eine besondere Arbeitsgruppe Staaken eingerichtet, die auch permanent tätig gewesen war. Zwischen dieser AGSt und den einzelnen Dienstleistungsunternehmen bestanden jetzt intensive Kontakte, um Post-, Wasser- und Energieversorgung, Müllabfuhr und Straßenreinigung zu regeln. Auch für das Krankenhaus musste eine Lösung gefunden werden. Probleme über Probleme, die mich auch persönlich belasteten, denn als politischer Urheber dieser Rückgliederung fühlte ich mich natürlich in erster Linie verantwortlich für das Wohl der hoffnungsfrohen Menschen.

Als Erste-Hilfe-Maßnahme für die Bürger gaben wir Mitte Oktober ein erstes „Staaken-Info" heraus, um den Wissensdurst in Weststaaken über unsere Verwaltungsanlaufstellen zu stillen. 2500 dieser Broschüren stellten wir im Eiltempo in unserer Hausdruckerei her und verteilten sie an die Haushalte. Alle wichtigen Behördenanschriften und Beratungsstunden waren darin aufgeführt. Bis auf weiteres standen auch Mitarbeiterinnen und Mitarbeiter der Bezirksabteilungen Sozialwesen, Jugend und Sport, Grundstückswesen, Umweltschutz sowie das Wohnungsamt im Ex-Gemeindeamt am Staakener Industriegelände, direkt vor Ort, den Ratsuchenden zur Verfügung. Ab November halfen auch Fachleute der Kriminalpolizei, der Feuerwehr, der Post und der leitenden Verwaltungen. Wir bemühten uns nach Kräften, zu helfen, wo es nur ging.

Einen Monat nach der Rückgliederung Weststaakens nach Spandau stellte der Journalist Peter Neumann die rechtliche Gemengelage am Beispiel einiger Kuriositäten treffend im Spandauer Volksblatt dar. Danach galt neben Landes- und Bundesrecht in Weststaaken laut Einigungsvertrag auch weiterhin das alte DDR-Recht. Das führte z.B. dazu, dass im Staakener Krankenhaus ein Schwangerschaftsabbruch nach der Fristenlösung durchgeführt wurde, während in Berlin die Indikationslösung nach Paragraph 218 vorgeschrieben war. Die Spandauer Verwaltung hatte es plötzlich mit neuen Aufgaben aus der Erbmasse der alten Gemeindezuständigkeiten zu tun: Das Land Berlin war über Nacht Dienstherr von sechs Zivildienstleistenden geworden; Familien von sechs Weststaakener Wehrpflichtigen beantragten Unterhaltszahlungen; Brennstoff-Händler forderten ihre „Kohle-Subvention" ein. Für das Steuerwesen war das Finanzamt Nauen zuständig, das Liegenschaftskataster wurde in Potsdam unter Verschluss gehalten, das Grundbuch wurde in Nauen geführt – ohne diese Akten waren Planungen in Weststaaken fast unmöglich. Dennoch robbten wir uns Meter um Meter vorwärts.

Immer wieder einmal tauchte später das Problem „Gebietsaustausch Weststaaken gegen Groß-Glienicke / Seeburger Zipfel" auf. „Kreis Potsdam fordert Land zurück" titelte am 14. November überraschend das Spandauer Volksblatt. Jetzt begehrte der Kreistag des Landkreises Potsdam auf und beschloss, das Bundesverfassungsgericht in Karlsruhe anzurufen. Umstritten war nach wie vor die Landesgrenze zwischen Gatow sowie den Gemeinden Groß-

Glienicke und Seeburg. Diese Grenze sei im Einigungsvertrag ohne jegliche Mitsprache der betroffenen Bürger festgelegt worden, argumentierte man in Potsdam. Der Kreistag forderte jetzt zumindest eine Volksbefragung. Mein Kommentar im Spandauer Volksblatt: „Der mit Zweidrittelmehrheit sowohl in der Volkskammer als auch im Bundestag verabschiedete Einigungsvertrag hat eine nicht revidierbare Festlegung getroffen" – basta! Wir sahen der Entwicklung mit Gelassenheit entgegen.

– Ohne Amtskette in Glasgow –

Zum zweiten Mal wurden die Bezirksbürgermeister des Britischen Sektors, Monika Wissel (SPD, Charlottenburg), Werner Salomon (SPD, Spandau), Wolfgang Naujokat (SPD, Tiergarten) und Horst Dohm (CDU, Wilmersdorf) vom britischen Außenministerium Ende Oktober 1990 zu einer einwöchigen Studienreise nach Großbritannien eingeladen, mit umfangreichem Programm und Firstclass-Betreuung.

Wir begannen in London mit einem Frühstück beim Deutschen Botschafter, einem Lunch als Gäste des Foreign Office, einer Diskussion in der britischen Kommission für Rassengleichheit und am Abend mit einem Besuch des Musicals „Les Misérables". Am nächsten Tag bekamen wir das neue Entwicklungsprojekt „Docklands" vorgestellt. Hoch interessant für mich: Die alten Londoner Hafen- und Dockanlagen wurden abgerissen und eine hochmoderne Infrastruktur neu errichtet: Wohnen und Arbeiten an der Themse. Später besuchten wir die Houses of Parliament, einschließlich einer Fragestunde und Diskussion mit dem britischen Staatssekretär Waldegrave. Am nächsten Tag fuhren wir per Bahn nach Liverpool, um auch dort die Neubauten der ehemaligen Hafen- und Dockanlagen sowie verschiedene Wohlfahrtseinrichtungen zu besichtigen. Am Abend waren wir beim Lord Mayor von Liverpool zum Empfang geladen, natürlich mit Amtskette.

Am nächsten Tag flogen wir von Manchester aus nach Edinborough und von dort aus per Bus nach Glasgow, in die schottische Hauptstadt. Dieser Reisetag begann mit einer unangenehmen Überraschung für mich. Beim Einchecken auf dem Flughafen von Manchester hatte ich gerade zu meinem Kollegen gesagt: „Wegen der Amtsketten müssen wir zur Kontrolle bestimmt die Koffer öffnen.", als mir auch schon siedend heiß einfiel, dass ich mich nicht erinnern konnte, am Morgen in Liverpool die Amtskette – die in ein weißes Handtuch eingeschlagen war – eingepackt zu haben. Meine Befürchtung bestätigte sich, und ich geriet in helle Aufregung. Ich sah schon die Schlagzeile in der lokalen Spandauer Presse vor mir! Sofort nach Ankunft in Glasgow telefonierten unsere Begleiter mit dem Hotel in Liverpool, wo man in der Tat die Amtskette, eingeschlagen in das Handtuch, im von mir bewohnten Zimmer fand. Mir fielen mehrere Steine vom Herzen. Doch wie sollte die Kette innerhalb des kommenden Tages von Liverpool nach Glasgow transportiert werden? Aber die Briten sind eben Organisationstalente und schafften es. Mit einem Sonderkurier wurde das gute Stück per Flugzeug nach Glasgow transportiert – solchen Respekt hatten die Briten vor der Amtskette eines Bürgermeisters –, und ich nahm sie am Flughafen in Empfang. Nachdem ich dem Besuchsprogramm dieses Tages nur mit halbem Herzen gefolgt war (u.a. war darin selbstverständlich auch der Besuch einer Whisky-Distillery enthalten), konnte ich abends nun im Glücksgefühl der wieder gewonnenen Amtskette einige Lagen Whisky im Hotel spendieren. Am Folgetag ging es von Glasgow aus über London zurück nach Berlin – mit Amtskette im Gepäck.

– „Wasserstadt Oberhavel" –

Am 2. Dezember wurde der erste gesamtdeutsche Bundestag gewählt und auch das erste gesamtberliner Abgeordnetenhaus. Der November stand also im Zeichen des Wahlkampfs. Auch in Spandau hatten wir Infostände und Frühschoppen mit den Kandidaten, von Kladow bis Siemensstadt. Natürlich war der „sieggewohnte" Spandauer Bürgermeister in diesem Wahlkampf wieder gefragt. Aber ich hatte bei dieser Wahl, die ja nicht direkt Spandauer Lokalpolitik zum Inhalt hatte, irgendwie ein ungutes Gefühl. Ich engagierte mich unmittelbar, wo es um Spandauer Belange ging. So schaltete ich mich ein, als der verkehrspolitische Sprecher der SPD-Bundestagsfraktion, Klaus Daubershäuser, auf Einladung des Spandauer SPD-Bundestagsabgeordneten Gerhard Heimann in der Havelstadt weilte. Auf einen entsprechenden verkehrspolitischen Vorstoß des Bezirksamtes reagierten beide sofort mit der Zusage, sich im Bundestag unter anderem für einen Spandauer Fernbahnhof an der künftigen Schnellbahnstrecke zwischen Berlin und Hannover einzusetzen. Gemäß unseren Vorstellungen sollte dieser Bahnhof an der Klosterstraße gebaut werden und den Fernverkehr mit dem Nahverkehrsnetz ins Osthavelland verknüpfen.

*

Am 2. November hatte ich einen weltweit bekannten und interessanten Besucher im Rathaus zu Gast: den langjährigen Sonderkorrespondenten des ZDF und Paris-Kenner Georg Stefan Troller. Ausgerechnet in einer Spandauer Buchhandlung stellte er sein neuestes Buch „Personenbeschreibung"[3] vor und kam bei dieser Gelegenheit auch zu einem kurzen Besuch in der Amtsstube des Bürgermeisters vorbei. Wir hatten ein interessantes Gespräch über aktuelle weltpolitische Fragen.

*

Am 8. November tat sich Spektakuläres auf dem Gebiet der Stadtplanung, das in seiner Bedeutung und in seinen Auswirkungen weit über die Havelstadt hinausragte: Auf einer Pressekonferenz im Spandauer Oberstufenzentrum Bau / Holz an der Nonnendammallee zog Bausenator Wolfgang Nagel ein neues Wohnungsbauprojekt für Spandau aus dem Hut, die „Wasserstadt Oberha-

---

[3] *Georg Stefan Troller: „Personenbeschreibung: Tagebuch mit Menschen", Hamburg, 1990*

vel". Uns hatte er davon erst am Abend vorher in kleinem Kreis unterrichtet. Per Zufall hatten wir allerdings vorher schon von seinen Absichten Wind bekommen. Dennoch: es war ärgerlich, dass die Spandauer Sozialdemokraten und insbesondere die Baufachleute nicht in den Beratungsprozess einbezogen worden waren, zumal auch in unserer Bauverwaltung über die Nutzung der Gebiete nördlich der Spandauer Altstadt nachgedacht wurde. Auch wurde der Koalitionspartner, die für Stadtentwicklung zuständige AL-Senatorin Schreyer, vor vollendete Tatsachen gestellt. Senator Nagel erklärte seine Geheimdiplomatie damit, dass eine zu frühe „Ankündigungspolitik" im Vorfeld die Grundstückspreise in die Höhe getrieben hätte. Aber sicher spielte bei der Geheimhaltung auch der Wahlkampf eine Rolle, und Nagel wollte einen Monat vor der Wahl zum Abgeordnetenhaus eine wirkungsvolle „Bombe" platzen lassen.

Doch worum ging es? An der Oberhavel sollte nach dem Mischungsprinzip „Wohnen – Arbeiten – Freizeitgestaltung" eine neue Stadt entstehen. Nördlich der Zitadelle, auf dem Gelände rund um die Insel Eiswerder, zwischen dem Maselake-Kanal im Norden im Bereich der Haselhorster „Pulvermühle" bis zur Einmündung des Hohenzollernkanals in die Havel, könnten in sechs achtgeschossigen Häusern rund 18 000 Wohnungen für 50 000 Menschen, dazu tausende von Arbeitsplätzen entstehen, so die Planung. Das gesamte Objekt sollte bei einer Bauzeit von fünf bis zehn Jahren nach damaligen Einschätzungen etwa zehn Milliarden Mark kosten. Die Finanzierung des neuen Stadtteiles sollte in Form einer „public-private-partnership" erfolgen.

Grundsätzlich waren wir in Spandau mit diesem Planungsvorhaben einverstanden, wie ich es auf der Pressekonferenz am 8. November auch zum Ausdruck brachte. Es sollten auch die Tanklager nördlich der Rhenaniastraße in Haselhorst verschwinden, die waren uns immer schon wegen der Einflugschneise zum Flughafen Tegel ein Dorn im Auge. Verschwinden würden auch sämtliche Gewerbebrachen, die bis dahin ausschließlich als Lagerflächen für Schrott, Kohlen, Brenn- und Treibstoffe genutzt wurden, sowie die sog. „Mau-Mau-Siedlung" am Pulvermühlenweg in

Haselhorst. Das würde eine enorme Aufwertung der Gebiete in Hakenfelde und Haselhorst bedeuten, denn neben den geplanten Wohnungen würde eine neue Infrastruktur, würden neue kommunale Einrichtungen wie Kindertagesstätten, Schulen und Freizeiteinrichtungen entstehen. Auch die Ansiedlung von neuen Dienstleistungsunternehmen würde den Wohnwert erhöhen.
Dennoch äußerten wir am Rande der Pressekonferenz auch Kritik und meldeten unseren Anspruch auf Mitwirkung an. Unser Baustadtrat Klaus Jungclaus legte ein Projektkonzept vor, dass z.T. erheblich von den Senatsideen abwich. Zunächst war jedoch ohnehin abzuwarten, wie es mit der Verwirklichung weiterging.

– Zusammenwachsen mit Hürden –

Am 11. November um 11.11 Uhr eröffnete der Nauener Karnevalsclub unter freiem Himmel seine Saison, und in diesem Jahr waren auch der Spandauer Karnevalsclub mit seinem „Ehrensenator" Werner Salomon sowie die Narrengilde Berlin dort zu Gast. Wie jedes Jahr fand die Karnevalszeremonie großen Zulauf.

*

Immer noch passierten in dieser Zeit Dinge, die jahrzehntelang undenkbar gewesen waren. So besuchten nun 25 Rekruten der Sowjetarmee mit zwei Offizieren aus der Garnison Karlshorst Westberlin, und ich empfing sie im Spandauer Rathaus. Die Gesellschaft für Deutsch-Sowjetische Freundschaft hatte die Idee zu dieser Tour entwickelt, das britische Militär hatte Bus und Begleitung dafür spendiert. Wir betreuten die Russen dann in Spandau mit Altstadtrundgang, Zitadellenbesichtigung sowie einem Essen in der Zitadellenschänke – eine Premiere auf allen Ebenen.
Die jungen sowjetischen Soldaten wurden in der Altstadt überwiegend freundlich begrüßt. Unsere anfänglichen Bedenken hatten sich schnell zerstreut. Vor allem ältere Spandauer gingen auf die jungen Soldaten zu, klopften ihnen auf die Schulter und sagten z.B.: „Na, ist das nicht schön, dass ihr jetzt auch zu uns kom-

men könnt?" Auf dem Markt spielte das Volksinstrumenten-Orchester der sowjetischen Streitkräfte vor vielen hundert Spandauern mit der Balalaika auf.
Natürlich nahm sich auch die Presse dieses Besuches an: Sogar die SFB-Abendschau brachte einen Bericht. Die Bild-Zeitung sowie das „British Bulletin" widmeten diesem besonderen Besuch sogar eine ganze Seite.

*

Beim Zusammenfügen von Ost und West entstanden auch Interessenkonflikte, die schwierig zu lösen waren. So entbrannte am 14. November in Kladow eine Diskussion über den früheren Grenzübergang Sacrower Landstraße: Die Sacrower waren aus psychologischen Gründen daran interessiert, die Straße wieder für den Kraftfahrzeugverkehr freizugeben, während die Kladower genau dies nicht wollten, da sie vor der Verkehrsbelastung zurückschreckten. Mit meinem Potsdamer Amtsbruder, Oberbürgermeister Dr. Horst Gramlich, verabredete ich schließlich einen Ortstermin, um nach möglichen Lösungen für diesen Konflikt zu suchen.

*

Am 16. November feierten wir Richtfest für die neue Technikzentrale im Krankenhaus Lynarstraße – immerhin ein 38,6 Mill.-DM-Projekt. Damit war eine weitere Etappe bei der Sanierung des Spandauer Krankenhauses erreicht. Diese Technikzentrale sollte den heiß ersehnten Neubau des Bettenhauses und des Operationstraktes mit Strom, Wärme und Kälte versorgen.

*

Am 23. November verabschiedete sich die langjährige Siegener SPD-Bundestagsabgeordnete Waltraud Steinhauer in dieser Eigenschaft aus Spandau – sie schied aus dem Bundestag aus. Bei dieser Gelegenheit trug sie sich auf meinen ausdrücklichen Wunsch hin in das Goldene Buch der Stadt ein. Ich kannte Waltraud bereits aus gemeinsamen Gewerkschaftszeiten, seit Anfang der 60er Jahre. Sie war lange Jahre DGB-Kreisvorsitzende in Siegen gewesen – die erste weibliche Kreisvorsitzende in der Bundesrepublik, und ich bereits damals häufig zu Gast im Siegerland. Ihre Eintragung in das Goldene Buch sollte als Dank für ihre langjährige Verbundenheit mit der Havelstadt und ihr unermüdliches Engagement für die Partnerschaft zwischen dem Siegerland und Spandau verstanden werden.

*

Der Bezirk Spandau leistete im November weitere Hilfe für die Verwaltung des Kreises Nauen. Schon Mitte des Jahres hatte das Bezirksamt beschlossen, 50 000 DM für die vorerst wichtigsten Dinge zu spenden. Praktisch fehlte es dort an allem. So freuten sich die Ämter im Landkreis über 42 gebrauchte elektrische Schreibmaschinen, die eine Fachfirma auf Vordermann gebracht hatte, sowie über Schreibtische, Rollschränke und Drehstühle. Außerdem wurden zwei Traktoren, ein Anhänger und ein Pkw zur Verfügung gestellt. Aus haushaltsrechtlichen Gründen wurden einige Geschenke als „Dauerleihgabe" deklariert, weil sie zum Teil noch neuwertig waren. Vorsicht vor dem Rechnungshof war selbst hierbei geboten.

*

Am ehemaligen Grenzübergang Staaken an der Heerstraße stand seit einigen Jahren ein geräumiges Zollgebäude zur Kontrolle des Transitverkehrs. Der Zoll hatte mit der Wende dort seine Funktionen verloren, und die Oberfinanzdirektion als Eigentümerin dieses Flachbaus wollte das Gebäude abreißen. Das rief uns auf den Plan, und wir erreichten in Verhandlungen den Erhalt sowie die Übertragung dieses funktionsfähigen Gebäudes in unser Eigentum. Interessenten daran gab es genug: Wir brauchten einen Stützpunkt für unser Grünflächenamt, der Arbeitskreis Spandauer Künstler (ASK) suchte ein Domizil, und auch die Bruno-H.-Bürgel-Volkssternwarte auf dem nahegelegenen Hahneberg meldete Interesse an. Allen drei Einrichtungen konnte gedient werden: Sie erhielten ihr neues Domizil, sobald der Bezirk das Gebäude übernommen hatte.

*

Immer intensiver beschäftigte uns jetzt die Rückgliederung Weststaakens. Wir hielten permanent Sprechstunden in der ehemaligen Gemeindeverwaltung Staaken ab, an denen ich mehr und mehr selbst teilnahm, um mir ein Bild über die Sorgen und Nöte vor

Ort zu machen. Die Bezirksverordnetenversammlung konstituierte einen neuen „Ausschuss zur Eingliederung von Weststaaken" mit vier örtlichen Bürgerdeputierten, der monatlich zweimal tagte. Diesem Ausschuss, der weniger ein Kontrollorgan als ein Gremium der Anregungen sein sollte, gehörte auch der ehemalige Staakener Bürgermeister, Pfarrer Peter Radziwill, an.

*

Ende November besuchte mich der Betriebsrat der deutschen Beschäftigten bei den britischen Streitkräften. Bei ihnen machte sich die Sorge breit, wie es weitergehen würde, wenn die alliierten Truppen Berlin verlassen hätten. Schon jetzt gab es Kündigungen, und bis 1994 sollten alle Einheiten Berlin verlassen haben. Das war ohne Frage ein schwieriges Problem, das im Rathaus Spandau nicht gelöst werden konnte. Immerhin beschäftigten die Briten Hunderte von deutschen Arbeitnehmern. Der Verlust dieser Arbeitsplätze war aus Spandauer Sicht eine Kehrseite der Deutschen Einheit.

*

Eine weitere Veränderung trat ein: Mit dem Viermächteabkommen von 1971 hatte die Sowjetunion am 3. September 1971 im Westberliner Dahlem ein Generalkonsulat eingerichtet. Ende November 1990 schied nun der letzte Generalkonsul der UdSSR, Dr. Rudolf Alexejew, aufgrund der politischen Entwicklung aus dieser Funktion aus. Die Aufgaben des Generalkonsulats übernahm jetzt die Außenstelle der Botschaft der UdSSR in der Bundesrepublik im Botschaftsgebäude Unter den Linden. Anlässlich seines Ausscheidens gab Alexejew am 29. November gemeinsam mit uns in seiner Dahlemer Residenz eine Pressekonferenz. Spandau hatte besonders in den 80er Jahren einen großen Anteil an den guten Beziehungen zur Sowjetunion, insbesondere durch die kulturellen Kontakte unseres Kunstamtsleiters Gerd Steinmöller. So bezeichnete Generalkonsul Alexejew auf der Pressekonferenz besonders den Bezirk Spandau als Vorreiter auf dem Gebiete der Kultur, zu dem „besonders enge Kontakte entstanden" seien, und ich nannte Rudolf Alexejew den „künftigen Botschafter Spandaus in Moskau".

– Wahldebakel für die SPD –

Am 1. Dezember läuteten der Weihnachtsbasar der „Lebenshilfe" im Seniorenklub am Lindenufer, der britische Weihnachtsbasar im Europa-Center und die Eröffnung des Spandauer Weihnachtsmarktes den adventlichen Monat ein. Diese harmonischen Veranstaltungen passten gar nicht zu dem, was über uns Sozialdemokraten am 2. Dezember hereinbrach: In Deutschland wurde der erste gesamtdeutsche Bundestag gewählt, in Berlin das vereinigte Abgeordnetenhaus. Die SPD erlitt dabei ein Debakel, auch und besonders in Spandau: Mit 50,9 Prozent der Stimmen erreichte CDU-Kandidat Peter Kittelmann die absolute Mehrheit und warf damit den langjährigen Amtsinhaber, den SPD-Bundestagsabgeordneten Gerhard Heimann, aus dem Bonner Parlament. Heimann hatte nur 34 Prozent der Stimmen für sich gewinnen können. Bei den Zweitstimmen für den Bundestag kam die CDU auf 49,7 Prozent, und die SPD konnte nur 32,1 Prozent für sich verbuchen – unvorstellbar für die SPD-Hochburg Spandau. Und bei den Wahlen zum Berliner Abgeordnetenhaus sah es nicht anders aus!

Das ganze Ausmaß der SPD-Niederlage in den Westberliner Bezirken machte eine einfache Tatsache deutlich: Nur ein einziger SPD-Bewerber in Kreuzberg konnten einen Wahlkreis für sich gewinnen. Der Regierende Bürgermeister Walter Momper musste sich in Neukölln einer weithin unbekannten CDU-Abgeordneten mit über 20 Prozentpunkten Unterschied beugen – er kam nur auf 31,2 Prozent der Stimmen. Wesentlich günstiger schnitt die SPD in den Ostberliner Bezirken ab, wo sie 36 von 49 Wahlkreisen direkt gewann.

Einen Erdrutsch gab es auch für die Spandauer Sozialdemokraten: Hatten sie bei den Wahlen im Januar 1989 der CDU bis auf deren Hochburg Gatow/Kladow damals noch sämtliche Wahlkreise abgejagt, blieb ihnen jetzt, knapp zwei Jahre später, kein einziger Wahlkreis davon erhalten. Das beste Erststimmenergebnis für die Sozialdemokraten berlinweit erreichte der Spandauer Hans-Georg Lorenz, seinerzeit geschäftsführender Landesvorsitzender, mit

41 Prozent der Stimmen, doch auch er musste sich dem CDU-Konkurrenten Werner Krüger geschlagen geben – vor diesem 2. Dezember schien das noch unvorstellbar. Die Spandauer SPD-Abgeordneten Hans-Georg Lorenz, Gisela Grotzke, Wolfgang Behrendt, Heike Ließfeld und Horst Kliche konnten nur noch über die sog. Bezirksliste in das Abgeordnetenhaus einziehen. Natürlich war der Katzenjammer im sozialdemokratischen Lager groß. Hans-Georg Lorenz zog als geschäftsführender Landesvorsitzender die Konsequenz und trat zurück.

Wo lagen die Gründe für diese eklatante Niederlage? Ein Grund war sicher die bisherige Koalition der Sozialdemokraten mit der Grünen Alternativen Liste sowie die Querelen um die Hausbesetzungen und Räumungen am Prenzlauer Berg. Die Wähler wollten eine stabile Regierung und trauten der CDU mehr zu als einer labilen rot-grünen Koalition.

Das Wahlergebnis zum Deutschen Bundestag zeigte auch deutlich, dass eine CDU-geführte Bundesregierung derzeit mehr Vertrauen genoss als andere. In Berlin gab das Wahlergebnis eine große Koalition aus CDU und SPD her, wodurch die anstehenden großen Probleme nach der Wiedervereinigung auf breiter politischer Basis angepackt werden konnten. Das hielt auch ich für das Beste: Auf einem Sonderparteitag der Spandauer SPD sprach ich mich für die große Koalition aus. Ein außerordentlicher Parteitag der Berliner SPD beschloss nach mehrstündigen Debatten mit großer Mehrheit die Aufnahme von Koalitionsgesprächen mit der CDU. Eine handlungsfähige Regierung schien es nur auf diesem Weg zu geben.

Schmeichelhaft gut kam ich in einem Kommentar von Günter Matthes im Tagesspiegel weg. Darin heißt es: „[...] Sicher ist das Debakel bei der Wahl am Sonntag kein Votum gegen Bezirksbürgermeister Salomon. Er ist Angehöriger jenes Flügels der Sozialdemokratie, der unzeitgemäß vernachlässigt wird, wenn noch immer CDU und FDP als die bürgerlichen Parteien bezeichnet werden. Er dürfte kaum Gegner innerhalb der demokratischen Bandbreite kennen und haben, geschweige denn Feinde. Er ist typischer Repräsentant einer von der Emsigkeit des Industriestandorts geprägten Bürgerschaft, die den Experimenten mit großer Mehrheit abhold ist. [...]"

In Spandau hatten wir nach wie vor gute Karten, denn in der BVV hielten wir immer noch unsere absolute Mehrheit, und die nächsten Kommunalwahlen standen erst am 24. Mai 1992 an. Aber auch in Spandau würde das politische Klima wohl rauer werden. Einen Vorgeschmack darauf lieferte Rainer W. During in einem Wahl-Kommentar im Spandauer Volksblatt: „(...) Für Spandaus Sozialdemokraten, die angesichts früherer Mehrheiten zum Teil schon eine penetrante Arroganz entwickelt hatten, sich gar für unantastbar hielten, könnte dieses Wahlergebnis der heilsame Schock gewesen sein, sich wieder auf mehr Bürgernähe zurückzubesinnen. Viel Zeit bleibt den Genossen nicht, ihr angeschlagenes Image wieder aufzupolieren. Und das in einer Situation, wo sie auch nicht mehr darauf bauen können, dass Bürgermeister Salomon mit seiner Popularität die Karre wenigstens halbwegs aus dem Dreck reißen wird. Denn die Galionsfigur muss mit Erreichen des Pensionsalters zum Ende der Legislaturperiode von der politischen Bühne der Havelstadt abtreten. Wen auch immer die Sozialdemokraten zu seinem Nachfolger küren, er wird keinen leichten Stand haben in einem Bezirk, in dem die bisher eher verschlafenen Christdemokraten mit einem neuen Selbstbewusstsein an den Start gehen."

– Bewag wirbt erneut für Freileitung –

Das neue Jahr begann für uns zunächst mit einer alarmierenden Nachricht: Offenbar sah die Bewag in den aktuellen Koalitionsverhandlungen zwischen CDU und SPD eine neue Möglichkeit, ihre alte Planung für eine Freileitung durch das Spandauer Stadtgebiet doch noch zu realisieren. Wiederum wurden Kostengründe geltend gemacht: Eine unterirdische Stromleitung kostete 465 Mill. DM, während eine Freileitung bereits für 80 Mill. DM zu haben war. In einem persönlichen Gespräch versuchte der Vorstandsvorsitzende der Bewag, Dr. Wintje, mir erneut die Freileitungsvariante schmackhaft zu machen. Und erneut sprach ich mich, wie auch der energiepolitische Sprecher der SPD-Abgeordnetenhausfraktion, der Spandauer Wolfgang Behrendt, vehement gegen eine Freileitung durch das Spandauer Stadtgebiet aus, die uns 35 Strommasten von jeweils 70 m Höhe beschert hätte. „Eine oberirdische Trassenführung würde das herausragende Großprojekt Wasserstadt Oberhavel unmöglich machen. Die Leitung würde die beiderseits der Oberhavel geplante Wohnbebauung sowie die Dienstleistungs- und Gewerbezentren überspannen", sagte ich in einem Interview der Berliner Morgenpost. Ich appellierte auch an den zukünftigen Senat aus CDU und SPD, an der Entscheidung der Vorgänger in dieser Frage festzuhalten. Danach sollte das 380-Kilovolt-Kabel, mit dem Berlin an den Stromverbund angeschlossen würde, in Spandau auf einer Trasse von circa acht Kilometern unterirdisch verlegt werden. So hatte es der rot-grüne Senat im Dezember 1989 beschlossen, und im Frühjahr 1991 sollte Baubeginn sein.

Ende März hatte ich mich erneut schriftlich an alle Spandauer Abgeordneten gewandt und sie aufgefordert, in ihren Fraktionen alle Möglichkeiten zu nutzen, damit eine Hochspannungsleitung zwischen den Kraftwerken Oberhavel und Reuter abgewendet werde. „Bei einer Freileitung quer über Spandau würde ein nicht wieder gut zu machender Schaden entstehen, den kein Spandauer Politiker verantworten kann", argumentierte ich. Anlass für diese erneute Initiative war eine Empfehlung des Energiebeirates, der die Interessen der Bewag einseitig in den Vordergrund gestellt hatte. Ich hatte allerdings begründete Hoffnung, dass wir mit unserer Spandauer Auffassung Erfolg haben würden.

Am 16. April kam die erlösende Botschaft aus dem Berliner Senat: Man hatte sich für die umweltfreundliche Lösung entschieden, die Stromleitung sollte unter die Erde gelegt werden. Natürlich fiel uns im Spandauer Rathaus ein Stein vom Herzen. Mit allen Mitteln hatten wir versucht, die Freileitungspläne der Bewag zu verhindern. Noch am 15. April hatten wir uns im Rathaus zu einer fast „historischen Runde" getroffen mit allen Mitgliedern des Bezirksamtes, den Fraktionsvorsitzenden und allen Spandauer Abgeordneten von SPD und CDU. Wir hatten uns sozusagen zu einer „Großen Koalition" gegen die Pläne der Bewag formiert. Gemeinsam wurde eine Resolution verabschiedet, in der der Regierende Bürgermeister Eberhard Diepgen noch einmal dringend ersucht wurde, die Stromtrasse nicht als Freileitung zuzulassen. Und nun hatten wir Erfolg, die Vernunft hatte gesiegt. Dass die Bewag mit dieser Senatsentscheidung überhaupt nicht zufrieden war, verstand sich von selbst. Ich denke aber, dass wir damals über alle Parteigrenzen hinweg für Spandau zukunftsorientiert gehandelt hatten. So sollte Kommunalpolitik bürgerorientiert funktionieren.

– Dramatische Haushaltslage –

Dramatisch entwickelte sich Anfang dieses Jahres unsere Haushaltslage: Die Kosten der deutschen Vereinigung bekamen jetzt auch die Berliner Bezirke zu spüren. Für 1991 standen dem Bezirk Spandau etwa 24 Mill. DM weniger zur Verfügung. Erweiterungsbauten für Kindertagesstätten und Jugendfreizeitheime fielen dem Rotstift zum Opfer, die Erneuerung brüchiger Straßen musste verschoben werden und einiges andere mehr.
Dazu muss man wissen, dass das Land Berlin (der Westen) durch die Bundesregierungen in den vergangenen Jahrzehnten finanziell großzügig unterstützt worden war: Mehr als die Hälfte des Berliner Etats wurde durch den Bund finanziert. Das hatte natürlich in erster Linie politische Gründe: Berlin als westlicher Vorposten sollte dem Osten gegenüber nicht als „Armenhaus" dastehen. Wir hatten dadurch erhebliche Vorteile: Die großzügige Bundeshilfe machte großzügige Steuervorteile für die Berliner Wirtschaft zum Ausgleich von Standortnachteilen möglich, Zulagen und sonstige Vergünstigungen wurden gezahlt. Der öffentliche Dienst sowie die Eigenbetriebe wurden künstlich hochgehalten und dienten vielfach als Puffer gegen Arbeitslosigkeit. Es ging uns in diesem Teil

der Stadt materiell und haushaltspolitisch lange gut, vielleicht zu gut – und ich weiß, wovon ich rede.

In meinen verschiedenen Verantwortungsbereichen als Arbeitsdirektor bei der Gasag, Bezirksbürgermeister von Spandau und Innenausschussvorsitzender des Rates der Bürgermeister waren eigentlich immer die notwendigen finanziellen Spielräume vorhanden, um geplante Maßnahmen und Projekte finanzieren zu können. Jetzt aber war alles anders geworden: Der Einigungsvertrag sah vor, die Berlinhilfe und die Zonenrandförderung allmählich, bis 1997, abzubauen. Wie erwähnt hatte 1990 Theo Waigel als Finanzminister gegen den erbitterten Widerstand aller Parteien in Berlin entschieden, dass der Bund „schnellstmöglich" diese Vergünstigungen streichen sollte. Von da an schlitterte Berlin von Jahr zu Jahr in eine immer schlimmere Haushaltsnotlage.

1991 sprach ich bereits öffentlich davon, dass es auch bei uns nunmehr finanziell ans Eingemachte gehen werde, aber sicher waren die damaligen Etatkürzungen noch zu verkraften gegenüber dem, was später finanziell über Berlin hereinbrach. Die mageren Jahre begannen damals schon, und man kann dem Regierenden Bürgermeister, seit Januar hieß er wieder Eberhard Diepgen, den Vorwurf nicht ersparen, dass er bei der CDU-geführten Bundesregierung nicht hatte durchsetzen können, den Abbau der Bundeshilfe auf einen längeren Zeitraum zu strecken. Hatte er die Konsequenzen damals nicht überblickt?

*

Am 10. Januar verstarb Uwe Gaßmann, der Trainer, der die Wasserball-Mannschaft der Wasserfreunde Spandau 04 in die europäische Spitzenklasse geführt hatte. Als er seiner schweren Krankheit erlag, war er erst 37 Jahre alt. Zu einer bewegenden Trauerfeier auf dem Landschaftsfriedhof Gatow trafen wir uns am 22. Januar mit viel Prominenz und hunderten von Sportlern, um Abschied zu nehmen von diesem erfolgreichen Spandauer Sportler, der Vorbild und Idol für die Jugend war und den Namen Spandaus erfolgreich in alle Welt getragen hatte.

– Unbefriedigendes „Mahnmal" –

Am 23. Januar machten wir gemeinsam mit der Polizei und dem sog. Bundeswehr-Abräumkommando Ost eine Rundfahrt entlang der ehemaligen Spandauer Grenze. Wir kamen überein, alle Wachtürme am ehemaligen Todesstreifen abzureißen, obwohl es auch kommerzielle Interessenten daran gab (Kletterübungen für Freizeitbergsteiger oder Nutzung als Imbiss-Stand). Wir hielten eine Vermarktung dieser Türme für makaber, schließlich war von ihnen aus auf Menschen geschossen worden. Auch den sog. „Affenkäfig", der die durch Staaken führenden Bahngleise gen Westen abriegelte, wollten wir schnellstmöglich abgebaut wissen. Gleiches galt für den Kolonnenweg, den Patrouillenweg für DDR-Grenzfahrzeuge, ebenso wie für die parallel zur Mauer verlaufenden Panzergräben aus Beton und Holzsperren. Das Bundeswehrkommando Ost erklärte sich bereit, diese Arbeiten zu übernehmen. Dabei stellte sich mir eine grundsätzliche Frage: Wie und wo im Todesstreifen an der Spandauer Grenze können wir zur Mahnung ein Denkmal an den sozialistischen Unrechtsstaat erhalten? Die Diskussion darüber verlief in der Folgezeit für mich unbefriedigend und enttäuschend. Ich hatte beim Abriss der Mauer Segmente für eine derartige Mahnstätte sicherstellen lassen, und wir hatten auch bereits eine bestimmte Stelle in Höhe der Falkenseer Chaussee dafür ins Auge gefasst. Meiner Auffassung nach eigneten sich hohe, nackte Mauerteile mit einer schlichten Tafel zusammen am besten für diesen Zweck. Andere in unserem Bezirksamt waren leider anderer Ansicht und meinten, ein Mahnmal müsse höheren künstlerischen und architektonischen Ansprüchen genügen. Kontaktaufnahmen mit der benachbarten Stadt Falkensee führten nicht zu greifbaren Ergebnissen, obwohl auch die parlamentarischen Ausschüsse in Falkensee und Spandau wiederholt mit dem Anliegen befasst waren, und es gab aufgrund ungeklärter Eigentumsfragen im Grenzstreifen Probleme bei der Standortsuche. Auch angeblich nicht geklärte Finanzierungsfragen lasse ich nicht als Ausrede gelten – diese Diskussion war und ist für mich unbefriedigend und kleinkariert gewesen. Ein später aufgestellter

Findling mit der Aufschrift „Zum Gedenken an die Opfer der Gewaltherrschaft" bagatellisiert in meinen Augen die Brutalität, die an diesem Todesstreifen herrschte.

– Während des Golfkriegs in Ashdod –

Am 29. Januar 1991 entschloss ich mich spontan, nach Israel zu fliegen. Am Persischen Golf war Krieg ausgebrochen. Irakische Truppen hatten Kuwait besetzt. Neunzehn Stunden nach Ablauf eines nicht beachteten UN-Ultimatums zum Rückzug aus Kuwait hatte am 17. Januar eine multinationale Truppe den Irak angegriffen. Die USA und ihre Verbündeten hatten pausenlos Ziele im Irak angeflogen. Einen Tag später hatte der Irak erstmals Israel mit konventionellen Raketen angegriffen.
Israel verzichtete auf Vergeltung. Die Raketenangriffe auf israelische Städte – insbesondere auf Tel Aviv – wiederholten sich. In einem persönlichen Fernschreiben hatte ich meinen Amtskollegen Zvi Zilker in unserer Partnerschaftsstadt Ashdod wissen lassen, dass die Spandauer Freunde die Geschehnisse in Israel mit großer Sorge und Anteilnahme verfolgten. „Die Disziplin und die Besonnenheit, die die Regierung und die Bürger Israels an den Tag legen, beeindrucken uns tief", hatte ich formuliert. Die Antwort aus Ashdod kam postwendend: Zvi Zilker lud mich zu einem kurzen Besuch ein, „der mehr als alles andere das tiefe Solidaritätsgefühl symbolisieren würde, das zwischen unseren beiden Städten existiert". Ohne Zögern nahm ich die Einladung an.
Ich informierte den Regierenden Bürgermeister und stellte das „Unternehmen Israel" im Bezirksamt zur Diskussion. Da ich nicht alleine fahren wollte, fragte ich, wer mitkäme. Jugendstadtrat Fredy Stach stellte sich schließlich zur Verfügung. An ihn hatte ich auch gedacht, wegen der Forcierung des gegenseitigen Jugendaustausches bot sich das einfach an. Die Auswahl von Fredy Stach als Begleiter brachte mir übrigens bei seiner Frau Sylvia Unmut

und Empörung ein. Meine Frau Marion dagegen hielt diese Reise für gut und richtig.

Von Anfang an hatte ich nie eine Spur von Angst. Mein Solidaritätsgefühl überwog. Wenn wir Städtepartnerschaften ernst nehmen, darf sich unsere Solidarität nicht in Worten erschöpfen, und so will ich diese ungewöhnliche Reise in meinen Erinnerungen auch etwas ausführlicher behandeln. Zunächst musste jetzt alles sehr schnell gehen: Außer der israelischen Luftfahrtgesellschaft „El Al" flog in jenen Tagen keine andere Fluggesellschaft mehr Tel Aviv an. Dadurch wurde die Hinreise bereits ein wenig umständlich. Am 28. Januar flogen wir abends nach Frankfurt, übernachteten dort, flogen am nächsten Morgen weiter nach Zürich und konnten dann nach Tel Aviv umsteigen. Der deutsche Botschafter begrüßte uns auf dem Flughafen, und natürlich auch der Bürgermeister unserer Partnerstadt Ashdod. Nach dem bundesdeutschen Außenminister Genscher waren wir die zweiten politischen Besucher in Israel nach Beginn des Golfkrieges.

Noch im Flughafengebäude passte man uns Gasmasken an, da die Israelis Raketenangriffe der Iraker mit Giftgasgranaten nicht ausschlossen. Das war doch ein seltsames Gefühl. Die letzte Gasmasken-Anprobe hatte ich im Krieg 1944, also 47 Jahre zuvor, erlebt.

Von Tel Aviv aus ging es nach Ashdod. Auf der Autobahn fiel der starke Verkehr auf: Viele Israelis verließen über Nacht die Großstädte, um zu Freunden oder Verwandten aufs Land zu fahren, weil sie sich dort vor Raketenangriffen sicherer fühlten. Ich telefonierte während der Fahrt problemlos über Autotelefon nach Berlin, um unsere gute Ankunft zu bestätigen. Fredy Stach und ich wurden privat bei der wohlhabenden Familie Kanfi in einem Villenvorort von Ashdod untergebracht, denn Hotels waren dort Mangelware. Als bedrückend empfand ich die abgeklebten Fenster und Türen im Schlafraum, wodurch das Eindringen von Giftgas erschwert werden sollte. Auftragsgemäß hielten wir unsere Gasmasken immer in Bereitschaft.

Die Familie Kanfi betreute und umsorgte uns besonders liebevoll. Der nächste Tag war mit Terminen prall gefüllt. Zunächst

besuchten wir Ramat Gan, ein Vorort von Tel Aviv, der bislang Hauptziel irakischer Scud-Raketen gewesen war und erhebliche Zerstörungen erlitten hatte. Der dortige Bürgermeister begrüßte uns, außerdem belagerten uns Journalisten, um unsere Eindrücke und Empfindungen einzufangen. Überhaupt fand unser Besuch landesweit in den Medien große Beachtung.
Anschließend empfingen uns israelische Regierungsmitglieder zu Gesprächen in Jerusalem: vormittags Finanzminister Yitzchak Modai und nachmittags der stellv. Außenminister Benjamin Netanjahu, der später Ministerpräsident wurde. In Ashdod gaben wir am späten Nachmittag gemeinsam mit Bürgermeister Zvi Zilker eine Pressekonferenz, in die auch Telefon-Interviews mit Journalisten aus Spandau eingebunden wurden. Sowohl Bürgermeister Zilker als auch beide Regierungsmitglieder sprachen uns ihren tiefen Dank für unseren Besuch in Israel zu dieser Zeit aus. Es kam aber stets auch Sorge und Unverständnis darüber zum Ausdruck, dass gewisse deutsche Firmen Kriegsgerät an den Irak geliefert hatten. Israelische Zeitungen veröffentlichen Listen dieser

Während des Golfkriegs 1991 in Israel: Besuch in Ramat Gan, einem Vorort von Tel Aviv, wo irakische Scud-Raketen eingeschlagen waren.

Firmen, und vielerorts wurden auch Assoziationen zu den Gaskammern des Hitler-Staates heraufbeschworen. Das Land erschien in diesen Tagen wie gelähmt, insbesondere die Städte und vor allem abends. Schulen und Kindergärten waren geschlossen, Landwirtschaft und Bautätigkeiten ruhten vielfach, nur die durch Raketen zerstörten Gebäude wurden wieder aufgebaut. Diese Arbeiten nahm man demonstrativ zügig in Angriff.
Wir besuchten auch die Einsatzzentrale des Roten Kreuzes in Ashdod, wurden über die Katastrophen-Einsatzpläne der Rettungsmannschaften informiert und nahmen an einer Krisensitzung der Stadtverwaltung teil. Zum Abendessen erhielten wir eine private Einladung der Familie Schimani in Ashdod, gemeinsam mit anderen Gästen. Überall schienen wir gern gesehene Gäste zu sein, was auch anstrengend für uns war.
Am 31. Januar besuchten wir in der Partnerstadt eine Sprachenschule für Einwanderer. Als Hafenstadt galt und gilt Ashdod als Einwandererstadt für jüdische Emigranten. Ein riesiges Wohnungsbauprogramm wurde dort geschultert. Waren es früher in erster Linie nordafrikanische Juden aus Marokko und Algerien, die aufgenommen wurden, kamen Ende der 80er und Anfang der 90er Jahre mehr und mehr russische Emigranten. In Pflichtkursen wurde ihnen hebräisch beigebracht, damit sie sich so schnell wie möglich in ihrer neuen Heimat zurechtfinden konnten. Der nächste Weg für die jüngeren Einwanderer – Jungen wie Mädchen – führte zur Armee.
Beklemmende Höhepunkte unseres Besuchs waren zwei Diskussionen, die wir am Vormittag in Ashdod mit Oberschülern und am Nachmittag mit Jugendlichen und Studenten führten. Wir wurden nicht geschont. Ganz eindeutig waren auch hier die kritischen bis empörten Töne über die Beteiligung deutscher Firmen an den Waffengeschäften mit dem Irak zu hören. Die Assoziation zur Vergangenheit der Deutschen mit Gas war unüberhörbar. Warum schickt gerade ihr Deutschen Vernichtungswaffen nach Irak, die Saddam Hussein jetzt gegen uns einsetzt? Wusste die deutsche Regierung von diesen verbrecherischen Machenschaften? Geschah es vielleicht sogar mit Billigung der Regierung?

Warum beteiligt ihr euch nicht aktiv an den militärischen Sanktionen der UNO-Streitkräfte im Krieg gegen Irak? Warum demonstrieren so viele Deutsche gegen die USA, und damit auch gegen uns? Diese Demonstrationen wurden in Israel eindeutig als „Anti-USA-Demonstrationen" gedeutet und nicht als Protest gegen Kriege allgemein.

Angesichts dieser kritisch-emotionalen Aufladung gegen die Deutschen, die selbst bei den 13-jährigen Oberschülern durchbrach, war es für uns schwer, auch nur annähernd die Standpunkte aus deutscher Sicht zu erklären – etwa, dass unsere Verfassung einen Kriegseinsatz bundesdeutscher Soldaten außerhalb unseres Landes verbot und dass es dafür sehr wohl auch historische Argumente gab. Natürlich distanzierten wir uns scharf von den Waffengeschäften gewissenloser deutscher Unternehmen mit dem Irak, aber auch dafür mussten wir zunächst unsere „deutschen Köpfe" hinhalten. Immerhin war auch hier unser Eindruck, dass die Jugendlichen unseren Besuch in diesen Tagen bei unseren Freunden in Israel als außerordentlich positiv wahrnahmen. Beklemmende Ironie des Schicksals: Mitten in der Diskussionsveranstaltung mit Studenten heulten um 18 Uhr die Sirenen, es gab Raketenalarm. Wir folgten unseren Gastgebern mit Bürgermeister Zilker auf dem schnellsten Weg in einen der Schutzräume, die sich in Israel aus Angst vor bodennahen Giftgaswolken meist in der ersten Etage befanden, setzten weisungsgemäß die Gasmasken auf und warteten hinter verklebten Fenstern auf die Entwarnung. Schließlich tönte das erlösende „all clear" aus dem Transistor. Der Alarm war ein Fehlalarm. Für unsere deutsch-israelischen Beziehungen war diese halbe Stunde von großem Wert, weil wir gemeinsam diese Angst durchlitten hatten. Es hat mich sehr bedrückt, im Schutzraum mit ansehen zu müssen, wie kleinen Kindern Gasmasken angelegt wurden.

Am Abend genossen wir in Ashdod in großer Harmonie einen Abschied mit vielen Verbrüderungsszenen. Alles, was Rang und Namen hatte, drückte uns aus Dankbarkeit die Hand. Es war übrigens das erste Mal, dass ich den deutschstämmigen Zvi Zilker auch einige Wort deutsch sprechen hörte, was er bisher stets vermieden hatte. Er hatte fast seine gesamte Familie durch den Holocaust verloren. Mir ist später wiederholt berichtet worden, dass bei Besuchen deutscher Gruppen in Ashdod Bürgermeister Zilker stets diesen Besuch von uns während des Golfkrieges lobend hervorhob. Am 1. Februar flogen wir mittags mit der El Al von Tel Aviv über Wien zurück. Mit uns im gleichen Flugzeug saß der Vorsitzende der israelischen Arbeiterpartei und Expremier Schimon Peres, mit dem ich auch ein kleines Gespräch hatte. Auch er bedankte sich für unseren Besuch.

Nach unserer Rückkehr war die hiesige Presse brennend an unseren Eindrücken interessiert. Die Bild-Zeitung suchte mich schon am nächsten Tag, einem Sonntag, auf, um in ihrer Montagsausgabe bereits groß zu berichten. Andere Medien informierten wir ausführlich in einer Pressekonferenz. „Die Tageszeitung" (taz) berichtete ebenso wie die jüdische Wochenzeitung „Allgemeine". Mitte Februar bedankte sich Bürgermeister Zilker noch einmal brieflich bei uns: „Der Besuch hatte wirklich Symbolwert und brachte mehr als anderes die guten Beziehungen zum Ausdruck, die Sie während all der Jahre begründet und gefördert haben." Er erinnerte an die Gefühle, die alle empfunden hatten, als sie gemeinsam die von irakischen Scud-Raketen zerstörten Gebäude in Ramat-Gan besucht hatten, oder als sie mit aufgesetzten Gasmasken während eines Scud-Angriffes zusammen in Deckung gegangen waren. In seinem Schreiben hoffte Zilker auf bessere Tage, an denen „wir in der Lage sind, das gute Verhältnis zwischen der Jugend und den Einwohnern unserer beiden Städte fortzusetzen und zu vertiefen".

Die „besseren Tage" kamen bald: Am 24. Februar begann die alliierte Bodeninvasion am Golf, in Kuwait. Schon am 28. Februar führte sie zur Waffenruhe in der Golf-Region und am 3. März zum Waffenstillstand – Gott sei Dank kehrte Ruhe ein, auch für die Israelis!

*

Kurz nach meiner Rückkehr aus Israel empfing ich am 4. Februar den neuen, jetzt ranghöchsten militärischen Repräsentanten der britischen Einheiten in Berlin, Brigadier David Bromhead, zum Antrittsbesuch. Er war jetzt Oberkommandierender der britischen

Garnison. Da er auch gewisse diplomatische Aufgaben übernahm, nachdem es den Britischen Stadtkommandanten nicht mehr gab, erschien er beim Besuch im Rathaus in zivil – auch das war sehr ungewohnt für uns. Die Frage nach der weiteren Anwesenheit der britischen Truppen in Berlin konnte er allerdings nicht beantworten. Sie war abhängig von der politischen Entwicklung, insbesondere vom Abzug der russischen Truppen aus Deutschland. Allgemein gingen wir damals vom Jahr 1994 aus. Daraus ergaben sich Fragen nach der späteren Nutzung der britischen Liegenschaften. Das waren vor allem die Spandauer Kasernen und der Militärflugplatz Gatow, aber auch das neue „Britannia Center" sowie die Residenz des Britischen Stadtkommandanten, die Villa Lemm in Gatow. Die Zukunft dieser Liegenschaften war für uns Kommunalpolitiker von großem Interesse. Wollte die Bundeswehr etwas davon weiter nutzen? Sympathisch war mir dieser Gedanke nicht, denn Spandau war über ein Jahrhundert lang Garnisonsstadt gewesen, und diese Tradition musste in meinen Augen nun wirklich nicht weiter fortgesetzt werden. Allerdings waren das Fragen, die wir ohnehin nicht im Rathaus lösen konnten.

– Gedenken an die Maueropfer –

Auch nach dem Fall der Grenze legten wir an den Gedenkstätten der Maueropfer Kränze nieder. Es durfte nicht in Vergessenheit geraten, dass es auch an der Spandauer Grenze Tote gegeben hatte. Jetzt fand unser Gedenken allerdings nicht mehr vor der Kulisse der Grenzsperren und unter Beobachtung der NVA oder anderer DDR-Sicherheitsorgane statt.
Ich will das Schicksal der drei Todesopfer noch einmal in Erinnerung rufen, die an der Spandauer Grenze erschossen worden waren: Am 9.12.1961 war der österreichische Student Dieter Wohlfahrt (20 Jahre alt) bei dem Versuch gestorben, der Mutter eines Westberliners zur Flucht zu verhelfen. Die beiden jungen Leute hatten – vermutlich, ohne es selbst zu merken – DDR-Gebiet

betreten und waren daraufhin unter Beschuss genommen worden. Erst zwei Stunden nach seinem Tod war Wohlfahrts Leichnam abtransportiert worden. In der Nacht zum 5.5.1964 hatten Grenzsoldaten das Feuer auf den ebenfalls 20-jährigen Adolf Philipp eröffnet. Auch er hatte sich offenbar auf den Grenzstreifen gewagt, um als Fluchthelfer zu agieren, und auch er bezahlte dafür mit seinem jungen Leben. Einem Abschiedsschreiben war zu entnehmen, dass er mit dieser Möglichkeit gerechnet hatte.
Das dritte Todesopfer an der „Staatsgrenze West" in Spandau hieß Willi Block. Der 31-jährige Bauschlosser starb am 7.2.1966 im Kugelhagel der Maschinenpistolen, als er bereits wehrlos unter dem Stacheldrahtzaun hängen geblieben war, auf dessen anderer Seite er die Freiheit zu finden gehofft hatte. Es war bereits sein dritter Fluchtversuch gewesen. Für den zweiten Versuch hatte Block eine dreijährige Zuchthausstrafe absitzen müssen. Die Hetzjagd auf den Fliehenden wurde vom Westen aus beobachtet, und Block konnte noch seinen Namen rufen, bevor er starb.

– Letzte Fahrt des britischen „Berliners" –

Der britische Militärzug „The Berliner" beendete seine letzte Fahrt am Abend des 7. Februar 1991 auf dem Bahnhof in Berlin-Charlottenburg. Der Zug war bis dahin täglich auf der Strecke zwischen Braunschweig und Charlottenburg gefahren. Die letzte Ankunft dieses alliierten Nachkriegs-Relikts fand in Anwesenheit hoher britischer Militärs statt, außerdem war ich als Bezirksbürgermeister des ehemaligen Britischen Sektors von Berlin zum feierlichen Abschied dieses Zuges eingeladen.
Alle drei westlichen Alliierten in Berlin hatten ihre eigenen Militärzüge, die sich deutscher (DDR-)Kontrolle entzogen, aber an der Zonengrenze von sowjetischen Offizieren unter die Lupe genommen wurden. Das war alles sehr kompliziert, wie man entsprechenden Unterlagen entnehmen kann. Zum Beispiel stoppte der Militärzug nach seiner morgendlichen Abfahrt von Charlot-

tenburg in Potsdam, wo die Lokomotive inspiziert wurde. Dann ging es über Brandenburg und Magdeburg durch die DDR weiter bis Marienborn. Während dieser Fahrt war es den ausschließlich ausländischen, überwiegend britischen Fahrgästen verboten, Fotokameras und Ferngläser zu benutzen, sich aus dem Fenster zu lehnen, etwas aus dem Zug zu werfen sowie mit ostdeutschem oder sowjetischem Personal zu reden. Alle Passagiere wurden angehalten, sitzen zu bleiben, wenn der Zug im Bereich der DDR stoppte.

In Marienborn prüften die Sowjets eingehend die Reisedokumente, und erneut inspizierte DDR-Personal die Lokomotive. In Helmstedt wurde die Lok ganz ausgewechselt für die weitere Fahrt im Westen. Für die Strecke von Berlin nach Braunschweig brauchte der Militärzug auf diese Weise etwa vier Stunden. Am gleichen Tag wiederholte sich die gesamte Prozedur auf der Rückfahrt nach Berlin.

Jeder Zug hatte ein britisches Militär-Begleitkommando mit russischem Dolmetscher. Dieses Kommando hatte die Aufsicht während der Fahrt und war Verhandlungsführer im Kontakt mit dem sowjetischen Kontrollpersonal. Der Umstand war fast vergleichbar mit der Korridorregelung, die damals für Züge galt, die durch polnisches Gebiet nach Ostpreußen fuhren.

*

Anfang Februar war ich auf dem Motorschiff „Berolina" im Treptower Hafen Talk-Gast in einer Live-Sendung des Berliner Rundfunks unter dem Titel „Schwatz mit Jazz". Außer mir waren u.a. die Ostberliner Sängerin und Schauspielerin Katrin Saß sowie der norddeutsche Kabarettist Jan Willems eingeladen. Da wir mit unserem Dienstwagen zunächst nicht die Zufahrt zum Treptower Hafen fanden, fragten wir einen jungen Mann nach dem Weg. Der musterte unseren Wagen und erklärte mir dann klipp und klar: „Westberlinern gebe ich keine Auskunft!" Das gab es eben auch. Ich flocht das Erlebnis sogleich in die Talkshow ein und erntete helles Lachen dafür.

– Ringen um Finanzierung für Weststaaken –

Am 27. Februar sahen wir uns wieder veranlasst, im Rahmen einer Pressekonferenz scharfe Kritik an der Haltung des Senats zum Status Weststaakens zu üben. Unsere Bemühungen, die etwa 4 000 Bürger dieses Ortsteils in Spandau zu integrieren, wurden nach wie vor dadurch zurückgeworfen, dass Weststaaken als „Beitrittsgebiet" angesehen wurde. Es war uns also nicht möglich, eine Gleichbehandlung aller Bewohner des Bezirks zu erreichen.

Staaken war ein Sonderfall und nicht vergleichbar mit anderen Beitrittsgebieten, dafür kämpften wir weiter. Außerdem sahen wir uns nicht in der Lage, die enormen Kosten für die Wiedereingliederung Weststaakens allein zu tragen. Bereits bis Ende 1990 hatte der Bezirk mehr als 5 Mill. DM ausgegeben, um notwendige Reparaturen am Straßennetz und an Gebäuden vorzunehmen, Gehälter für 160 übernommene Beschäftige zu zahlen sowie die Ver- und Entsorgung zu sichern. Für das laufende Jahr würden wir dafür mindestens 10 Mill. DM benötigen, wie sich abzeichnete. Bisher hatten wir für Weststaaken aber weder die für die Ostbezirke üblichen Zuweisungen bekommen, noch war der Spandauer Etat entsprechend seines plötzlichen Bevölkerungszuwachses aufgestockt worden. Vor den Presse-Vertretern forderte ich nun den Senat erneut auf, uns bei der Lösung des „Sonderfalls Weststaaken" zu unterstützen. Es gehe nicht an, dass diese Spandauer für Arztbesuche innerhalb ihres Bezirks selbst zahlen müssten, keine Wohnberechtigungsscheine für Weststaaken bekämen, Arbeitslosengeld in Neuruppin und Kindergeld in Nauen beantragen müssten, so veranschaulichte ich unsere Probleme.

Allerdings hatte ich auch einige erfreuliche Dinge zu berichten. So waren am 5. Februar die Staakener Telefonnummern auf das Westberliner Netz umgestellt worden. Neue Telefonzellen mit Westberliner Nummern standen ebenfalls bereit. Auch hatte die Berliner Stadtreinigung inzwischen die Entsorgung des Mülls übernommen. Dennoch war die Infrastruktur dort kurzfristig nicht auf den Spandauer Standard zu bringen. Dazu fehlten die notwendigen Millionen.

Wir versuchten mit unseren Mitteln so gut wie möglich, die Unsicherheit der Menschen zu lindern. So standen wir permanent zu Sprechstunden vor Ort bereit und gaben eine zweite Informationsschrift heraus. Sie sollte einen Beitrag dazu leisten, die Mitbürger über ihre Rechte und Pflichten aufzuklären und unterschiedlichste Hilfestellungen zu geben. Es war und blieb ein schwieriges Geschäft.

In dieser Angelegenheit hatte ich auch den SPD-Bundesvorsitzenden Hans-Jochen Vogel um Unterstützung und Hilfe gebeten. Am 12. März teilte er mir mit, dass er sich in einem Brief diesbezüglich an Bundesinnenminister Schäuble gewandt habe. Auf Hans-Jochen Vogel war eben immer Verlass!

Am 20. März wendete sich das Blatt für Weststaaken endlich einmal ins Positive: Der Senat stellte dem Bezirk fast 4,5 Mill. DM zur Sanierung öffentlicher Einrichtungen in Weststaaken zur Verfügung. Das Geld stammte aus dem Sofortprogramm des Bundes zur Förderung kommunaler Investitionen im Beitrittsgebiet. Mehrere dringende Maßnahmen standen an, die wir mit diesen Mitteln nun finanzieren wollten: Die Heizungsanlage im Haus I der Grundschule in der Feldstraße musste in Schuss gebracht, die 14. Grundschule von Grund auf saniert werden. Auch die Gebäude und Außenanlagen des Sport- und Freizeitzentrums Am Industriegelände waren für eine Instandsetzung überfällig. Endlich konnte ein erster sichtbarer Schritt zum Abbau des Ausstattungsdefizits in Weststaaken verwirklicht werden.

*

Anfang März besuchte der langjährige CDU-Oberbürgermeister von Rastatt, Franz Rothenbiller, Spandau, kurz bevor er aus seinem Amt ausschied. Mit Rastatt pflegten wir recht gute freundschaftliche Kontakte mit etlichen gegenseitigen Besuchen. An diesem Beispiel aber zeigte sich, dass derartige Verbindungen ganz stark von persönlichem Einsatz und gegenseitiger Sympathie abhingen: Karl Neugebauer war ein wesentliches Bindeglied zu Rastatt, und auch ich konnte mit Oberbürgermeister Rothenbiller gut. Mit seinem Nachfolger, einem SPD-Mann, brach dieser Kontakt dagegen recht bald ab.

– Bundeswehr liebäugelt mit Spandau –

Anfang März tauchten die ersten Gerüchte und Informationen über Stationierungswünsche der Bundeswehr in Berlin auf. Bei einem Besuch bei Diepgen als Regierendem Bürgermeister war Bundesverteidigungsminister Stoltenberg auch der Name „Spandau" entschlüpft, was der Presse nicht verborgen blieb. Als ich darüber aus den Medien erfuhr, war ich entsprechend sauer, denn für uns handelte es sich um eine sensible Angelegenheit. Nach hundert Jahren Militärstandort, davon allein fast 50 Jahre als britische „Garnisonsstadt", wollten wir nicht unbedingt in dieser Tradition fortfahren. Vor allem aber wollten wir rechtzeitig über die Entwicklungen informiert werden, auch wenn Stationierungsfragen der Bundeswehr in Berlin nicht im Rathaus Spandau entschieden wurden.
Zunächst ging es um die britische Montgomery-Kaserne im Kladower Hottengrund. Es verdichteten sich Spekulationen, man wolle die Kaserne noch im Laufe des Jahres räumen, obwohl der Abzug des alliierten Militärs ansonsten erst für 1994 vorgesehen war. Offenbar liebäugelte die Bundeswehr nun damit, diese Kaserne zur Stationierung eines Jägerbataillons zu nutzen.

*

Am 10. März startete der zweite „Lauf der Sympathie" von der Falkenseer Stadthalle aus zum gut 10 km entfernten Spandauer Markt. Auch in seinem zweiten Jahr entwickelte er sich zu einem sportlichen Ereignis. Um 10 Uhr schickten der Falkenseer Bürgermeister Jürgen Bigalke und ich 600 Läuferinnen und Läufer auf die Strecke. Die Veranstaltung war glänzend organisiert vom Verein für Volkssport-Pädagogik Falkensee und dem Verein für Volkssport Spandau. Unter den Teilnehmern waren bekannte DDR-Sportler wie der Potsdamer Junioren-Europameister Olaf Beyer, der mit einer Zeit von 26,51 Minuten auch den Sieg errang.
Auf dem Spandauer Markt lief vor rund 2 000 Besuchern ein lockeres Rahmenprogramm ab, u.a. von einer britischen und russischen Militärkapelle, die einen hervorragenden Glenn-Miller-

Swing beherrschte. Als Moderator fungierte die „Dallgower Stimmungskanone" Olaf Hameyer, wie er in der „Märkischen Allgemeinen" genannt wurde.

– Regionalplanung ohne die Bezirke –

Am 21. März tagte der Rat der Bürgermeister, dieses Mal unter Leitung des Regierenden Bürgermeisters Eberhard Diepgen. Bekanntlich war ich im RdB Sprecher aller SPD-Bürgermeister. Die Ost-Kollegen schilderten ihre Sorgen darüber, dass Räumlichkeiten, Organisation und Personalstruktur in ihren Bezirken keinesfalls den neuen Aufgabenstellungen entsprachen. Für die Westberliner Bezirke erklärte ich unsere Bereitschaft, den östlichen Bezirken personelle Hilfe zu leisten, etwa bei der Umsetzung des Sofortprogrammes für kommunale Investitionen oder auch für die Bearbeitung von Struktur- und Wirtschaftsförderungsaktionen. Hier waren die östlichen Bezirke personell quantitativ wie qualitativ völlig überfordert.

Aber auch ein anderes Thema spielte im Rat der Bürgermeister eine Rolle: Berlin und Brandenburg wollten kurzfristig einen Regierungsausschuss bilden, um die Zusammenarbeit beider Länder zu koordinieren. Natürlich war das gut und dringend geboten, aber es gab bereits seit Anfang 1990 einen „provisorischen Regionalausschuss" mit etwa gleicher Aufgabenstellung, der gute Arbeit leistete. In diesem Kooperationsgremium waren durch meine Mitarbeit auch die Bezirke vertreten, und das sollte mit dem neuen Gremium nun wegfallen. Stattdessen sollten nur Regierungsmitglieder dem Regionalausschuss Berlin-Brandenburg angehören.

Wir reagierten darauf mit Unverständnis. Ich forderte auch dem Spandauer Volksblatt gegenüber eine unmittelbare Beteiligung der Kommunen bei der Regionalplanung. Außenbezirke wie Spandau mit besten Kontakten zu den angrenzenden Kreisen aus den Planungen herauszuhalten, leuchtete mir nicht ein. Der provisorische Regionalausschuss hatte im November 1990 letztmalig getagt. Ich wollte, dass die gemeinsame Arbeit weiterging. In meinen Augen gab es Dinge, die sich auf Regierungsebene am besten besprechen ließen und andere, die besser vor der Haustür geregelt werden sollten. Ich rief daher Senat und Regierung in Brandenburg auf, nicht auf die Erfahrungen der unmittelbar Betroffenen verzichten.

Zu einer interessanten Runde kam es dann am 16. April im Rathaus Schöneberg: Eberhard Diepgen hatte die Landräte der benachbarten Kreise um Berlin sowie Vertreter des Brandenburgischen Landkreistages eingeladen. Ich nahm als Vertreter des Rates der Berliner Bürgermeister an dieser Zusammenkunft teil, außerdem der Abteilungsleiter der Brandenburgischen Staatskanzlei, Rainer Speer, und auch Burkhard Schröder als Landrat des Kreises Nauen. Die Begegnung diente dem besseren Kennenlernen sowie der Einbeziehung beider Seiten in Überlegungen für eine Regionalkonzeption Berlin und Brandenburg. Insofern war diese Gesprächsrunde ein ermutigender Beginn.

– Nachfolger-Suche: Das Karussell dreht sich –

Ein nicht ganz einfaches personelles Problem für die Spandauer SPD zeichnete sich schon in diesem Frühjahr ab: Es war klar, dass ich nach den nächsten Wahlen im Mai 1992 aus Altersgründen nicht mehr als Bezirksbürgermeister zur Verfügung stehen würde. Es musste also ein Nachfolger oder eine Nachfolgerin gefunden und präsentiert werden. Natürlich sind Personalfragen immer von hohem Interesse, und parteiintern wie auch öffentlich wurde kräftig spekuliert.

So hatten die führenden Genossen Spandaus im Kreisvorstand bereits am 20. Februar 1991 eine „Bürgermeister-Findungsrunde" konstituiert, die von da an ständig tagte. Mit dem SPD-Kreisvorsitzenden Wolfgang Behrendt, dem Abgeordneten Hans-Georg Lorenz, Inge Frohnert, dem BVV-Vorsteher Rolf Rührmund

und mir war sie hochkarätig besetzt. Eines hatte sich bei unserer Suche allerdings schon zu Beginn abgezeichnet: So klar, wie 1967 Dr. Herbert Kleusberg und 1979 Werner Salomon von der SPD zum Bürgermeisterkandidaten bestimmt worden waren, würde es dieses Mal nicht werden.
Die Findungskommission suchte nach jemandem, der die Verwaltungsarbeit kennt, über einen gewissen Bekanntheitsgrad verfügt und Vertrauen in der Bevölkerung genießt – Konkreteres ließ sie noch nicht durchblicken. Die Presse hakte immer wieder nach und brachte schließlich verschiedene Namen aus den Reihen der Bezirksamtsmitglieder und Abgeordneten ins Spiel. So räumte das Spandauer Volksblatt am 12. April Fredy Stach, dem Stadtrat für Jugend und Sport, „gute Chancen" ein, das Rennen um die Spitzenkandidatur zu machen. Volksbildungsstadtrat Sigurd Hauff werde ebenfalls zur Verfügung stehen, zitierte ihn die Zeitung, Sozialstadträtin Renate Mende wie auch Baustadtrat Klaus Jungclaus hingegen zeigten sich nicht ambitioniert. Wolfgang Behrendt als Abgeordneter und ehemaliger Baustadtrat hegte ebenfalls kein Interesse an einer Kandidatur.
Am 18. Juni beriet die Bezirksverordnetenversammlung u.a. um meine Verlängerung im Amt, da ich am 1. Oktober 65 Jahre alt wurde und damit die Altersgrenze für den öffentlichen Dienst erreichte. Auf Beschluss der BVV konnten nach Rechtslage Wahlbeamte bis zum Ende der Legislaturperiode auch über das 65. Lebensjahr hinaus im Amt bleiben. Die SPD strebte an, mich bis zur turnusgemäßen Bürgermeisterwahl im Mai 1992 im Amt zu belassen. Eigenartigerweise enthielt sich die CDU bei der Abstimmung aus fadenscheinigen Gründen der Stimme – offenbar ließ der kommende Wahlkampf schon grüßen. Mit den Stimmen der SPD und der AL galt ich trotzdem als einstimmig im Amt verlängert.
In jenen Tagen bemühte sich auch das Deutsche Rote Kreuz darum, mich als Präsidenten des DRK Berlin zu gewinnen. Die Führungsspitze des DRK-Landesverbandes sollte gerade neu gewählt werden. Ich erbat mir eine Bedenkzeit und verwies auf meine noch ein Jahr laufende Amtszeit als Bürgermeister – beide Aufgaben nebeneinander schienen mir nicht zu bewältigen zu sein. Die

Anfrage des DRK hatte ich offenbar auch einem Hinweis des DRK-Präsidenten auf Bundesebene, Prinz Botho zu Sayn-Wittgenstein-Hohenstein, zu verdanken, der mich aus dem Siegerland kannte. Die Aufgabe schien reizvoll und ehrte mich, ich führte auch mehrere Gespräche in diesem Zusammenhang, sagte dann aber doch ab.

Der 21. Juni war dann der Stichtag, an dem die Spandauer Sozialdemokraten über meine Nachfolge als Bezirksbürgermeister zu entscheiden hatten. Natürlich gingen wir davon aus, auch nach den nächsten Wahlen wieder den Bezirksbürgermeister in Spandau zu stellen. Schließlich hatten wir 1989 mit fast 55,3 Prozent eine komfortable Mehrheit erzielt. Dennoch witterte die CDU nach Jahrzehnten erstmals eine Chance und hatte daher bereits im Mai den 43-jährigen Bezirksverordneten und Vorsitzenden des Sozialausschusses, Konrad Birkholz aus Kladow, als ihren Bürgermeisterkandidaten aufgestellt.

Für mich persönlich war es nicht ganz einfach, als langjähriger Amtsinhaber nach recht erfolgreicher Arbeit und mit relativ hohem Popularitätswert Überlegungen über meine Nachfolge anzustellen. Die Eigenart Spandaus bringt es mit sich, dass gerade hier der Bürgermeister immer eine Art Respektsperson von hohem Rang für die Menschen war. Viele identifizierten sich mit ihrer „Stadt", ihrem Rathaus und auch mit ihrem Bürgermeister. Man konnte nun mit Genugtuung feststellen, dass die bisherigen sozialdemokratischen Bürgermeister Spandaus diesem Anspruch gerecht geworden waren, und die SPD hatte über viele Jahrzehnte vom Ansehen ihrer Bürgermeister profitiert. Schließlich sollte sich ein Bürgermeister auch in der besonderen Spandauer Landschaft auskennen. Er musste zwar nicht unbedingt im Spandauer Krankenhaus in der Lynarstraße zur Welt gekommen sein, sollte aber doch Land und Leute ein bisschen kennen und verkörpern.

Das alles waren Kriterien, die wir in der Findungskommission über Monate hinweg zu überlegen und zu werten hatten. Es war ein schwieriges Unterfangen, mit dem uns der Kreisvorstand betraut hatte, und mir war nicht ganz wohl in meiner Rolle. Insgesamt lagen uns Bewerbungen von sieben Kandidaten vor, von

denen wir drei in die engere Wahl genommen hatten. Diese drei befanden wir als qualifiziert und schlugen sie der Kreisdelegiertenversammlung zur Entscheidung vor.
Volksbildungsstadtrat Sigurd Hauff (55 Jahre), Bezirksverordnete Monika Helbig-Dürr (37 Jahre) sowie Sport- und Jugendstadtrat Fredy Stach (55 Jahre) waren unsere drei Kandidaten. Unter ihnen sprach sich die Findungskommission einstimmig für Fredy Stach als Favoriten aus. Wegen seiner Volkstümlichkeit, seiner Ausstrahlung, seiner Spandauer Bodenständigkeit und Ansprechbarkeit schien er uns für meine Nachfolge besser geeignet zu sein als der intellektuelle, feinsinnige Sigurd Hauff. Stach kam nach unserer Auffassung bei vielen Menschen besser an. Monika Helbig-Dürr sollte sich zunächst in einer herausgehobenen Funktion, z.B. als Fraktionsvorsitzende, bewähren, meinten wir.
Durch diese Positionierung kam unter den Genossinnen und Genossen damit eine gewisse „Lagerwahlkampf-Stimmung" auf. Auch bildeten sich gewisse Zirkel um die einzelnen Bewerber. Aus heutiger Sicht sage ich: Es wäre wohl besser gewesen, hätte sich die Findungskommission nicht auf einen Favoriten festgelegt, sondern alle drei Kandidaten gleichwertig zur Wahl vorgeschlagen – selbst auf die Gefahr hin, dass man uns Führungsschwäche vorgeworfen hätte. Denn so trat nun ein, was zu befürchten war: Man votierte teilweise gegen den Vorschlag der Findungskommission, weil man sich „vom Vorstand nicht bevormunden lassen" wollte. Im zweiten Wahlgang wurde Hauff mit 66 Stimmen gegen 31 Stimmen für Stach gewählt und war damit nominiert. Monika Helbig-Dürr hatte, nachdem sie im ersten Wahlgang 28 Stimmen erreicht hatte, ihre Kandidatur zurückgezogen und ihre Anhänger aufgerufen, nun für Sigurd Hauff zu stimmen.
Die Partei hatte entschieden, das Ergebnis war zu akzeptieren, und ich wollte mich bemühen, mit Hauff ein gutes Gespann für die nächsten Wahlen zu sein. Dennoch hegte ich Bedenken, ob es gelänge, mit Sigurd Hauff den Erfolgsweg der Sozialdemokraten in Spandau fortzusetzen. „Jetzt gilt es, dem Willen der Basis zu folgen und zu beweisen, dass die Partei mehr ist als Werner Salomon",

schrieb Rainer W. During in einem Kommentar im Spandauer Volksblatt. Auch die Bild-Zeitung nahm sich des Spandauer Wachwechsels an und titelte „Hauff zieht in Onkel Salomons Hütte". Und so klingt dann die trockene Nachricht im Boulevard-Stil: „Die Busfahrer steuern mit ihren Großen Gelben nicht etwa das Spandauer Rathaus an, sondern ‚Onkel Salomons Hütte'. Sogar die Stadtstreicher kennen ihn: ‚Bürgermeister, gib mal einen aus!' Werner Salomon (64) ist der populärste und dienstälteste der 23 Berliner Bezirks-Chefs. Am 1. Juli ist der SPD-Politiker 12 Jahre im Amt, in einem Jahr hat er den letzten Arbeitstag. Nachfolger will Volksbildungsrat Sigurd Hauff (SPD) werden – der Bruder von Frankfurts Ex-Oberbürgermeister Volker Hauff wurde jetzt als Spitzenkandidat für die BVV-Wahlen im Mai nominiert. Die SPD gibt seit 1945 im Rathaus den Ton an, bei sich zu Hause tut Sigurd Hauff das auch – mit der geliebten Bratsche. [...]"

*

Aber nun noch einmal kurz zurück: Am 19. April fuhr ich zu einer Trauerfeier in das nordhessische Städtchen Melsungen. Der langjährige Spandauer Volksbildungsstadtrat und SPD-Kreisvorsitzende Alfred Blödorn war dort im Alter von 71 Jahren verstorben, und ich sollte die Trauerrede halten. Blödorn hatte von 1965 bis 1975 die Abteilung Volksbildung geleitet und in dieser Zeit auch im Spandauer Schulwesen Maßstäbe gesetzt.

Anlässlich meines Aufenthaltes in Melsungen empfing mich der dortige Bürgermeister, Dr. Appell, und ich trug mich nach einem Stadtrundgang in das Gästebuch der Stadt ein. Spandau unterhielt in jenen Jahren freundschaftliche Beziehungen zu Melsungen, und ich kannte Bürgermeister Dr. Appell schon von früheren Begegnungen in Spandau. Bekanntlich gibt es auch in Gatow eine „Melsunger Straße".

Wenige Tage vor Alfred Blödorn war auch die langjährige Bezirksverordnete und schulpolitische Sprecherin der SPD, Margot Brühe, mit 81 Jahren verstorben. Sie galt lange als „starke Frau" in der Spandauer SPD, und auch bei ihrer Trauerfeier im Krematorium Ruhleben hatte ich die Rede gehalten.

*

Am 22. April eröffneten wir in Weststaaken am Isenburger Weg (früher Ernst-Thälmann-Straße) ein neues Postamt, nachdem die Weststaakener vorher mit einer besseren Bude als Provisorium hatten leben müssen. Das Postamt gehörte zunächst noch zum Postbezirk Oranienburg und wurde erst zum 1. Juli dem Spandauer Hauptpostamt angegliedert. Das ehemalige Postamt in Staaken hatte auch schon am Isenburger Weg gelegen, wurde aber Jahre zuvor abgerissen, nachdem sich drei Postler über die nahe gelegene Mauer abgesetzt hatten. Ab dem 1. Juli gehörte dann Weststaaken auch postalisch zu Spandau. Die Rückgliederung war – wie alles, was mit Weststaaken zusammenhing – sehr kompliziert. Das Ereignis wurde mit einem Spandauer Sonderstempel gewürdigt, der viele Briefmarkensammler anlockte.

*

Etwas Schönes entwickelte sich Ende April 1991 rund um die Nikolai-Kirche auf dem Reformationsplatz. Die Berliner Zeitung titelte am 29. April dazu „Geheimtipp mit einem Hauch Pariser Charme": Es war ein Kunstgewerbemarkt, den der „Förderverein kommunaler Belange", dessen Vorsitzender ich war, in Zusammenarbeit mit der ev. Kirchengemeinde St. Nikolai und dem Spandauer Kunstamt an einem Wochenende veranstaltet hatte. Initiatorin dieser schönen Veranstaltung war in erster Linie Barbara Nowy, Mitarbeiterin im Kirchenamt, die zugleich auch Geschäftsführerin des kommunalen Vereins war. Nowy war selbst Künstlerin und hatte das richtige Gespür für einen derartigen Kunstmarkt. Leider hatte der Förderverein nach meinem Ausscheiden keinen Bestand mehr, und so erging es auch dem Kunstmarkt.

*

Am 3. Mai informierte uns unsere englische Partnerstadt Luton per Fax über den Ausgang der dortigen Kommunalwahl. Sie hatte einen politischen Erdrutsch zugunsten der Labour-Party ergeben, die nun mit 28 Sitzen die absolute Mehrheit hielt, während sich die Konservativen mit nur elf Sitzen plötzlich in der Opposition befanden. Zu ihnen hatten wir Spandauer allerdings immer einen guten, freundschaftlichen Kontakt gehalten, auch die Sozialdemokraten unter uns, und so hatte ich nun Sorge, ob das funktionierende partnerschaftliche Verhältnis zu Luton bei den neuen Labour-Mehrheitsverhältnissen weiter Bestand haben würde. Diskussionen mit „unseren" Labourleuten hatten mir gezeigt, dass sie nicht unbedingt Anhänger der Städtepartnerschaft waren. Es waren zunehmend junge Politiker, zum großen Teil Einwanderer aus dem westindischen und karibischen Raum. Meine Befürchtungen sollten sich später mehr als bewahrheiten.

*

Jugenderinnerungen tauchten bei mir auf, als eine neue Fußgängerbrücke über den Hohenzollernkanal in Haselhorst, etwa in Höhe der Einmündung des „Alten Berlin-Spandauer Schifffahrtskanals", eingeweiht wurde. Hier an den Rohrbruchwiesen (unserem „Sumpf") waren wir früher in den 30er Jahren herumgetobt. An der beschriebenen Mündung in den Hohenzollernkanal hatte über den alten Kanal noch eine Holzbrücke geführt, die sog. „Treidelwegbrücke", und wenige Meter weiter über den Hohenzollernkanal selbst eine massive Brücke, die in den letzten Kriegstagen gesprengt worden war und nun durch die neue Fußgängerbrücke ersetzt wurde. Die beiden Bürgermeister von Reinickendorf und Spandau, Detlef Dzembritzki und ich, vollzogen gemeinsam mit Bausenator Nagel den Brückenschlag. Der Hohenzollernkanal war die Bezirksgrenze zwischen Spandau und Reinickendorf. Früher war die Brücke der Ausflugsweg nach Saatwinkel, zum Tegeler See und zum Ausflugslokal „Blumeshof" auf Reinickendorfer Seite gewesen.

– Stasi-„Prozellan" zum Geschenk gemacht –

Am 14. Mai führten wir unsere Bezirksamtssitzung in Hohenschönhausen durch, gemeinsam mit dem dortigen Bezirksamtsgremium und Bürgermeister Rudolf Buschko. Im Rahmen der Ost-West-Kooperationen war der Bezirk Spandau Hohenschönhausen zugeteilt worden. Wir halfen nach Kräften bei der organisatorischen Entwicklung der Verwaltung, behielten im Übrigen jedoch unser Hauptaugenmerk auf den Spandauer Umlandgemeinden im Osthavelland.

Das Rathaus in Hohenschönhausen in der Großen Leege-Straße war auf einem ehemaligen Stasi-Gelände mit seinen berüchtigten Gefängniskammern untergebracht. Es war immer noch ein zwiespältiges Gefühl, dort zu tagen. Bürgermeister Buschko überreichte uns passend dazu einen mehrflammigen Leuchter aus dem Fundus von DDR-Staatsminister Mielke als Gastgeschenk. Das spießte das Spandauer Volksblatt anschließend als Glosse auf: „Was Ex-Stasi-Chef Erich Mielke in seiner Zelle nicht mehr hat, hat jetzt Bezirksbürgermeister Werner Salomon in seinem Amtszimmer. Seit gestern kann das Spandauer Stadtoberhaupt einen Porzellanleuchter sein eigen nennen, der zuvor im Hohenschönhausener Gästehaus des ehemaligen Staatssicherheitsministers stand. [...] Wenn da der Tippfehler in der entsprechenden Pressemitteilung kein Omen war: Dort war von ‚Prozellan' die Rede. [...]"

*

Der Juni war zunächst geprägt von Dienstreisen: Vom 4. bis 6. Juni fuhr ich nach Hannover zur Hauptversammlung des Deutschen Städtetages, dem ich als Delegierter des Landes Berlin angehörte, und direkt anschließend nach Siegen-Wittgenstein zum Partnerschaftsbesuch. Im Rahmen dieses Aufenthaltes nahm ich auch zum ersten Mal am berühmten „Stünzelfest" im Wittgensteinschen Bad Berleburg teil. Seit Mitte des 18. Jahrhunderts kommen dazu am ersten Wochenende im Juni die Bauern aus nah und fern auf die Hochfläche zwischen Eder und Lahn, um das beste Vieh zu prämieren, zu kaufen und zu verkaufen. Das prämierte Vieh wird dann mit Bändern geschmückt und im Kreis herumgeführt, begleitet von Ehrengästen mit Schärpe, die mit Kostproben des Wittgensteiner Wacholderschnapses bei Laune gehalten werden.

Am 11. Juni fand in Wuppertal ein zweitägiger Deutsch-Israelischer Städtekongress statt. Auch unsere Partnerstadt Ashdod mit ihrem Bürgermeister Zvi Zilker war vertreten. Zilker und seine israelische Delegation nutzten den Aufenthalt in Deutschland anschließend für einen Abstecher nach Spandau. Im wirtschaftlichen Bereich wünschten sich die Gäste aus Ashdod eine engere Zusammenarbeit, und der Jugendaustausch müsse intensiviert werden.

*

Am 14. Juni begrüßte ich wieder eine Jugendgruppe aus Wolgograd in Spandau. Dieser Jugendaustausch funktionierte erstaunlich gut, was nicht zuletzt am Wolgograder Leiter des Touristikbüros „Sputnik", Wladimir Ramsajew, lag. Um diese Freundschaft weiter zu vertiefen und zu pflegen, wurde der Vertrag über den weiteren Jugendaustausch bis 1995 verlängert.

– IDEENSCHMIEDE FÜR SPANDAU –

Am 18. Juni stellten Baustadtrat Klaus Jungclaus und ich der Öffentlichkeit ein Projekt vor, dem die Presse den Titel „Spandau-Forum: Ideenschmiede für die Havelstadt" gab. Nach dem Motto „Auch Stadtväter brauchen unabhängige Vordenker und Ratgeber" sollten sich markante Köpfe aus Spandau mehrere Jahre lang zusammenfinden und öffentlich über die Entwicklung des Bezirks nachdenken. Zum Vorbild nahmen wir uns im gewissen Sinn das von Stadtentwicklungssenator Hassemer auf Berliner Ebene ins Leben gerufene „Stadtforum". Unserer Auffassung nach tagte das allerdings zu sehr im Elfenbeinturm und beschäftigte sich vorrangig nur mit dem Innenstadtbereich, wobei die Interessen der Bezirke auf der Strecke blieben. Die Lebensqualität der Stadt beruhte jedoch auch auf der Eigenständigkeit und Vielfalt ihrer Bezirke. Besonders vor dem Hintergrund der Grenzöffnung und des neu zu schaffenden Flächennutzungsraumes durften die Bezirke nicht nur auf die Planung der Landesregierung vertrauen und sollten eigene Vorstellungen entwickeln, so schwebte es uns vor.

Das „Spandau-Forum" sollte sich daher z.B. mit der Frage beschäftigen, wie sich die Altstadt weiterentwickeln könnte, wie die Großsiedlungen unter Einbeziehung von Feld-, Frei- und Gar-

tenflächen verdichtet werden könnten, wie viele Wohnungen und Arbeitsplätze die Wasserstadt Oberhavel vertragen würde, und ganz wichtig: wie nach dem Abzug der britischen Truppen die Kasernen und Wohnungen genutzt werden könnten.
Die Gremienarbeit unterstützen sollten als ständige ehrenamtliche Planungsteilnehmer neben Mitgliedern aus Vereinen und Verbänden sowie Repräsentanten der Spandauer Gesellschaft auch Bezirksverordnete, Vertreter aus Industrie und Gewerbe sowie Betroffene aus dem Spandauer Umland. Auch „Freunde Spandaus" wie der ehemalige Präsident des Bundesverfassungsgerichts, Ernst Benda, und der ehemalige ZDF-Chefredakteur Reinhard Appel, beide ehemalige Spandauer, konnten wir uns als Mitglieder in diesem Forum vorstellen. Als Moderator hatten wir den ehemaligen Volksblatt-Chefredakteur Hans Höppner ins Auge gefasst. Den Ansatz und das Vorhaben halte ich auch heute noch für gut und wichtig.
Wir starteten eigentlich verheißungsvoll: Im „Gotischen Saal" des Palas in der Spandauer Zitadelle tagte am 27. September zum ersten Mal das „Spandau Forum". Neben rund 50 hochkarätigen Fachleuten (Stadt-, Verkehrs- und Landschaftsplaner) war auch Reinhard Appel der Einladung gefolgt. Gemeinsam diskutierten wir über die Wasserstadt Oberhavel, die Olympia-Standorte und die Entwicklung des Bezirks in der neuen Metropole.
Mit zwei provokanten Themen sorgte Baustadtrat Klaus Jungclaus gleich für ausreichend Zündstoff, um eine flammende Diskussion in Gang zu setzen. So warf er dem Senat Zentralismus vor; man sehe in den Bezirken nur Flächenpotenziale für Wohnungsbau, Industrie und Gewerbe. Außerdem kündigte Jungclaus an, Landwirtschaftsflächen und Kleingärten nicht als „heilige Kühe" zu betrachten – auch sie müssten notfalls geopfert werden, damit Spandau nicht zur Trabantenstadt verkomme, sondern sich zu einer erlebnisreichen Großstadt entwickeln könne. Bei der Diskussion, die sich an die einleitenden Vorträge anschloss, war die Senatsverwaltung leider nicht mehr vertreten. So konnte das „Spandau Forum" nur ein Beginn dafür sein, der Zukunftsplanung ein breiteres Fundament zu geben.

– Berlin wird Bundeshauptstadt –

Der Deutsche Bundestag in Bonn beschloss am 20. Juni die Verlegung des Sitzes von Bundestag und Bundesregierung nach Berlin. Fast elf Stunden lang war darüber leidenschaftlich debattiert worden, bevor die Abgeordneten in namentlicher Abstimmung mit 338 gegen 320 Stimmen für den Umzug stimmten. Dem Beschluss gingen heftige Kontroversen voraus. In der CDU/CSU-Fraktion und in der SPD-Fraktion gab es jeweils eine Mehrheit für Bonn, während FDP-Fraktion, PDS/Linke Liste und Bündnis 90/Grüne mit deutlichem Vorsprung für Berlin stimmten. Fast ist es überflüssig zu betonen, dass der gefasste Beschluss auch meiner Überzeugung entsprach. Er vollzog die jahrzehntelangen historischen Zusagen (west-)deutscher Politiker und war eine symbolhafte Entscheidung für den Willen zur Solidarität mit Ostdeutschland.
Sehr aufschlussreich war übrigens die getrennte Auszählung der Stimmen nach alten und neuen Bundesländern, unter Einschluss von Gesamtberlin: Von den Abgeordneten aus den alten Bundesländern hatten 58 Prozent für Bonn und 42 Prozent für Berlin votiert, während von den Abgeordneten aus den neuen Bundesländern 81 Prozent für Berlin und nur 19 Prozent für Bonn gestimmt hatten.

*

Ende Juni standen die sieggewohnten Fußballdamen vom TSV Siegen wieder im Pokalendspiel im Berliner Olympiastadion. Wir betreuten die Sportlerinnen, wie gewohnt, und ich gehörte beim DFB-Empfang im Steigenberger Hotel als TSV-Ehrenmitglied der offiziellen Siegener (!) Delegation an. Aber jede Siegesserie geht einmal zu Ende: Nach vier Titelverteidigungen verloren „unsere Mädels" dieses Endspiel gegen die Frankfurter Fußballdamen. So war beim abendlichen Empfang im Segelclub Gothia an der Scharfen Lanke Trost spenden angesagt: „Ich weiß, dass es schwer ist, jetzt die richtigen Worte zu finden. Aber ich habe im Stadion viele Stimmen gehört, die meinten, das erste Spiel sei besser gewesen als das zweite [Anmerkung: Gemeint war das Endspiel der Männer.] Außerdem möchte ich Euch zur Titelverteidigung bei der

Deutschen Meisterschaft gratulieren", so zitierte mich die Siegener Zeitung. Leider brach diese großartige Damenfußballmannschaft später völlig auseinander – schade.

*

Der Rest des Monats war dicht gefüllt mit vielen Routine-Terminen. Am 1. Juli war ich zwölf Jahre Bezirksbürgermeister von Spandau und damit der am längsten amtierende Verwaltungschef nach 1945, außerdem auch einer der dienstältesten Bürgermeister von Berlin. Und es sollte ja noch mindestens ein Jahr weitergehen.

Bei einem Gespräch in Nauen verständigten wir uns darauf, die abgeschlossene „Vereinbarung über kommunale Kontakte" durch einen offiziellen Partnerschaftsvertrag mit Urkunde abzulösen. Die einmal geknüpften menschlichen Kontakte sollten aufrechterhalten und vertieft werden. Sehr erfolgreich verlief inzwischen auch die Partnerschaft Nauens mit der Stadt Kreuztal in Siegen-Wittgenstein, die mehr oder weniger durch unsere Spandauer Vermittlung zustande gekommen war. Gerade in dieser Zeit leisteten die Mitarbeiter aus Kreuztal praktische Aufbauarbeit in der Nauener Verwaltung. Die vergleichbaren Bedingungen in den beiden Kommunen boten sich für eine enge Zusammenarbeit auf diesem Gebiet besser an, als dies ein Stadtbezirk wie Spandau hätte leisten können. Wir halfen auf anderen Gebieten, etwa bei der Sanierung der Altstadt oder bei den Vorbereitungen zur 700-Jahrfeier Nauens 1992.

*

Bundesverkehrsminister Günther Krause verkündete bei einem Besuch in Spandau, für die Intercity- und Schnellzüge von Hannover und Hamburg nach Berlin brauche die Havelstadt unverzüglich einen neuen Bahnhof. „Ich bin optimistisch, dass er spätestens bis 1997, vielleicht aber auch schon 1995 realisiert sein wird", sagte Krause bei einer Erörterung im Rathaus, nachdem wir gemeinsam das ehemalige Güterbahnhofsgelände und den Bahnhof Spandau-West besichtigt hatten. Das war ein Durchbruch, der uns alle freudig überraschte.

*

Wieder gab es Unruhe um die Schultheiss-Brauerei in Spandau: Auf einer Betriebsversammlung Anfang Juli wurde den Beschäftigten eröffnet, dass die Spandauer Betriebsstätte in zwei Etappen bis Mitte 1992 stillgelegt werden sollte. Davon waren 180 Beschäftigte betroffen. Die Produktion sollte ins Schultheiss-Werk nach Kreuzberg, Weißensee oder Frankfurt an der Oder verlagert werden. Das war ein herber Schlag für unsere Havelstadt, denn damit ging auch ein traditionelles Stück Spandau verloren. Natürlich protestierte ich gegen die Schließung, auch bei einem Besuch des Schultheiss-Direktors Großekettler am 15. Juli bei mir, aber die Würfel waren wohl gefallen. Der Konzentrationsprozess bei den Brauereien war in vollem Gange, und so blieb auch die Altberliner Traditions-Brauerei Schultheiss auf der Strecke. Die Braustätte Spandau war nur der Anfang.

– Aufgabenkritik in der Verwaltung –

Mitte Juli war wieder einmal das Thema „Aufgabenkritik in der Berliner Verwaltung" aktuell. Mit anderen Bezirksbürgermeistern gehörte ich einem Arbeitskreis „Aufgabenkritik" an, der beim Senator für Inneres gebildet wurde und Verwaltungsstrukturen kritisch im Hinblick auf Aufgabenreduzierungen durchleuchten sollte. Dabei spielten immer Ausstattungsvergleiche mit anderen Ballungsräumen (Hamburg, Ruhrgebiet, München u.a.) eine wesentliche Rolle.
Ohne Frage war die Berliner Verwaltung in ihrer zentralen Hauptverwaltung, aber auch in ihren Bezirksverwaltungen personell und organisatorisch besser ausgestattet als andere Großstädte. Bei der Betreuung von Sozialhilfeempfängern hatten westdeutsche Bearbeiter z.B. manchmal das Doppelte an Fällen zu bearbeiten wie in Berlin. Aber es war schwierig, die seit Jahrzehnten gewachsenen Verwaltungsstrukturen von heute auf morgen zu verändern, zumal in West-Berlin immer auch politische Motive eine Rolle gespielt hatten, was durch hohe Bundeszuschüsse im Etat viele Jahre lang gestützt worden war. Jetzt aber wurde der finanzielle Spielraum

immer enger. Deshalb war es berechtigt, die Berliner Verwaltung auf den Prüfstand zu stellen. Es war schwierig genug, einen Anfang zu finden. Hauptverwaltungen und Bezirke schoben sich gegenseitig „Übersättigungen" zu. Ich behaupte heute noch: Besonders die Berliner Hauptverwaltungen, die Senatsdienststellen, waren personell und strukturell aufgebläht, und dort hätte man damals schon Spielräume für Einsparungen gehabt.

In den Senatsverwaltungen hatte jedoch jahrzehntelang ein bürokratischer Zentralismus regiert. Man hatte die dezentrale Verwaltung in den Bezirksamtsverwaltungen nicht ernst genommen, und dadurch war jetzt ein Konflikt bei der Aufgabenkritik in der Berliner Verwaltung programmiert. Man tat sich auf Senatsebene schwer bei der Durchforstung der Arbeitsverfahren, bei der Abschaffung immer noch bestehender Doppel- und Dreifachzuständigkeiten sowie der Konzentration der Aufgaben auf ministerielle Kompetenzen. Auch der Versuch einer Bereinigung überzogener Vorschriftenfluten verlief zäh. Lange später zeigte dieses schwierige Geschäft noch seine quälenden Auswirkungen.

– MAUER-ABRISS GESICHERT –

Erfreulich war eine Entscheidung von Bundesverteidigungsminister Stoltenberg, für die ich mich auch stark gemacht hatte: Die ca. 500 Grenzsoldaten der ehemaligen NVA, die den Abriss der Mauer vorantrieben, sollten uns ein weiteres Jahr erhalten bleiben. Ursprünglich wollte man diese Einheit auflösen, was praktisch die Einstellung der Räumarbeiten zum 1. August bedeutet hätte. Jetzt aber konnte das sog. „Auflösungs- und Rekultivierungs-Kommando Berlin-Rummelsburg" weiter am Abriss der alten Sperranlagen arbeiten. Gerade in Spandau mit seiner ehemals 33 km langen Grenze zur DDR waren Mitte 1991 längst noch nicht alle Spuren der früheren Befestigungen getilgt.

Natürlich war das eine gute Entscheidung des Bundesverteidigungsministeriums. Berlin und seine Umgebung wurden nun tatsächlich mauerfrei, die 500 Beschäftigten der ehemaligen NVA behielten noch ein Jahr länger ihre Jobs, und außerdem hätten die Kreise und Bezirke die restlichen Räumungsarbeiten aus eigener Kraft nicht finanzieren können.

Etwas Anachronistisches tat sich Anfang August allerdings an der Weststaakener Mauer: Ich bekam plötzlich eine Petition mit dem Anliegen, die Mauer möge entlang der Eisenbahnstrecke erhalten bleiben! Bekanntlich war zu DDR-Zeiten die Transitstrecke der Eisenbahn nach Westdeutschland in Weststaaken beiderseits der Gleise ebenfalls durch eine Mauer „gesichert". Ein wahnwitziges „Denkmal" aus dieser Zeit war noch immer der bereits erwähnte „Affenkäfig" am Bahnübergang Feldstraße, der mit meterhohen Gittern verhindern sollte, dass Weststaakener Flüchtlinge auf die hier langsam fahrenden Interzonenzüge aufspringen konnten. Diese Mauern entlang der Gleise sollten nun auf Wunsch einiger Anwohner aus Sicherheitsgründen stehen bleiben. Als Grund gaben Eltern ihre Befürchtung an, dass Schulkinder den Schulweg sonst quer über die Gleise abkürzen könnten und sich damit in Gefahr begäben. An zweiter Stelle wurden Lärmschutzgründe genannt, denn natürlich lebte jetzt der Schienenverkehr durch Staaken wieder auf. Die Wünsche und Besorgnisse der Anwohner schienen mir eine gewisse Berechtigung zu haben, und ich ließ den Mauerabriss dort erst einmal stoppen. Wir mussten sehen, wie wir zu einem Kompromiss zwischen dem politisch unabdingbaren Abriss der Mauer als einem Symbol des SED-Staates und dem offensichtlich bestehendem Sicherheitsbedürfnis kommen konnten. Auf jeden Fall musste die Mauer dort weg, auch, weil sie stellenweise bereits einzustürzen drohte.

Relativ problemlos und zügig konnten wir in Verhandlungen mit Bundeswehr und Reichsbahn erreichen, dass an Stelle der Mauer ein drei Meter hoher Maschendrahtzaun die Eisenbahngleise absicherte. Die Deutsche Reichsbahn hatte sich bereit erklärt, zu diesem Zweck Maschendraht zur Verfügung zu stellen, und die Soldaten des Räumkommandos waren bereit, den Zaun zügig zu errichten. Damit stand dem endgültigen Mauerabriss, der für mich politisch Priorität hatte, nichts mehr im Wege.

Das Anliegen, die Mauer als Lärmschutz behalten zu wollen, blieb in meinen Augen eine verrückte Angelegenheit, zumal wenig später überall an stark befahrenen Eisenbahnstrecken Schallschutzzäune bzw. Schallschutzmauern errichtet wurden. Auch auf Westseite, an der Bergstraße, fanden Anlieger einen Grund, weswegen sie sich wünschten, die Mauer möge stehen bleiben: Sie biete vor unangenehmen Westwinden Schutz ...

– Bürgernahe Politik –

Ein typisch lokales Problem gab es Mitte Juli um den „Forellenhof Rother": Der seit 30 Jahren am Weinmeisterhornweg beheimatete und weit über die Grenze Spandaus bekannte und beliebte Forellenhof wollte sich um die Fischzuchtbecken herum erweitern und modernisieren. Dann kam ein „Nein" von der Senatsverwaltung. Man war sogar der Meinung, der Betrieb müsse dort weg, weil er in einer ausgewiesenen „Grünanlage" angesiedelt sei und eine Geruchsbelästigung darstelle. Man war der Meinung, er könne jetzt ja ins Umland umsiedeln.

Wir wehrten uns erbittert. Wir hatten den Bauplänen von Rother zugestimmt, und ich wandte mich nun persönlich an Umweltsenator Hassemer und Bausenator Nagel mit dem dringenden Wunsch, sie sollten die „Schreibtischentscheidung" ihrer Verwaltung in dieser Frage überprüfen und diesen alten, erfolgreichen Spandauer Betrieb mit mehr Fingerspitzengefühl behandeln – und siehe da: Es klappte! Wenige Tage nach diesem Vorstoß ließ der Umweltsenator über seinen Staatssekretär erklären, der Forellenhof Rother am Weinmeisterhornweg genieße Bestandsschutz, auf jeden Fall bis 2008. Ich finde, um solche Schwierigkeiten vor der Haustür muss sich ein Bezirksbürgermeister einfach kümmern. Das ist Kommunalpolitik, wie sie die Bürger von ihm erwarten.

*

Am 31. Juli verabschiedete ich Mitarbeiterinnen und Mitarbeiter in den Ruhestand, was ich regelmäßig am letzten Arbeitstag im

Beisein von Vertretern des Personalrates tat. Das kam gut an. Nach häufig längerer Dienstzeit im Rathaus Spandau hatten sie ein paar Worte der Anerkennung und des Dankes vom Verwaltungschef verdient. Auch würdigten wir sie anlässlich ihres Ausscheidens mit einer Pressenotiz.

Ebenso begrüßte ich die neu einzustellenden Mitarbeiter am Beginn eines Monats. Bei jungen Beamtenanwärtern war das mit ihrer Vereidigung verbunden. Gott sei Dank war es zu meiner Amtszeit noch so, dass wir den selbst ausgebildeten Nachwuchs auch übernehmen konnten. Lediglich bei Bürogehilfinnen bildeten wir damals über den Bedarf hinaus aus.

– Amtskette mit Geschichte –

Bekanntlich haben die Berliner Bezirksbürgermeister Amtsketten, die sie bei besonderen Anlässen anlegen. Auch wenn die Bürgermeister-Amtsketten im Raum Berlin nie die Wichtigkeit erlangten, wie man dies beispielsweise von vielen englischen Städten kennt, so haben doch auch sie ihre Bedeutung. Einem Gutachten des Heraldikers Dr. Ottfried Neubecker von 1957 nach geht das Recht, eine Amtskette zu tragen, schon auf die Städteordnung des Freiherrn vom Stein aus dem Jahr 1808 zurück. Die jetzigen Amtsketten stammen sämtlich aus der alten Stadtgemeinde Berlin und sind in der Grundform alle gleich. 1845 hatten die Bezirksvorsteher diese neuen silbern-vergoldeten Ketten erhalten. Heraldisch waren sie den jeweiligen Gegebenheiten entsprechend mit unterschiedlichen Wappen verziert.

Mit der Bildung der Einheitsgemeinde Berlin wurden 1920 die Amtsketten aus den Bezirken alle eingezogen. Erst in der Nazi-Zeit, zum Empfang des Olympischen Komitees 1936 auf der Rathaustreppe, wurden sie wieder an die Bezirksbürgermeister verteilt. Allerdings setzte sich das Tragen dieser Ketten in der Diktatur nicht durch – nach Neubeckers Vermutung haftete ihr zu sehr der demokratische Ursprung an.

Und nun der Sprung in die Neuzeit: Die Amtsketten liegen seit jeher in langen, flachen, lederbezogenen Kästen, die in der Mitte des Deckels in Blindprägung das Stadtwappen, ähnlich wie auf einer Medaille, tragen. Darunter steht klein die Jahreszahl „1709", und zwar innerhalb des Schriftringes „Magistrat zu Berlin MDCCCVIII" (1808). Die Medaillen waren seinerzeit vom Hofjuwelier Hossauer geliefert worden, dessen Geschäftszeichen sich an den Kästen befindet. Um diese Schatulle ging es uns in diesem August: Wir hatten sie restaurieren lassen und stellten sie nun der Öffentlichkeit vor. Die Lederschatulle hatte Heinz Keller vom Museum für Völkerkunde, einer von drei bundesdeutschen Lederrestauratoren, in rund 100 Arbeitsstunden aufgearbeitet. Mit viel Fingerspitzengefühl hatte der Experte die Kalbslederschatulle auseinander genommen, gereinigt, zerbrochene Verschlüsse ersetzt, Konservierungsmittel und Wachs in das Leder eingearbeitet. Die Innenseite der Schatulle wurde mit schwarzem Papier aus dem vorigen Jahrhundert frisch bezogen, welches ihm das Kupferstichkabinett überlassen hatte. Darauf prangt das Originalabzeichen von George Hossauer, Goldschmied seiner Majestät des Königs von Berlin, der das Futteral 1845 mit der Amtskette geliefert hatte. Auf dem Deckel des Kästchens ist das Wappen des Magistrats zu Berlin eingeprägt. Keller restaurierte diese Schatulle für uns zum Nulltarif. Sie war nunmehr fast wertvoller als die Amtskette selbst und sollte nach Meinung des Restaurators nur noch mit „weißen Handschuhen" angefasst werden.

– Neuer Turm für St. Nikolai –

Ende August wurde an der St.-Nikolai-Kirche die „Wiedergeburt" des Turmes gefeiert. Die Turmhaube war bei einem Luftangriff am 6. Oktober 1944 zerstört worden, die Kirche war ausgebrannt. Seit 1952 hatten die Spandauer mit einem bescheidenen Dachprovisorium für St. Nikolai gelebt. Der zerstörte Turm war ein Stück Spandauer Geschichte: Der berühmte Baumeister Karl

Friedrich Schinkel hatte ihn 1839 geschaffen. Dank engagierter Bemühungen, besonders von Pfarrer Winfried Augustat, konnte der Wiederaufbau des Turmes finanziert werden, und das 5-Mill.-DM-Projekt wurde jetzt vollendet. In diesem Spätsommer wurde der prachtvolle, 77 m hohe Turm mit seiner neuen / alten „Laterne" feierlich übergeben. Den Festgottesdienst in Anwesenheit des Regierenden Bürgermeisters Eberhard Diepgen leitete der Bischof von Berlin-Brandenburg, Martin Kruse. Rund um die St. Nikolai-Kirche erlebten viele Gäste ein fröhliches Fest mit Kunstgewerbemarkt, Standkonzerten, offenem Singen, Orgelkonzerten, Turmbesteigungen und vielem anderen. Natürlich wirkten auch wieder britische Militärkapellen mit. Es war wieder einmal ein richtiges Spandauer Volksfest! Eberhard Diepgen und ich stellten uns auf dem Reformationsplatz den Fragen der Journalisten.

*

Anfang September rauschte es wieder einmal durch den Berliner „Blätterwald": Zwei britische Einheiten rücken aus Spandau ab, berichteten die Medien. Und in der Tat gab die britische Militärpressestelle bekannt, dass die in der Smuts-Kaserne sowie die in der Kladower Montgomery-Kaserne stationierten Einheiten bis Mitte Juli 1992 aus Berlin abziehen würden.

Der Abzug der Panzereinheit der „King's Husars" war ohne Frage eine Entlastung im Interesse der Anwohner der Wilhelmstadt, was die Lärmbelastung durch die schweren Panzerfahrzeuge betraf. Die Kehrseite der Medaille war allerdings, dass der Abzug britischer Einheiten auch Entlassungen bei den deutschen Zivilangestellten mit sich brachte. Die Montgomery-Kaserne in Kladow-Hottengrund würde nach Abzug der Briten den deutschen Behörden zurückgegeben werden. Wir gingen davon aus, dass dann die Bundeswehr in Kladow ein Jägerbataillon stationieren würde. Auch gab es wieder Spekulationen um die Zukunft des britischen Militärflughafens Gatow nach dem Abzug. Würde das Bundesverteidigungsministerium dort Flugbereitschaften stationieren?

Ich brachte immer wieder zum Ausdruck, dass wir in Spandau keinen (neuen) Luftwaffenstützpunkt gebrauchen könnten. Das Gelände war ideal für eine Mischung aus Wohnen und Gewerbe. Aber natürlich ging die Diskussion darüber weiter, und natürlich entschied letztendlich die Bundesregierung, wie sie ihr Gelände nutzen würde. Dennoch wollten wir rechtzeitig einen Fuß in die Tür kriegen.

*

Auch die Spandauer Schleuse spielte Anfang September in der Politik wieder eine Rolle. Bis hin zum Bundesverkehrsministerium waren sich allerdings inzwischen alle einig, dass der Bau einer neuen, verbreiterten Schleuse problematisch für die benachbarte Zitadelle werden könnte. Bundesverkehrsminister Günther Krause teilte mir in einem Brief mit, dass die Zitadelle unbedingt geschützt werden müsse und sich jetzt eine Lösung abzeichne, die einen verkleinerten Neubau möglich mache. Diese Einsicht teilte jetzt auch die Wasser- und Schifffahrtsdirektion. Im Gespräch war ein Neubau im Bett der alten Schleuse von 1910. Dadurch würde das Zitadellenglacis unberührt bleiben.

Ich konnte mir aus Bezirkssicht allerdings allenfalls eine behutsame Reparatur der alten Schleuse vorstellen. Im Übrigen plädierte ich weiter dafür, ernsthaft zu prüfen, wie sich die Schleuse auf vorhandenen Wasserstraßen umfahren ließe. Das Thema Schleuse beschäftigte Spandau noch lange.

– Die Historische Stadtgarde –

Am 6. September fand auf der Zitadelle das zweite „Preußische Tabacs-Kollegium" der Historischen Spandauer Stadtgarde statt. Das war ein gemeinnütziger Verein, 1985 gegründet, der es sich zum Ziel gemacht hatte, die brandenburgisch-preußische Geschichte des 18. Jahrhunderts unter dem speziellen Blickwinkel der Spandauer Geschichte aufzuarbeiten und mit spezifischen Methoden einer breiten Öffentlichkeit näher zu bringen. Die Historische Stadtgarde repräsentierte das 35. Infanterieregiment der preußischen Armee, das „Prinz-Heinrich-Regiment", das 1740 gegründet worden und von 1764 bis 1796 in der Zitadelle Spandau stationiert gewesen war.

Die Historische Spandauer Stadtgarde bestand aus 20 aktiven Gardisten. Sie verfügten alle über originalgetreu nachgearbeitete Uniformen und Ausrüstungsgegenstände aus den Jahren 1740 bis 1750. Mit ihren Uniformen traten sie bei vielfältigen Veranstaltungen in Spandau, in Berlin und Umgebung repräsentativ in Erscheinung. Im Gegensatz zu anderen, ähnlichen Garden lehnten sie aber militärisches Exerzieren ab. Neben den aktiven Gardisten gab und gibt es etwa 100 passive Mitglieder aus Politik und Gesellschaft. So bin auch ich als „Ehrenkommandant" Mitglied der Historischen Stadtgarde.

Zur Traditionspflege gehört das jährliche „Tabacs-Kollegium" an historischer Stätte, auf der Zitadelle. Die Stadtgarde verstand das als Stätte der Begegnung Gleichgesinnter, als Diskussionsrunde zu historischen wie auch zu aktuellen politischen und kommunalpolitischen Problemen und nicht zuletzt als Ort unbeschwerten Beisammenseins und Feierns. Natürlich war der „Ehrenkommandant Salomon" stets Gast bei solchen Runden. Und eines musste man den Akteuren, insbesondere dem Kommandanten Heinz Bosbach, lassen: Er verstand es immer wieder, sich und seine Garde auch weit über Spandau hinaus in Szene zu setzen und über Sponsoren so manche Spende für soziale Einrichtungen herauszuholen.

*

Die Wochenenden im September waren mit Festivitäten in Spandau stets ausgefüllt, auch für den Bürgermeister. Am 7. September feierten wir „Spandau International". Das war immer eine sehr schöne Veranstaltung mit einem ernsten Anliegen: die Integration ausländischer Mitbürgerinnen und Mitbürger. Auch unsere türkische Partnerstadt Iznik war in diesem Jahr erstmals mit drei großen Ständen vertreten.

Das Ausländerfest hatte allerdings ein politisches Nachspiel: Im Ausschuss für Ausländerfragen in der BVV kritisierte die CDU den Kostenaufwand für dieses „türkische Familienfest" – der kommende Wahlkampf ließ grüßen. Etwa 10 000 DM hatte uns das Fest gekostet, davon übernahm 7 500 DM der Senat. Wir blockten die Kritik ab. Vor allen Dingen war uns das Urteil der Ausländerbeauftragten des Berliner Senats, Barbara John (CDU), wichtig, die das Ausländerfest mit immerhin etwa 8000 Besuchern als „vorbildlich" gewürdigt hatte.

*

Am 14. September war ich wohl aufgrund einer Initiative unseres Jugendamtes zu einem deutsch-sowjetischen Kinderfest in die sowjetische Kaserne in Krampnitz, kurz vor Potsdam, eingeladen – etwas ganz Neues für mich. Wir wurden bis zur Generalität mit kleinen Empfängen herumgereicht. Auch das russische Fernsehen interessierte sich für mich. Aber die Militärs und ihre Familien waren damals schon in einer schlimmen Situation. In den nächsten Jahren oder Monaten mussten sie zurück nach Russland, und ihr Schicksal dort war völlig ungewiss. Die russischen Kinder aber – allesamt herausgeputzt wie kleine Prinzessinnen – amüsierten sich bei diesem Kinderfest prächtig und erhielten von ihren deutschen Partnern viele Süßigkeiten und kleine Geschenke.

– DIE STAAKENER DORFKIRCHE –

Am 15. September wurde in der alten Dorfkirche Staaken ein neuer ev. Pfarrer, Norbert Rauer, in sein Amt eingeführt. Die etwa 700 Jahre alte Staakener Dorfkirche hatte seit 1951 unmittelbar an der Grenze in der DDR gestanden. Sie hatte durch ihre besondere Lage Symbolkraft. Jede Rundfahrt durch Spandau mit auswärtigen Gästen führte zum Grenzstreifen am Nennhauser Damm, mit Blick und Hinweis auf die Kirche, deren Turm man von Westberliner Seite aus sehen konnte.
In dieser Kirche und ihrem benachbarten Gemeindehaus hatte sich Mitte 1989 ein Widerstandskreis, der „Staakener Kreis", um den Pfarrer und späteren Staakener Bürgermeister Peter Radziwill gegründet. Allerdings waren die Kirchengemeinden in Ost-Staaken (Spandau) und Weststaaken (DDR) im Laufe der 40 trennenden Jahre einander vollständig fremd geworden. Der neue Pfarrer aus Mecklenburg-Vorpommern hatte eine schwierige Ar-

beit vor sich. Die Gemeindearbeit in Weststaaken war völlig verödet. Durch seine Grenzlage war der Ort ein ideologischer Vorposten der DDR gewesen. Mehr und mehr waren linientreue und kirchlich nicht mehr gebundene Familien in Staaken angesiedelt worden. Nur ein kleiner Kreis Kirchenmitglieder stand im September 1991 noch zur Verfügung, aber Pfarrer Rauer packte seine Sache erfolgreich an.

*

Am 28. September eröffnete ich den traditionellen „Gewerkschaftstag" auf dem Spandauer Markt, mit dem ich mich besonders identifizierte. Meinen gewerkschaftlichen „Stallgeruch" bin ich eben nie ganz losgeworden. In diesem Jahr gaben die Gewerkschaften ihrer Besorgnis über die Zukunft der Zivilbeschäftigten bei den Alliierten Ausdruck. Allein in Spandau waren vom kompletten Truppenabzug rund 3 200 Menschen betroffen. Die Briten waren ein großer Arbeitgeber.

– Letzter Geburtstag im Amt –

Am 1. Oktober wurde ich 65 Jahre alt, und dieser Tag geriet zu einem besonderen, öffentlichen Ereignis, zumal es mein letzter „offizieller" Geburtstag im Amt war. Meine Mitarbeiter ließen sich dazu einiges einfallen: Morgens standen am Hauseingang zur Jaczostraße 80 zwei Dudelsackpfeifer der „Gordon Highlanders" und begrüßten mich. Draußen auf der Straße brachten mir Jagdhornbläser der Berliner Förster ein morgendliches Ständchen, und ein geschmückter Kremser stand bereit, um meine Frau Marion und mich ins Rathaus zu kutschieren.
Vor dem Rathaus ging der Begrüßungsreigen weiter: Dudelsackpfeifer spielten mir ein „Happy Birthday", bevor es zum Empfang in den Bürgersaal ging. Dort hielt Bezirksverordnetenvorsteher Rolf Rührmund vor einer stattlichen Zahl von Gratulanten eine Laudatio auf mich. Neben der ehemaligen Bundestagspräsidentin Annemarie Renger waren auch SPD-Chef Walter Momper, Frak-

tionsvorsitzender Ditmar Staffelt, Bürgermeister der Nachbarbezirke sowie Verwaltungschefs aus dem Kreis Nauen, Stadträte, Freunde aus Siegen-Wittgenstein und viele Vertreter von Spandauer Organisationen und Vereinen zu meinen Ehren gekommen. Die nächste Geburtstagsüberraschung folgte am 2. Oktober: Die Briten luden mich zu einem Flug mit der einmotorigen Chipmunk über Spandau mit einem Abstecher über das Havelland ein. Aus einem mitfliegenden Hubschrauber wurde die Chipmunk mit mir als Kopiloten fotografiert, das Rathaus bildete den Hintergrund. Auf dieses einmalige Fotodokument bin ich immer noch sehr stolz. Den Abschluss dieses Ausflugs bildete ein Lunch, das Brigadier Bromhead im britischen Hauptquartier mir zu Ehren gab. Daran nahmen auch sämtliche britischen Truppenkommandeure teil. Ich denke, dass ich auch auf diese Gesten der Briten stolz sein kann!

– Erste Bilanz der Einheit –

Der 3. Oktober 1991 war zum ersten Mal als „Tag der deutschen Einheit" ein Feiertag. An diesem Tag standen wir dem Spandauer Volksblatt Rede und Antwort. Die Zeitung befasste sich unter dem Titel „Ein Jahr danach" mit zwei Umland-Problemen, die sich aus der Wiedervereinigung ergeben hatten, und zog eine teilweise nüchterne Bilanz.
Zum einen ging es um die Situation in Weststaaken ein Jahr nach der Rückgliederung, und zum zweiten um die Kontakte zum Havelland, speziell zur Kreisstadt Nauen. Diese Bestandsaufnahmen waren wichtig und notwendig, um Schlussfolgerungen für die Zukunft zu ziehen. Beide Themen hatten für mich nach wie vor hohe politische Priorität, und beide waren von mir auch mit viel politischem Herzblut in die Wege geleitet worden. Neben mir und meinem Referenten Axel Hedergott wurden auch der Landrat des Kreises Nauen, Dr. Burkhard Schröder, sowie der jetzige Bürgermeister der Stadt Nauen, Werner Appel, in die Berichter-

stattung einbezogen. Am 16. Oktober gaben wir selbst eine Pressekonferenz zum Thema „Zwischenbilanz – ein Jahr nach der Rückkehr von Weststaaken". Die Probleme waren nach wie vor aktuell und einer öffentlichen Schilderung würdig.

*

Schon im Frühjahr 1990 hatte ich die Idee, die Spandauer Partnerstädte näher zusammen zu bringen. Wir hatten Partnerschaften mit dem Landkreis Siegen-Wittgenstein, der Stadt Siegen und der Stadt Nauen. Die Stadt Siegen ihrerseits hatte nach der Wende eine Städtepartnerschaft mit der sächsischen Stadt Plauen im Vogtland begonnen, und zwischen der Stadt Nauen und der Stadt Kreuztal im Siegerland existierte seit 1991 eine Partnerschaft. Außerdem gab es gute Verbindungen zwischen dem Landkreis Siegen-Wittgenstein und dem Landkreis Nauen. Was lag also näher, als alle zusammen an einen Tisch zu bringen?
Vom 10. bis zum 13. Oktober gelang uns ein Treffen der genannten Partnerstädte und -kreise aus Ost und West in Siegen. Im Mittelpunkt dieses Symposiums stand das Thema „Erlebnisraum Innenstadt – Ansätze städtebaulicher Rahmenplanung". Wir fuhren gemeinsam von Berlin aus mit der Eisenbahn nach Siegen. Dieses „deutsch-deutsche" Treffen wurde ein Erfolg, weil neben der thematischen Arbeit auch das Gespräch, das menschliche Miteinander nicht zu kurz kam, und wenn es beim Bier in der Krombacher Brauerei war. Leider haben derartige gemeinsame Partnerschaftstreffen später keine Fortsetzung gefunden.

*

Am 5. Oktober weihten wir die neue Kanusportanlage des KC Charlottenburg an der Scharfen Lanke ein. Der Spandauer Verein KC Charlottenburg war in diesem Jahr der erfolgreichste Kanuverein der Welt mit je drei Gold- und Silbermedaillen bei den Weltmeisterschaften in Paris. Die von uns sehr geförderte Kanusportanlage setzte nicht nur Maßstäbe für den Leistungssport in Berlin, sondern vor allem für den Breitensport.

– Streit um Nauener Kreiskrankenhaus –

Bei einer weiteren Sitzung des GANS am 18. Oktober in der Falkenseer Stadthalle erwies sich das Einkaufszentrum in Dallgow, der spätere „Havelpark", als einer der Knackpunkte. Wir befürchteten vor allem, dass die geplante Größe von 24 000 qm dem Spandauer Gewerbe erhebliche Nachteile bringen würde. Aus Nauener und Dallgower Sicht stellte sich die Lage natürlich völlig anders dar: Landrat Schröder erhoffte sich von diesem Zentrum vor allem eine entscheidende Verbesserung der Einkaufsmöglichkeiten in Dallgow und Umgebung. Außerdem sollte die Kaufkraft im Landkreis gehalten werden und nicht nach Berlin abfließen. Die Stimmung der Glückseligkeit, die uns in den ersten Wochen nach dem 9. November 1989 ganz erfasst hatte, war nun wohl langsam den Realitäten und unterschiedlichen Interessen gewichen. Auch wuchsen die Eigenständigkeiten und das Selbstbewusstsein der neu gewählten Repräsentanten in den östlichen Kommunen.

Als weiteres heikles Thema beschäftigte uns im Gemeinsamen Ausschuss das Kreiskrankenhaus Nauen in Weststaaken. Unglücklicherweise lag es seit dem 3. Oktober 1990 auf Spandauer Gebiet. Zwar war sein Bestand vertraglich bis 1994 gesichert, aber Spandau beanspruchte dieses (Industrie-)Gelände für weitere Ansiedlungen bzw. den Erhalt der vorhandenen Industrie, die immerhin 600 Arbeitsplätze bot. Industriegebiet und Krankenhausstandort nebeneinander zu belassen, war aber planungsrechtlich nicht vereinbar. Erschwerend kam hinzu, dass die Wärmeversorgung für das Krankenhaus dringend neu zu regeln war, möglichst durch ein eigenes Heizkraftwerk, das rund 4 Mill. DM gekostet hätte. Eine Investition in dieser Höhe hätte jedoch bedeutet, dass man das Krankenhaus an diesem unglücklichen Standort über 1994 hinaus hätte erhalten müssen.

Wir versuchten zum damaligen Zeitpunkt, mit Hilfe einer privaten Entwicklungsgesellschaft den schwelenden Konflikt zu lösen, denn der Kreis Nauen war zunächst nicht daran interessiert, das Krankenhaus in Weststaaken aufzugeben. Die Gesellschaft sollte mögliche Varianten für Weiterbetrieb, Schließung oder Neubau an einem anderen Standort erarbeiten.

Im November nahmen die Auseinandersetzungen um das Krankenhaus in Weststaaken noch einmal einen größeren Raum ein. Die Presse sprach von „gereizter Funkstille", „harten Fronten" und gar davon, dass die Klinik in Staaken ihren „Todesstoß aus Spandau" erhalte. Angeheizt wurde der Konflikt auch durch Protestdemonstrationen der Krankenhausmitarbeiter vor dem Spandauer Rathaus und scharfen Reaktionen aus dem Landratsamt Nauen sowie aus Falkensee, die auf Erhalt des Krankenhauses in Weststaaken pochten. Der Konflikt wirbelte damals viel Staub auf und war ein Spiegelbild unserer zerrissenen Lage.

Aus unserer Sicht stellte sich die Situation so dar: Nach der Wiedereingliederung der ehemaligen DDR-Gemeinde Staaken in das Land Berlin gemäß Einigungsvertrag hatten sich unsere Integrationsbemühungen für den neuen Ortsteil als kompliziert und schwierig herausgestellt. In diesem Zusammenhang hatten wir von Anfang an die Notwendigkeit gesehen, die Existenz des Kreiskrankenhauses Nauen, nunmehr auf Spandauer Gebiet, zunächst zu sichern, um die Patientenversorgung im Landkreis zu gewährleisten, zumal fast 95 Prozent der Patienten von überall her aus dem Landkreis Nauen kamen. Wohlgemerkt: Auch vor dem 3. Oktober 1990 hatte das Krankenhaus am äußersten Rand des Landkreises Nauen gelegen, wer auch immer das zu verantworten hatte.

Für die rund 4300 Bürger aus Weststaaken standen in Spandau damals ausreichend Krankenhausbetten zur Verfügung. Um dennoch nicht gezwungen zu sein, das Nauener Kreiskrankenhaus bald nach der Wiedervereinigung zu schließen, hatten wir noch 1990 den Fortbestand der Klinik in Trägerschaft des Kreises Nauen bis Ende 1994 vertraglich vereinbart. Auch sahen wir die Möglichkeit vor, den Vertrag später um jeweils ein Kalenderjahr zu verlängern, wenn es notwendig erschiene. Landrat Dr. Schröder unterschrieb diese Vereinbarung damals mit.

Wir hatten allerdings nie einen Hehl daraus gemacht, dass der Krankenhausstandort in Weststaaken kein Dauerzustand sein könne, weil dadurch die für den Bezirk erforderlichen Planungen zur Schaffung von Wohnraum, Kindergärten, Schulen, Sozialeinrichtungen u.a. im Bereich Weststaaken auf Jahrzehnte unmöglich gemacht worden wären. Diese Auffassung teilten damals alle bezirklichen Gremien sowie die Gesundheitsverwaltung des Senats. Ich brachte außerdem zum Ausdruck, das Gebot der Stunde könne nur lauten, dass der Landkreis Nauen sich gemeinsam mit der Brandenburgischen Landesregierung so bald wie möglich um den Bau eines neuen modernen Kreiskrankenhauses im Herzen des Landkreises bemühen müsse, möglichst in der Stadt Nauen, um den neuen Erfordernissen gerecht zu werden.

Am 14. Dezember trafen wir uns schließlich beim Berliner Gesundheitssenator, um einen Schlussstrich unter die leidige Affäre zu ziehen: Spätestens am 31. Dezember 1997 wird das Krankenhaus Staaken geschlossen, so vereinbarten Vertreter der Länder Berlin und Brandenburg in Anwesenheit der Repräsentanten des Kreises Nauen sowie des Bezirks Spandau, Landrat Dr. Burkhard Schröder und Bezirksbürgermeister Werner Salomon.

Die Vertragspartner kamen überein, das Klinikgelände nach dem Betriebsende dem Bezirksamt Spandau zu übergeben. Sollte die stationäre Versorgung im Staakener Einzugsgebiet bis zum Stichtag nicht anderweitig abgesichert sein, verpflichteten sich beide Landesregierungen, die Behandlung der Kreisbevölkerung in Spandauer Krankenhäusern vertraglich sicherzustellen. Das Brandenburger Gesundheitsministerium wollte sich nun verstärkt um den Ausbau oder Neubau einer Klinik in Nauen bemühen. Das war ein fairer Kompromiss, mit dem alle leben konnten.

Jahre später wurden diese Pläne in die Tat umgesetzt, und im März 2001 durfte ich für die Hauszeitschrift der neuen „Havellandklinik" in Nauen ein Grußwort schreiben. Ich begann es mit einem sehr persönlichen Wort: „[...] An der Existenz dieser modernen Klinik bin ich wohl, wie die Historie beweist, nicht ganz unschuldig. Als damaliger Bürgermeister von Spandau habe ich mich für die Rückgliederung von Weststaaken nach Berlin-Spandau letztlich erfolgreich eingesetzt. Damit war aber die Schließung des Staakener Kreiskrankenhauses verbunden, weil es nach 1990 auf Berliner Gebiet lag. Nach einer Übergangszeit musste eine Lösung gefunden werden – und sie wurde gefunden, mit dem Neubau in Nauen. Ich denke, diese moderne und leistungsfähige Havellandklinik hat insbesondere die Osthavelländer mehr als entschädigt, und man wird mir und den Spandauern verzeihen, dass die doch überalterte Klinik in Staaken aufgegeben werden musste. So bin auch ich stolz auf das, was hier entstanden ist, zum Wohle und zum Nutzen der Menschen dieser Region! Das darf ich auch als Ehrenbürger der Stadt Nauen sagen. [...]"

Übrigens: Der zuständige Referent im Landratsamt Nauen, Jörg Grigoleit aus Spandau, war 1991 einer der „Scharfmacher" gegen unsere Position gewesen und hatte vehement für die Existenz des Krankenhauses in Weststaaken gekämpft. Später wurde er dann Verwaltungsleiter in der neuen Havellandklinik in Nauen ...

*

Zurück in das Jahr 1991: Im „deutsch-deutschen Geschäft" nach der Wende tat sich damals noch etwas Kurioses. „Brandenburg schnappt Berlins beste Beamte weg" titelte die Bild-Zeitung am 19. Oktober. In der Tat gab es Abwerbungen, auch aus Spandau, die den Rat der Bürgermeister beschäftigten. Mit Sorge mussten wir feststellen, dass immer mehr Bedienstete Berlin in Richtung Potsdam verließen, wo sie bei gleicher Arbeit mit Sprüngen von zwei bis drei Gehaltsstufen gelockt wurden. Es sollte versucht werden, den Leistungsträgern aus den Berliner Senatsverwaltungen und den Bezirksämtern mehr Geld zu geben, um einen weiteren „Beamten-Exodus" von Berlin nach Brandenburg zu verhindern.

*

Im Vorfeld des Abzuges der alliierten britischen Soldaten aus Berlin ging es nun schon um die spätere Verwendung des „Britannia Centers" an der Wilhelmstraße. Ich machte rechtzeitig Spandauer Ansprüche geltend, um möglichen Begehrlichkeiten der Bundeswehr zuvorzukommen. Insbesondere reizte mich das neu erbaute Kino mit 250 Plätzen auf dem noch britischen Militärgelände, das deutschen Gästen bisher verschlossen war.

*

Eine weitere Straßeneröffnung in das Umland zeichnete sich jetzt im Süden Spandaus ab: Die Potsdamer Stadtverordnetenversammlung hatte mit knapper Mehrheit dafür gestimmt, die Straßenverbindung zwischen Kladow und dem Potsdamer Ortsteil Sacrow auch für Pkws zu öffnen. Das bedeutete eine Wiederherstellung des Zustandes von vor 1952 und entsprach voll und ganz meinen politischen Vorstellungen von der Wiederherstellung aller historischen Straßenverbindungen zwischen Spandau und dem Umland. Allerdings war diese Straßenöffnung nicht ganz unumstritten: Auf Potsdamer Seite befürchteten Umweltschützer eine zu hohe Belastung des Königswaldes, während man auf Kladower Seite der Erhöhung des Verkehrsaufkommens mit Skepsis entgegen sah.

Zunächst stand ohnehin noch nicht fest, wann diese Trasse wieder geöffnet würde. Die Potsdamer mussten zunächst den Kolonnenweg, der die Sacrower Landstraße in Kladow und die Spandauer Straße in Sacrow verband, wieder zum Straßenland umwidmen. 40 Jahre Trennung hatten auch hier ihre Spuren hinterlassen.

*

Am 9. November wählten die Spandauer Sozialdemokraten auf einer Kreisdelegiertenversammlung die Kandidaten für die kommende BVV-Wahl im Mai. Neuer Spitzenkandidat wurde der Kandidat für das Bürgermeisteramt, Sigurd Hauff. Ihm folgten auf der Liste Sozialstadträtin Renate Mende, Jugendstadtrat Fredy Stach sowie die Bezirksverordneten Monika Helbig-Dürr, Dietrich Berndt und Ursula Brandt.

*

Und mit den Nauenern hatten wir in diesen Tagen auch wieder unsere Freude: Die Partnerschaft zwischen Spandau und Nauen wurde am 22. November mit dem Austausch von Partnerschaftsurkunden neu begründet. Die sehr aufregende Vorgeschichte, die nur drei Jahre zuvor mit der politisch heiklen „Vereinbarung über kommunale Kontakte" zur „Völkerverständigung" zwischen Ost und West begonnen hatte, hatte beide Kommunen inzwischen zusammengeschweißt. Allerdings überlagerten jetzt Alltagsprobleme die anfängliche Euphorie. Die Partnerschaftsurkunden sollten zum Ausdruck bringen, dass wir auch in schwierigeren Zeiten zusammenstehen wollten.

*

Im Dezember begann die Serie der Weihnachtsfeiern mit dem schon fast traditionellen „British Christmas" im Europa-Center und dem Adventskaffee für die ehemaligen Bürgermeister und BVV-Vorsteher mit ihren Frauen. Danach ging es Schlag auf Schlag weiter. Am 8. Dezember sendete der „Berliner Rundfunk" live vom Spandauer Weihnachtsmarkt; mit Lebkuchenhäusern aus der Gasag-Lehrküche bereiteten wir Kindern im Asylbewerberheim in der Radelandstraße eine Freude; und dank einer großzügigen Spende der Zigarettenfabrik BAT in Hakenfelde war es uns möglich, die „Generationsbrücke" zu retten – eine Spandauer Erfindung, die das Interesse und Verständnis junger und älterer Menschen füreinander wecken und die Kontakte zwischen den Generationen vermitteln sollte. Seinerzeit versorgten 49 junge Menschen 45 ältere, einsame und gebrechliche Mitbürger. Das bisher vom Berliner Senat geförderte erfolgreiche Projekt war aus finanziellen Gründen gerade ausgelaufen, und so kam diese Spende wie gerufen.

– Spandaus Freundschaft zur UdSSR –

Es war inzwischen kein Geheimnis mehr, dass speziell der Westberliner Bezirk Spandau beste Beziehungen zur UdSSR hatte. Ein Partnerschaftsvertrag zwischen Berlin und der sowjetischen Metropole Moskau, der im August abgeschlossen worden war, sah u.a. vor, dass auch zwischen einzelnen Berliner Stadtbezirken und denen in Moskau bezirkliche Kontakte hergestellt werden sollten. Und so richtete der Moskauer Nord-Ost-Distrikt sehr schnell seine Kontaktwünsche nach Spandau. Damit waren wir der erste Berliner Bezirk, der diese Partnerschaft zu gestalten begann. Grundlage für die weiteren freundschaftlichen Verbindungen bildete ein

Empfang in der sowjetischen Botschaft Unter den Linden für Spandauer Vertreter aus Politik, Wirtschaft und Kultur am 13. Dezember, anlässlich des fünfjährigen Bestehens der freundschaftlichen Kontakte zu Spandau. Sowohl der damalige Gesandte Dr. Igor Maximytschew als auch der frühere Generalkonsul der UdSSR in Westberlin, Dr. Rudolf Alexejew (inzwischen Leiter der Europaabteilung im Moskauer Außenministerium), fanden herzliche Worte für die Havelstadt. Zur Feier des Tages dirigierten wir beide zusammen die Musiker des Spandauer Blasorchesters. Offensichtlich hatten wir in Spandau Pionierarbeit geleistet in Sachen Freundschaft zur UdSSR und mit kleinen Schritten in die Weltpolitik eingegriffen, insbesondere unser Kunstamtsleiter Gerd Steinmöller.

Bald nach diesem Empfang stand der Präfekt des Moskauer Nordostdistriktes, Wladimir G. Sister, bei uns in Spandau auf der Matte, um erste Kontaktmöglichkeiten zu sondieren. Zuvor hatte er bereits den Regierenden Bürgermeister aufgesucht. Mit dessen Segen sollte Spandau augenscheinlich wieder eine Vorreiterrolle spie-

Empfang in der Russischen Botschaft. Links vom Tischende Gerd Steinmöller, rechts vom Tischende Dr. Rudolf Alexejew und Werner Salomon.

len, denn der Präfekt kam mit sehr konkreten Wünschen zu uns: Er brachte gleich einen Punktekatalog für einen aufzusetzenden Vertrag mit. Der Austausch von Sport- und Kulturgruppen war ebenso darin enthalten wie Kontakte zwischen Betrieben. Natürlich wurden Investoren gesucht – man war in Moskau im Bilde, wo der größte Industriebezirk in Berlin lag. Auch um humanitäre Unterstützung bat der Präfekt: „Was in Deutschland nicht mehr gebraucht wird, kann uns gerade helfen."
Ich strich in unserem damaligen Gespräch im Rathaus zwar ebenfalls die Wichtigkeit von Kontakten in Richtung Osten heraus, erklärte aber auch, dass die Havelstadt sich nicht verzetteln dürfe. Wir pflegten ja bereits Verbindungen nach Tallin, Riga und Wolgograd. Ein kultureller Austausch sei kein Problem, sagte ich zu. In wirtschaftlichen Fragen – das war offensichtlich das Hauptanliegen – könnte der Bezirk nur vermittelnd wirken. Dennoch kündigte ich den Besuch einer Spandauer Delegation für das kommende Frühjahr in Moskau an. Und ganz unverrichteter Dinge brauchte der Präfekt auch nicht nach Moskau zurückzukehren: Der Wirtschaftshof-Vorsitzende Klaus Rödiger übergab uns einen symbolischen Scheck in Höhe von 12 500 DM, womit russische Kinder nach Spandau eingeladen werden sollten.
Der Nord-Ost-Distrikt Moskaus hatte 1,1 Mill. Einwohner und war der größte Industriebezirk der sowjetischen Metropole. Dort befanden sich auch das riesige Kosmoshotel, zur Olympiade 1980 errichtet, der Moskauer Fernsehturm, das Kosmonautik-Museum mit dem Sputnik-Denkmal sowie der Dserhinski-Park mit dem Botanischen Garten. Wir hatten es mit einem attraktiven Teil der Stadt zu tun.

*

Am 16. Dezember bekam ich eine Urkunde für 40-jährige Mitgliedschaft in der Gewerkschaft Öffentliche Dienste, Transport und Verkehr (ÖTV). Es machte mich ein bisschen stolz, nicht nur ein halbes Leben lang Mitglied gewesen zu sein, sondern besonders in den 60er Jahren auch ein pralles, hauptamtliches Gewerkschaftsleben geführt zu haben. Meinen Lebens- und Berufsweg hat das sicherlich geprägt.

– Letzter Jahreswechsel als Bürgermeister –

Im Rahmen unserer traditionellen Weihnachtsbesuche bei Polizei und Rettungskräften, die ich gemeinsam mit BVV-Vorsteher Rolf Rührmund alljährlich durchführte, klagten diesmal besonders die Feuerwehrleute der Wachen Nord und Süd über hohe Belastungen und miserable Personalausstattung. Eine solch verzweifelte Stimmung zwischen Resignation und Galgenhumor hatte ich bei den sonst immer hochmotivierten Feuerwehrleuten noch nie erlebt. In einem Schreiben informierte ich den Innensenator Dieter Heckelmann über meine Eindrücke und bat ihn, sich über die offensichtlich gefährliche Entwicklung von der Landesbranddirektion ins Bild setzen zu lassen und notwendige Maßnahmen zu treffen.

Bis kurz vor Weihnachten hielten die Termine in Spandau an. In diesem Jahr verbrachten wir die Feiertage seit langem einmal wieder zu Hause und nicht auf Föhr. In erster Linie lag das daran, dass unsere mittlerweile zwölf Jahre alte Hundedame Vita altersschwach und sehr krank geworden war. Das trübte nun trotz Weihnachtsbaum und frischem Gänsebraten aus dem Umland unsere Festtagsstimmung. Nur kurze Spaziergänge waren, wenn überhaupt, noch möglich, und Silvester musste ich den Hund bereits die Treppe hinunter tragen, wenn er mal vor die Tür wollte. Das Ende eines Hundelebens war abzusehen – uns war das Tier sehr ans Herz gewachsen.

Zum Jahreswechsel noch zwei Ausblicke: In der Rubrik „Auf ein Wort" der Berliner Morgenpost bekam ich am 30. Dezember als Bürgermeister die Gelegenheit, noch einmal einige Gedanken zu den Schwierigkeiten der Menschen in Weststaaken zu schreiben. Als ehemalige DDR-Bürger sowie als Bürger einer ehemals selbstständigen Gemeinde hatten sie seit der Wiedervereinigung einen doppelten „Identitätsverlust" zu verkraften. Mit meinen Worten in der Zeitung wollte ich für Verständnis werben und dem Bemühen Ausdruck geben, die Weststaakener so bald wie möglich zu „Spandauern erster Klasse" werden zu lassen. Bis dahin waren noch einige Hürden zu nehmen.

Ein heiterer Ausblick führt in die „Südstaaten" Spandaus, nach Kladow: Dort hatte man sich zur 725-Jahrfeier Kladows 1992 gerüstet und für das Jubiläumsjahr ein Bürgermeisterpaar gewählt. Als „Oberbürgermeister" Spandaus wandte ich mich sofort in einer Notiz im Spandauer Anzeiger an diese beiden „Amtskollegen" und versprach, ihre Inthronisation im Rahmen der offiziellen Eröffnungsveranstaltung am 11. Januar selbst vorzunehmen. Wir drei Bürgermeister für Kladow würden im Jubiläumsjahr sicherlich gut zusammenarbeiten.

Meine letzte Anmerkung für dieses Jahr gilt der Weltpolitik: Am 21. Dezember wurde die „Union der sozialistischen Sowjetrepubliken" (UdSSR) aufgelöst. Elf Republiken riefen die „Gemeinschaft unabhängiger Staaten" (GUS) aus. Michail Gorbatschow trat am 25. Dezember als Staatspräsident zurück. Eine Großmacht war auseinander gefallen.

*

Das Jahr 1992 brachte mich in einen neuen Lebensabschnitt, denn Mitte des Jahres – zum Ende der Legislaturperiode – musste ich endgültig aus Altersgründen als Bezirksbürgermeister ausscheiden. Das Spandauer Volksblatt veröffentlichte mein letztes offizielles Neujahrsgrußwort, in dem ich mich bereits verabschiedete und auf die Alltagsprobleme zu sprechen kam, die die Vereinigungseuphorie inzwischen trübten. Eine ähnlich nüchterne Jahresbilanz zog auch das Volksblatt selbst.

Spandau öffnete sich jetzt immer mehr in Richtung Osten. Der stellv. Vorsitzende des Rigaer Stadtexekutivkomitees, Andris Barkans, hatte mich persönlich um Medikamentenhilfe gebeten. Unsere Gesundheitsfachleute und Chefärzte bemühten sich umgehend darum. Mit Medikamenten, Fachliteratur und Schulungsprogrammen für Diabetiker half die Firma Bayer jetzt den Kliniken in der lettischen Hauptstadt aus. Von der Firma Behringer wurden die dringend benötigten Glukotest-Strips zur Verfügung gestellt und umgehend nach Riga transportiert.

– STEUERMARKEN-POSSE IN WESTSTAAKEN –

Anfang des Jahres tauchte wieder eine jener Kuriositäten auf, die einem nur in Staaken begegneten: Die Autofahrer der ehemaligen Westbezirke Berlins zahlten damals die Kfz-Steuer per Banküberweisung einmal im Jahr an das Finanzamt, während im „Beitrittsgebiet" die Regelung galt, jeweils am Jahresanfang den Steuerobolus bei der Post zu entrichten. Dafür gab es dann die entsprechende Steuermarke. Weststaaken, obschon integraler Bestandteil Spandaus, wurde auch hier wieder zum „Beitrittsgebiet" gezählt, und so mussten sich die Autobesitzer trotz ihres B-Kennzeichens ihre Steuermarke bei einem Postamt in Ostberlin kaufen – das ging nicht etwa im Postamt Staaken an der Ilsenburger Straße. Unsere Bemühungen, den Betroffenen weite Wege zu ersparen, lehnte die Post aus „technischen Gründen" ab. Ihr Entgegenkommen sah schließlich so aus: Die Weststaakener Autobesitzer könnten ihre Steuermarke auch bei der Post in Falkensee oder Dallgow erwerben. Das machte die Angelegenheit nun erst recht zur Posse: Wir versuchten alles, damit die Weststaakener ihre Identität in Spandau finden sollten, und jetzt schickte man sie wie weiland in der DDR nach Falkensee oder Dallgow, um ihre Angelegenheiten zu regeln.

– 725-JAHRFEIER KLADOWS –

Am 11. Januar hatte Kladow seine Eröffnungsgala zur 725-Jahrfeier. In diesem Rahmen hatte ich die Ehre, die Inthronisation meiner Kladower Amtskollegen Josef Chlodek und Marie Ursula Retzlaff, einer Puppenmacherin, vorzunehmen.

Kladow, im Südzipfel Spandaus gelegen, wurde 1267 erstmals urkundlich erwähnt, als der Ritter Arnold von Bredow dem Spandauer Nonnenkloster jährlich vier Wispel Roggen stiftete. Später kam das gesamte Dorf an das Kloster. Um 1900 wurde Kladow an den Ufern der Havel als Sommerfrische entdeckt. 1920 wurde das Dorf nach Berlin-Spandau eingemeindet und wurde später ein beliebtes Wohngebiet für betuchte Bürger. Viele Ein- und Zweifamilienhäuser wie auch Villen entstanden dort. Nach 1945 war Kladow mit Groß Glienicke Grenzbereich zur DDR und spielte wegen seiner seit den 30er Jahren existierenden Militärbauten (Kaserne Hottengrund) auch für die britischen Besatzungstruppen eine wichtige Rolle.

Die Kladower fühlen sich in einem eigenständigen Ortsteil von Spandau wohl und zu Hause, ähnlich wie die Gartenstädter in Staaken. In diesem attraktiven Wohnort 10 km außerhalb der Stadt Spandau wurde nach und nach auch die letzte Nische zugebaut, was im Nachhinein ein bisschen schade ist.

*

Am 15. Januar fuhr ich zu einer Regionalkonferenz mit Bürgermeistern, Landräten und Regierungsvertretern aus Potsdam und Berlin nach Brandenburg an der Havel. Dies war damals eine sehr gute Einrichtung zum Gedankenaustausch. Leider schliefen solche Konferenzen später nach und nach ein, was das Zusammenwachsen von Berlin und Brandenburg erschwerte. Auch war es seinerzeit guter Brauch, dass Bezirkspolitiker in überregionalen Berliner Zeitungen zu Wort kamen. So hatte ich am 29. Januar ein großes Interview im Tagesspiegel, in dem ich die Schwierigkeiten der Regionalplanung aus meiner Sicht darstellen konnte – auch solche Gelegenheiten wurden dann immer seltener.

*

Ärger zeichnete sich Ende Januar insbesondere für Spandaus Fußball ab: Dem Spandauer Traditionsclub SSV 1894, zweifellos der erfolgreichste von 13 Spandauer Fußballvereinen, drohte der Verlust seines angestammten Fußballplatzes an der Neuendorfer Straße. Seine Zukunft zwischen der Feuerwache und der Schultheiss-Brauerei war durch die Planungen der „Wasserstadt Spandau" gefährdet. Das Gelände gehörte der Brauerei und war an den SSV verpachtet worden. Da die Braustätte in Spandau aufgegeben und das gesamte Gelände vermutlich im Zuge der Planung zur „Wasserstadt Spandau" verkauft werden sollte, stand der traditionsreiche SSV-Platz in Frage. Natürlich blieb auch der Bürgermeister als alter SSV-Anhänger von der Sorge der Vereinsführung nicht unberührt.

– Positionierungen im Vorwahlkampf –

Im Vorwahlkampf ließ sich die Spandauer FDP wieder einmal etwas Besonderes einfallen: Die Intendantin des Kleist-Theaters in Frankfurt an der Oder, Marie-Luise Preuß, wurde als Spitzenkandidatin und damit gleichzeitig für den Posten der Bürgermeisterin von Spandau nominiert. Wie berichtet, war die FDP seit 1979 nicht mehr im Spandauer Bezirksparlament vertreten und hatte bei der Wahl 1989 ganze 2,6 Prozent der Stimmen erhalten. Wir konnten den Wahlen gelassen entgegen sehen.

Auch die CDU machte mobil und witterte eine Chance in Spandau: Sie hatte den 44-jährigen Kladower Bezirksverordneten und CDU-Kreisvorsitzenden Konrad Birkholz als Bürgermeisterkandidaten aufgestellt, der seit 1979 Bezirksverordneter und in der Havelstadt kein Unbekannter war. Der verkaufte sich nicht ungeschickt. In einem Interview mit dem Spandauer Anzeiger wurde er sogar so wiedergegeben: „Befragt man ihn nach seinen politischen Vorbildern, dann fallen drei Namen fast in einem Atemzug: Katzer, Blüm und Salomon. Der noch amtierende Spandauer Bürgermeister sei für ihn ein Beispiel an Persönlichkeit, die über Parteigrenzen hinweg eine erfolgreiche Politik gestaltet habe." Das hat wohl mein SPD-Nachfolgekandidat Sigurd Hauff nicht so gerne gelesen.

*

Der private Rundfunksender „100,6" mit seinem Chefredakteur Georg Gafron verlieh Baustadtrat Jungclaus und mir den ersten „Posemuckel" – eine riesige gelbe Schlafmütze. Mit dieser Aktion wollte der Sender einmal im Monat die größte Schlafmütze oder die langsamste und schlampigste Behörde „auszeichnen". Wir bekamen nach dem Willen von Herrn Gafron den „Posemuckel", weil wir, Vorwürfen der Bewag nach, den Bau der Stromtrasse durch Spandau verzögerten, ha-ha! Natürlich griffen insbesondere die Springer Zeitungen (Bild und BZ) diesen Gag auf, um mich zum „Buhmann des Monats" zu stempeln.

Und diese „Politaktion" des Privatsenders löste weitere Reaktionen aus: Der Zufall wollte es, dass es in Berlin zwei Tage später einen mehrstündigen Stromausfall im Süden der Stadt gab. Sofort war für Bewag und Senat die Schuldfrage klar: Weil die Spandauer den Bau der Stromtrasse verzögerten, gingen am 5. Februar in Berlin die Lichter aus. Diepgen setzte uns erneut unter Druck, schnell über die Stromtrasse zu entscheiden.

Wie berichtet, hatte im April 1991 der Senat der großen Koalition unter Eberhard Diepgen als Regierendem Bürgermeister gegen die Widerstände der Bewag erneut die unterirdische Verkabelung der vorgesehenen Anbindung des Bewag-Netzes an den westeuropäischen Energieverbund beschlossen, wie es ein Jahr zuvor auch die Rot-Grüne Senatskoalition vorgesehen hatte. Das notwendige Genehmigungsverfahren war kompliziert und relativ spät dem Bezirk Spandau als der Unteren Naturschutzbehörde übertragen worden. Es war nur deshalb an den Bezirk zurückgegangen, weil das Oberverwaltungsgericht eine entsprechende Verordnung des Senats für rechtswidrig erklärt hatte. Spandau konnte daher erst jetzt und mit Verzögerung die vorgeschriebene Anhörung der Naturschutzverbände durchführen. Wir hatten jedoch verbindlich erklärt, bis Mitte Februar über die Trassenführung zu entscheiden, und das Votum des Bezirks werde „mit an Sicherheit grenzender Wahrscheinlichkeit im Sinne des Senats ausfallen". So geschah es auch. Das Spandauer Bezirksamt also direkt oder indirekt mit dem Stromausfall am 5. Februar in Verbindung zu bringen, war reine Stimmungsmache.

*

Am 7. Februar unterzeichneten wir im Spandauer Rathaus endlich die „Vereinbarung über das Nauener Kreiskrankenhaus in Weststaaken". Nach zwei langen und teilweise strittigen Gesprächsrunden waren wir zu einem fairen Kompromiss gelangt, wonach der Bezirk Spandau spätestens zum 31. Dez. 1997 das uneingeschränkte Nutzungsrecht für den Krankenhauskomplex erlangen sollte. Berlin sicherte Brandenburg zu, über die stationäre Versorgung in Berliner Krankenhäusern gesonderte Vereinbarungen zu treffen, falls der Um- und Ausbau des Krankenhauses Nauen nicht fristgerecht abgeschlossen werden könne. Im Brandenburger Krankenhausplan waren für die Klinik Nauen 504 Betten vorgesehen – das größte Neubauvorhaben im ganzen Bundesland. Diese Vereinbarung, die erste auf dem Gebiet des Gesundheitswesens zwischen Berlin und Brandenburg, fand auch in den Zeitungen eine breite Würdigung.

Wir erwarteten für Weststaaken damals einen erheblichen Bauboom. Wir gingen davon aus, dass sich die Einwohnerzahl von damals 4000 verdreifachen werde. Für die Erweiterung von Schulen und Kindertagesstätten benötigten wir in absehbarer Zeit das Krankenhausgelände.

Bei allen Problemen, die wir in Weststaaken noch zu bewältigen hatten, waren Anfang 1992 auch fast sieben Millionen an Investitionen in diesen neuen Ortsteil Spandaus vorgesehen. 2,6 Mill. DM flossen dem Freizeit- und Erholungszentrum zu, 2,4 Mill. den Sportanlagen, und mit 1,8 Mill. DM wurde die Schule saniert. Auch diese Bilanz war der Erwähnung wert.

*

Am 26. Februar besuchten erneut zwanzig Rekruten der Roten Armee aus Karlshorst die Havelstadt. Die jungen Soldaten aus Russland, Weißrussland und der Ukraine war auf meine Einladung hin für einige Stunden nach Spandau gekommen. Nach einer Begrüßung im Rathaus, gemeinsamem Mittagessen im Ratskeller und einem Altstadtbummel ging es anschließend zur Zitadelle. Vertreterinnen der deutsch-sowjetischen Freundschaft aus Karlshorst übersetzten und ermöglichten so eine fast herzliche Unterhaltung. Auch ein russisch sprechender Sergeant der britischen Truppen war mit von der Partie. Die Briten hatten die russischen Soldaten bereits vorher bei einer Stadtrundfahrt durch Westberlin begleitet.

Sicher war ein solcher Kontakt auch dadurch erleichtert, dass sich die Verbindungen Spandaus zum früheren sowjetischen Generalkonsulat in Westberlin und zur damaligen Botschaft Unter den Linden immer besser entwickelt hatten. Nach meinen Aufzeichnungen fanden allein im Februar zwei Zusammenkünfte mit hohen russischen Diplomaten statt.

*

Am 24. Februar einigten sich Vertreter des Bundesverkehrsministeriums, der Reichsbahn und des Senats von Berlin darauf, dass an der Klosterstraße auf dem Gelände des damaligen Güterbahnhofs ein neuer Fernbahnhof entstehen sollte. Seit 1990 kämpften wir dafür, und nun waren die Weichen gestellt. Für etwa 500 000 Bewohner des Bezirks Spandau und des Havellandes sollte damit vielleicht schon 1997 ein Ein- und Aussteigen in IC und ICE-Züge möglich werden.

– Spandauer Volksblatt am Ende –

Ein herber Schlag traf die Spandauer Medienlandschaft: Zum 29. Februar wurde das Spandauer Volksblatt als Tageszeitung eingestellt, um ab dem 5. März als Wochenzeitung für „Spandau, Havelland und Berlin" neu herauszukommen. Ich wurde am Vormittag des 28. Februar in einem persönlichen Brief der Verlegerin Ingrid Below-Lezinsky davon unterrichtet. Rund hundert Beschäftigte des Verlages in Redaktion und Technik waren betroffen. Die Einstellung war allerdings zu befürchten gewesen. Probleme hatte es bereits seit 1989 gegeben, als der Familienbetrieb offensichtlich wegen finanzieller Schwierigkeiten zunächst 24,9 Prozent seiner Anteile an den Axel-Springer-Verlag abgetreten hatte. Der weit über Spandau hinaus anerkannte Chefredakteur Hans Höppner war daraufhin aus der Redaktion ausgeschieden, weil er argwöhnte, die Zeitung werde im politischen Windschatten des mächtigen Springer-Verlages ihre Unabhängigkeit verlieren.

Der alte Sozialdemokrat Erich Lezinsky hatte 1946 mit britischer Lizenz das Spandauer Volksblatt als Tageszeitung gegründet. Es hatte seither zur Geschichte der Havelstadt und zu den Spandauern gehört. Das Volksblatt war immer eine mutige, linksliberale Alternative zu der immer eintönigeren Konkurrenz der Berliner Tageszeitungen gewesen, und es hatte sich gegenüber übermächtigen Zeitungskonzernen immer durchsetzen müssen. Zuletzt war ihm das leider nicht mehr gelungen. Spandau hatte damit seine Heimatzeitung verloren. Über viele Jahrzehnte war das Volksblatt meinungsbildend gewesen. Die Kommunalpolitik hatte hier ihr tägliches Echo gefunden, andere Bezirke hatten uns darum beneidet. Auch ich als Spandauer Bürgermeister hatte von der ausführlichen, überwiegend wohlwollenden Berichterstattung und Kommentierung profitiert. Die Reaktionen auf die Einstellung der Tageszeitung reichten in Spandau von Bedauern über Empörung bis hin zur Verbitterung, insbesondere bei der Belegschaft. Die Chefredaktion des neuen Wochenblatts übernahm ein Hamburger – auch das sprach für sich. Ich hatte damals kein gutes Gefühl und befürchtete, die Zeitung könne in den Boulevard-Stil abdriften.

Das „neue" Spandauer Volksblatt bemühte sich ab dem 5. März, weiterhin vorrangig Spandauer Themen aufzugreifen. Es fiel zudem auf, dass andere Berliner Zeitungen sich jetzt verstärkt der Havelstadt widmeten – die Berliner Morgenpost und ganz besonders die Berliner Zeitung mit ausführlichen Spandau-Beiträgen. Bei der Berliner Zeitung, herausgegeben von Erich Böhme, waren besonders zwei Dinge bemerkenswert: Man schuf erstens eine eigene vierseitige Spandau-Beilage, die „Spandauer Rundschau", mit einem ganzseitigen patriotischen Aufruf von Medienprofi Erich Böhme an die Spandauer, Spandauer zu bleiben. Die erste Ausgabe dieser Beilage kam am 13. Mai. Ein zehnköpfiges Redaktionsteam wurde dafür gebildet, teilweise mit Redakteuren des alten Spandauer Volksblattes besetzt. Zweitens gewann man den ehemaligen Spandauer Chefredakteur Hans Höppner als „Starkolumnisten" für diese Rundschau. Es wurde mit großem Werbeaufwand gearbeitet. Ich fragte mich damals, ob sich der Aufwand wohl lohnen werde, denn immerhin suchten auch die anderen Zeitungen in Spandau neue Leserschichten, und es gab auch noch BZ und Bild als Konkurrenz. Diese besondere Aufmerksamkeit hielt seitens der Berliner Zeitung auch nicht lange an.

Um kurz vorweg zu greifen: Mitte 1994 stellte das Spandauer Volksblatt sein Erscheinen ein. Was blieb, war nur ein Anzeigenblatt mit gleichem Titel.

– BRITISCHER MÄRZ –

Der März brachte im Übrigen eine Reihe britischer Höhepunkte. So luden gleich am 1. März die Royal Welsh Fusiliers zum abendlichen Dinner in ihre Offiziersmesse ein. Ein solches Dinner mit allem Drum und Dran dauerte gut bis 1 Uhr nachts.
Am 6. März empfing ich aus den Händen des Britischen Botschafters Sir Christopher Mallaby in seiner Grunewalder Residenz den von Königin Elisabeth II. verliehenen Orden „Officer of the British Empire" (OBE). Der volle Titel hieß „Honorary Offi-

Der Britische Botschafter Sir Christopher Mallaby überreicht den von Königin Elisabeth II.verliehenen Orden „Officer of the British Empire" (OBE).

cer of the most Excellent Order of the British Empire". Mit mir wurden fünf weitere Berliner Persönlichkeiten ausgezeichnet.
Seit 1917 wird der von König Georg V. gestiftete Ritterorden der britischen Demokratie in fünf Klassen für wertvolle zivile oder militärische Verdienste um das Commonwealth vergeben, und zwar „an hoch und niedrig, an Männer und Frauen", wie es in den Statuten heißt. Der „OBE" ist die zweite Stufe in dieser Rangordnung. Auch mein Vorgänger Dr. Herbert Kleusberg war ein „OBE". Bei ihm wie bei mir wurde der gute Kontakt des Bezirks zu den in Spandau stationierten britischen Einheiten und deren Familien gewürdigt. Ohne Frage machte mich diese Auszeichnung auch ein bisschen stolz. Nun war ich berechtigt, hinter meinem Namen die Buchstaben „OBE" zu führen.

Ein großes Echo fand am 14. März die Parade, mit der sich die Irish Guards aus Spandau verabschiedeten. Interessanterweise waren die Irischen Regimenter – die Guards wie auch die Irish Rangers mit ihren farbenprächtigen Uniformen – bei den Spandauern besonders beliebt. Das „1st Battalion Irish Guards" war seit 1990 in der Wavell-Kaserne in der Seecktstraße stationiert. Trotz Hagel, Sturm und Kälte nahmen die Spandauer daher regen Anteil, als die Guards nun mit dem Regimentskorps der Trommler und Dudelsackpfeifer sowie ihrem Regimentsmaskottchen, dem irischen Wolfshund „Mantler Connor of Sanctuary", zum letzten Mal durch Spandauer Straßen zum Rathaus zogen, wo ich die britische Einheit offiziell verabschiedete.

Am 17. März, dem St. Patricks-Day, kam die 91-jährige Königin-Mutter „Queen Mum" wieder höchst persönlich nach Spandau, um ihren Soldaten des 1. Bataillons der Irish Guards, deren Ehrenoberst sie war, die Kleeblätter als Symbol des St. Patricks-Day zu überreichen. Auch Wolfshund Connor erhielt den Feiertagsschmuck. Es herrschte Abschiedsstimmung, und noch einmal war ich als Bürgermeister Ehrengast in der Wavell-Kaserne und wurde „Queen Mum" vorgestellt.

Höhepunkt des „britischen" Monats März war schließlich der Besuch Ihrer königlichen Hoheit der Herzogin of Gloucester, verheiratet mit einem Vetter von Queen Elisabeth II. Die gebürtige

Dänin trug sich beim Empfang im Spandauer Rathaus als erstes Mitglied des britischen Königshauses in das Goldene Buch der Stadt ein – das war eine besondere Ehre. Prinzessin Brigitte war als Ehrenoberst des „Royal Army Education Corps (AEC)" gekommen, das seit 1951 als 46. Einheit in Berlin-Spandau stationiert war. Wegen ihrer langjährigen Verdienste um die Festigung der britisch-deutschen Beziehungen zeichnete ich diese Einheit jetzt mit dem Ehrentitel „Freedom of Spandau" aus. Es war das achte Mal, das wir diese Ehrenbürgerschaft einer britischen Einheit verliehen. Natürlich gab es einen „großen Bahnhof" im Rathaus für die Prinzessin. Alle ranghohen britischen Militärs waren vertreten, und auch die Presse war mit großem Aufgebot erschienen. Das britische „Berlin-Bulletin" widmete dem Ereignis eine ganze Ausgabe. Der Tag klang mit einem Cocktail-Empfang in den Räumen des 46. Army Education Corps in der Smuts-Kaserne aus.

*

Am 7. März eröffnete die Stadt Nauen mit einem Festakt im Rathaus die Jubiläumsfeierlichkeiten zu ihrem 700-jährigen Bestehen. 1186 war Nauen erstmals urkundlich erwähnt worden, und 1292 hatte die Ansiedlung das Stadtrecht erhalten. In den folgenden Jahrhunderten war die alte Ackerbürgerstadt wichtiger Marktort für die umliegenden Dörfer geworden. Mehrere Großbrände hatten die Stadt immer wieder zerstört, auch von den marodierenden Söldnertruppen im Dreißigjährigen Krieg waren die Bewohner heimgesucht worden. Friedrich der Große war als junger Bataillonskommandeur 1732 für drei Monate nach Nauen gekommen und hatte später mehrere Kasernen in der Stadt bauen lassen.

Anfang des 19. Jahrhunderts war Nauen Kreisstadt geworden. Vier Jahre später rollten die ersten Fuhrwerke über die fertig gestellte Chaussee Berlin – Hamburg. 1846 wurde die Bahnstrecke zwischen beiden Städten eröffnet. 1889, in der Gründerzeit, bauten findige Unternehmer die Zuckerfabrik, die bis zu ihrer Stilllegung das gesamte Stadtbild prägte und wichtiger Arbeitgeber war. Die Firma Telefunken errichtete 1906 eine Versuchsstation für den Funkverkehr in Nauen. Seit 1917 ertönte von dort aus das bekannte Zeitzeichen, das später über Rundfunk in ganz Deutschland zu hören war. 1921 wurde die Anlage zu einer Großstation umgebaut und bekam eine Reichweite über den gesamten Globus („Funkstadt Nauen"). In den 50er Jahren wurden die Freilichtbühne, das „Theater der Freundschaft" und eine Molkerei errichtet. 1968 kamen das Schwimmbad sowie das Industriegelände Ost hinzu. 1988 war Nauen dann die erste DDR-Stadt, die mit Spandau als Bezirk in Westberlin eine Partnerschaftsvereinbarung traf. Schriftliche Grüße und Glückwünsche an die 700-jährige Stadt und ihre Bürger übermittelten Brandenburgs Ministerpräsident Manfred Stolpe und Berlins Regierender Bürgermeister Eberhard Diepgen. Ich überbrachte im Rahmen des Festaktes die Grüße der Partnerstadt Spandau, und der Kreuztaler Bürgermeister Heinz Thomas gratulierte für die andere Partnerstadt Nauens, Kreuztal im Siegerland. Ich legte in meinen Worten auch ein klares Bekenntnis zur Kreisstadt Nauen ab, denn bei der Bildung eines neuen Kreises „Havelland" stand eine Entscheidung zwischen Nauen und Rathenow an.

– MOSKAUREISE IN OFFIZIELLER MISSION –

Vom 10. bis 13. März reiste eine vierköpfige Bezirks-Delegation nach Moskau, und das hatte Pioniercharakter: Wir waren die erste Delegation eines Berliner Bezirks, die in offizieller Mission nach Moskau flog. Wir sollten für Berlin ausloten, ob sich Kontaktmöglichkeiten auf persönlicher Ebene herstellen ließen, ob kulturelle, sportliche oder auch wirtschaftliche Verbindungen möglich waren und so das Abkommen vom August 1991 zwischen Eberhard Diepgen und Moskaus Oberbürgermeister Popow über Freundschaft und Zusammenarbeit auch auf Bezirksebene mit Leben gefüllt werden könne. Wie berichtet, war bereits im Dezember der Präfekt des Moskauer Nordost-Distrikts, Wladimir Sister, in Spandau zu Besuch gewesen. Ziel unserer Reise war es nun, uns vor Ort ein Bild von den dortigen Lebensverhältnissen zu machen und zugleich Rahmenbedingungen einer möglichen offiziellen Partnerschaft zu ermitteln. Die Erwartungen der Moskauer an uns waren sehr hoch, was unsere Aufgabe nicht gerade erleichterte. Hinzu kam, dass diese Reise wenige Wochen vor Neuwahlen in Berlin und Spandau stattfand und ich bei der Auswahl der Reiseteilnehmer diplomatisch vorgehen musste. So fuhren neben mir auch BVV-Vorsteher Rolf Rührmund mit (wir beiden kandidierten nicht wieder) sowie Volksbildungsstadtrat Sigurd Hauff (Spitzenkandidat der SPD) und Konrad Birkholz (Spitzenkandidat der CDU) – ausgewogener ging es nicht. Auch die Heimatpresse interessierte sich für Moskau: Spandauer Volksblatt, Berliner Morgenpost und Berliner Zeitung schickten jeweils Journalisten zur Berichterstattung mit uns mit. In einem Kommentar spießte Chefredakteur Wolfgang Will im „neuen" Spandauer Volksblatt allerdings im Vorfeld auf, warum gleich vier Spandauer auf diese teure Reise geschickt werden müssten, und sah darin eine „unverantwortliche Verschwendung von Steuergeldern" – nun ja.

Unsere Moskauer Gastgeber umsorgten uns großzügig. So waren wir im riesigen Hotel „Cosmos" untergebracht, das für die Olympischen Spiele 1980 gebaut worden war. Es hatte 25 Etagen, und für je 40 der insgesamt 2800 Betten war eine Etagenfrau zuständig. Man reichte uns auch in der Stadt herum: Der Besuch des „Allrussischen Ausstellungszentrums" im Nord-Ost-Distrikt (früher „Ausstellung der Errungenschaften der Volkswirtschaft der UdSSR") stand ebenso auf unserem Programm wie der Besuch des imposanten Fernsehturms mit Kaviar-Imbiss in luftiger Höhe, der Besuch einer Internatsschule und eines Kinderkrankenhauses, die Besichtigung der Maschinenfabrik Saturn, eine Stippvisite im Kreml und nach einigem Hin und Her ein Empfang in der Deutschen Botschaft in Moskau.

Während unseres Aufenthaltes hatten wir auch eine erfreuliche Begegnung mit unserem alten Freund Wladimir Gall, er wohnte in einem Vorort von Moskau. Wir besuchten ihn zu Hause und gingen gemeinsam mit ihm in den Moskauer Staatszirkus. Zurück zum Hotel fuhren wir dann mit der berühmten Moskauer Metro, einem Aushängeschild der russischen Hauptstadt.

Ein wichtiger Punkt in unserem Reiseprogramm war zweifellos der Besuch der Kinderpoliklinik Nr. 35 im Moskauer Nordosten. Wir übergaben dort als Gastgeschenk ein 75 000 DM teures Ultraschall-Diagnosegerät zur Untersuchung von Kleinkindern, das die Firma Siemens gespendet hatte. Um das in der russischen Medizin kaum bekannte Gerät auch richtig bedienen zu können, luden wir einen Arzt der Klinik zur Einführung nach Berlin ein. Sicher war das nur ein Tropfen auf den heißen Stein. Zu Recht schrieb die Redakteurin der Berliner Morgenpost: „Die Hilfe aus Spandau trifft auf nackte Armut." Distriktspräfekt Sister wollte uns eine Wunschliste schicken: Ersatzteile für Röntgengeräte, ein Schulbus, Rollstühle – es fehlte an allem.

Aber natürlich ging es dem Präfekten in erster Linie um wirtschaftliche Hilfen und Kontakte. Bei den offiziellen Verhandlungen trugen fünf Vertreter großer Industriebetriebe ihre Vorstellungen von einer künftigen Zusammenarbeit vor. An dieser Stelle waren wir überfordert. Wir konnten nur zusagen, in Berlin von den Wünschen und Möglichkeiten der Moskauer im Hinblick auf eine Zusammenarbeit zu berichten und ggf. mit dem Berliner Senat und in Spandau ansässigen Betrieben wirtschaftliche Kontakte zu vermitteln. Schnell stellte sich heraus, dass alles viel schwieriger war, als es sich Wladimir Sister vorgestellt hatte. Man konnte nicht einfach mit einem Federstrich eine Beziehung zwischen dem Berliner Industriebezirk Spandau und dem größten Bezirk der 9-Millionen-Stadt Moskau knüpfen. Alles brauchte Zeit, und Partnerschaften können nicht per Dekret verordnet werden, sie müssen wachsen. So blieb bei unseren Moskauer Gastgebern sicher auch Enttäuschung zurück, weil ich mich nicht in der Lage gesehen hatte, bereits schriftliche Vereinbarungen zu treffen. Ich erinnere mich noch sehr gut daran, wie ich Wladimir Sister nach einer Zusammenkunft im mächtigen Hotel „Rossia" am Roten Platz auf sein Drängen hin in einem Vieraugengespräch mit Dolmetscherin mein „Njet" mitteilen musste. Wir wollten aber in Berlin vermittelnd tätig werden, insbesondere bei der Anbahnung kultureller und sportlicher Kontakte, und uns für humanitäre Hilfe einsetzen.

Es war eine schwierige Reise, aber sie brachte uns Erkenntnisse – wertvolle wie auch deprimierende. Über unsere Erfahrungen haben wir selbstverständlich auch die Senatskanzlei unterrichtet. Die weitere Entwicklung blieb schwierig. Zwischen Spandau und Moskau Nord-Ost hatte es später, auch nach meinem Ausscheiden aus dem Amt, keine weiteren Annäherungsversuche gegeben. Humanitäre Kontakte hatten bereits zwischen dem kleinen Moskauer Nordost-Ortsteil Babuschkin und dem Bezirk Pankow bestanden, und einige russische Gesprächspartner wollten diese auf jeden Fall aufrechterhalten.

*

Noch einige Schlaglichter aus diesem ereignisreichen Monat: Am 26. März wurde das neue Stadtgeschichtliche Museum im ehemaligen Zeughaus auf der Zitadelle eröffnet.

Am 27. März nahmen wir die neue Technik-Zentrale des Krankenhauses in der Lynarstraße in Betrieb, damit war der erste Bauabschnitt der Sanierung dieser medizinischen Einrichtung abgeschlossen. Ich forderte bei der Eröffnung, die seit Mitte der 80er Jahre geplante Sanierung, vor allem den Neubau des 364-Betten-Hauses sowie des Untersuchungs- und Behandlungstrakts, uneingeschränkt und ohne Verzögerung fortzuführen. Zu meiner großen Genugtuung konnte das neue Bettenhaus im November 1998 eröffnet werden – die große Kraftanstrengung hatte endlich zum Erfolg geführt, und ich sprach ein Grußwort. Ich bin mir sicher: Wenn uns in den 80er und 90er Jahren dieser Wurf nicht gelungen wäre, gäbe es dieses Krankenhaus heute nicht mehr.

*

Der April stand bereits sehr im Zeichen des Wahlkampfes, denn am 24. Mai wurde in den Berliner Bezirken gewählt. Insbesondere die Wochenenden waren ausgefüllt mit der Beteiligung an Infoständen, politischen Frühschoppen und anderen Terminen. Nach wie vor war ich für die Partei in Spandau eine „Lokomotive" und setzte mich entsprechend ein. In Zeitungsanzeigen warb ich für meinen Nachfolger Sigurd Hauff. Seit 1946 hatte die SPD schließlich in Spandau die Bezirksbürgermeister gestellt. Die Berliner Zeitung widmete der Spandauer Stadtentwicklung in Zusammenhang mit den Kommunalwahlen ihre Aufmerksamkeit.

*

Mitte April hatten die Bezirke wieder einmal Ärger mit dem Senat. Das wurde in einer Sitzung des Rates der Bürgermeister (RdB) deutlich. Zunächst ging es um beabsichtigte Stellenstreichungen in den Bezirken. Insbesondere sollte bei den Planungsämtern im Westteil der Stadt kräftig abgespeckt werden, was geplante Großprojekte (Wasserstadt, Fernbahnhof) gefährdet hätte. Man wollte die Planungsarbeiten im Westteil Berlins zugunsten von Aufbauarbeiten im Ostteil drosseln. Dann gab es Streit über eine vom Senat geplante „Kampfhunde-Verordnung". Danach sollten circa 1500 Hunde in Berlin vom 1. Juli an nur noch mit Leine und Maulkorb ausgeführt werden dürfen. Bei der Vorbereitung der Verordnung waren die Bedenken der Tierschützer und Veterinäre sowie der Tierärztekammer nicht berücksichtigt worden, was alle 23 Bezirksbürgermeister kritisierten: „Diese Schreibtischentscheidung des Gesundheitssenators wird von uns so nicht beschlossen", erklärte ich für den RdB. Experten hatten die Verordnung als Verstoß gegen das Tierschutzgesetz bezeichnet.

Wir ärgerten uns auch über die beabsichtigte Einführung von Entgelten bzw. Mieten für die Nutzung von Sportplätzen, Jugend- und Kultureinrichtungen durch gemeinnützige Vereine. Einheitsüberzeugung der Bezirksbürgermeister: Eine Konsolidierung des Berliner Haushaltes darf nicht auf Kosten gemeinnütziger Vereine und Verbände versucht werden.

– Streik im öffentlichen Dienst –

Ende April zeichnete sich auch in West-Berlin ein Streik im öffentlichen Dienst ab, nachdem Arbeitgeber und Gewerkschaften sich nicht auf Einkommenserhöhungen hatten einigen können – die Gewerkschaft ÖTV forderte damals 9,5 Prozent mehr Lohn und Gehalt, die Arbeitgeber hatten 3,5 Prozent angeboten. Ein Streik wirkte sich in Berlin insbesondere bei den Eigenbetrieben (BVG und BSR) aus. Ich besuchte die streikenden Betriebe, den BVG-Betriebshof an der Heerstraße und den Betriebshof der Stadtreinigung am Brunsbütteler Damm, und empfing auch die ÖTV-Bundesvorsitzende Monika Wulf-Matthies im Rathaus, die zu Solidaritätsbesuchen in Spandau war. Als Gewerkschafter und Sozialdemokrat sprach ich den streikenden Beschäftigten vor Ort meine Solidarität aus und riet meinem potentiellen Nachfolger als Bezirksbürgermeister, Sigurd Hauff, dringend, diese Besuche mit mir gemeinsam zu machen. Damit tat er sich allerdings etwas schwer. Ende April mussten wir uns auch im Rathaus und seinen Einrichtungen auf Streiks vorbereiten, aber bisher hatte sich die Streikleitung hier kooperativ gezeigt.

Anfang Mai gab es dann kein Halten mehr: Am 4., 5. und 6. Mai lähmte der Streik das Leben in Berlin, auch bei uns in Spandau. Sämtliche Bereiche des öffentlichen Dienstes wurden unbefristet, zumindest für einige Tage, lahm gelegt. In Spandau traten BVG, Stadtreinigung und Müllabfuhr in einen unbefristeten Ausstand. Bezirksämter und städtische Kindertagesstätten wurden jeweils für zwei Tage bestreikt. Am 6. Mai bekundete ich nochmals vor Ort meine Solidarität mit den streikenden Busfahrern: „Gerade die Berliner werden durch den schrittweisen Abbau der Berlin-Zulage und weiterer steuerlicher Vergünstigungen am meisten gekniffen. Streiken ist schließlich kein Landesverrat, sondern ein in der Verfassung verbrieftes Recht", sagte ich auch gegenüber der Presse. Dennoch hoffte ich auf eine baldige Einigung zwischen den Tarifparteien. Am 7. Mai wurde sie erreicht, insbesondere auch im lange schwelenden Tarifkonflikt bei den städtischen Kindertagesstätten. Der Streik im öffentlichen Dienst wurde ausgesetzt.

*

Die ersten Maiwochen waren von der Kommunalwahl geprägt. Zur Wahlkampf-Strategie der SPD gehörte auch die „Vermarktung" ihres alten „Zugpferds" Salomon. Sicher machten alle Parteien im Vorfeld der Wahlen Dampf, um sich bei den Wählern ins rechte Bild zu setzen. Allerdings war ich nie ein Freund von krampfhaften und durchsichtigen (Wahlkampf-)Aktivitäten kurz vor Toresschluss. Ich vertrat immer, wie in der Schule, die Auffassung: „Wer vier Jahre lang fleißig seine Schularbeiten macht, braucht keine Angst zu haben, nicht versetzt zu werden." Am 11. Mai wurde ich einstimmig zum Ehrenvorsitzenden der Spandauer SPD gewählt. Das erfreute mich sehr und fand auch ein erstaunliches Echo in der Presse. Selbst der Tagesspiegel berichtete in einer kleinen Notiz.

*

Am 12. Mai empfing ich zum dritten Mal die Berliner Stadtältesten mit ihren Ehefrauen in Spandau. Damals wusste ich nicht, dass mir ein Jahr später, am 11. Juni 1993, diese Ehre selbst zuteil werden sollte ...

*

Eine Abschiedsvorstellung für mich war der Antrittsbesuch von Lt. Colonel Sheldon, dem Kommandeur des 1. Bataillons des Queen's Lancashire Regiments. Diese britische Einheit war die letzte, die im Rahmen der Stationierung britischer Truppen in Berlin nach Spandau kam. Bisher war die Einheit in Nordirland stationiert gewesen. Queen Elisabeth II. höchstpersönlich war Ehrenoberst des Lancashire Regiments. Eine besondere Ehre wurde mir in diesem Zusammenhang am 22. Mai zuteil: Das Queen's Lancashire Regiment widmete mir, dem scheidenden Spandauer Bürgermeister, auf dem Paradeplatz der Wavell-Kaserne in der Seektstraße einen britischen Zapfenstreich!

*

Am 20. Mai überreichte ich der Haselhorsterin Charlotte Niemann das Verdienstkreuz der Bundesrepublik. Außergewöhnlich großes Engagement im sozialen Dienst bis ins hohe Lebensalter war Anlass für die öffentliche Anerkennung. Ich kannte Charlotte Niemann bereits seit den 30er Jahren. Damals war sie Verkäuferin bei der Bäckerei Bühl an der Gartenfelder Straße gewesen, und als wir uns nun wiedersahen, kam sie mit dem Satz auf mich zu: „Ich habe dir doch schon vor fünfzig Jahren Streußelschnecken verkauft!"

*

Am 23. Mai stand die Damenfußballmannschaft des mehrfachen Deutschen Meisters TSV Siegen zum sechsten Mal im Endspiel um den Pokal des Deutschen Fußballbundes im Olympia-Stadion. Sie verloren dieses Spiel, und so blieb es bei ihrem viermaligen Triumph von 1987 bis 1990. Nach meiner Erinnerung war diese Endspielteilnahme das letzte große Erfolgserlebnis der Damen des TSV Siegen. Die großartige Mannschaft fiel auseinander und wechselte dann auch nach vereinsinternen Querelen über zu den Sportfreunden Siegen. Am Abend des verlorenen Endspiels mussten wir im Wassersportheim Gatow viele Tränen trocknen.

– Herbe Wahlverluste für die SPD –

Am 24. Mai waren die Wahlen zu den Bezirksverordnetenversammlungen in Berlin, erstmalig abgekoppelt von den Wahlen zum Abgeordnetenhaus. Im Vorfeld gab es zahlreiche Interviews mit mir als dem scheidenden Spandauer Bürgermeister, und es gab viele Spekulationen über den Wahlausgang, denn mit diesem Urnengang war auch ein gewisser Generationswechsel verbunden. Nicht nur ich schied aus Altersgründen aus, sondern auch der langjährige stellv. Bezirksbürgermeister Hans Ulrich Hering (CDU). Man spekulierte, ob die SPD ihre absolute Mehrheit und ihren haushohen Vorsprung wohl halten könne.

Es ist immer kompliziert, sich selbst zu bewerten oder einzuschätzen, das sollten in erster Linie andere Kenner der Szene tun. Aus einem Tagesspiegel-Kommentar vom 16. Mai möchte ich zitieren: „[...] Bezirksbürgermeister sind nur zu einem Teil Politiker. Hauptsächlich sind sie Chefs einer Verwaltung. Sie können durchaus populär sein. Der Spandauer Werner Salomon ist so einer, der beim Volk ankommt. Populär wird ein Bürgermeister meistens dann, wenn er möglichst lange im Amt ist, sich aus Parteipolitik weitgehend heraushält, kein Straßenfest auslässt und in regelmäßigen Abständen ordentlich gegen den Senat wettert [...]." Offenbar lagen hier auch Gründe für meinen Erfolg. Einer Forsa-Umfrage nach, die die Berliner Morgenpost in Auftrag gegeben hatte, war ich unter den Bezirksbürgermeistern Berlins mit weitem Abstand der bekannteste. Jetzt aber stand ich nicht mehr zur Wahl, deren Ergebnis für die SPD herbe Verluste brachte: Bei einer Wahlbeteiligung von nur noch 65 Prozent (1989 waren es noch über 80 Prozent gewesen) kam die SPD auf 41,3 Prozent der Stimmen, die CDU gewann 32 Prozent, die Alternative Liste 6,4 Prozent, und die Republikaner erreichten satte 10,3 Prozent der Stimmen. Die FDP konnte sich von 2,6 Prozent auf 4,1 Prozent verbessern, blieb aber weiterhin außen vor. Mit diesem Ergebnis hatten die Sozialdemokraten 14 Prozent der Stimmen einbüßen müssen, wovon die CDU jedoch nicht besonders profitierte – sie gewann nur 3,1 Prozent hinzu. Die Republikaner hingegen verbesserten ihr Ergebnis noch einmal um 3,6 Prozent, und das trotz ihrer Abstinenz in der vergangenen BVV-Periode.

Dementsprechend fielen auch die Kommentare und Wahlanalysen in der Presse aus: Die Politik- und Parteienverdrossenheit wurde angeführt, ebenso wie meine große Popularität, die es Sigurd Hauff schwer machte, aus meinem Schatten zu treten. Natürlich wurde auch über personelle Folgen aus der Wahl spekuliert: Eine Änderung des Wahlgesetzes hatte ergeben, dass nicht mehr automatisch die stärkste Partei – wie bisher – den Bezirksbürgermeister stellte, sondern auch Zählgemeinschaften (Koalitionen) für einen Kandidaten gebildet werden konnten. Bei einer absoluten Mehrheit erübrigten sich solche Überlegungen, jetzt aber kamen sie ins Spiel. Für die SPD bot sich allerdings nur eine Klärung mit der CDU an: Die übrigen Bezirksamtsposten wurden weiter nach dem D'Hondtschen System verteilt, und danach stand den Christdemokraten ein weiterer Stadtratsposten zu. Es ging nun also um die Fachbereiche – aber das war nicht mehr mein Bier, es verhandelten jetzt andere. Bis zum 30. Juni sollte das Bezirksamt mit der Wahl des Bürgermeisters und der sechs Stadträte stehen – es blieb abzuwarten, ob das gelang.

– Abschied allerorten –

Am 27. Mai fuhren wir in großer Besetzung mit Vertretern aus Bezirksamt und BVV in unsere Partnerstadt nach Siegen. Es galt, das 40-jährige Bestehen der Partnerschaft zum Kreis Siegen-Wittgenstein und zur Stadt Siegen zu feiern. Mit uns fuhren 138 Spandauer Sportlerinnen und Sportler, um an den traditionellen Wettkämpfen gegen Vereine aus Siegen und erstmals auch aus der Siegener Partnerstadt Plauen teilzunehmen. Bei einem großen Kinderfest in der Siegener Altstadt war ich Schirmherr.

Auf der Rückfahrt aus Siegen am 31. Mai mussten wir uns sputen, denn um 13 Uhr begann schon der traditionelle Umzug durch die Gartenstadt Staaken anlässlich des dortigen jährlichen Kinderfestes – undenkbar, dass der Bürgermeister nicht wie jedes Jahr an der Spitze des großen Umzuges mitmarschiert wäre, noch dazu bei seiner „Abschiedsvorstellung".

*

29.5.1992 zur Feier der 40-jährigen Partnerschaft in Siegen: Immanuel Becker (Siegen), Hilde Fiedler (Bürgermeisterin von Siegen), Walter Nienhagen (Landrat von Siegen-Wittgenstein), Rolf Rührmund (BVV-Vorsteher von Spandau), Waltraud Steinhauer (MdB aus Siegen) und Werner Salomon (von links).

Auf dem Wohnungsmarkt in Spandau gab es mal wieder Ärger: Mehr als 200 Wohnungen der britischen Streitkräfte in der Gegend um den Brunsbütteler Damm und den Elsflether Weg standen seit Monaten leer. Nach Auffassung der Oberfinanzdirektion Berlin sollten hier irgendwann Bundesbeamte einziehen. Eine Übergabe von den Briten war noch nicht erfolgt, die Wohnungen standen also dem freien Markt nicht zur Verfügung. Das ärgerte mich: Wir konnten uns keine leerstehenden Wohnungen leisten. Seinerzeit suchten über 5 900 Spandauer mit Wohnberechtigungsschein (z. T. mit hoher Dringlichkeit) eine Sozialwohnung. Wir intervenierten also bei der Oberfinanzdirektion ...

*

Am Pfingstwochenende hatte Kladow seine „drei tollen Tage" mit einem Riesenprogramm zum Jubiläum. Etwa 100 000 Besucher nahmen daran teil. Höhepunkt war der Festumzug, bei dem ein Querschnitt durch die Kladower Historie gezeigt wurde. Gemeinsam mit dem Bezirksamt fuhr ich in einer hoch herrschaftlichen Kutsche mit. Auch Kladow wusste eben seine Feste zu feiern.

*

Am Pfingstmontag wurde mir eine besondere Ehre zuteil, auf die ich auch stolz bin: Um 11 Uhr wurde im Stadion Askanierring das „Abschiedsspiel Werner Salomon" ausgetragen, die Spandauer Auswahl spielte gegen ein Team internationaler Fußballer aus Berlin. Dazu hieß es in der Einladung: „Die Spandauer Fußballgemeinde möchte sich von einem ihrer größten Fans und Förderer ganz herzlich verabschieden und veranstaltet daher ein Abschiedsspiel für unseren langjährigen Bezirksbürgermeister Werner Salomon. Werner Salomon, früher selbst aktiver Fußballer und noch als Bürgermeister bis vor kurzem bei Prominentenspielen immer am Ball, hat für den Fußball und seine Sorgen immer ein offenes Ohr gehabt. Er verdient es daher wie kein anderer, auf diese Art geehrt zu werden. Wir freuen uns daher, sie alle begrüßen zu können."

Für mich war das eine tolle Sache. Trotz bestem Badewetter kamen etwa 300 Zuschauer in das Stadion am Askanierring, um ein gutes Fußballspiel zu sehen, das die Spandauer Auswahl 2:0 gewann. Doch das Ergebnis war zweitrangig. Der Vorsitzende der Arbeitsgemeinschaft Spandauer Fußballvereine, Manfred Bartels, überreichte mir nach dem Spiel einen Erinnerungsteller mit den Emblemen sämtlicher Fußballvereine des Bezirks und ernannte mich zum Ehrenmitglied der AG. Besonders gefreut habe ich mich auch über die Anwesenheit der Ausländerbeauftragten des Berliner Senats, Barbara John.

*

Anfang Juni titelten die Zeitungen „Alba bricht mit der Havelstadt". Die Firma Alba, ein privates Entsorgungsunternehmen in Berlin, hatte seit Anfang der 70er Jahre seine Hauptverwaltung in der Seeburger Straße in Spandau. Mit dem Chef, Franz-Josef Schweitzer, hatte ich ein gutes Verhältnis. Er förderte auch soziale Anliegen in der Havelstadt. Der Alba-Chef wollte in den kommenden Jahren erheblich expandieren. So wollte er am Oberhafen ein Altöl-Zwischenlager errichten, was die Bezirksverwaltung allerdings wegen der Nähe der Wasserwerke ablehnte. Zudem hatte sich eine kräftige Bürgerinitiative gegen dieses Zwischenlager gebildet, was wohl auch die Entscheidung des Bezirks beeinflusst hatte – schließlich war ja Wahlkampf gewesen. Schweitzer ärgerte sich darüber und reagierte prompt: Der Sitz in der Havelstadt wurde aufgegeben, und man orientierte sich in Richtung Mahlsdorf-Süd. Dort bekam Alba sofort von der Treuhand ein Gelände der ehemaligen Sekundär-Rohstoffvertretung. Ich begleitete diese Entwicklung mit gemischten Gefühlen: Einerseits war Alba für Spandau ein wichtiges Unternehmen, andererseits war der Widerstand gegen das Altöl-Zwischenlager am Oberhafen aber innerhalb und außerhalb meiner Partei zu groß, um dagegen (im Interesse Albas) zu opponieren.

*

In einem Kommentar in der Frankfurter Rundschau nahm Otto Jörg Weis am 10. Juni die Verwaltungsorganisation in Berlin aufs Korn. Einen Absatz daraus will ich zitieren: „[...] Zwanzig Bezirke umfasste die Stadt 1920 beim Zusammenschluss bis dahin autonomer Städte, Land-Gemeinden und Gutsbezirke; drei Bezirke kamen als Produkt sozialistischer Plattenbauweise in den letzten anderthalb Jahrzehnten dazu. Jeder dieser Bezirke dient nicht zuletzt der Versorgung verdienter Parteifreunde: Ein Bezirksbürgermeister erhält monatlich 11 000 Mark, jeder von jeweils sieben Stadträten rund zehntausend Mark. Es sind fast zweihundert Jobs, die sich CDU und SPD über Jahrzehnte weitgehend untereinander aufgeteilt haben. Hinreichende Kompetenzen hat die politische Reservemannschaft der zweiten kommunalen Ebene dabei nic gehabt. Schaut man ihre Verantwortungsbereiche durch, dann erstrecken sie sich auf die Auszahlung der Sozialhilfe, Standesämter, Gartenbau und Friedhofspflege – ‚Sonstige Aufgaben', wie es die Landesverfassung unverblümt nennt; selbst in diese kann der Berliner Senat per Aufsicht hineinregieren. Kaum einer der Bezirksbürgermeister hat es jemals zu persönlichem Profil gebracht, sieht man von ‚Texas-Willy' Kressmann in Kreuzberg und dem gerade aus dem Amt geschiedenen Spandauer Verwaltungschef Werner Salomon einmal ab."

– Erste Übereinkunft bei der „Wasserstadt" –

Am 12. Juni beschäftigten wir uns wieder mit der „Wasserstadt Oberhavel". In einem Pressegespräch stellten wir preisgekrönte Architektenvorschläge für das Teilstück „Pulvermühle – Haselhorst" vor. Was die Gestaltung des Gesamtprojekts der Wasserstadt im Norden Spandaus betraf, gab es zum Teil erhebliche Meinungsverschiedenheiten zwischen dem Bezirk und der Senatsbauverwaltung, für das Teilstück „Pulvermühle" im Haselhorster Bereich hatten wir allerdings einvernehmliche Lösungen gefunden. Im Preisgericht waren wir Spandauer auch mit drei Mitgliedern vertreten, darunter eine betroffene Mieterin der Altsiedlung. Ich freute mich über den Konsens, schließlich war ich selbst im Planungsgebiet Haselhorst aufgewachsen.
Dieser Bereich am westlichen Rand von Haselhorst war ein sensibles Gebiet. Dort lag u.a. die Kleinraumsiedlung aus den 50er Jahren, im Volksmund „Mau-Mau-Siedlung" genannt. Hier sollte

auf einem 37 ha großen Areal eine neue Siedlung mit insgesamt 1200 Wohnungen, Schule und Kindergarten entstehen. Bauherr war die städtische Wohnungsbaugesellschaft GSW. Der Reiz des Neubauprojektes lag in der unmittelbaren Nähe der Havel mit viel grünem Uferstreifen. Wir versprachen uns eine enorme Aufwertung für diesen bisher vernachlässigten Ortsteil, jedenfalls würde Haselhorst westlich der Daumstraße total verändert werden.

– Politischer Posten-Schacher –

Am Abend des 12. Juni 1992 ging es beim Kreisdelegiertentag der Spandauer SPD um Konsequenzen aus dem Wahlergebnis vom 24. Mai, insbesondere um die Besetzung der Fachdezernate und entsprechende Personalwahlen. Am gleichen Tag beschäftigte sich die CDU auf ihrem Kreisparteitag mit ähnlichen Fragen. Nachdem die SPD 14 Prozent der Wählerstimmen verloren hatte, stand der CDU nun ein weiterer Stadtratsposten zu. Die SPD stellte also den Bezirksbürgermeister, und beide großen Parteien konnten je drei Stadtratsposten besetzen.
Die CDU beanspruchte auf jeden Fall ein sog. „Kernressort" und hatte sich – neben den Posten für Wirtschaft und Finanzen sowie Gesundheitswesen und Umweltschutz – für das bisher von der SPD geführte Ressort Jugend und Sport entschieden. Nun setzte ein parteiübergreifender Streit ein. Führende Sozialdemokraten riefen auf dem Parteitag – auch im Hinblick auf die Wahlschlappe – zur Mäßigung auf. Die Berliner Zeitung zitierte den Kreisvorsitzenden Wolfgang Behrendt („Wir können es uns nicht leisten, Chaos zu verbreiten."), den stellvertretenden Fraktionsvorsitzenden Detlef Schuster („Wir brechen uns keinen Zacken aus der Krone, wenn wir einmal nachgeben.") und auch Sigurd Hauff („Lasst uns der Öffentlichkeit deutlich machen, dass wir jenseits von Selbstgerechtigkeit fähig sind zum fairen Kompromiss."). Die Mehrheit aber schien die Machtfrage stellen zu wollen: Von 95 anwesenden Kreisdelegierten stimmten 53 dafür, dass die Sozial-

demokraten weiterhin die Spitze der Abteilung Jugend und Sport besetzen sollten. Neben den Dezernaten Bau- und Wohnungswesen mit dem bisherigen Bezirksstadtrat Klaus Jungclaus und dem Dezernat Sozialwesen mit Renate Mende wollte die SPD das Dezernat Jugend und Sport mit Fredy Stach an der Spitze verteidigen. Es wurde beschlossen, das Dezernat Volksbildung, bisher besetzt mit Sigurd Hauff, der CDU zu überlassen. „Die CDU könnte die Wahlen zum Bezirksamt boykottieren, indem sie keine Kandidaten benennt", befürchtete die frisch gewählte Fraktionsvorsitzende Monika Helbig-Dürr, und genau das bahnte sich an.
Trotz mahnender Worte des CDU-Kreisvorsitzenden Konrad Birkholz setzte sich eine knappe Mehrheit unter Führung einer starken Gruppe aus Kladow durch, und die Christdemokraten nominierten keine Kandidaten für den Stadtrat, weil die SPD sich „kompromisslos gezeigt" hatte. Damit war fraglich, ob das Bezirksamt, wie vorgesehen, am 30. Juni gewählt werden konnte, denn laut Gesetz durfte es nur als Ganzes, mit allen sieben Mitgliedern, antreten. Bis zur Neuwahl amtierte weiter das alte Bezirksamt. Musste ich nun etwa über den 1. Juli hinaus im Dienst bleiben?
Am 24. Juni konstituierte sich die Bezirksverordnetenversammlung, und Dietrich Berndt (SPD) wurde ihr Vorsteher. In der Frage der Ressortverteilung hatten sich die Fronten indes verhärtet. Die CDU hatte deutlich gemacht, dass es ohne Entgegenkommen der SPD kein neues Bezirksamt geben werde. Nachdem die SPD-Delegierten mehrheitlich die Abgabe des Stadtratspostens für Jugend und Sport abgelehnt hatten, forderte die CDU nun das für die Sozialdemokraten unantastbare Sozialressort. Die SPD ihrerseits verhandelte mit der AL, um mit deren Stimmen den Bürgermeister und ihre Stadträte wählen zu können. Doch auch die Grünen erwarteten Zugeständnisse. Ich richtete mich darauf ein, meinen Ruhestand erst am 1. Oktober anzutreten, denn es sah so aus, als müsse die Bezirksamtswahl mangels Einigung in den September verschoben werden.
Am 30. Juni schließlich war Wahltag in der BVV. Am Vormittag tagte – letztmalig? – das alte Bezirksamt. Traditionsgemäß trugen

sich dessen Mitglieder in das Goldene Buch der Stadt ein. Wir rechneten allerdings damit, bis auf weiteres weiter amtieren zu müssen. Auch meine für den 3. Juli geplante Abschiedsparty auf der Spandauer Zitadelle war auf unbestimmte Zeit verschoben worden.

Am Abend in der BVV wurde Sigurd Hauff zum neuen Spandauer Bürgermeister gewählt. Er erhielt 24 Ja-Stimmen, offensichtlich von der SPD und der grünen AL. CDU und Republikaner stimmten gegen Hauff. Aus Protest gegen diese „rot-grüne" Koalition verließ die CDU-Fraktion die Versammlung. Anschließend brachte die SPD ihre drei Stadtratskandidaten Renate Mende (Soziales), Fredy Stach (Jugend und Sport) und Klaus Jungclaus (Bauwesen) mit Hilfe der AL durch. Eine Konstituierung des Bezirksamts war jedoch ohne die drei von der CDU zu besetzenden Stadtratsposten noch nicht möglich. Wir mussten also zunächst – unter Umständen sogar bis zum 31. Dezember – weiter im Amt bleiben.

Das war ein bisher einmaliger Vorgang in Spandau und fand ein entsprechend breites Echo in der Presse: „Neues Bezirksamt – kaum gewählt, schon unfähig" titelte die Berliner Zeitung, „Spandau hat jetzt zwei Bürgermeister" schrieb das Spandauer Volksblatt. Weitere kritische Kommentare folgten. Die CDU war jetzt gefordert, nach der Sommerpause ihre Kandidaten aufzustellen, sonst drohte ihr eine Weisung des Innensenators als Aufsichtsbehörde. Der konnte dann ein Ultimatum stellen, bis wann die restlichen Stadträte zu wählen waren.

Sei es, wie es war – für mich war eben noch kein Feierabend. Ich musste weitermachen, doch vermutlich nur bis zum Ende der Ferien, denn die CDU würde schon in eigenem Interesse ihre Stadtratskandidaten bis zum 1. September nominieren. Offenbar strebte sie an, bei einem Kreisparteitag am 17. August zu Potte zu kommen. Als „Bürgermeister auf Abruf" hing ich nun zwischen den Stühlen. Die Termine gingen weiter, aber der volle Einsatz war es nicht mehr.

– Briten und Russen spielen „Berliner Luft" –

Am 13. Juni wurde auf dem Spandauer Markt der letzte Deutsch-Britische Freundschaftstag meiner Amtszeit begangen. Wir setzten damit eine alte Tradition fort, die andauern sollte, solange britische Truppen in Spandau stationiert waren. Wie jedes Jahr wurde der Freundschaftstag zu einem Fest der Begegnung mit viel Musik, Spiel und Spaß. Zudem riefen wir gemeinsam zu einer Hilfsaktion für das Kinderhospital in Moskau auf, das wir im März besucht hatten – 8453 DM kamen dabei zusammen. Zwei britische und eine russische Militärkapelle spielten „Hits der Militärmusik". Die Bläser und Drummer der „Regimental Band of the Queen's Lancashire Regiment" steckten in feschen roten Uniformen und waren zum Teil mit echten Leopardenfellen geschmückt, die noch aus dem Afrikafeldzug der britischen Armee zu Beginn des vergangenen Jahrhunderts stammten. Musikalische Völkerverständigung wurde beim Platzkonzert am Markt geübt:

Der letzte Deutsch-Britische Freundschaftstag für den Bürgermeister.

Gemeinsam mit den russischen Kollegen aus Karlshorst intonierten die Briten „Das ist die Berliner Luft". Im Vorfeld dieses Deutsch-Britischen Freundschaftstages gab es allerdings Ärger, denn die deutsche Landesluftfahrtbehörde verbot nun die Landung des britischen Militärhubschraubers auf dem Markt, die seit den 80er Jahren eine Attraktion des Freundschaftstages war. Da wir darauf nicht verzichten wollten, fanden wir eine Lösung: Die britische „Gazelle" landete in einer Kaserne und kam per Tieflader auf den Markt ...

*

Am 20. Juni beging das britische „Corps of Royal Electrical and Mechanical Engineers" sein 50-jähriges Bestehen. Es war seit dem 9. Juli 1945 in Spandau stationiert und hatte 1978 als erste britische Einheit den Ehrentitel „Freedom of Spandau" erhalten. An gleicher Stelle wurde nun ein militärischer Festakt mit Militärparade gefeiert. Als scheidender Bürgermeister bekam ich von Kommandeur Major Brown eine Schriftrolle überreicht, in der das

Ehrung vor der Spandauer Zitadelle: Das britische „Corps of Royal Electrical and Mechanical Engineers", 1978 als erste britische Einheit mit dem Ehrentitel „Freedom of Spandau" ausgezeichnet, feiert sein 50-jähriges Bestehen (© Brigitte Baecker).

sehr gute Verhältnis zwischen den Briten und dem Bezirk Spandau dokumentiert wurde.

Der nahe Abzug der Briten bedeutete für den Bezirk auch eine schmerzliche Finanzlücke: Seit mehr als 25 Jahren hatten die britischen Einheiten viele Dienste und Arbeiten kostenlos übernommen, die wir sonst kaum hätten bezahlen können. Die Pioniere halfen beim Mauer-Abriss, richteten Sportplätze her und planierten Wege. Ihre großen Zelte boten Sportlern, Vereinen und Schulen Unterschlupf. Auf Spielplätzen bauten die Soldaten Klettergerüste, reparierten Rutschen und Schaukeln. Der britische Fuhrpark stand für Bustransporte zur Verfügung – Hunderttausende hätte der Bezirk für all das ausgeben müssen, wäre diese Hilfe nicht gewesen.

Für den 21. August war in der Kladower Montgomery-Kaserne der Wachwechsel vorgesehen. Mit meinem Nachfolger Sigurd Hauff zusammen sprach ich mit dem neuen Bundeswehrkommandanten des Jäger-Bataillons 581, das mit 120 Soldaten in diese Kaserne einziehen sollte. Die Bundeswehr sähe sich nicht in der Lage, „ähnliche Wohltaten" wie die Briten für Spandau zu leisten, machte er uns deutlich. Aus Gründen der Fairness muss man auch betonen, dass die Briten es einfacher hatten. Sie verfügten über einen Besatzungslasten-Etat aus deutschen Steuermitteln und konnten großzügig mit dieser Ressource umgehen. Dennoch spielte bei ihren Hilfeleistungen der „good will" stets eine große Rolle.

Insgesamt sollten im Laufe des Jahres 700 Angehörige des Jägerbataillons in Kladow stationiert werden. Rund zwei Drittel der Berufssoldaten dieses Bataillons stammten aus dem ehemaligen NVA-Paraderegiment „Friedrich Engels".

Ich hatte mit der Bundeswehr dann nichts mehr zu tun und war eigentlich auch nicht böse deswegen. „Mein Militär" über etwa zwei Jahrzehnte hinweg waren die Briten. Sie waren im Bezirk allgegenwärtig, und es bestanden gute, freundschaftliche Kontakte. Manch ein Spandauer kannte sich in der britischen Militärhierarchie besser aus als in der fernen Bundeswehr, zumal es in West-Berlin auch keine Wehrpflicht gab.

*

Im Juni drängten sich die Termine in meinem Kalender – der Endspurt im Amt begann. Die letzte Juniwoche sollte ja eigentlich die letzte meiner Bürgermeisterzeit sein. Am 22. Juni tagte noch einmal der gemeinsame Arbeitsausschuss von Nauen und Spandau. Ich hatte den Eindruck, dass Sand im Getriebe war – es zeichneten sich immer deutlicher die unterschiedlichen Interessen zwischen der Kommunalpolitik in Spandau und der im Umland ab. Ich vertrat nach wie vor die Auffassung, dass dieser Arbeitsausschuss unbedingt erhalten bleiben müsse, auch nach meinem Ausscheiden, doch ich war skeptisch, denn in gewissem Sinn war ich der Motor dieses Gremiums gewesen.

In der Tat schlief dieser Ausschuss Anfang 1994 ein – aus meiner Sicht ein Fehler, denn damit riss auch der Gesprächsfaden zum Havelland ab. Man hielt den Ausschuss für ein „Auslaufmodell", versäumte es aber auch, nach anderen Arbeitsformen für die vielen gemeinsamen Probleme zu suchen.

*

Am 27. Juni feierte im Kinosaal des „Theaters der Freundschaft" in Nauen ein besonderer Film Premiere: Claus Rehfeld aus meiner Pressestelle und sein freier Mitarbeiter Herbert Honika hatten das „Nauen-Panorama", einen 45 Minuten langen Film, gefertigt. Er spiegelte die historischen Einzelheiten der vergangenen Jahre sowie Ansichten von Nauen und dem Osthavelland wider. Bei der Uraufführung überreichte ich je ein Video an den Nauener Landrat Dr. Burkhard Schröder und den Vorsteher der Nauener Stadtverordneten, Manfred von Feilitzsch.

*

Am Rande einer Parade der US-Streitkräfte anlässlich des amerikanischen Unabhängigkeitstages fragte mich Walter Momper als Landesvorsitzender der Berliner SPD, ob ich nicht Interesse hätte, in Frankfurt/Oder für das Amt des Oberbürgermeisters zu kandidieren! Ich habe dankend abgelehnt.

*

Ende Juli trugen wir einen bedeutenden Spandauer Maler zu Grabe: Nikolaus Sagrekow, Wolgadeutscher aus Saratov. Er hatte sein Atelier in der Seegefelder Straße an der Bötzowbahn gehabt und war 95-jährig vestorben. Seit den 20er Jahren, seit der Schule der „Neuen Sachlichkeit", hatte Prof. Sagrekow die künstlerische Szene Berlins beeinflusst. Stolz trug er stets sein Bundesverdienstkreuz. Als Sozialdemokrat hatte er auch politisch gewirkt. Portraits wie die von Friedrich Ebert, Gustav Stresemann oder Willy Brandt gehörten zu seinen bekanntesten Arbeiten. Als scheidender Bürgermeister hatte ich die Ehre, bei der Trauerfeier in Ruhleben seine Verdienste zu würdigen.

*

Zwischendurch gab es in diesen Tagen auch immer wieder Gespräche mit meinem Nachfolger Sigurd Hauff. Ich versuchte, ihm einige meiner Erfahrungen zu vermitteln. Auch nahm er auf meine Anregung hin an meiner letzten Bürgersprechstunde am 13. August teil. Diese Sprechstunden waren mein Kind: Jeden dritten Donnerstag im Monat stand ich den Spandauern für zwei Stunden zur Verfügung. Mehr als 1500 Einzelgespräche führte ich dabei, viele überwanden so ihre Schwellenangst und trugen mir ihren Kummer vor. Viele drängenden persönlichen Probleme konnten so gelöst werden. Als ich die Sprechstunde 1980 im Rathaus eingeführt hatte, hatte man sie für unnötig gehalten. Inzwischen war sie jedoch zu einer festen Tradition geworden, die Hauff auch weiterführen wollte.

*

Am 14. August kam der Brandenburgische Ministerpräsident Manfred Stolpe in die Havelstadt anlässlich einer Signier-Stunde für sein Buch „Schwieriger Aufbruch". Selbstverständlich empfing ich ihn im Rathaus, und er trug sich in das Goldene Buch ein.

– NEUES BEZIRKSAMT ENDLICH KOMPLETT –

Bei der CDU gab es bis zuletzt personelle Querelen bezüglich der Auswahl ihrer Stadträte. Beim Kreisparteitag am 17. August traten diese Spannungen offen zu Tage. Während der CDU-Kreisvorsitzende Konrad Birkholz und der gelernte Krankenpfleger

Dieter Lietz problemlos nominiert wurden, erreichte Gerhard Hanke erst im vierten Wahlgang die erforderliche Mehrheit. Damit war das Spandauer Bezirksamt aber nun komplett, und mein Ausscheiden wurde auf den 26. August terminiert.

*

Am 19. August beging die Osthavelländische Eisenbahn (OHE) ihr 100-jähriges Bestehen. Die OHE, auch „Bötzowbahn" genannt, hatte eine lange Tradition. Sie durchzog den Spandauer Forst von Spandau-West bis Bötzow mit Güter- und Personenverkehr. Der Personenverkehr war am 1. Mai 1912 aufgenommen worden. Ab 1949 betrieb die OHE nur noch Güterverkehr und belieferte nach der Blockade insbesondere das Kraftwerk Oberhavel. Mit der OHE und insbesondere mit deren langjährigem Geschäftsführer Günter Wrietz verband uns eine gute Freundschaft. Wir führten im „Hauptbahnhof Johannesstift" mehrere Sitzungen des Bezirksamts durch und fuhren anschließend bei guter Bewirtung im ausgebauten Salonwagen der Gesellschaft.

*

Kurz vor meinem Ausscheiden drohte dem traditionsreichen Fußballplatz des SSV an der Neuendorfer Straße, zwischen Feuerwache und Schultheiss-Brauerei, das Aus. Die Brau- und Brunnen AG aus Dortmund als Besitzerin von Schultheiss wollte den Pachtvertrag mit dem Spandauer Sportverein über den 31. Dezember 1994 hinaus nicht verlängern. Auf dem aufgegebenen Brauerei-Gelände sollten Wohngebäude und Dienstleistungsbetriebe, ggf. auch ein Yachthafen entstehen. Opfer sollte der alte SSV-Platz werden. Obwohl zu diesem Zeitpunkt nur Absichtserklärungen vorlagen, war meines Erachtens die Todesstunde für die traditionsreiche Sportstätte an der Neuendorfer Straße eingeläutet. Mir tat das doppelt weh: Ein sportliches Herzstück in Spandau sollte verschwinden, und zusätzlich verschwand die altehrwürdige Spandauer Schultheiss-Brauerei, auch ein Stück Spandaus.

– Abschied von „König Salomon" –

Bevor ich mich in den Ruhestand begab, hielt ich in der Berliner Zeitung auch noch einmal ein Plädoyer für den Erhalt der Spandauer Städtepartnerschaften. Während meiner ganzen Amtszeit waren sie für mich immer eine Herzenssache gewesen, doch seit einiger Zeit drohte ihnen eine gewisse Erlahmung. Auch ich sprach mich bereits damals für eine Neuorganisation der Partnerschaften und für die Gründung eines Partnerschaftsvereins aus.

Am 20. August machte ich beim Landratsamt in Nauen meinen offiziellen Abschiedsbesuch, versprach aber, den Nauenern verbunden zu bleiben. Das zeigte sich später auf vielfältige Weise, was ich damals noch nicht ahnen konnte.

Am 20. August verabschiedete ich mich auch im Rat der Bürgermeister. 13 Jahre lang hatte ich diesem Gremium angehört, war Vorsitzender des Innenausschusses gewesen und seit 1981 Sprecher der SPD-Bezirksbürgermeister.

Allmählich kam die Wehmut auf. Bei einem Lokalderby am 23. August auf dem alten SSV-Platz wurde ich von den Vereinen und Zuschauern besonders geehrt, und drei Tage später wurde es dann wirklich ernst für mich: Am 26. August um 17 Uhr tagte die Bezirksverordnetenversammlung.

Das neue Bezirksamt wurde nun komplett gewählt und vereidigt. Sigurd Hauff trat meine Nachfolge als Bezirksbürgermeister an. Ein eigenartiges Gefühl beschlich mich, als ich nach der Wahl des Bezirksamtes meinen Bürgermeisterstuhl verließ, um auf einen der Stühle für die Stadtältesten im Saal Platz zu nehmen. Aber es war auch irgendwie erhebend: „Minutenlang stehende Ovationen für Werner Salomon" schrieben die Zeitungen am nächsten Tag. Die Berliner Abendschau brachte einen ausführlichen Fernsehbericht mit einem Portrait von mir. Es rührte mich, so im Mittelpunkt des Geschehens zu stehen. In den nächsten Tagen gab es in den Berliner Zeitungen eine Fülle von Würdigungen, Lebensportraits und Rückblicken auf meine Amtszeit als Spandaus Bürgermeister. „Salomon – eine Legende tritt ab" hieß es da, „König Salomon dankt ab" und „Ein Mann – eine Kariere". „Immer ein

Zvi Zilker, Bürgermeister von Spandaus israelischer Partnerstadt Ashdod, ist nach der gemeinsamen Golfkriegserfahrung ein Freund geworden.

guter Nachbar Berlins", lobte der Tagesspiegel, und „Danke, Werner Salomon" schrieb „Wirtschaftshof aktuell".
Ganz besonders hatte ich mich über einen Gastkommentar in der Berliner Zeitung gefreut, den der Bürgermeister unserer israelischen Partnerstadt Ashdod, Zvi Zilker, unter der Überschrift „Wir bleiben Freunde" geschrieben hatte. Darin hieß es: „[...] Es ist mir eine große Freude, meinem lieben Amtskollegen und Freund Werner Salomon zum Ende seiner Tätigkeit mein Lob auszusprechen und dem neuen Bezirksbürgermeister Sigurd Hauff alles Gute zu wünschen. Seit ich Werner Salomon 1979 kennen lernte, hatten wir eine vorzügliche Verbindung, die durch gegenseitige Besuche untermauert wurde. [...] Eine wahre Freundschaft zeigt sich besonders in schlechten Zeiten, und wir werden Werner Salomon nie vergessen, dass er im Golfkrieg an unserer Seite stand. Seine Reise nach Israel und Ashdod während der Bombardierung durch

die irakischen Scud-Raketen war eine Geste, die von großer Persönlichkeit zeugt. Seine Identifizierung und die angstvollen Momente mit uns, als wir die Gasmasken aufsetzen mussten, wird in der Geschichte von Ashdod nicht vergessen werden. Mein lieber Werner, wir wünschen Dir für die Zukunft nur das Beste!" Man muss dabei wissen, dass Zvi Zilkers Vorfahren fast ausnahmslos durch den Holocaust ums Leben gekommen waren und er es früher abgelehnt hatte, einem Deutschen die Hand zu reichen.

*

Am 27. August übergab ich offiziell mein Amt, und einen Tag später gab ich auf der Bastion König der Spandauer Zitadelle meine (privat bezahlte) Abschiedsparty. Die Sonne strahlte, und es wurde ein rauschendes Fest. Ich wollte meine Verabschiedung auf

Abschiedsfest auf der Zitadelle, vier Spandauer Bürgermeister auf einen Blick: Sigurd Hauff, Werner Salomon, Dr. Herbert Kleusberg und Dr. Klaus Bodin (von links, © Reimund Franz).

keinen Fall als geschlossene Veranstaltung begehen. Die Spandauerinnen und Spandauer sollten daran teilnehmen, und für ein Fest unter freiem Himmel bot sich die Zitadelle als Schmuckstück an. Viele Spandauer Organisationen, Institutionen und vor allem viele Volkskunstvereine fanden sich ein, um mir ein Abschiedsständchen zu bringen. Zum „Bezirksfürsten" und „Havelregenten König Salomon" adelte mich die Presse. Bei Schmalzstulle, Gulaschsuppe, Musik und Fassbier stieg die Zahl der Gäste nach zwei Stunden auf über tausend. Meine Amtsvorgänger kamen, Vertreter aus den Partnerstädten, die Schützengilde donnerte einen dreizehnfachen Salut über die Bastion, und einige Bürger kamen, um nur mal „danke" zu sagen. Die britischen Truppen waren durch ihren Brigadier und Kommandeure vertreten.

„Pensionär" Werner Salomon mit Brigadier Bromhead beim Abschiedsfest auf der Zitadelle: Die Briten waren der Verwaltung stets ein verlässlicher Partner.

Die große öffentliche Resonanz in den Medien und die Darstellung meiner Person schon vor der Abschiedsparty war auch der Chefredaktion der Berliner Morgenpost aufgefallen. Wie mir die MoPo-Journalistin Brigitte Baecker später erzählte, machte in der Redaktion der flapsige Satz: „Wann wird er denn heilig gesprochen?" die Runde. Aber Frau Baecker wurde beauftragt, in vier Fortsetzungen vom 1. bis 4. September das Leben von Werner Salomon zu skizzieren und zu porträtieren – immerhin!

*

Der Abschiedsreigen ging im September noch ein bisschen weiter. Die britischen Truppenkommandeure luden mich mit Brigadier Bromhead zu einer Bootsfahrt auf der Havel mit anschließendem Lunch bei der Royal Air Force ein. Diese Geste drückte auch mein persönliches Verhältnis zu den Engländern aus.

Am 7. und 8. September war ich auf Einladung unserer Siegener Freunde in unserer Partnerstadt, um im Rahmen meiner dortigen Verabschiedung an einer Live-Sendung des Westdeutschen Rundfunks und an der Siegerlandschau teilzunehmen. Am 15. September verabschiedeten mich Bezirksamt und BVV offiziell in Anwesenheit des Regierenden Bürgermeisters Eberhard Diepgen im Bürgersaal des Spandauer Rathauses, und am gleichen Abend gab die Partei einen Empfang für den ebenfalls aus der aktiven Kommunalpolitik ausgeschiedenen BVV-Vorsteher Rolf Rührmund und für mich.

*

Im September feierte Spandaus Partnerstadt Nauen ihr 700-jähriges Stadtjubiläum. Ein großer historischer Festumzug bildete den Höhepunkt, und natürlich war auch ich darin vertreten. Dann ging es erstmal in den Urlaub, bevor mich als Pensionär neue Aufgaben erwarteten wie z.B. die Enquetekommission zur Verwaltungsreform, zu der mich Diepgen gebeten hatte.

Vieles lief zunächst so weiter, als wenn ich noch im Amt gewesen wäre. Zu unzähligen Veranstaltungen wurde ich eingeladen, und auch die Presse schenkte mir nach wie vor große Aufmerksamkeit. Anfang Dezember schrieb das Spandauer Volksblatt bezeichnend: „100 Tage ohne Amt, aber der Altbürgermeister ‚regiert' weiter".

Ich betrachtete diese Vorgänge mit gemischten Gefühlen, denn sie waren nicht gerade förderlich für meinen Nachfolger Sigurd Hauff. Aber wer so lange im Amt war wie ich, kann die Kelle wohl nicht so schnell aus der Hand legen, und in der Tat bestimmte das öffentliche Leben in Form von ehrenamtlichen Aufgaben auch weiterhin meinen Lebenslauf.

– Nachwort –

Mit dem Eintritt in den „Unruhestand" will ich meine ausführlichen Erinnerungen beschließen. Nur einige Dinge greife ich aus der Vielfalt der Aktivitäten heraus, die für mich eine ganz besondere Bedeutung haben.

So trug ich gemeinsam mit Gerd Steinmöller und dem Spandauer Kunstamt im Februar 1993 eine Ausstellung mit dem Titel „Kinder unterm Stahlhelm" zusammen. 50 Jahre zuvor waren meine Klassenkameraden und ich von der Schulbank weg als Flakhelfer zur Luftwaffe eingezogen worden. Mit dieser Dokumentation im Gotischen Haus wollte ich besonders Schülern und Jugendlichen den Wahnsinn dieser Zeit vor Augen führen, wo man im „Kampf um Sein oder Nichtsein unseres Volkes" auch 15-Jährige schon an die Kanonen schickte. Wir hatten guten Erfolg: Die Zeitungen berichteten, und wir diskutierten viel mit Schülern unserer ehemaligen Schule. Ich stellte aber auch fest, dass wir diesen jungen Leuten die Verhältnisse in unserer Jugendzeit im „Dritten Reich" kaum begreiflich machen konnten. Immer wieder tauchten Fragen auf wie: „Warum habt ihr euch nicht gewehrt?" oder „Hattet ihr keinen Mut?". Fragen einer glücklichen Generation, die nie den Totalitarismus erleben musste.

*

Der 11. Juni 1993 nimmt in meinen Erinnerungen ebenfalls einen ganz besonderen Platz ein: Ich wurde „Stadtältester" von Berlin. Diese Ehrenbezeichnung ist eine preußische Auszeichnung, deren Ursprung weit ins 19. Jahrhundert zurückreicht. Empfänger dieser Würde müssen mindestens 20 Jahre lang verdienstvoll in politischen Wahlämtern oder Ehrenämtern von allgemeiner Bedeutung für die Stadt tätig gewesen sein und das 65. Lebensjahr erreicht haben. Die politischen Gremien können Vorschläge machen, und der Senat vergibt die Auszeichnung dann in Abstimmung mit dem Präsidenten und den Fraktionen des Abgeordnetenhauses.

Auch mir verlieh nun der Regierende Bürgermeister Eberhard Diepgen gemeinsam mit der Präsidentin des Abgeordnetenhauses, Dr. Hanna-Renate Laurien, die Stadtältestenwürde. Dafür gab es einen „großen Bahnhof" im Roten Rathaus. Und weitere Ehrungen wurden mir in jenem Jahr zuteil: Die Arbeitsgemeinschaft der Spandauer Fußballvereine erhob mich zu ihrem Ehrenmitglied, ebenso mehrere Sportvereine sowie das Spandauer Blasorchester. Die Berliner Kleingärtner ehrten mich mit ihrer höchsten Auszeichnung, der „Wilhelm-Naulin-Plakette". Das Spandauer Volksblatt bat mich, zu verschiedenen politischen Anlässen Kolumnen und Kommentare zu schreiben, was ich auch tat, denn es tat mir gut, dass man weiterhin darauf hörte, was ich zu sagen hatte.

*

Ich tat im Ruhestand auch das, was man von Rentnern beinahe schon erwartet: Ich widmete mich meiner Sammelleidenschaft. So baute ich meine Briefmarkensammlung aus und verfiel meinem Nostalgie-Tick, indem ich mich neben Tanzmusik der „roaring twenties" auch für alte Fahrzeugmodelle der Firma Roskopf zu interessieren begann. Unser Keller in der Jaczostraße wurde mit Schaukästen ausgestattet, und meine Nostalgie-Fahrzeugsammlung wuchs und wuchs. Inzwischen hat sie längst die Wohnräume erobert, und ich habe ganze Straßenszenen aus dem Berlin der 20er und 30er Jahre mit Modellen öffentlicher Verkehrsmittel nachgebildet. Eine Reihe von U-Bahnen und Autobussen ließ ich mir dafür von Spezialisten extra anfertigen.

*

1994 zogen die Alliierten Truppen vollständig aus Berlin ab. Fast 50 Jahre lang hatten sie das Leben im Nachkriegs-Berlin bestimmt. Für die westliche Seite war dabei entscheidend, dass die sowjetischen Streitkräfte – 400 000 Soldaten, Zivilbeschäftigte und Familienangehörige – Deutschland ganz verließen. Als Stadtältester wohnte ich den Abschiedszeremonien bei. Ich war Zeuge des Besuchs von Boris Jelzin im Berliner Rathaus, wo er sich kurz und knapp, offenbar etwas angeheitert, ohne die Laudatio des Regierenden Bürgermeisters abzuwarten ins Goldene Buch der Stadt Berlin eintrug und hinterher in bester Laune die Schöneberger Sängerknaben vor dem Rathaus dirigierte. Und selbstverständlich war ich mit dabei, als die westlichen alliierten Streitkräfte am

Brandenburger Tor mit einem Großen Zapfenstreich der Bundeswehr feierlich verabschiedet wurden.

*

Als Politik-Veteran nahm ich 1994 auch wieder Kontakt zu Alfred Kuhn auf, dem letzten DDR-Bürgermeister Nauens. Als überzeugter SED-Parteisoldat hatte er sich nach der Wende ganz zurückgezogen, war längere Zeit krank gewesen, und wurde als ehemaliger Repräsentant des SED-Regimes auch in der Stadt gemieden. Dennoch hatten wir uns bereits bei unserem ersten Treffen 1987 auf Anhieb sympathisch gefunden, und als ich ihn jetzt in seiner Nauener Wohnung wieder sah, verstanden wir uns gleich so gut, als wäre nichts geschehen. Auf diesen Besuch folgten viele andere, hin und her, und zu uns gesellten sich weitere „Polit-Pensionäre", die damals die ersten Kontakte mit geknüpft hatten. Ich zeigte mich auch sonst in der Partnerschaft mit Nauen weiter sehr aktiv. Leider füllte sich diese Verbindung nie so mit gesellschaftlichem Leben, wie ich es mir wünschte.

*

Der Ruhestand bescherte mir natürlich mehr Freizeit, aber mein kommunales Engagement wie auch meine alten Verbindungen ließen mich nicht los. Das wirkte sich jetzt entscheidend auf mein Eheleben aus: Meine Frau Marion erwartete von mir – aus ihrer Sicht zu Recht –, dass ich ihr nun mehr Zeit widmen würde. Dennoch besuchte ich alte Freunde in den Partnerstädten und pflegte persönliche Kontakte, die während meiner Dienstzeit entstanden waren. Für Marion waren diese Reisen offenbar nun kein Thema mehr. Ich weiß nicht, ob ich mehr Rücksicht hätte nehmen sollen. Mitte 1995 trennten wir uns schließlich, bis heute ohne uns scheiden zu lassen. Auf eigenen Wunsch verließ Marion unsere gemeinsame Eigentumswohnung und zog nach Falkensee. Vielleicht hätten wir uns schon viel früher trennen und jeder für sich ein neues privates Leben beginnen sollen. Es ist schon bitter, besonders für sie, dass wir erst so spät unsere eigenen Wege gegangen sind.

*

Im Februar waren wir noch gemeinsam in Wolgograd gewesen, dem früheren Stalingrad, mit dem Spandauer Verein „Nadjeschda". Marion hatte sich diese Reise gewünscht, weil ihr Vater 1943 als deutscher Soldat in die Schlacht um Stalingrad geschickt worden war und seitdem als vermisst galt. Die Stadt an der Wolga hatte es mir angetan – ich fuhr im November gleich wieder hin, und 1996 ein drittes Mal, mit einer zehnköpfigen Delegation aus Spandau. Es entstanden gute Kontakte, deren Motor neben „Nadjeschda" wieder einmal Kunstamtsleiter Gerd Steinmöller war, zunächst auf kulturellem, später auch auf wirtschaftlichem Gebiet. Er pendelte ständig auf eigene Kosten zwischen Spandau und Wolgograd hin und her und animierte Spandauer Firmen, dort zu investieren. Er genoss in Wolgograd großes Ansehen. Steinmöller starb im Juli 2003 – fast überflüssig zu erwähnen, dass danach diese Kontakte nach Wolgograd erlahmten.

*

Zum politischen Paukenschlag gerieten die Wahlen im Oktober 1995: Die SPD brach in Spandau weiter ein und verlor ihre Mehrheit; erstmals seit 1946 stellte die CDU nun den Bezirksbürgermeister in der Havelstadt! Das waren bittere Stunden für mich. In den vergangenen sechs Jahren hatten die Sozialdemokraten mehr als 20 Prozent Stimmenanteil verloren. Allein auf die „politische Großwetterlage" war das nicht mehr zu schieben. Und es sollte noch schlimmer kommen: Im Oktober 1999 holte die CDU in der einstiegen SPD-Hochburg Spandau mit 52,2 Prozent sogar die absolute Mehrheit und errang alle fünf Direktmandate. Da war es nur ein schwacher Trost, dass die Spandauer Sozialdemokraten berlinweit nach Wedding das zweitbeste Ergebnis erzielt hatten. Der Katzenjammer war groß.

*

1995 wurde nach längerer Diskussion der „Partnerschaftsverein Spandau" gegründet, dessen Vorstand ich noch heute angehöre. Ich kümmere mich vorrangig um die Partnerschaften zu Ashdod, Siegen-Wittgenstein und Nauen. Für einen solchen Verein hatte ich mich bereits als Bürgermeister ausgesprochen, da das Interesse an den Städtepartnerschaften immer weiter zurückzugehen schien. Mir lagen diese Verbindungen als Mittel der Völkerverständigung jedoch sehr am Herzen. Der Verein sollte die bestehenden Partnerschaften wieder mit neuem Leben füllen, damit sie nicht zu Protokollvorgängen verkümmerten. Ende der 90er Jahre hielt ich meistens allein den Kontakt zu unseren Partnerstädten. So fuhr ich auf eigene Kosten 1999 zur Verabschiedung des langjährigen Oberkreisdirektors Karl-Heinz Forster nach Siegen, nahm am Neujahrsempfang des Landkreises Havelland teil und anderes mehr.

*

Ende 1995 wählte mich der Nauener Ortsverband zum ehrenamtlichen Vorsitzenden seines Arbeiter-Samariter-Bundes (ASB). Mit damals 3000 Mitgliedern und 300 Hauptamtlichen war der ASB Nauen immerhin die größte Wohlfahrtsorganisation im Havelland und einer der größten Arbeitgeber obendrein. Ich ließ mich bearbeiten, dieses Amt zu übernehmen, und habe es bis heute nicht bereut. Meine politischen Erfahrungen und Verbindungen habe ich in die Arbeit eingebracht. So gelang es mir, zum ersten Spatenstich für das ASB-Seniorenzentrum Nauen Ministerpräsident Matthias Platzeck zu uns zu holen. Sein Amtsvorgänger Manfred Stolpe war Gast im modernen Seniorenwohnpark Falkensee, wiederholt auch die leider verstorbene, aber unvergessene Sozialministerin Regine Hildebrandt. Ich blieb ein politisches Bindeglied zwischen Spandau und dem Havelland. 2005 ehrte man mich für meinen zehnjährigen ehrenamtlichen Vorsitz im ASB-Ortsverband Nauen.

*

1996 scheiterte der Versuch, im Rahmen einer Volksabstimmung die Länder Berlin und Brandenburg zusammenzuführen zu einem gemeinsamen Bundesland; in Westberlin war die Mehrheit dafür, in Ostberlin sowie in Brandenburg die Mehrheit dagegen. Ich hatte mich sehr für die Fusion eingesetzt und war nun sehr enttäuscht. Umso mehr bemühte ich mich in den Folgejahren um Verbindungen zwischen Spandau und dem Osthavelland. So veranstalte ich bis heute regelmäßig eintägige Busfahrten nach Nauen und in das Havelland, um den Spandauern die versteckten Schönheiten der Ackerbürgerstadt zu zeigen. 1996 verlieh man mir die Ehrenbürgerwürde der Stadt Nauen – eine Ehrung, die mich als Nicht-Nauener auch rückschauend mit Stolz erfüllt.

*

Im April 1997 gab es Signale für eine Leistungs- und Kräftekonzentration im Spandauer Fußball, dem ich mich stets sehr verbunden fühlte. Auf Initiative der beiden bedeutendsten Spandauer Vereine, dem Spandauer Sport-Verein (SSV) und dem Spandauer Ballspiel-Club (SBC), wurde ein „1. FC Spandau" ins Leben gerufen, der als Dachverein zum Leistungsträger in der Fußballlandschaft werden und in den andere Spandauer Vereine integriert werden sollten. Auf der Suche nach einer Integrationsfigur machte man mich 70-Jährigen zum Präsidenten dieses neuen Vereins. Ich war als bekannte Persönlichkeit als „Türöffner" gefordert, um Sponsoren zu gewinnen. Trotz kleinerer Fortschritte bei Vereinsfusionen blieb der große Wurf aber aus. Nach einigen Jahren war ich ernüchtert und auch menschlich von einigen Protagonisten tief enttäuscht. Mein Interesse am Spandauer Fußballsport war nach und nach erlahmt. Dazu hatte ich im wahrsten Sinne des Wortes mächtig „Lehrgeld" zahlen müssen!

*

Nach der Jahrhundertwende – ab dem Jahr 2000 – wurde es keineswegs ruhiger bei mir. Meinem Eindruck nach nahmen die Termine eher zu, aber ich konnte es körperlich verkraften, und offensichtlich tat es mir auch gut.
Bereits seit meinem Ausscheiden aus dem Dienst schrieb ich regelmäßig Kolumnen, Kommentare und Beiträge für verschiedene Zeitungen – selten mit Honorar. Als schöne Geste habe ich es empfunden, dass mich die Sozialdemokraten in Priort im Havelland zum 3. Oktober 2000 neben Franz Müntefering als Festredner einluden. Beide sprachen wir aus Anlass der zehnten Wiederkehr des Tags der Deutschen Einheit beim Festakt in der örtlichen Kirche.

*

Einen großen Empfang bereitete mir meine Partei zum 75. Geburtstag am 1. Oktober 2001, wie sie es bereits zu meinem 70. Geburtstag getan hatte. Gleichzeitig mit mir feierte auch Klaus Wowereit Geburtstag. Eine lange Schlange von Gratulantinnen und Gratulanten sammelte sich an, um uns ihre Glückwünsche zu überbringen, und in einer Laudatio stellte die Europa-Abgeordnete Dagmar Roth-Behrendt klar: „Das Wort ‚Bürgernähe' steht nicht im Duden. Es ist vermutlich eine Schöpfung Werner Salomons, die er deutlich mit Leben füllte." Konrad Birkholz attestierte mit Bewunderung seinem Amtsvorgänger einen festen Platz im Geschichtsbuch der Havelstadt.

*

Im März 2002 übernahm ich ein weiteres Ehrenamt: Ich wurde stellv. Vorsitzender der „Vereinigung der ehemaligen Mitglieder des Abgeordnetenhauses von Berlin", obwohl ich selbst nur drei Jahre im Abgeordnetenhaus gesessen hatte. Aber Hanna-Renate Laurien (CDU), die ehemalige Parlamentspräsidentin und Vorsitzende dieser überparteilichen Vereinigung, hatte mich mit dem Satz gewonnen: „Ich brauche doch einen vernünftigen Sozi!" Die Vereinigung ist bis heute ein politischer Freundeskreis mit rund 230 Mitgliedern.

***

All dies zeigt, dass mein politisches, mein gesellschaftliches und sozialpolitisches Tun wahrlich nicht mit meiner Amtszeit als Spandaus Bürgermeister 1992 endete. Auch das Wirken in den vergangenen 14 Jahren hat mit viel gegeben und mich in Schwung gehalten. Im Grunde genommen kann ich mit meinen Lebensstationen sehr zufrieden sein: Ob Steuerbeamter, ob Gewerkschaftssekretär, ob Arbeitsdirektor bei der Gasag oder Bürgermeister – alle Stationen habe ich mit Erfolg durchlaufen.

Ich will nicht verschweigen, dass diese Erfolge oftmals zu Lasten des privaten, familiären Lebens gingen und dort Wunden schlugen. Das musste ich erfahren und weiß, dass ich kein Einzelfall bin. Dennoch habe ich mein spätes Glück gefunden. Ich lebe jetzt mit Marion Riedel, meiner früheren Pressesprecherin, zusammen und bin ihr für Vieles von Herzen dankbar. Ich danke auch allen anderen, die mir nahe standen und mir geholfen haben.

– ANHANG –

Vereinbarung

über kommunale Kontakte zwischen der Stadt Nauen und dem Bezirk Spandau

Präambel

Einig in dem Bestreben, einen Beitrag zur Sicherung des Friedens, zur Abrüstung und zur Entwicklung gutnachbarlicher Beziehungen zu leisten, vereinbaren die Stadt Nauen und der Bezirk Spandau eine kommunale Partnerschaft. Unbeschadet der Unterschiede in den Auffassungen, die sich aus der Zugehörigkeit beider Kommunen zu verschiedenen Gesellschaftsordnungen ergeben, wollen beide Kommunen damit im Rahmen ihrer Möglichkeiten und Zuständigkeiten – in Achtung aller bestehenden Abkommen und Vereinbarungen, einschließlich des Vier-Mächte-Abkommens vom 3. Sept. 1971 – einen eigenen Beitrag zu Begegnungen zwischen ihren Bürgern und damit zum Ausbau friedlicher Nachbarschaft leisten.

Beide Seiten verstehen ihre Partnerschaft als Möglichkeit für Bürger und Kommunalpolitiker, gegenseitiges Vertrauen zu schaffen und durch umfassenden konstruktiven Dialog und vielfältige Begegnungen freundschaftliche Verbindungen herzustellen.

Artikel 1

Die Stadt Nauen und der Bezirk Spandau vereinbaren,

- den Dialog auf kommunaler Ebene über beiderseits interessierende Fragen zu führen und in diesen Meinungsaustausch Bürger und die in den Kommunalvertretungen repräsentierten Parteien und gesellschaftliche Organisationen und Gruppen einzubeziehen;

- Informationen und Erfahrungen über die Entwicklung ihrer Kommunen und die Arbeit der kommunalen Organe auszutauschen sowie die Bürger mit Geschichte, Gegenwart und aktuellen Ereignissen der Partnerkommune sowie mit den jeweiligen Arbeits- und Lebensbedingungen bekannt zu machen;
- den Gedankenaustausch auf den Gebieten der Stadtentwicklung und des Städtebaus, der Architektur und der Denkmalpflege, der Landschaftspflege und Landschaftsgestaltung, des Gesundheits- und Sozialwesens, des Bildungswesens und auf anderen Gebieten zu fördern;
- den Austausch von Delegationen auf den unterschiedlichsten Gebieten vorzubereiten und durch Begegnungen von Stadt- bzw. Bezirksverordneten und Ratsmitgliedern, Delegationen kommunaler Einrichtungen, des Geistes- und Kulturschaffens, von Jugenddelegationen und Sportgruppen zu ermöglichen.

Artikel 2

Auf der Grundlage dieser Vereinbarung werden die konkreten Maßnahmen auf dem Gebiet kommunaler Kontakte, die Begegnungen, der Austausch von Delegationen und Materialien sowie anderer Formen des Zusammenwirkens in Jahresplänen festgelegt. Beide Seiten verständigen sich in geeigneter Weise über deren Durchführung.

Beide Seiten verpflichten sich damit, die Beziehungen weiter auszubauen, um die vereinbarte Zusammenarbeit im Rahmen der Möglichkeiten – durch viele Begegnungen zwischen beiden Kommunen möglichst lebendig werden zu lassen.

Artikel 3

Diese Vereinbarung tritt nach Beschlussfassung durch die zuständigen Organe – Stadtverordnetenversammlung Nauen und Bezirksamt Spandau – sowie nach Kenntnisnahme durch die Bezirksverordnetenversammlung Spandau in Kraft.

Unterzeichnet in Nauen am 22. September 1988

    Alfred Kuhn   Werner Salomon
    Bürgermeister   Bezirksbürgermeister
    der Stadt Nauen   von Spandau

Anlage 1
Protokollvermerk

zur Vereinbarung über die Entwicklung kommunaler Kontakte zwischen der Stadt Nauen und dem Bezirk Spandau

Im Ergebnis der geführten Gespräche über die Herstellung kommunaler Kontakte wird festgelegt:

1. Alle vereinbarten Maßnahmen werden von beiden Seiten auf der Grundlage ausgewogener Gegenseitigkeit gestaltet und finanziert.

2. Beim Austausch von Delegationen und anderen Gruppen werden, wenn nichts anderes vereinbart, zunächst Tagesaufenthalte angestrebt.

3. Die Aufenthaltskosten trägt der jeweilige Gastgeber. Er sichert auch, wenn notwendig, die Unterbringung der Gäste in Hotels, Gästehäusern oder anderen gemeinschaftlichen Einrichtungen.

4. Der Austausch von Jugendgruppen wird im Zusammenwirken mit dem Reisebüro der Freien Deutschen Jugend „Jugendtourist" und dem Deutschen Jugendherbergswerk – Landesverband e.V. geregelt.

5. Der Austausch von Sportlergruppen erfolgt auf der Grundlage des Sportprotokolls des Deutschen Turn- und Sportbundes der Deutschen Demokratischen Republik mit dem Deutschen Sportbund der Bundesrepublik Deutschland und wird als Ergänzung zum jährlich vereinbarten Sportkalender beider Sportorganisationen aufgenommen.

6. Die zwischen beiden Seiten zu vereinbarenden Jahrespläne sind in der Regel bis September für das folgende Jahr abzuschließen.

Anlage 2
Jahresplan für das Jahr 1989

Die Stadt Nauen und der Bezirk Spandau tauschen aus

1. eine Delegation der Bezirksverordnetenversammlung und des Bezirksamts-Kollegiums Spandau zu einem eintägigen Informationsbesuch in Nauen,

2. eine Delegation des Rats der Stadt Nauen und der Vorsitzenden der ständigen Kommissionen der Stadtverordnetenversammlung Nauen zu einem eintägigen Informationsbesuch in Spandau,

3. eine Gruppe Beschäftigter von in Spandau ansässigen Betrieben, bestehend aus bis zu 25 Personen, zu einem eintägigen Aufenthalt in Nauen,

4. eine Gruppe Beschäftigter von in Nauen ansässigen Betrieben, bestehend aus bis zu 25 Personen, zu einem eintägigen Aufenthalt in Spandau,

5. eine Delegation von Fachleuten aus dem Spandauer Kindertagesstätten- und Familienfürsorgebereich, bestehend aus bis zu 10 Personen, zu einem eintägigen Aufenthalt in Nauen,

6. eine Delegation von Fachleuten aus dem Nauener Bereich der Kindereinrichtungen und dem Bereich des Gesundheits- und Sozialwesens, bestehend aus bis zu 10 Personen, zu einem eintägigen Aufenthalt in Spandau,

7. eine Gruppe von Mitgliedern eines Spandauer Fußballvereins, bestehend aus bis zu 25 Personen, zu einem eintägigen Besuch in Nauen mit sportlicher Begegnung mit dem Sportverein BSG Einheit Nauen,

8. eine Gruppe von Mitgliedern der BSG Einheit Nauen, bestehend aus bis zu 25 Personen, zu einem eintägigen Besuch in Spandau mit sportlicher Begegnung mit dem Spandauer Gastverein (Rückspiel).

Die konkrete Abstimmung der jeweiligen Termine zu den festgelegten Begegnungen wird durch den Bezirksbürgermeister von Spandau und den Bürgermeister der Stadt Nauen festgelegt. Darüber hinaus sind beide Bürgermeister bestrebt, weitere Begegnungsmöglichkeiten im Interesse der Realisierung der Vereinbarung zu schaffen.

Spandau, den 28. September 1988,

Alfred Kuhn	Werner Salomon
Bürgermeister	Bezirksbürgermeister
der Stadt Nauen	von Spandau

Inhaltsverzeichnis

Vorwort	5
Das Elternhaus	7
Meine Mutter	8
Kleinkindzeit in Charlottenburg	9
Der Familienclan	10
Das erste Schuljahr im Dritten Reich	12
Der „Ariernachweis"	13
Jugend in Haselhorst	13
Oberschule in Spandau	15
Das böse Jahr 1938	16
Der Krieg beginnt	18
Die Freiherr-vom-Stein-Schule	18
Der Bombenkrieg beginnt	20
Ernteeinsatz in Pommern	22
Kinder unterm Stahlhelm	23
Militärdienst	25
Das Ende des Krieges	26
Die letzten Kriegsmonate in Berlin	29
Die Russen kommen	30
Die Arbeit im britischen Verpflegungsdepot	31
Das Leben in Hamburg 1945 / 1946	33
Wieder auf der Schulbank in Berlin	36
Nach dem Abitur auf Stellensuche	38
Die Blockade Berlins	39
Private Entwicklungen	40
Dienstanwärter im Finanzamt	42
Zwischen zwei Frauen	43
Marion kommt in die Familie	44
Arbeit im Finanzamt und Hochzeit	45
Die erste eigene Wohnung	46
Die Familie bekommt Zuwachs	48
Gewerkschaftssekretär beim DGB	49

Die Mauer teilt Berlin	54
Schmerzlicher Abschied von Thomas	55
Berufliche Veränderungen	59
Partnerschaft mit dem Siegerland	66
Direkt ins Abgeordnetenhaus	67
Das Viermächteabkommen	70
Arbeitsdircktor bei der Gasag	72
Rückkehr in die Politik	79
Im Licht der Öffentlichkeit	82
Politische Ambitionen wachsen	85
Sprung in den Chefsessel des Rathauses	88
Bürgermeister in Spandau	93
Die Mitarbeiterinnen und Mitarbeiter	94
Das politische Programm	95
Erste Aktivitäten und Konfliktfelder	96
Erfolgreicher Start	102
„Freedom of Spandau"	103
Repräsentationspflichten	104
Berliner SPD in der Krise	107
Spandauer Städtepartnerschaften	110
Kontaktpflege mit dem britischen Militär	112
Schleusenpläne gefährden Zitadelle	113
750 Jahre Spandau	115
Tod der Mutter	115
Auftakt zum Jubiläum	116
Bürgermeister in Ketten	118
Der Jubiläumstag	121
Prominenter Besuch	124
Das Havelfest	126
Der große Festumzug	128
Rechnungshof rügt Spandauer Krankenhaus	130
Das Jubiläumsjahr geht zu Ende	131
Rückkehr zum Tagesgeschäft	133
Deutsch-Britischer Freundschaftstag	136
Freundliche und bestimmte Schutzmacht	137
Laubenpieperfest in Bonn	139

Schlichten am Stammtisch	140
Viele Jubiläen gefeiert	141
Einweihung der neuen U-Bahn	147
Was vom Jahr übrig bleibt	150
50 Jahre Weihnachtskirche	151
Prominente Wahlhilfe	152
Spandauer SPD behauptet sich	154
Abwechslungsreicher Alltag	156
Britische Stadtkommandanten	157
Wieder ein Havelfest	159
Ristocks „Laupenpieperfest"	159
Friesenhaus auf Föhr	160
Willy Brandt in Staaken	161
Spandau-Tag auf der Bundesgartenschau	161
„Shake hands" mit Lady Di	163
Neukölln als U-Bahn-Partner	164
Spandauer Sportler trumpfen auf	165
Schüler-Ausstellung in Israel	166
Farbiger Bürgermeister-Alltag	167
Dienstreise nach Kairo	168
Bundesverdienstkreuz Erster Klasse	171
Mit Daumendrücken zum Pokalsieg	172
Transit nach Bonn	172
Partnerschaft in die Türkei	173
Frauenbeauftragte für die Havelstadt	175
„Rendezvous" mit achtjähriger Zeichnerin	176
Grundstein für die Havelstraße	177
Tag des ausländischen Mitbürgers	179
Viel Lob zum 60. Geburtstag	180
Ausbau der Spandauer Schleuse	181
Sowjetrussischer Diplomat in Spandau	182
Spandau und die europäische Geschichte	185
40 Jahre BVV	187
Solidarität mit Hiroshima und Nagasaki	188
Langes Ringen um Partnerschaft	189
Spandau gratuliert „jüngerer Schwester"	191

Königlicher Besuch	194
Hessische Turner in Spandau	194
Kontaktsuche mit dem Kreis Nauen	195
Rotarmist Gall zurück auf der Zitadelle	196
Rudolf Heß stirbt in Spandau	198
Offizieller Empfang in Nauen	200
Reisen nach Paris und Wolfsburg	202
Keine neue „Jüdenstraße" in Spandau	203
Drohender Schleusenbau	206
Kampfstoffreste in der Zitadelle	207
Nauen-Kontakt wird offiziell	209
Gebietsaustausch mit der DDR	210
40 Jahre Staat Israel	212
Post aus Nauen	213
Kulturhaus eröffnet	217
Siegreiche Fußballerinnen	218
40. Jahrestag der Luftbrücke	219
Nauen-Verhandlungen knapp gescheitert	220
40 Jahre unabhängige Gewerkschaft	226
ZDF-Sonntagskonzert aus Spandau	227
75 Jahre Rathaus Spandau	229
Vereinbarung mit Nauen unterschriftsreif	231
Der Wahlkampf beginnt	240
Johannes Rau in Spandau	242
Schwierige Wirtschaftsförderung	245
Wahltriumph und Rechtsruck	247
Republikaner in Nauen nicht erwünscht	249
Erste BVV-Sitzung mit Republikanern	251
Trauer um Gerry Schuster	254
Betriebsausflug in die DDR	255
„Bauskandal" sorgte für Wirbel	258
Freundschaftliche Kontakte nach Riga	259
Politischer Austausch mit Nauen	263
Mit der Royal Air Force in England	268
Zehn Jahre Bürgermeister	270
Neuer Senat schützt Gärten und Grün	271

Notdürftige Unterkunft für Flüchtlinge	272
„Spandauer Woche" in Iznik	273
Bürgermeister Momper zu Gast in Spandau	274
Wirbel um „kapitalistische Abwerbung"	275
Gut gesichertes Rückspiel in Nauen	280
„Briefmarkenstadt" Spandau	282
Streit um neue Stromtrassenführung	283
450. Jahrestag der Reformation	285
Dramatische Wendezeit	287
Der 9. November 1989 – ein Wahnsinn	290
Grenzöffnung nach Falkensee	296
Stimmungswandel stärkt Nauen-Kontakte	298
Rufe nach Wiedervereinigung werden lauter	301
Traditionelle Ost-Verbindungen leben auf	305
Eine Fülle neuer Aufgaben	308
GANS verbindet Spandau mit dem Osthavelland	312
Deutsch-deutsches Zusammenwachsen	312
Sozialistische Internationale in Spandau	315
Rufe nach politischer Einheit	318
Demokratische Volkskammer-Wahl	319
Immer mehr Löcher in der Grenze	321
Lauf der Sympathie	322
Das Schicksal Weststaakens	324
Freie Kommunalwahlen in der DDR	329
Wirbel um Frauenfragen	332
Überlastete Altstadt	333
Volksfeste im Umland	334
Verwaltungsaufbau in der DDR	335
Berliner Verwaltungen bereiten Union vor	336
Die Mauer bröckelt weiter	339
Mit großen Schritten Richtung Einheit	343
Weiterer Vorstoß für Weststaaken	345
DEFA-Dokumentation über Spandau	347
Verbindungsprobleme in den Norden	348
IC-Anbindung an den Westen	350
Zug zur Einheit nimmt Fahrt auf	351

Grundstück in Falkensee	353
Fort Hahneberg neu entdeckt	354
Eingliederung Weststaakens wird amtlich	355
Sorge um das Kreiskrankenhaus in Staaken	357
Ein Freund der Laubenpieper	359
Spätfolgen der Partnerschaft	360
Weststaaken erneut umkämpft	361
„Britannia Center" eröffnet	363
Abschied von den Briten	364
Tag der Deutschen Einheit	366
Alt-NVA und Alliierte reißen Mauer ab	369
Staaken-Integration wird teuer und schwierig	371
Ohne Amtskette in Glasgow	375
„Wasserstadt Oberhavel"	376
Zusammenwachsen mit Hürden	379
Wahldebakel für die SPD	383
Bewag wirbt erneut für Freileitung	385
Dramatische Haushaltslage	387
Unbefriedigendes „Mahnmal"	389
Während des Golfkriegs in Ashdod	390
Gedenken an die Maueropfer	396
Letzte Fahrt des britischen „Berliners"	397
Ringen um Finanzierung für Weststaaken	399
Bundeswehr liebäugelt mit Spandau	401
Regionalplanung ohne die Bezirke	402
Nachfolger-Suche: Das Karussell dreht sich	403
Stasi-„Prozellan" zum Geschenk gemacht	409
Ideenschmiede für Spandau	411
Berlin wird Bundeshauptstadt	413
Aufgabenkritik in der Verwaltung	415
Mauer-Abriss gesichert	416
Bürgernahe Politik	418
Amtskette mit Geschichte	419
Neuer Turm für St. Nikolai	420
Die Historische Stadtgarde	422
Die Staakener Dorfkirche	424

Letzter Geburtstag im Amt	425
Erste Bilanz der Einheit	426
Streit um Nauener Kreiskrankenhaus	428
Spandaus Freundschaft zur UdSSR	433
Letzter Jahreswechsel als Bürgermeister	436
Steuermarken-Posse in Weststaaken	438
725-Jahrfeier Kladows	438
Positionierungen im Vorwahlkampf	440
Spandauer Volksblatt am Ende	443
Britischer März	445
Moskaureise in offizieller Mission	448
Streik im öffentlichen Dienst	452
Herbe Wahlverluste für die SPD	455
Abschied allerorten	457
Erste Übereinkunft bei der „Wasserstadt"	460
Politischer Posten-Schacher	461
Briten und Russen spielen „Berliner Luft"	464
Neues Bezirksamt endlich komplett	468
Abschied von „König Salomon"	470
Nachwort	477
Anhang	485